Dies ist kein Buch über das Rechnen von Kennzahlen

„Per me si va ne la città dolente,
per me si va ne l'etterno dolore,
per me si va tra la perduta gente.
Giustizia mosse il mio alto fattore;
fecemi la divina podestate,
la somma sapienza e 'l primo amore.
Dinanzi a me non fuor cose create
se non etterne, e io etterno duro.
Lasciate ogne speranza, voi ch'intrate."
(*Dante*, La Divina Commedia, Inferno III, 1–9)

Hören wir den Begriff „Bilanzanalyse", so greifen wir instinktiv zum Taschenrechner und starten *Excel*. Das ist schade, weil dieses Fokussieren auf „bloßes Rechnen" vom Kern dessen ablenkt, worum es eigentlich geht: Transparenz zu schaffen, Entscheidungen vorzubereiten und Maßnahmen abzuleiten; hierbei hat sich der Bilanzanalyst an den Menschen zu orientieren, die seine Erkenntnisse nützen werden. Zwei Leitlinien mögen dies verdeutlichen:

1. Bilanzanalyse ist kein Selbstzweck um des Rechnens von Kennzahlen willen.
2. Kennzahlen sagen – für sich genommen – wenig bis gar nichts aus.

Man kann ein Unternehmen nicht verstehen, ohne es zu verstehen. Kennzahlen und ihre Implikationen sind immer im Kontext des Unternehmens, seiner Geschichte, seiner Eigentümer und seiner Branche zu verstehen. Das Streben nach diesem Verständnis umspannt den gesamten Prozess der Bilanzanalyse. Der Analyst sucht weniger nach den richtigen Antworten als nach den richtigen Fragen. Laufend muss er gefasste Meinungen und erreichte Erkenntnisse verifizieren oder falsifizieren.

Wie wir aus der Wissenschaftstheorie wissen, kann wirklicher Erkenntnisfortschritt vor allem durch eine Reihe von Falsifizierungen erlangt werden. Diese Suche nach „Überraschungen", nach dem „In-Frage-Stellen" seiner Meinung, das ist es, was den Analysten bei seinem Vorgehen leiten muss. Wer zu schnell auf einfache, naheliegende Antworten kommt, hat in aller Regel seine Aufgabe nicht gründlich genug gemacht – ist Kennzahlenrechner und kein „*Unternehmensversteher*".

Das **SWK-Spezial Bilanzanalyse** ist ein „*Buch für Alle und Keinen*" (*Friedrich Nietzsche*). Wenn Sie ein Buch, das möglichst viele Kennzahlen aneinanderreiht, haben wollen, werden Sie vermutlich mit einem anderen Werk (oder bereits mit *Google*) glücklicher. Die Devise dieses SWK-Spezials lautet: weniger rechnen, mehr verstehen. Wir hoffen, Pfade hierzu aufzuzeigen. Beschreiten müssen Sie diese aber selbst.

Wir widmen dieses SWK-Spezial in Dankbarkeit und kollegialer bzw. freundschaftlicher Verbundenheit unseren Familien und den Teilnehmenden an den Seminaren und Lehrveranstaltungen, in denen die Inhalte gemeinsam entwickelt wurden; weiterhin *Otto Altenburger*, *Rolf Eschenbach*, *Nikolai Haring*, *Christian Horak*, *Tonka Semmler-Matošić*, *Thomas Wala* sowie den (Jung-)Familien *König* und *Sopp*. Sie hatten es zum Teil nicht immer leicht mit uns. Und natürlich unserem Dritten im bilanzanalytischen Bunde, *Hermann Kunesch*, der leider nur in den Anfangsphasen involviert sein konnte.

Für Rückmeldungen, Anregungen und Verbesserungsvorschläge sind wir dankbar; gerne stehen wir auch für weiterführende Diskussionen unter der E-Mail-Adresse bilanzanalyse@controller-institut.at zur Verfügung.

Tulln an der Donau und Wien, im März 2014 *Josef Baumüller und Christian Kreuzer*

Inhaltsverzeichnis

Vorwort	1
Abbildungsverzeichnis	6
Tabellenverzeichnis	7
Abkürzungsverzeichnis	8
1. Ein erster Überblick	**11**
1.1. Wozu dient die Bilanzanalyse?	11
1.2. Verständnis des Begriffs „Bilanzanalyse"	11
1.3. Zielgruppen des SWK-Spezials	13
1.4. Aufbau des SWK-Spezials	14
2. Grundlagen der Bilanzanalyse	**15**
2.1. Definition und Ziele der Bilanzanalyse	15
2.2. Adressaten der Bilanzanalyse und Folgen für die Bilanzanalyse	18
2.2.1. Grundlegendes	18
2.2.2. Unternehmensexterne Adressaten	19
2.2.3. Unternehmensinterne Adressaten	21
2.3. Ablauf der Bilanzanalyse	22
2.4. Besonderheiten verschiedener Analyseobjekte und Folgen für die Bilanzanalyse	25
2.5. Grundlegende Besonderheiten der Analyse von Konzernabschlüssen	27
2.6. Grundlegende Besonderheiten der Analyse von IFRS-Abschlüssen	31
2.6.1. Anwendungsbereich und Grundlegendes	31
2.6.2. Grundlegende Unterschiede zum UGB mit Relevanz für die Bilanzanalyse	32
2.7. Grenzen der Bilanzanalyse	35
3. Bilanz, GuV und weitere Bestandteile von Finanzberichten	**39**
3.1. Grundlegendes und Überblick	39
3.1.1. Begriffe und Fragestellungen im externen Rechnungswesen	39
3.1.2. Systematik des (integrierten) externen Rechnungswesens	41
3.1.3. Funktionen von Finanzberichten	42
3.2. Bilanz	44
3.2.1. Grundlagen im UGB-Jahresabschluss	44
3.2.2. Wichtigste Besonderheiten eines UGB-Konzernabschlusses	54
3.2.3. Wichtigste Besonderheiten nach den IFRS	59
3.3. Gewinn- und Verlustrechnung	63
3.3.1. Grundlagen im UGB-Jahresabschluss	63
3.3.2. Wichtigste Besonderheiten eines UGB-Konzernabschlusses	73
3.3.3. Wichtigste Besonderheiten nach den IFRS	74
3.4. Geldflussrechnung	80
3.5. Eigenkapitalveränderungsrechnung	87
3.6. Segmentberichterstattung	89
3.7. Anhang und Lagebericht	91
3.8. Weitere Bestandteile von Finanzberichten	96
4. Elemente der Bilanzanalyse	**98**
4.1. Vergleichsmaßstäbe für die Auswertung von Kennzahlen	98
4.1.1. Grundlegendes	98
4.1.2. Soll-Ist-Vergleiche	98
4.1.3. Zeitreihenvergleiche	100
4.1.4. Betriebsvergleiche	103

Inhaltsverzeichnis

 4.2. Arten von Kennzahlen 107
  4.2.1. Grundlegendes 107
  4.2.2. Absolute Kennzahlen 107
  4.2.3. Relative Kennzahlen 107
  4.2.4. Kombinationen von Kennzahlen 110
 4.3. Auswahl und Einsatz von Kennzahlen 112
  4.3.1. Ansätze zur Auswahl von Kennzahlen 112
  4.3.2. Erfolgsfaktoren für den Einsatz von Kennzahlen 115
 4.4. Von der Kennzahl zum Gesamturteil 119
 4.5. Entwicklungen in Richtung einer qualitativen Bilanzanalyse 120

5. „First Things Come First": Umfeld- und Unternehmensanalysen 121
 5.1. Überblick 121
 5.2. Instrumente für die Umfeldanalyse 122
 5.3. Instrumente für die Unternehmensanalyse 127
 5.4. Die SWOT-Analyse 132
 5.5. Konsequenzen der Umfeld- und Unternehmensanalyse für den weiteren Bilanzanalyseprozess 134

6. Von den Rohdaten zum aufbereiteten Abschluss 135
 6.1. Überblick 135
 6.2. Bilanzpolitische Gestaltungen in den analysierten Finanzberichten 135
  6.2.1. Definition und Ziele der Bilanzpolitik 135
  6.2.2. Instrumente der Bilanzpolitik 139
  6.2.3. Möglichkeiten der Bilanzpolitikanalyse 146
 6.3. Aufbereitung der Einzelposten in der Bilanz 147
  6.3.1. Ziele und Instrumente für die Aufbereitung der Bilanz 147
  6.3.2. Materielle Aufbereitungsmaßnahmen 151
  6.3.3. Formale Aufbereitungsmaßnahmen 161
   6.3.3.1. Umgliederungen 161
   6.3.3.2. Saldierungen 164
 6.4. Aufbereitung der Gesamtdarstellung der Bilanz 168
  6.4.1. Strukturbilanz 168
  6.4.2. Prozent- und Indexbilanz 171
  6.4.3. Liquiditätstabelle und Bewegungsbilanz 172
 6.5. Aufbereitung von GuV und Geldflussrechnung 174
 6.6. Auswirkungen der Aufbereitungen auf ermittelte Kennzahlen und Fazit 178

7. Die wichtigsten Kennzahlen (und deren Verknüpfungen) für die Praxis 180
 7.1. Überblick 180
 7.2. Kennzahlen für die Analyse der finanziellen Stabilität 182
  7.2.1. Analyse der Vermögensstruktur 182
   7.2.1.1. Analyse der Vermögensintensität 182
   7.2.1.2. Analyse der Investitionspolitik 184
   7.2.1.3. Analysen des Vermögensumschlags 185
  7.2.2. Analyse der Finanzierungsstruktur 188
   7.2.2.1. Analyse der Finanzierungsintensität 188
   7.2.2.2. Analyse des Kapitalumschlags und der Schuldentilgungsdauer 190
  7.2.3. Analyse des Liquiditätsstatus 191
   7.2.3.1. Analyse des statischen Liquiditätsstatus 191
   7.2.3.2. Analyse des dynamischen Liquiditätsstatus 196
 7.3. Kennzahlen für die Analyse des wirtschaftlichen Erfolgs 200
  7.3.1. Analyse der absoluten Erfolgshöhe 200
  7.3.2. Analyse der Erfolgszusammensetzung 203

SWK-Spezial: Bilanzanalyse

Abbildung 36:	Aufbau des Du-Pont-Kennzahlensystems (Beispiel aus Sicht der externen Bilanzanalyse)	235
Abbildung 37:	ISO-Rentabilitätskurve (grafisch)	236
Abbildung 38:	Aufbau des Du-Pont-Kennzahlensystems (Beispiel aus Sicht der internen Bilanzanalyse)	237
Abbildung 39:	Aufbau eines EVA-Kennzahlensystems	238
Abbildung 40:	Aufbau eines RoCE-Kennzahlensystems	238
Abbildung 41:	Aufbau des Pyramid-Structure-of-Ratios-Kennzahlsytems	239
Abbildung 42:	Aufbau des ZVEI-Kennzahlensystems	241
Abbildung 43:	Aufbau des RL-Kennzahlensystems (vereinfachte Darstellung)	242
Abbildung 44:	Kennzahlensystem auf Basis der Forschungsbefunde Baetges	244
Abbildung 45:	Beurteilungsschema für den Quicktest	246
Abbildung 46:	Beispielhafter Aufbau eines Ratingmodells	254
Abbildung 47:	Funktionsweise der Diskriminanzanalyse	262
Abbildung 48:	Funktionsweise künstlicher neuronaler Netze	267

Inhaltsverzeichnis

4.2.	Arten von Kennzahlen	107
	4.2.1. Grundlegendes	107
	4.2.2. Absolute Kennzahlen	107
	4.2.3. Relative Kennzahlen	107
	4.2.4. Kombinationen von Kennzahlen	110
4.3.	Auswahl und Einsatz von Kennzahlen	112
	4.3.1. Ansätze zur Auswahl von Kennzahlen	112
	4.3.2. Erfolgsfaktoren für den Einsatz von Kennzahlen	115
4.4.	Von der Kennzahl zum Gesamturteil	119
4.5.	Entwicklungen in Richtung einer qualitativen Bilanzanalyse	120
5.	**„First Things Come First": Umfeld- und Unternehmensanalysen**	**121**
5.1.	Überblick	121
5.2.	Instrumente für die Umfeldanalyse	122
5.3.	Instrumente für die Unternehmensanalyse	127
5.4.	Die SWOT-Analyse	132
5.5.	Konsequenzen der Umfeld- und Unternehmensanalyse für den weiteren Bilanzanalyseprozess	134
6.	**Von den Rohdaten zum aufbereiteten Abschluss**	**135**
6.1.	Überblick	135
6.2.	Bilanzpolitische Gestaltungen in den analysierten Finanzberichten	135
	6.2.1. Definition und Ziele der Bilanzpolitik	135
	6.2.2. Instrumente der Bilanzpolitik	139
	6.2.3. Möglichkeiten der Bilanzpolitikanalyse	146
6.3.	Aufbereitung der Einzelposten in der Bilanz	147
	6.3.1. Ziele und Instrumente für die Aufbereitung der Bilanz	147
	6.3.2. Materielle Aufbereitungsmaßnahmen	151
	6.3.3. Formale Aufbereitungsmaßnahmen	161
	6.3.3.1. Umgliederungen	161
	6.3.3.2. Saldierungen	164
6.4.	Aufbereitung der Gesamtdarstellung der Bilanz	168
	6.4.1. Strukturbilanz	168
	6.4.2. Prozent- und Indexbilanz	171
	6.4.3. Liquiditätstabelle und Bewegungsbilanz	172
6.5.	Aufbereitung von GuV und Geldflussrechnung	174
6.6.	Auswirkungen der Aufbereitungen auf ermittelte Kennzahlen und Fazit	178
7.	**Die wichtigsten Kennzahlen (und deren Verknüpfungen) für die Praxis**	**180**
7.1.	Überblick	180
7.2.	Kennzahlen für die Analyse der finanziellen Stabilität	182
	7.2.1. Analyse der Vermögensstruktur	182
	7.2.1.1. Analyse der Vermögensintensität	182
	7.2.1.2. Analyse der Investitionspolitik	184
	7.2.1.3. Analysen des Vermögensumschlags	185
	7.2.2. Analyse der Finanzierungsstruktur	188
	7.2.2.1. Analyse der Finanzierungsintensität	188
	7.2.2.2. Analyse des Kapitalumschlags und der Schuldentilgungsdauer	190
	7.2.3. Analyse des Liquiditätsstatus	191
	7.2.3.1. Analyse des statischen Liquiditätsstatus	191
	7.2.3.2. Analyse des dynamischen Liquiditätsstatus	196
7.3.	Kennzahlen für die Analyse des wirtschaftlichen Erfolgs	200
	7.3.1. Analyse der absoluten Erfolgshöhe	200
	7.3.2. Analyse der Erfolgszusammensetzung	203

7.3.3.	Analyse der Rentabilität	207
7.3.4.	Wertorientierte Erfolgsanalyse	210
7.3.4.1.	Grundlegendes	210
7.3.4.2.	Performance-Kennzahlen	211
7.3.4.3.	Multiplikatoren	216
7.4.	Kennzahlen für weitere Analysezwecke	218
7.4.1.	URG-Kennzahlen und Insolvenztatbestände der Insolvenzordnung	218
7.4.2.	Kennzahlen zur Einschätzung der Bilanzpolitik	220
7.4.3.	Kennzahlen im Rahmen der Wertschöpfungsrechnung	222
7.4.4.	Kennzahlen zur Darstellung des Leverage-Effekts	224
7.4.5.	Weitere Kennzahlen	227
7.5.	Kennzahlenmatrizen	231
7.6.	Kennzahlensysteme	232
7.6.1.	Grundlegendes	232
7.6.2.	Du-Pont-Kennzahlensystem („RoI-Schema")	234
7.6.3.	EVA- und RoCE-Kennzahlensysteme	237
7.6.4.	Pyramid-Structure-of-Ratios-Kennzahlensystem	239
7.6.5.	ZVEI-Kennzahlensystem	240
7.6.6.	RL-Kennzahlensystem	241
7.6.7.	Kennzahlensystem auf Basis der empirischen Bilanzforschung von Baetge	243
7.7.	Bonitäts- und Ratingmodelle	244
7.7.1.	Grundlegendes	244
7.7.2.	Quicktest	245
7.7.3.	RSW-Verfahren	247
7.7.4.	Saarbrücker Modell	250
7.7.5.	Typische Ratingmodelle von Banken	254
7.7.6.	KWT-Leitfaden zur Früherkennung von Unternehmenskrisen (und Bill Mackey's Impending Insolvency Indicators)	258
7.7.7.	Diskriminanzanalysen und künstliche neuronale Netze	261

8. Entwicklungstrends in der Bilanzanalyse 267

9. Weniger rechnen, mehr verstehen! 271

Literaturverzeichnis 273

Kennzahlenverzeichnis 274

Stichwortverzeichnis 278

Abbildungsverzeichnis

Abbildung 1:	Betrachtungsobjekte der Unternehmensanalyse	16
Abbildung 2:	Prozess der Bilanzanalyse	22
Abbildung 3:	Die „drei Jahresrechnungen" und ihr Zusammenwirken im integrierten Rechnungswesen	41
Abbildung 4:	Grundlegender Aufbau einer UGB-Bilanz	45
Abbildung 5:	Gründe für das Entstehen eines Firmenwerts im Konzernabschluss	54
Abbildung 6:	Gründe für das Vorhandensein von Minderheitsgesellschaftern	58
Abbildung 7:	Grundlegender Aufbau einer IFRS-Bilanz (Staffelform)	59
Abbildung 8:	Grundlegender Aufbau einer UGB-GuV (Teil 1, Betriebserfolg)	64
Abbildung 9:	Überleitung vom Umsatz- zum Gesamtkostenverfahren	68
Abbildung 10:	Überleitung vom Gesamt- zum Umsatzkostenverfahren	69
Abbildung 11:	Abgrenzung Ergebnis der gewöhnlichen Geschäftstätigkeit und außerordentliches Ergebnis	71
Abbildung 12:	Grundlegender Aufbau einer IFRS-GuV	75
Abbildung 13:	Grundlegender Aufbau einer Geldflussrechnung	81
Abbildung 14:	Mindestgliederung einer Geldflussrechnung (Teil 1, laufende Geschäftstätigkeit)	84
Abbildung 15:	Mindestgliederung einer Geldflussrechnung (Teil 2, weitere Teil-Cashflows)	85
Abbildung 16:	Beispielhafte Darstellung einer Eigenkapitalveränderungsrechnung	88
Abbildung 17:	Beispielhafte Auswirkungen von Fehlerkorrekturen in aufeinanderfolgenden Abschlüssen	102
Abbildung 18:	Beispielhafte Entwicklungen von Bilanzposten und deren Konsequenzen für die Durchschnittsbildung	117
Abbildung 19:	Beispielhafte Darstellung der PEST-Analyse	125
Abbildung 20:	Beispielhafte Darstellung des Five-Forces-Modells	126
Abbildung 21:	Beispielhafte Darstellung einer Anspruchsgruppenanalyse	127
Abbildung 22:	Beispielhafte Darstellung des BCG-Portfolios	129
Abbildung 23:	Beispielhafte Darstellung des McKinsey-Portfolios	130
Abbildung 24:	Beispielhafte Darstellung des 7-S-Modells	131
Abbildung 25:	Beispielhafte Darstellung einer SWOT-Analyse	133
Abbildung 26:	Instrumente der Bilanzpolitik	139
Abbildung 27:	Vorgehensweise für die Aufbereitung von Finanzberichten	148
Abbildung 28:	Grundstruktur der Strukturbilanz	168
Abbildung 29:	Grundstruktur für die Aufbereitung der GuV	177
Abbildung 30:	Schematische Unterteilung der Kennzahlen für eine Bilanzanalyse nach Themenbereich	181
Abbildung 31:	Grundstruktur einer Wertschöpfungsrechnung	222
Abbildung 32:	Beispiel für eine Wertschöpfungsrechnung	223
Abbildung 33:	Beispiele für den Leverage-Effekt	225
Abbildung 34:	Einfache Grundstruktur einer Kennzahlenmatrix	231
Abbildung 35:	Beispiel für eine Kennzahlenmatrix	232

SWK-Spezial: Bilanzanalyse

Abbildung 36:	Aufbau des Du-Pont-Kennzahlensystems (Beispiel aus Sicht der externen Bilanzanalyse)	235
Abbildung 37:	ISO-Rentabilitätskurve (grafisch)	236
Abbildung 38:	Aufbau des Du-Pont-Kennzahlensystems (Beispiel aus Sicht der internen Bilanzanalyse)	237
Abbildung 39:	Aufbau eines EVA-Kennzahlensystems	238
Abbildung 40:	Aufbau eines RoCE-Kennzahlensystems	238
Abbildung 41:	Aufbau des Pyramid-Structure-of-Ratios-Kennzahlsytems	239
Abbildung 42:	Aufbau des ZVEI-Kennzahlensystems	241
Abbildung 43:	Aufbau des RL-Kennzahlensystems (vereinfachte Darstellung)	242
Abbildung 44:	Kennzahlensystem auf Basis der Forschungsbefunde Baetges	244
Abbildung 45:	Beurteilungsschema für den Quicktest	246
Abbildung 46:	Beispielhafter Aufbau eines Ratingmodells	254
Abbildung 47:	Funktionsweise der Diskriminanzanalyse	262
Abbildung 48:	Funktionsweise künstlicher neuronaler Netze	267

Tabellenverzeichnis

Tabelle 1:	Grundlegender Aufbau einer UGB-GuV (Teil 2, Finanzerfolg)	69
Tabelle 2:	Grundlegender Aufbau einer UGB-GuV (Teil 3, Jahresüberschuss)	70
Tabelle 3:	Grundlegender Aufbau einer UGB-GuV (Teil 4, Bilanzgewinn)	72
Tabelle 4:	Überleitung von der GuV zum Gesamtergebnis	78
Tabelle 5:	Ausweisfragen in der Geldflussrechnung	82
Tabelle 6:	Beispielhafte Darstellung einer Segmentberichterstattung	90
Tabelle 7:	Beispielhafte Darstellung eines Anlagenspiegels	93
Tabelle 8:	Beispielhafte Checkliste für die Umfeldanalyse	124
Tabelle 9:	Beispielhafte Checkliste für die Unternehmensanalyse	129
Tabelle 10:	Wahlrechte und Ermessensspielräume nach UGB und IFRS	143
Tabelle 11:	Beispielhafte Darstellung der Angaben zu nicht in der Bilanz ausgewiesenen Sachanlagen	158
Tabelle 12:	Schema für die Ermittlung des verzinslichen Fremdkapitals	169
Tabelle 13:	Schema für die Ermittlung des langfristigen und kurzfristigen gebundenen Kapitals	170
Tabelle 14:	Beispielhafte Darstellung einer Prozentbilanz	171
Tabelle 15:	Beispielhafte Darstellung einer Indexbilanz	172
Tabelle 16:	Beispielhafte Darstellung einer Liquiditätstabelle	173
Tabelle 17:	Beispielhafte Darstellung einer Bewegungsbilanz	174
Tabelle 18:	Beispielhafte Darstellung einer Prozent-GuV	175
Tabelle 19:	ISO-Rentabilitätskombinationen	236
Tabelle 20:	Aufbau des RSW-Verfahrens	247
Tabelle 21:	Punktezahlen für die Kennzahlen des Saarbrücker Modells	252
Tabelle 22:	Ertragsstärkenklassen des Saarbrücker Modells	252
Tabelle 23:	Typisches Bilanzierungsverhalten deutscher Unternehmen (HGB)	253
Tabelle 24:	Beispielhafte Checkliste für qualitative Analysen	256

Abkürzungsverzeichnis

Abs.	Absatz
abzgl.	abzüglich
AFRAC	Austrian Financial Reporting and Auditing Committee
AG	Aktiengesellschaft(en)
AHK	Anschaffungs- oder Herstellungskosten
a. o.	außerordentlich(e/er/es)
Art.	Artikel
BCf	Bruttocashflow
betr.	betrieblich(e)
betriebsnotw.	betriebsnotwendig(e)
BIB	Bruttoinvestitionsbasis
BilMoG	(deutsches) Bilanzrechtsmodernisierungsgesetz
BWG	Bankwesengesetz
BWL	Betriebswirtschaftslehre
bzgl.	bezüglich
bzw.	beziehungsweise
CAM	Computer-Aided Manufacturing
CFK	Operativer Cashflow zu Gesamtkapital
CFU	Operativer Cashflow zu Umsatzerlösen
CD	Compact Disc
CIM	Computer-Integrated Manufacturing
CF	Cashflow
CfRoI	Cashflow Return on Investment
CFO	Chief Financial Officer(s)
CSR	Corporate Social Responsibility
CTA	Contractual Trust Arrangement
d. h.	das heißt
DVFA	Deutsche Vereinigung für Finanzanalyse und Asset Management
e. V.	eingetragener Verein
EAT	Earnings after Taxes
EBATBS	Earnings before All the Bad Stuff
EBDT	Earnings before Deferred Taxes
EBET	Earnings before Earnings-Linked Taxes
EBG	Earnings before Goodwill (Amortization)
EBT	Earnings before Taxes
EBIT	Earnings before Interest and Taxes
EBITA	Earnings before Interest, Taxes and Amortization
EBITDA	Earnings before Interest, Taxes, Depreciation and Amortization
EBITDAR	Earnings before Interest, Taxes, Depreciation, Amortization and Rent
EBITSO	Earnings before Interest, Taxes and Stock Options
EBME	Earnings before Making (bzw. Marketing) Expenses
EDV	elektronische Datenverarbeitung
EGT	Ergebnis der gewöhnlichen Geschäftstätigkeit
EK	Eigenkapital
EKR	Eigenkapitalrendite
EQ	Eigenkapitalquote
ERP	Enterprise Resource Planning
etc.	et cetera
EU	Europäische Union
EVA	Economic Value Added

exkl.	exklusive
f.	folgende
ff.	folgende(n)
Fifo	first in, first out
FK	Fremdkapital
FKZ	Fremdkapitalzinsen
ggf.	gegebenenfalls
GK	Gemeinkosten
GKR	Gesamtkapitalrendite
GmbH	Gesellschaft(en) mit beschränkter Haftung
GoB	Grundsätze ordnungsgemäßer Buchführung
Gr.	Gruppe
grds.	grundsätzlich(e/er/en)
GRI	Global Reporting Initiative
GuV	Gewinn- und Verlustrechnung(en)
GWG	geringwertige(s) Wirtschaftsgüter (-gut)
HGB	(deutsches) Handelsgesetzbuch
Hrsg.	Herausgeber
IAS	International Accounting Standards
IASB	International Accounting Standards Board
i. d. R.	in der Regel
i. e. S.	im engeren Sinne
i. S. d.	im Sinne der/des
i. S. v.	im Sinne von
i. V. m.	in Verbindung mit
i. w. S.	im weiteren Sinne
IFRS	International Financial Reporting Standard(s)
IFRS for SMEs	International Financial Reporting Standard for Small and Medium-Sized Entities
immat.	immaterielle(s)
inkl.	inklusive
insb.	insbesondere
IO	Insolvenzordnung
ISO	International Organization for Standardization
kalk.	kalkulatorisch(e)
Kap.	Kapitel
Kfz	Kraftfahrzeug
KMU	kleine(s) und mittelgroße(s) Unternehmen
KWT	Kammer der Wirtschaftstreuhänder
lfd.	laufende(r)
Lifo	last in, first out
lt.	laut
LuL	Lieferungen und Leistungen
m. w. N.	mit weiteren Nachweisen
Mio.	Million(en)
Mrd.	Milliarde(n)
MS	Microsoft
NOPaT	Net Operating Profit after Taxes
NPO	Nonprofit-Organisation(en)
NSA	National Security Agency
o.	ordentlich(e/er/es)
o. Ä.	oder Ähnliches
ÖCGK	Österreichischer Corporate-Governance Kodex

OCI	Other Comprehensive Income
ÖNACE	Österreichische Version der „Nomenclature générale des activités économiques dans les communautés européennes"
p. a.	per annum bzw. pro anno
PEST(EL)	Political, Economic, Social and Technological (Environmental and Legal)
RIC	Rechnungslegungs Interpretations Committee
rd.	rund
RoCE	Return on Capital Employed
RoE	Return on Equity
RoI	Return on Investment
RSW	Rentabilität Sicherheit Wachstum
SG	Schmalenbach-Gesellschaft
sog.	sogenannt(e/er/en)
STEP	Social, Technological, Economic and Political
SUV	Sport Utility Vehicle
SWK	Steuer- und WirtschaftsKartei
SWOT	Strengths, Weaknesses, Opportunities, Threats
tlw.	teilweise
TEUR	Tausend Euro
TSR	Total Shareholder Return
u. a.	unter anderem
UGB	Unternehmensgesetzbuch
URG	Unternehmensreorganisationsgesetz
US-GAAP	United States Generally Accepted Accounting Principles
UV	Umlaufvermögen
VG	Vermögen
vgl.	vergleiche
VO	Verordnung
vs.	versus
WACC	Weighted Average Cost of Capital
XBRL	eXtensible Business Reporting Language
Z	Ziffer
z. B.	zum Beispiel
ZVEI	Zentralverband Elektrotechnik- und Elektronikindustrie e. V.
zzgl.	zuzüglich

1. Ein erster Überblick

1.1. Wozu dient die Bilanzanalyse?

Wer mit den Ressourcen anderer Menschen wirtschaftet (oder zumindest wirtschaften möchte), der ist diesen gegenüber zur Rechenschaft verpflichtet. Unternehmen trifft diese Verpflichtung typischerweise in Form des Jahresabschlusses sowie weiterer Abschlüsse, die sie aufzustellen und zu veröffentlichen haben. Diejenigen, die Rechenschaft geleistet erhalten, sind die Ressourcengeber – z. B. Gesellschafter, Aktionäre oder Banken. Diese Gruppen können anschließend auf Grundlage der erhaltenen Informationen Entscheidungen treffen, etwa ob sie weitere Ressourcen investieren möchte oder aber ihre Mittel abziehen. So sie nicht unmittelbar in die Geschäftsführung eingebunden sind (z. B. Gesellschafter) oder sich auf andere Weise weiterführende Kontroll- und Informationsrechte zugesichert haben (insb. Banken), erschöpfen sich so die dahingehenden Möglichkeiten, die ihnen für ihre Entscheidungsfindung zur Verfügung stehen. So oder so ähnlich könnte auch die Antwort auf die häufig gestellte Grundsatzfrage lauten: „*Wieso gibt es Jahresabschlüsse – und wer zieht seinen Nutzen daraus?*" Nicht zuletzt im Zuge der jüngsten sog. Finanzkrise zeigte sich, dass so manche Fehlinvestition und damit tlw. beträchtlicher Schaden für den Investor vermeidbar gewesen wären, hätte dieser einen tieferen „Blick in die Zahlen" geworfen.

Ein typischer Jahresabschluss kann heute gut 50 oder mehr Seiten umfassen, wenn er nach den nationalen Bestimmungen des UGB aufgestellt wird; international sind Abschlüsse von 150 bis 200 Seiten demgegenüber keine Seltenheit. Weiterhin sind zumeist die Jahresabschlüsse mehrerer Jahre und ggf. auch mehrerer Unternehmen im Vergleich zu analysieren. Die Gesetzesregelungen sowie weiteren Normen, die regeln, wie die enthaltene Finanzinformation auszusehen hat, zeichnen sich zunehmend durch eine erhöhte Komplexität aus. Wer das sinnerfassend lesen soll, wenn er daneben noch anderen Aufgaben nachzugehen hat, ist freilich eine andere Frage. Nicht zuletzt aus diesen Gründen braucht es Verdichtungen der Fülle an Informationen – und genau darum geht es in der Bilanzanalyse letztlich: um die Generierung nachvollziehbarer Entscheidungsgrundlagen in einer zunehmend unüberschaubar-komplexen Welt.

Die Sinnhaftigkeit und auch die Notwendigkeit einer Auseinandersetzung mit Finanzinformationen einerseits, andererseits die zunehmende Komplexität und die damit verbundenen Schwierigkeiten in deren Auswertung sind somit ein für die Gegenwart charakteristisches Spannungsfeld. In diesem bewegt sich die Bilanzanalyse als Versuch, die Fülle an Informationen zu strukturieren und aufzubereiten, sodass sie als sinnvolle Entscheidungsgrundlage herangezogen werden können. Häufig ist dies mit großen Schwierigkeiten für die Bilanzanalysten verbunden; dennoch führt heute i. d. R. kein Weg mehr daran vorbei – steigende Rechenschaftsanforderungen und ein zunehmender Wettbewerb um Ressourcen tragen das Ihrige dazu bei. Um all diesen Anforderungen und Rahmenbedingungen gerecht zu werden, muss die Bilanzanalyse selbst so effektiv und effizient gestaltet werden, wie es die Unternehmen müssen, die analysiert werden. Patentlösungen gibt es heute im Rahmen der Bilanzanalyse genauso wenig wie in anderen Bereichen; auch das ist eine *„lesson learned"* aus den jüngsten Krisenjahren.

1.2. Verständnis des Begriffs „Bilanzanalyse"

Das Themengebiet der Bilanzanalyse zählt zu den „Dauerbrennern" der BWL; es scheint allerdings manchmal angesiedelt in einem Graubereich zwischen „harter", im Rechnungswesen verankerter BWL einerseits und mitunter esoterischeren Gefilden andererseits. Anders lässt sich das Funkeln in den Augen der Heerscharen von Teilnehmern – Studierenden wie Praktikern, von Geschäftsführern bis hin zu Sekretären – nicht erklären, die regelmäßig zu Lehrveranstaltungen an Hochschulen oder in offene Seminare diverser Anbieter pilgern und zu hoffen scheinen, tiefere Erkenntnisse über das Wesen von Unternehmen, gleich ganzer Wirtschaftssysteme und ggf. des Seins an sich zu erlangen. Mehr oder weniger ausdrücklich knüpfen diese Hoffnungen dabei an einen vermeintlichen Schlüssel dieser Erkenntnisse götzengleich, die sog. Kennzahlen. Von diesen sollen dann zumeist möglichst viele in möglichst kurzer Zeit gerechnet werden, auf dass sich so alle weiteren Probleme in Luft auflösen mögen. Inzwischen scheint sich dies bereits in den Titeln einschlägiger Veranstaltungen wie auch verfügbarer Lehrbücher niederzuschlagen, die nur noch verkürzt versprechen: „Kennzahlen für die Praxis"; „Die 100 wichtigsten Kennzahlen für Führungskräfte"; „200 Kennzahlen für das Controlling"; „1.000 Kennzahlen für ein geglücktes Dasein". Das mit Bilanzanalyse eigentlich etwas anderes, Weitergehendes gemeint ist, gerät dabei leider aus dem Fokus.

Die Konsequenzen dieser Verkürzung und Verknappung zeigen sich dann in der Praxis. Um Kennzahlen zu rechnen, braucht es i. d. R. keine hochqualifizierten Mitarbeiter; maßgeschneiderte Computerprogramme werfen heutzutage mehr von diesen aus, als überhaupt noch interpretiert werden können. Wenn solche Programme fehlen, lassen sich relativ leicht mithilfe von gängigen Programmen wie *MS Excel* selbstgestrickte Lösungen finden. Der eigentliche Nutzen, der hieran anknüpfend geleistet werden kann, besteht zunächst in der Vorbereitung der Daten, die anschließend die Grundlage für die Kennzahlen darstellen; anschließend sind insb. das Verständnis der Kennzahlen sowie der die diese beeinflussenden Effekte und die konkrete Interpretation der im Einzelfall vorgefundenen Ausprägung dieser Kennzahlen entscheidend. Das hat mit bloßem Rechnen nichts mehr zu tun; hier geht es um **Verstehen**. Und genau das scheint mitunter Gefahr zu laufen, in den Hintergrund zu rücken.

Das vorliegende SWK-Spezial soll kein Buch bloß über Kennzahlen sein, sondern versuchen, dieses Verständnis – wenngleich natürlich mithilfe von Kennzahlen – in den Vordergrund zu rücken. Ausgegangen wird dabei von einem **prozessualen Verständnis der Bilanzanalyse**, das umfassend dargelegt wird (siehe Kap. 2.3.). Dabei geschieht die wirklich entscheidende Arbeit in den Prozessphasen, die vor der Kennzahlenermittlung angesiedelt sind; sie umfasst Fragen wie:

- Was ist der Zweck der Analyse?
- Wer wird analysiert?
- Für wen wird die Analyse erstellt?
- Was kann überhaupt analysiert werden?

Diese wirken nur auf den ersten Blick trivial; die Praxis zeigt, dass gerade Unklarheiten in diesen Punkten wesentliche Aufwandstreiber im Prozess sind und nicht zuletzt dazu führen, dass die tatsächlich erzielten Ergebnisse häufig nicht den Erwartungen entsprechen. Denn es gilt auch bzgl. Kennzahlen im besonderen Maße: *„garbage in, garbage out"*. *MS Excel* rechnet geduldig.

Auch wenn der Prozess der Bilanzanalyse um Objektivität und Nachvollziehbarkeit bemüht sein muss, ist er letztlich doch im höchsten Maße **subjektiv**. Objektive Beurteilungsmaßstäbe fehlen; was gut und was schlecht ist, das bestimmen stets die Adressaten der Bilanzanalyse. Bei sorgfältiger Ermittlung aussagekräftiger Kennzahlen können diese die Grundlage sein, um eine Beurteilung durchzuführen, die sich an den individuellen Rahmenbedingungen der Analyse orientiert. Dies erfordert aber von Anfang an ein klares Bewusstsein für diese Rahmenbedingungen beim Bilanzanalysten, damit dieser entsprechende Kennzahlen generieren kann.

Die Entwicklungen im europäischen und nationalen Rechtsrahmen brachten es mit sich, dass letztlich zunehmend internationale Rechnungslegungsstandards – insb. die **Inter-**

national Financial Reporting Standards (IFRS) – an Bedeutung gewonnen haben. Auch wenn davon in Österreich noch primär große, börsenotierte Konzerne betroffen sind, wird dies zunehmend für KMU zu einem Thema; sei es, dass diese selbst Abschlüsse auf Basis der IFRS aufstellen, sei es, dass sie sich mit Unternehmen vergleichen (müssen), die dies tun. Für die Bilanzanalyse ist dies mit gravierenden Folgen verbunden, da es wesentliche Unterschiede zwischen der Analyse eines Abschlusses nach den nationalen Rechnungslegungsbestimmungen (UGB) und nach den IFRS gibt. Diese sind sowohl technischer Natur (d. h. *„Wie müssen Kennzahlen gerechnet werden?")* als auch interpretativer Natur *(„Inwieweit ist eine und dieselbe Kennzahl für einen UGB-Abschluss anders zu interpretieren als für einen IFRS-Abschluss?")*. Ein aktuelles Buch zur Bilanzanalyse kann diese Entwicklung nicht ausblenden; daher soll weitgehend gleichberechtigt sowohl auf die nationalen als auch diese internationalen Rechnungslegungsbestimmungen eingegangen werden, um insb. Letztere ihrer praktischen Bedeutung gemäß zu würdigen. Dabei ist zu berücksichtigen, dass man zumindest in Österreich grds. von IFRS-Konzernabschlüssen zu sprechen hat.

Nicht vertieft behandelt werden demgegenüber die Gemeinsamkeiten und Unterschiede zwischen der österreichischen (UGB) und der **deutschen Rechtslage** (insb. im [deutschen] HGB). Die österreichischen Bestimmungen der Rechnungslegung wurden Ende der 1980er-Jahre weitgehend unmittelbar aus Deutschland übernommen; daher war auch lange Zeit eine hohe Vergleichbarkeit gewährleistet. Heute ist dies – insb. aufgrund unterschiedlicher Rechtsentwicklungen in den letzten rund zehn Jahren – nur noch sehr eingeschränkt der Fall. Nicht zuletzt deswegen sollten Finanzberichte deutscher Unternehmen allenfalls mit großer Vorsicht und Sorgfalt als Vergleichsmaßstäbe für österreichische Analyseobjekte herangezogen werden. Abgesehen von diesen inhaltlichen Problemen sind jedoch die behandelten Schritte für die Bilanzanalyse sowie insb. Berechnung und (weitgehend) Interpretation der Kennzahlen für beide Rechtslagen übertragbar.

1.3. Zielgruppen des SWK-Spezials

Dieses SWK-Spezial richtet sich an all jene, für welche die Auswertung von Finanzinformationen eine Rolle spielt. In der heutigen Zeit umfasst dies ein breites Spektrum an Gruppen: Neben **Studierenden** der BWL, für die eine Auseinandersetzung mit der Bilanzanalyse tlw. in den Curricula vorgesehen ist oder die sich zu ihrem späteren beruflichen Nutzen mit der Materie befassen möchten, sollen insb. Praktiker angesprochen sein. Vorausgesetzt werden grundlegende Kenntnisse der doppelten Buchführung sowie der nationalen und internationalen Rechnungslegung (insb. zu den „Spielregeln" von Bilanzierung und Bewertung).

Für **Mitarbeiter in Controlling-Abteilungen** spielen fundierte Kenntnisse auf dem hier behandelten Gebiet eine zunehmend größere Rolle, da sie zunehmend mit Rechnungswesen-Agenden befasst sind. Aber auch für **Mitarbeiter in Rechnungswesen-Abteilungen** entwickeln sich die Anforderungen weiter und fordern neben dem bloßen Verbuchen von Geschäftsvorfällen und der anschließenden Aufstellung des Jahresabschlusses Überlegungen dahingehend, wie das in dem Jahresabschluss vermittelte Bild auf seine Adressaten wirkt. **Mitglieder der Unternehmensleitung** haben sich heute wiederum zunehmend auf Basis von Kennzahlen und deren Interpretation gegenüber den Eigentümern ihrer Gesellschaften zu rechtfertigen. Diese und viele weitere Gruppen können zu den internen Adressaten der Bilanzanalyse gezählt werden (siehe Kap. 2.2.3.). Das SWK-Spezial Bilanzanalyse soll ihnen Einblicke geben, wie sie selbst professionell im Rahmen einer Bilanzanalyse vorgehen können und wie umgekehrt unternehmensexterne Gruppen zu ihren Beurteilungen über das Unternehmen kommen.

Unternehmensexterne Adressaten (siehe Kap. 2.2.2.), die angesprochen werden sollen, umfassen u. a. Vertreter von **Investoren, Banken, Lieferanten und anderen Grup-**

pen, die dem Unternehmen (insb., aber nicht ausschließlich) finanzielle oder Sach-Ressourcen zur Verfügung stellen und ihre dafür zu treffenden Entscheidungen mithilfe von Finanzinformationen fundieren möchten. Ihnen soll ein Leitfaden zur Hand gegeben werden, um effektive und effiziente Prozesse für eine Bilanzanalyse aufzusetzen bzw. bereits bestehende Routinen kritisch zu reflektieren.

Wirtschaftstreuhänder stehen häufig zwischen diesen Zielgruppen. Für sie ist die Auseinandersetzung mit der Thematik der Bilanzanalyse ebenso relevant – sei es, dass sie ihre Klienten bei den zuvor angesprochenen Fragen beratend unterstützen, sei es, dass sie, etwa im Rahmen einer Abschlussprüfung, selbst auf die Mittel der Bilanzanalyse zurückgreifen müssen (insb. i. V. m. *„analytischen Prüfungshandlungen"*). Auch sie sollen hierbei durch dieses SWK-Spezial unterstützt werden.

Gemeinsamer Nenner dieser Zielgruppen soll es sein, dass es ihnen um ein Verständnis der Handlungen und um eine kritische, transparente Urteilsfindung geht. Das Ergebnis eines jeden Analyseprozesses sollen stets Entscheidungen sein, die es fundiert aufzubereiten gilt. Das SWK-Spezial Bilanzanalyse versteht sich somit weniger als Buch für Spezialisten, denen es um die Auslotung der letzten Detailfragen geht, sondern vielmehr als Praxisleitfaden insb. für **Entscheidungsträger**, für die Zusammenhänge und Konsequenzen von Bedeutung sind.

1.4. Aufbau des SWK-Spezials

Der Aufbau dieses SWK-Spezials orientiert sich gleichsam an dem typischen Ablauf einer Bilanzanalyse. Dabei soll ein besonderes Augenmerk auf Elemente gelegt werden, die mitunter in Literatur und Praxis etwas zu kurz kommen:

- **Kap. 2** (*„Grundlagen der Bilanzanalyse"*) befasst sich mit den wichtigsten Rahmenbedingungen, die vor einer jeden Bilanzanalyse abzuklären sind – da sie den Rahmen für alle weiteren zu setzenden Schritte setzen. Neben einer Definition des Begriffs *„Bilanzanalyse"* und der Darstellung des zugrunde liegenden Prozesses werden die zwei ersten Fragen aufgearbeitet: Wer sind die Adressaten der Bilanzanalyse, d. h., für wen wird diese durchgeführt? Weiterhin: Wer ist das Analyseobjekt, und welche grds. Besonderheiten sind mit verschiedenen Arten von Analyseobjekten verbunden?

- **Kap. 3** stellt die typischen Bestandteile von Finanzberichten dar, die analysiert werden. Ein Grundverständnis für Bilanz, GuV, Geldflussrechnung etc. ist für alle weiteren Analyseschritte unumgänglich; es kann aber weiterhin das Rechnen so mancher Kennzahl überflüssig machen, da sich viele relevante Informationen mitunter bereits auf einem Blick diesen einzelnen Berichten entnehmen lassen.

- **Kap. 4** widmet sich Grundfragen, die sich in weiterer Folge i. V. m. Kennzahlen stellen: Wie können Kennzahlen gebildet und anschließend Beurteilungsmaßstäbe für diese gefunden werden? Außerdem werden Anforderungen und Gütekriterien für die Auswahl von Kennzahlen und deren Einsatz diskutiert.

- **Kap. 5** stellt die ersten Analysen dar; diese befassen sich jedoch noch nicht mit der Auswertung der Finanzberichte, sondern mit vorhergehenden Analysen – es ist stets ein grds. Verständnis des Analyseobjekts notwendig, ehe eine Auseinandersetzung mit den Finanzinformationen sinnvoll ist. Dies kann mithilfe von Instrumenten der Unternehmens- und Umfeldanalyse geschehen.

- **Kap. 6** widmet sich einem der vielleicht unterschätztesten Schritte im Rahmen der Bilanzanalyse, dem jedoch entscheidende Bedeutung zukommt. Im Fokus stehen hier einerseits die Identifikation von und der Umgang mit bilanzpolitischen Maßnahmen, welche die analysierten Finanzberichte verzerren können. Darauf aufbauend werden andererseits die Maßnahmen dargestellt, die dem Bilanzanalysten offenstehen, um auf diese zu reagieren bzw. auch darüber hinaus mit Problemen i. V. m. den Finanzberichten umgehen zu können („*Abschlussaufbereitungen*").

- **Kap. 7** stellt schließlich Kennzahlen (und deren Verknüpfungen) vor, die sich in der Praxis bewährt haben und wertvolle Dienste zur Vorbereitung von Entscheidungen leisten können. Die Rechenmethodiken werden dargestellt und Anwendungsvoraussetzungen sowie mögliche Schlussfolgerungen und deren Grenzen diskutiert. Die Ausführungen orientieren sich dabei an einer grundlegenden Systematik, die am Anfang des Kap. dargelegt wird und sich an den Erkenntniszielen der zuvor dargestellten Adressaten der Bilanzanalyse orientiert.
- **Kap. 8** stellt aktuelle Entwicklungen hinsichtlich der Bilanzanalyse dar.
- **Kap. 9** schließt die vorliegenden Ausführungen ab und fasst nochmals wichtige Kernaussagen zusammen, welche die Leserinnen und Leser bei ihren Analysen unterstützen sollen.

2. Grundlagen der Bilanzanalyse
2.1. Definition und Ziele der Bilanzanalyse

Der Begriff *„Bilanzanalyse"* ist – anders als bei vielen anderen Themenfeldern des Rechnungswesens – gesetzlich nicht definiert und daher weitgehend offen für Interpretationen und Gestaltungen. Darüber hinaus fehlt der Bilanzanalyse in der BWL bis heute ein klares, geschlossenes theoretisches Fundament – also eine „Theorie der Bilanzanalyse". Im Rahmen der heute gängigen Lehrbuchdefinitionen besteht aber dahingehend Einigkeit, dass es sich dabei um Maßnahmen handelt, die gesetzt werden, um Informationen über Unternehmen aus deren Finanzberichten[1] zu gewinnen und auszuwerten; häufig geschieht dies mit Unterstützung von Kennzahlen, die ermittelt werden. Im Fokus steht dabei die Vermögens-, Finanz- und Ertragslage dieser Unternehmen. Deren Abbildung ist bereits die oberste Zwecksetzung von Finanzinformationen, wie u. a. in § 222 Abs. 2 UGB gefordert wird;[2] und auch in ausländischen sowie internationalen Rechnungslegungsstandards wird hierauf weitgehend einhellig als Zweck der Finanzinformationen abgestellt. Im Rahmen der Bilanzanalyse geht es somit im Wesentlichen um die kritische Auseinandersetzung mit diesen von Unternehmen erstellten Finanzinformationen – sowie in der Folge um deren Aufbereitung und Verdichtung.

Eine Bilanzanalyse konzentriert sich somit auf die **Auswertung von Daten des Rechnungswesens**, die dem Bilanzanalysten zur Verfügung stehen. Diese umfassen:

- den Jahresabschluss (tlw. auch *„Einzelabschluss"* genannt) und Lagebericht nach UGB und/oder
- den Konzernabschluss und Konzernlagebericht nach UGB und/oder
- den Konzernabschluss nach IFRS;
- ergänzende Pflichtpublikationen (Corporate-Governance-Berichte, Börsenprospekte, Offenlegungen nach dem BWG etc.);
- freiwillige Publikationen (Nachhaltigkeitsberichte, Sozialbilanzen, etc.).

Der Begriff *„Bilanzanalyse"* ist damit – streng genommen – irreführend; schließlich ist die Bilanz nur ein Berichtsteil von vielen, der im Zuge einer Bilanzanalyse ausgewertet wird.

---

[1] Da Begriffe wie *„(Jahres-)Abschluss"*, *„Geschäftsbericht"* etc. zu eng bzgl. der ausgewerteten Informationen gefasst sind und daher nicht für den Rahmen der Bilanzanalyse passen (siehe dazu die folgenden Ausführungen), wird in diesem SWK-Spezial von weiter zu verstehenden *„Finanzberichten"* gesprochen; diese sind aber nicht gleich mit den Finanzberichten zu setzen, wie sie etwa im BWG gefordert sind.

[2] *„Der Jahresabschluß hat ein möglichst getreues Bild der Vermögens-, Finanz- und Ertragslage des Unternehmens zu vermitteln."*

Er ist jedoch der in der Praxis weitgehend geläufigste, und viele der weiteren sich anbietenden Begrifflichkeiten teilen dieses Problem:

- **Abschlussanalyse (Jahresabschlussanalyse bzw. Konzernabschlussanalyse):** Der Begriff des Abschlusses ist jedenfalls weiter gefasst als jener der Bilanz; was konkret damit abgedeckt ist, hängt in Österreich z. B. von den einschlägigen Rechtsnormen ab, die für ein Unternehmen Anwendung finden. I. d. R. fallen hierunter aber Bilanz, GuV und Anhang.

- **Geschäftsberichtsanalyse:** Was ein Geschäftsbericht ist, das ist wiederum nicht normiert. Die Praxis zeigt, dass Unternehmen damit zumeist ihre gesamthaft veröffentlichten Finanzberichte bezeichnen, d. h. Jahres- bzw. Konzernabschluss und (Konzern-)Lagebericht. Oftmals sind z. B. auch Corporate-Governance-Berichte oder freiwillige Berichte mit enthalten. Ein so weiter Analysefokus entspricht grds. dem Rahmen einer Bilanzanalyse schon recht gut; allerdings ist es gerade aufgrund dieser Heterogenität und des fehlenden standardisierten Inhalts wenig ratsam, auf diesen Begriff zurückzugreifen, um nicht eine falsche Sicherheit zu signalisieren, mit den Inhalten von Geschäftsberichten im Einzelfall für Bilanzanalysen das Auslangen finden zu können.

- **Unternehmensanalyse:** Dies ist der wohl am weitesten gefasste unter allen verbreiteten Begriffen. Dieser verschiebt jedoch den Fokus von der Frage, welche konkreten Berichte ausgewertet werden, dahin, das Unternehmen gesamthaft, d. h. wie es „hinter" allen Berichten steht, zu erfassen. Sie umfasst somit nicht mehr nur die Daten des Rechnungswesens („*Vermögens-, Finanz- und Ertragslage*"), sondern stellt darüber hinaus auf die Erfolgspotenziale des Unternehmens ab. Man spricht daher auch von einer strategischen Analyse, die i. d. R. über den Rahmen einer Bilanzanalyse hinausgeht. Ein wichtiger Anwendungsfall für die Praxis zeigt sich z. B. bei Due-Diligence-Prüfungen.

Die Bilanzanalyse ist somit ein Teilgebiet der Unternehmensanalyse. Dies kann anhand der drei zentralen betriebswirtschaftlichen Steuerungsgrößen, die unterschieden werden, dargestellt werden: Liquidität, Erfolg (i. S. v. Gewinn) und Erfolgspotenziale.

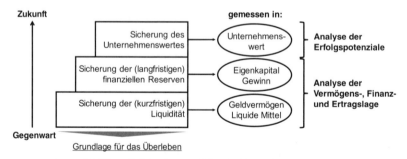

Abbildung 1: Betrachtungsobjekte der Unternehmensanalyse

Die Bilanzanalyse als Teilgebiet der Unternehmensanalyse

Eine der zentralen Herausforderungen für ein Unternehmen besteht in der Aufrechterhaltung seiner **Liquidität**; wenn dies nicht gewährleistet ist, hat dies seinen „Tod" zur Folge: Illiquidität ist in der Praxis der mit großem Abstand häufigste Insolvenzgrund, d. h., Unternehmen sind nicht mehr in der Lage, ihren Zahlungsverpflichtungen nachzukommen; sie verfügen nicht über ausreichend Geld in der Kassa oder auf der Bank hierfür. Aber auch dann, wenn das Unternehmen zwar seinen Zahlungsverpflichtungen nachkommen kann, allerdings nicht über genügend Liquidität verfügt, um seinen Eigentümern (z. B. Aktionären) angemessene Rückflüsse (z. B. Dividenden) zu ermöglichen, werden diese über kurz oder lang die Unternehmensaktivitäten einstellen und ihr Geld anderwärtig (für sie wirtschaftlich sinnvoller) investieren.

Die Liquidität ist daher die wohl dringlichste betriebswirtschaftliche Steuerungsgröße, ohne die ein (kurzfristiges) Überleben nicht möglich ist; sie hat aber leider die negative Angewohnheit, in höchstem Maße volatil zu sein. Ob gerade viel oder wenig Geld in der Handkassa oder am Bankkonto liegt, hat oftmals eher damit zu tun, ob manche Rechnungen früher oder später eintreffen bzw. beglichen werden (müssen), denn mit unternehmerischen Entscheidungen.

Im Sinne einer „Vorsteuerungsgröße" hat es sich daher bewährt, anhand buchhalterischer Größen zu steuern. In der Finanzbuchhaltung als Kern des sog. „externen Rechnungswesens" werden alle Finanzströme des Unternehmens abgebildet, diese werden jedoch zeitlich verteilt – wobei Prinzipien wie etwa das Verursachungsprinzip bzw. das Prinzip der wirtschaftlichen Zuordnung im Fokus stehen. Dadurch werden Zahlungsströme geglättet und damit aussagekräftiger, insb. besser prognostizierbar. Der Erfolgsmaßstab ist hier der **Gewinn** (nicht der „Einzahlungsüberschuss"), anstelle des Bestands an liquiden Mittel ist die korrespondierende Bestandsgröße das **Eigenkapital**. Die Idee hinter dieser Steuerungslogik lautet: *„Je höher die Gewinne, desto eher wird auch eine ausreichend hohe Liquidität gewährleistet sein, um die Zahlungsfähigkeit und damit den Fortbestand des Unternehmens zu gewährleisten."* Eine elegante Lösung, die sich in der Praxis seit Jahrhunderten bewährt hat. Genau an diesem Punkt setzt die Bilanzanalyse an und vermag somit die beiden bisher behandelten Ebenen abzudecken.

Gewinn und Eigenkapital werden im Jahresabschluss abgebildet; dieser ist typischerweise für einen Zeitraum von einem Jahr, d. h. sehr kurzfristig orientiert erstellt. Es wird abgebildet, wie viel ein Unternehmen erwirtschaftet, allerdings nicht, aus welchen Gründen es dies tut. Ein Unternehmen erwirtschaftet seine Gewinne grds. auf Basis der Qualität seiner Produkte und Dienstleistungen; diese werden im Jahresabschluss nicht abgebildet, sind aber die zentrale Steuerungsgröße für das Management, aus der alles weitere folgt. Man nennt solche Steuerungsgrößen **Erfolgspotenziale**, die eigentlich über das unternehmerische Wohl oder Weh entscheiden. Weitere Beispiele sind:

- Qualität des Managements,
- überlegene Produktqualität,
- weitreichende Vertriebssysteme,
- wichtige Patente und Lizenzen etc.

Erfolgspotenziale sind typischerweise besonders schwer aufzubauen und daher von langfristiger, strategischer Natur. In Finanzberichten (die eher der operativen Ebene zugeordnet werden) können diese aufgrund ihrer qualitativen Natur nicht oder nur unzureichend abgebildet werden – dennoch sind dies die eigentlichen Faktoren, die für eine Analyse von zentralem Interesse sein sollten. Finanzberichte können aber auch Hinweise geben, wie die Erfolgspotenziale eines Unternehmens zu beurteilen sind, da sich diese letztlich in Form von Gewinnen niederschlagen sollen. Mit diesem Zusammenhang vor Augen zeigt sich ein nicht unbedeutender Zusammenhang von Bilanzanalyse und Unternehmensanalyse. Auch wenn eine umfassende Unternehmensanalyse regelmäßig den möglichen Rahmen einer Bilanzanalyse überschreitet, hat der Bilanzanalyst diese zentralen Fragen stets mitzudenken, da sie die eigentlich entscheidungsrelevanten sind. Die Unternehmensbewertung ist ein der Bilanzanalyse sehr eng verwandtes (und über diese hinausgehendes) Themengebiet der BWL, das sich weitergehend mit diesen Erfolgspotenzialen auseinandersetzt und mit ihrer Quantifizierung – in Form eines ermittelten Unternehmenswerts – befasst.

Die Bilanzanalyse ist darüber hinaus grundlegend **zukunftsgerichtet**. Nur in wenigen Fällen ist es als Selbstzweck interessant, detailliert Gründe für vergangene Erfolge oder Misserfolge zu recherchieren (etwa im Rahmen forensischer Prüfungen); im Fokus steht die Frage, mit welchen zukünftigen Erfolgen vor dem derzeitigen Hintergrund zu rechnen ist und was man somit für zukünftige Entscheidungen lernen kann. Dies setzt aber voraus, die aktuelle Lage eines Unternehmens zu verstehen, die wiederum der (vorläufige) Endpunkt vergangener Entwicklungen ist.

Die Bilanzanalyse versucht, zukünftige Entscheidungen mit nützlichen Informationen zu unterstützen. Dies wirft die Frage auf, wann eine Information als **nützlich** zu qualifizieren ist; dies trifft bei Weitem nicht auf jede zu, und nicht zuletzt gilt auch hier: Weniger ist mehr. Es hat sich dabei als sinnvoll erwiesen, solche Informationen als nützlich zu qualifizieren, die den Entscheidungsträgern helfen, ihre Entscheidungen anders (besser) zu treffen, als sie es ohne diese Informationen getan hätten. Das heißt: Nützliche Informationen helfen, Fehler zu vermeiden; sie erhöhen die Wahrscheinlichkeit substanziell, dass Entscheidungen getroffen werden, die sich im Nachhinein als richtig herausstellen.

Ein zentrales Prinzip gilt für die Bilanzanalyse in gleichem Maße wie für die meisten anderen Themenbereiche der BWL: Die Bilanzanalyse muss sich hinsichtlich ihrer Ausgestaltung stets einer strengen **Kosten-Nutzen-Betrachtung** unterziehen. Man kann Heerscharen an Bilanzanalysten beschäftigen und jeden Finanzbericht bis in die letzten Details durchleuchten; dies wird aber mit entsprechend hohen Kosten verbunden sein, und die Frage dabei lautet, ob die so gewonnenen zusätzlichen Informationen in einer Relation dazu stehen. Besonders relevant ist dies für die Ausgestaltung der ersten Schritte im Prozess der Bilanzanalyse, die in der Folge vorgestellt werden (insb. Umfeld- und Unternehmensanalyse sowie Aufbereitung der Finanzberichte). Umgekehrt wäre es aber mindestens genauso fatal, aus diesem Grund an der Schaffung geeigneter Rahmenbedingungen für eine qualitative Bilanzanalyse zu sparen und einfach „*wild drauf los zu rechnen*", da diesfalls wohl geringe Kosten kaum vorhandenem Nutzen aus den Analysen gegenüberstünden.

2.2. Adressaten der Bilanzanalyse und Folgen für die Bilanzanalyse
2.2.1. Grundlegendes

Für eine Bilanzanalyse braucht es – neben einem Analyseobjekt, um das es geht – zwei zentrale Akteure: den **Analysten** und den **Adressaten**. Der eine ist für die Informationsgewinnung und -aufbereitung verantwortlich, der andere hat diese zu nützen, um Entscheidungen zu treffen und Maßnahmen abzuleiten.

Gelegentlich fallen beide Rollen zusammen; das bedeutet dann, dass die Personen, welche die Informationen nützen sollen, sich diese auch selbst besorgen. Das ist mit dem Vorteil verbunden, dass diese i. d. R. am besten über ihre Informationsbedürfnisse Bescheid wissen und eine entsprechend zielorientierte Analyse durchführen können. In der Praxis scheitert dies aber zumeist daran, dass diese Personen in hierarchisch gehobenen Positionen sind und damit nicht über die ausreichenden Zeitressourcen verfügen, um diese aufwendigen Analysen selbst durchzuführen. Außerdem fehlt ihnen mitunter häufig das einschlägige (Rechnungswesen-)Detailwissen, das hierfür nötig ist. Diesfalls fallen die Rollen von Analyst und Adressat auseinander, und es werden Experten mit der Durchführung der Bilanzanalyse betraut.

Diese Experten können zumeist Fachwissen, Erfahrung und hoffentlich auch die notwendigen zeitlichen Ressourcen mitbringen, um fundierte Analysen durchzuführen und für die Adressaten der Bilanzanalyse aufzubereiten. Als große praktische Herausforderung ist hierbei aber die zielgruppengerechte Durchführung der Bilanzanalyse zu sehen – von den ersten Schritten bis zur Darstellung der Ergebnisse und den daraus folgenden

Schlüssen. Nicht die Bilanzanalysten selbst sollen mit diesen Ergebnissen glücklich werden, sondern die Adressaten. Das setzt voraus, dass der Bilanzanalyst weiß,

- welches Vorwissen er bei den Adressaten voraussetzen kann und
- was die Adressaten an Informationen benötigen, um ihre Entscheidungen zu treffen.

Beide Punkte lassen sich unter dem Schlagwort der *„Adressatenorientierung"* (bzw. *„Serviceorientierung"*) zusammenfassen. So einleuchtend dies erscheint, so sehr zeigt sich in der Praxis aber auch, dass dies regelmäßig nicht gewährleistet wird. Auswertungen in unverständlichem Fach-Kauderwelsch sowie eine Überflutung mit für die Adressaten letztlich irrelevanten Kennzahlen sind die Konsequenz. Qualitativen Entscheidungen ist das grds. nicht zuträglich.

Ausgangspunkt einer Bilanzanalyse ist somit die Frage, wer die gewonnenen Informationen nützen soll – und welche Bedürfnisse er hinsichtlich dieser mitbringt. Hierbei werden i. d. R. zwei große Gruppen von möglichen Adressaten unterschieden: unternehmensexterne und unternehmensinterne. Für beide Fälle sind weiterhin unterschiedliche Möglichkeiten verbunden, überhaupt zu Informationen für die Bilanzanalyse zu gelangen, da typischerweise bei externen Adressaten auch die Bilanzanalysten selbst externe sein werden und umgekehrt. Korrespondierend spricht man deswegen von einer externen und internen Bilanzanalyse.

2.2.2. Unternehmensexterne Adressaten

Die Gruppe der unternehmensexternen Adressaten ist eine besonders heterogene; hierunter können theoretisch alle Personen fallen, die in irgendeiner Form in Kontakt mit den Finanzberichten eines Unternehmens kommen und hieran gewissen Interessen knüpfen. Wie eingangs dargestellt, wird dies insb. dann der Fall sein, wenn von diesen Personen Ressourcen für das Unternehmen zur Verfügung gestellt werden. Eine Unterscheidungsmöglichkeit wäre hier nach Ressourcengebern i. e. S. und i. w. S. – die Literatur spricht auch von den *„Stakeholdern"* oder **Anspruchsgruppen** eines Unternehmens.

Die Gruppe der **Ressourcengeber i. e. S.** umfasst solche, die dem Unternehmen mehr oder weniger unmittelbar finanzielle Mittel zur Verfügung stellen. Dies kann entweder in Form von Eigen- oder Fremdkapital erfolgen. Die Mittelgewährung kann darüber hinaus bei einigen dieser Gruppen eher langfristig oder kurzfristig orientiert sein.

Als zentrale Untergruppe wären hier **Investoren** zu nennen. Diese geben Eigenkapital und erhalten dafür einerseits gewisse Mitbestimmungsrechte an dem Unternehmen, in das sie investieren. Für das Risiko ihrer Investition werden sie mit finanziellen Rückflüssen, z. B. in Form von Dividenden, entschädigt; darüber hinaus können sie zumeist regelmäßig ihre Anteile am Unternehmen wieder abstoßen und zu Geld machen. Relevanten Fragen in den verschiedenen Fragen des Investitionsprozesses lauten somit z. B.:

- Sollen Anteile an einem bestimmten Unternehmen gekauft werden?
- Sollen Anteile an einem bestimmten Unternehmen verkauft werden?
- Werden die Interessen der Investoren von der Unternehmensleitung durchgesetzt, oder ist z. B. ein Austausch dieser Unternehmensleitung erforderlich?

Wenn Investoren eher kurzfristig orientiert sind, steht insb. eine möglichst hohe Rendite, die sie mit ihrer Investition erzielen, im Fokus. Ein Beispiel hierfür wären etwa Investmentbanken oder sog. Hedge-Fonds. Nach einigen Jahren sollen dann die gehaltenen Anteile wieder veräußert werden; so lange hat das Unternehmen auch zu überleben und eine positive Entwicklung aufzuweisen. Was danach kommt, ist nicht mehr von Interesse für diese Gruppe. Langfristig orientierte Investoren wägen demgegenüber Faktoren wie eine nachhaltige finanzielle Stabilität stärker mit Renditeansprüchen ab und sind auch eher bereit, diese (zumindest für gewisse Zeit) hintanzureihen. Besonders ausgeprägt ist diese Einstellung i. d. R. bei sog. Familienunternehmen, d. h., wenn ein Unternehmen mitunter seit Generationen im Eigentum einer Familie steht.

Fremdkapitalgeber umfassen zunächst einmal typischerweise **Banken**; sie stellen finanzielle Mittel zur Verfügung, für die aber eine Rückzahlungsverpflichtung in einem festgelegten Rahmen vorgesehen ist. Als Entgelt für diese Mittelgewährung erhalten sie weiterhin Zinsen, welche die Grundlage für den Gewinn (die Rendite) dieser Ressourcengeber darstellen. Das Hauptaugenmerk dieser Gruppe liegt folglich darauf, ob ein Unternehmen in der Lage sein wird, seinen diesbezüglichen Verpflichtungen nachzukommen. Auch hier ist allerdings im Hinblick auf die Fristigkeit der Orientierung als besonderer Typus dieses Fremdkapitalgebers die Hausbank zu nennen, die i. d. R. eine lange Geschäftsbeziehung zum Unternehmen verbindet und daher eine besonders langfristige Orientierung kennzeichnet.

Ressourcengeber i. w. S. umfassen demgegenüber Gruppen, die ebenso Ressourcen zur Verfügung stellen, bei denen es sich aber nicht unmittelbar um finanzielle Mittel handelt. Da dies ein sehr vielfältiges Spektrum an Möglichkeiten eröffnet, sind diese Gruppen auch relativ heterogen. Genannt werden können etwa:

- **Mitarbeiter:** Diese stellen als Ressource ihre Arbeitsleistung zur Verfügung und wollen dafür sicherstellen, dass sie ihre Lohn- und Gehaltszahlungen erhalten, und zwar einerseits für bereits erfolgte Arbeitsleistungen, andererseits aber auch im Hinblick auf zukünftige Arbeitsleistungen, also i. S. einer Arbeitsplatzsicherheit. Weiterhin kann es hinsichtlich möglichen Spielraumes für Gehaltsverhandlungen für diese Gruppe interessant sein, ein Bild von der wirtschaftlichen Lage ihrer Arbeitgeber zu gewinnen.
- **Lieferanten:** Diese treten in – häufig langfristig ausgerichtete – Geschäftsbeziehungen mit dem Unternehmen und sind interessiert daran, dass diese möglichst aufrechterhalten bleiben; insb. dann, wenn z. B. vonseiten des Lieferanten Investitionen notwendig sind, um in die Geschäftsbeziehung zu treten bzw. diese aufrechtzuerhalten. In der Druckbranche müssen z. B. eigens Maschinen angeschafft werden, mit denen ausschließlich die Zeitungen gewisser Verlage gedruckt werden (können). Entsprechend ist hier die Frage zentral, ob bestehenden Verpflichtungen aus der Geschäftsbeziehung nachgekommen bzw. ob die Geschäftsbeziehung auch aufrechterhalten werden kann.
- **Kunden:** Spiegelbildlich zu denn Lieferanten verhält es sich mit der Gruppe der Kunden eines Unternehmens. Auch hier ist relevant, inwieweit ein Unternehmen wirtschaftlich in der Lage sein wird, seinen Verpflichtungen nachzukommen. Besonders wichtig ist dies etwa dann, wenn langfristige Bindungen eingegangen werden oder z. B. hohe Vorauszahlungen durch die Kunden geleistet werden.
- **Staat:** Die Interessen der öffentlichen Hand sind vielfältig; z. B. seien hier die Insolvenzvermeidung bzw. -früherkennung, die Sammlung von Steuereinnahmen oder auch Erwägungen hinsichtlich gesellschaftlicher Umverteilungsmaßnahmen genannt (was gerade in unserer heutigen Zeit wieder ein *„heißes Eisen"* geworden ist). Darüber hinaus erfassen zahlreiche staatliche oder staatsnahen Stellen (z. B. die *Statistik Austria*) wirtschaftliche Daten von Unternehmen aus statistischen Gründen, die dann wiederum Grundlage für staatliche Eingriffe in das Wirtschaftsgeschehen darstellen können. In all diesen Punkten kann sich auch die öffentliche Hand Instrumente und Maßnahmen bedienen, die einer Bilanzanalyse gleichkommen.
- **Interessenvertretungen:** Darüber hinaus sind auch Gruppierungen anzuführen, die zwar nicht eigene Interessen verfolgen, aber die Interessen anderer Gruppen vertreten und bündeln. Wichtige nationale Beispiele sind etwa verschiedene Ge-

Grundlagen der Bilanzanalyse

werkschaften, die Arbeiterkammer oder die Wirtschaftskammer. Für diese sind verschiedene Themen (sowie ganz generell „Weltanschauungen") charakteristisch, die verfolgt werden; zur Untermauerung der einen Position greifen Vertreter diese Gruppe sogar in ganz besonderem Ausmaß zu Mitteln der Bilanzanalyse – man denke nur daran, mit welchem Aufwand die Arbeiterkammer hierzulande jährlich die Abschlüsse börsenotierter Unternehmen „zerpflückt" und anschließend einen breiten Katalog an Maßnahmen für eine „gerechtere" Gesellschaft präsentiert (und wie die Wirtschaftskammer auf ähnlichem Wege zu regelmäßig diametral entgegengesetzten Schlüssen kommt).

Für all diese Gruppen spielen Analysen zur finanziellen Stabilität wie zum erwirtschafteten Erfolg eines Unternehmens in unterschiedlichem Ausmaß eine Rolle. Unterschiede finden sich jedoch insb. hinsichtlich der Priorisierung sowie der Zwecke, die mit den gewonnenen Informationen verfolgt werden. Tendenziell haben allerdings Ressourcengeber i. e. S. weiter reichende Möglichkeiten, an Informationen zu gelangen (diese ggf. sogar einzufordern) und ihre Interessen durchzusetzen.

2.2.3. Unternehmensinterne Adressaten

Natürlich macht eine Rechnungslegung aus den zuvor geschilderten Gründen insb. dann Sinn, wenn sie sich an unternehmensexterne Adressaten richtet, die sonst keine Möglichkeit haben, an Informationen über die wirtschaftliche Lage eines Unternehmens zu gelangen. Den Vertretern des Unternehmens selbst stehen demgegenüber i. d. R. weit umfassendere Informationsquellen zur Verfügung. Allerdings haben sehr wohl auch unternehmensinternen Gruppen einen Nutzen daraus, sich mit den eigenen Finanzberichten zu befassen.

Wenn etwa das **Management** eines Unternehmens von seinen Arbeitgebern – letztlich den Eigenkapitalgebern – anhand des in den Finanzberichten vermittelten Bildes über das Unternehmen beurteilt, honoriert oder ggf. freigestellt wird, so ist es in seinem ureigensten Interesse, zu wissen, wie dieses Bild ausfällt – um es ggf. in weiterer Folge im eigenen Sinne beeinflussen zu können. Dies trifft dabei aber nicht nur auf das Topmanagement zu; auch untere Ebenen von Führungskräfte (etwa Geschäftsbereichsleiter, Abteilungsleiter etc.) teilen dieses Interesse, wenngleich für sie relevante Folgen i. d. R. nicht von den Eigenkapitalgebern selbst, sondern auf mittelbarem Wege vom Topmanagement ausgehen.

Unterstützung erhält das Management dabei zumeist von Abteilungen, die in einer inhaltlichen Nähe zur Finanzberichterstattung stehen. Zu nennen sind hier insb. **Rechnungswesen** und **Controlling**. Diese führen die Bilanzanalyse häufig durch und bereiten daraus folgende Ableitungen bereits als Entscheidungsgrundlage für das Management vor.

Gerade in komplexen Konzernstrukturen ist die Bilanzanalyse darüber hinaus eines der wenigen zur Verfügung stehenden Mittel, in der Konzernzentrale noch den Überblick über das Geschehen im Konzern zu bewahren. Hier hat sich in der jüngeren Vergangenheit das **Beteiligungscontrolling** als Betätigungsfeld entwickelt, in dem die Bilanzanalyse eine zentrale Rolle spielt. In solchen Abteilungen prägen z. B. folgende Fragen den Alltag: Welche Geschäftsbereiche funktionieren besser, welche schlechter? Wie erfolgreich sind deren Führungskräfte? Ist ein Abwertungsbedarf für einzelne Beteiligungen im Konzernabschluss gegeben? In kleineren Unternehmen können stattdessen die Eigenkapitalgeber selbst interne Anspruchsgruppen sein. Man denke etwa an eine GmbH, in der die Gesellschafter gleichzeitig Geschäftsführer sind.

Eigentlich im Übergang zwischen den internen und externen Adressaten sind auch **Wirtschaftsprüfer** zu verorten, die etwa die Abschlüsse eines Unternehmens prüfen.

SWK-Spezial: Bilanzanalyse

Solche Abschlussprüfer sind durch die für sie gültigen berufsrechtlichen Normen verpflichtet, Bilanzanalysen durchzuführen. Dies soll ihnen helfen, ein generelles Verständnis für das zu prüfende Unternehmen zu gewinnen, Schwerpunkte für ihre Prüfungen festzulegen und mögliche Hinweise auf Bilanzdelikte zu identifizieren. Auch für diese folgen somit ganz spezifische Interessen und ein eigener Katalog an Anforderungen i. V. m. einer Bilanzanalyse.

Ein grds. Vorteil interner Anspruchsgruppen besteht, wie dargestellt, in dem weitaus umfassenderen Zugang zu aktuellen Informationen über das Unternehmen. Neben den erstellten (oder zu erstellenden) Finanzberichten können so etwa auch Planungsrechnungen im Zuge einer Bilanzanalyse betrachtet werden. Weiterhin spielen Berichte und Detailinformationen aus der Kostenrechnung eine größere Rolle, was eine Vielzahl an zusätzlichen Auswertungen und Erkenntnissen zulässt. Auf den grds. Ablauf und die Ziele der Bilanzanalyse hat dies aber i. d. R. keine Auswirkungen.

2.3. Ablauf der Bilanzanalyse

Wie wir bereits in der Einleitung betont haben, wird in diesem SWK-Spezial eine prozessuale Sichtweise der Bilanzanalyse vertreten. In der Praxis hat sich gezeigt, dass eine qualitativ hochwertige Bilanzanalyse, die zu sinnvollen, für die jeweiligen Adressaten nützlichen Ergebnissen führt, bestimmte Schritte aufweisen muss. Dabei sind insb. die frühen Schritte besonders ergebniskritisch, bei denen jedoch leider häufig gespart wird. Die nachfolgende Abbildung skizziert den Ablauf dieses Prozesses; die nachfolgenden Kap. dieses SWK-Spezials widmen sich ihnen im Detail (in thematischem Zusammenhang, d. h. in von der skizzierten Schrittfolge etwas abweichender Anordnung):

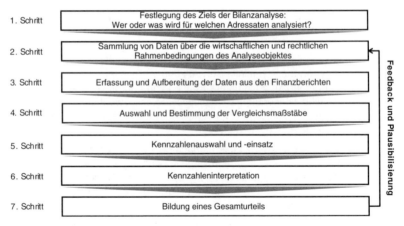

Abbildung 2: Prozess der Bilanzanalyse

Im Einzelnen lässt sich zu den anführten Schritten das Folgende festhalten:

1. **Festlegung des Ziels der Bilanzanalyse:** Der erste notwendige Schritt für die Durchführung einer Bilanzanalyse ist nur auf den ersten Blick hin ein trivialer. Unklarheiten in dieser Phase strahlen auf alle weiteren Schritte im Analyseprozess aus; die Konsequenzen hieraus sind eine eingeschränkte Effektivität und Effizienz der gesamten Analyse. Klarheit muss daher hinsichtlich der folgenden Punkte bestehen:
   – Was ist das genaue Analyseobjekt (z. B. ein einzelnes Unternehmen, Geschäftsbereiche, Konzerne etc.)?
   – Für wen wird es analysiert (d. h., wer sind die Adressaten der Bilanzanalyse)?

Grundlagen der Bilanzanalyse

- Warum wird es analysiert (d. h., was genau wollen die Adressaten der Bilanzanalyse in Erfahrung bringen, was benötigen sie an Entscheidungsgrundlagen)?
- Wer ist für die Analyse verantwortlich?
- Welche (zeitlichen, personellen etc.) Ressourcen stehen für die Analyse zur Verfügung?

Diese Punkte sind idealerweise gleich am Anfang verbindlich zu dokumentieren; auf ihrer Grundlage ist der konkretisierte Ablaufplan für alle weiteren Schritte abzuleiten.

2. **Sammlung von Daten über die wirtschaftlichen und rechtlichen Rahmenbedingungen des Analyseobjekts:** Der nächste Schritt wird häufig nicht direkt mit einer Bilanzanalyse in Verbindung gebracht, sondern eher mit strategischen Analysen. Allerdings wurde bereits zuvor dargestellt, dass derartige Aspekte auch für die Bilanzanalyse bedeutsam und immer bedeutsamer werdend sind. Daher sollte anfangs – noch bevor man zu den Finanzberichten greift – ein Verständnis für das Analyseobjekt erworben werden: In welcher Branche ist es tätig? In welchen Märkten? Welche Ausgangslagen und Entwicklungen sind für diese charakteristisch? Wie haben sich z. B. andere Analysten, Interessenvertretungen etc. zum Analyseobjekt bisher geäußert?

Ziel soll ein möglichst umfassendes Verständnis dafür sein, mit wem man es eigentlich genau zu tun hat und was die konkreten Fragen sind, die besonders relevant sind im Zuge der Analyse. Dies beeinflusst die weiteren Analyseschritte ganz erheblich, da z. B. andere Kennzahlen erhoben werden können, unterschiedliche Vergleichsobjekte als geeignet erscheinen etc. Kurz gesagt: *„Ohne das Unternehmen zu verstehen, kann man es nicht verstehen."* In der Literatur hat sich für derartige Analysen ein eigenständiges Instrumentarium entwickelt; auf dieses sollte auch der Bilanzanalyst zurückgreifen, um ein strukturiertes Vorgehen zu gewährleisten (siehe Kap. 5.).

3. **Erfassung und Aufbereitung der Daten aus den Finanzberichten:** Die beiden vorhergehenden Schritte ließen sich auch unter dem Motto zusammenfassen: *„Kein Abtippen von Finanzberichten, ehe man nicht genau weiß, worum es eigentlich geht."* Sobald diese Gewissheit aber gewährleistet ist, beginnen jene Analyseschritte, die als typisch für eine Bilanzanalyse wahrgenommen werden.

Im folgenden Schritt müssen also die Daten aus den Finanzberichten einmal erfasst werden. Dies geschieht typischerweise mittels EDV-Unterstützung: Gelegentlich finden sich eigene Computerprogramme für die Bilanzanalyse im Einsatz, häufiger wird allerdings *MS Excel* als Werkzeug genützt. Man kann die Daten mittels „Handarbeit" vom Papier (oder aus der pdf-Datei) in die Auswertungsmasken übertragen, oder aber man verwendet eigens entwickelte Programme für die Extraktion.

Aber nicht nur das Abtippen selbst fällt unter diese Phase; hierbei handelt es sich ja für sich genommen um eine intellektuell wenig herausfordernde Aufgabe. Auch die Aufbereitung des Zahlenmaterials ist an dieser Stelle mit zu besorgen. Wenngleich die Möglichkeiten für den (externen) Analysten eingeschränkt sind, steht es ihm doch oftmals offen, gewisse Verzerrungen zu identifizieren und zu beheben. Ziel ist es, „besseres" Zahlenmaterial zu generieren, als man es ursprünglich vorfindet. „Besser" ist dabei zu verstehen als *„näher an der wirtschaftlichen Realität"*, so wie sie der Bilanzanalyst wahrnimmt (siehe Kap. 6.). Sinnvolle Input-Daten haben für die weiteren Schritte im Prozess der Bilanzanalyse den Vorteil, dass bessere Outputs, d. h. Entscheidungsgrundlagen, erzielt werden können. Wie an vielen anderen Stellen des Lebens gilt nämlich auch hier der Grundsatz: *„garbage in, garbage out"*. Das macht die Sicherung der Datenqualität so besonders entscheidend.

4. **Auswahl und Bestimmung der Vergleichsmaßstäbe:** Ein generelles, ganz zentrales Problem der Bilanzanalyse ist jenes, dass absolute Beurteilungsmaßstäbe

fehlen. Um Entscheidungen treffen zu können, müssen Istwerte mit wünschenswerten oder angestrebten Vorgaben, sog. Sollwerten, verglichen werden. Aus dieser Gegenüberstellung kann dann ersichtlich sein, ob man über oder unter diesem Soll liegt, und in Folge abgeleitet werden, ob bzw. welcher Handlungsbedarf besteht. Wie allerdings später noch ausführlich dargelegt wird, müssen auch diese Sollwerte letztlich i. d. R. vom Bilanzanalysten festgelegt werden und beruhen damit ebenso wieder auf (subjektiven) Entscheidungen (siehe Kap. 4.1.). Möglich sind hierfür zwei weitere Vergleichsmaßstäbe, denen daher zentrale Bedeutung zukommt: Zeitreihen- und Betriebsvergleiche. Beide sind allerdings mit weiteren Erhebungsarbeiten (ganz i. S. d. vorgelagerten Analyseschritts) verbunden, die nach Festlegung des heranzuziehenden Vergleichsmaßstabs erforderlich sind.

5. **Kennzahlenauswahl und -einsatz:** Unmittelbar nach – bzw. manchmal auch parallel zu – dem vorhergehenden Schritt können nun endlich Kennzahlen festgelegt und bestimmt werden. Die große Herausforderung liegt hierbei darin, sich auf wenige, dafür aussagekräftige Kennzahlen zu beschränken. Diese müssen nicht immer kompliziert oder in zeitgeistiges Anglizismen-Gewand gekleidet sein; zentrale Gütekriterien sind die Verständlichkeit für die Adressaten der Bilanzanalyse und die Aussagekraft hinsichtlich des Analyseziels.

6. **Kennzahleninterpretation:** Nach Bestimmung der relevanten Kennzahlen für das Analyseobjekt und Ermittlung der für die Bilanzanalyse relevanten Vergleichsmaßstäbe kann anschließend zur Interpretation des Ergebnisses geschritten werden. Die Aufgabe liegt darin, einerseits differenziert, andererseits aber gleichzeitig konkret und verbindlich zu Ableitungen zu kommen. Dabei muss sich Bilanzanalyst, wie dargestellt, an den zukünftigen Entwicklungen bzw. Entwicklungsmöglichkeiten orientieren. Jede Interpretation ist an dieser Stelle somit eine Einschätzung, und sehr häufig werden die damit verbundenen Unsicherheiten große sein. Den Adressaten ist dann allerdings auch wenig geholfen, wenn das Ergebnis der Analyse lediglich ein *„Nichts Genaues weiß man nicht"* ist. Hier ist letztlich der Mut gefordert, verbindliche Aussagen zu treffen, diese aber gleichsam zu begründen und die zugrunde liegenden Annahmen transparent zu dokumentieren.

7. **Bildung eines Gesamturteils:** Zumeist werden mehrere Kennzahlen als nur eine ermittelt; insb. dann, wenn der Zweck der Analyse ein Abwägen verschiedener Interessen erfordert (z. B. finanzielle Stabilität und wirtschaftlicher Erfolg). Diesfalls ist ein Gesamturteil erforderlich, das über die Interpretation der einzelnen Kennzahlen hinausgeht und ein abschließendes Gesamtfazit in Form konkreter Empfehlungen ableitet. Dieses muss alle relevanten Aspekte für die Analyse gleichsam berücksichtigen – nicht nur hinsichtlich der ermittelten Kennzahlen, sondern auch in Anbetracht der Erkenntnisse aus vorgelagerten Prozessschritten (insb. hinsichtlich der Umfeld- und Unternehmensanalyse) – und stellt daher besondere Anforderungen an den Bilanzanalysten (siehe Kap. 4.4.).

Zur Sicherung und Weiterentwicklung der Qualität der Analysen sind **Feedbackschleifen** vorzusehen. Hiervon profitieren laufende und zukünftige Bilanzanalysen.

Im Rahmen der Gesamturteilsbildung für ein konkretes Analyseobjekt kann das abgeleitete Urteil nochmals **plausibilisiert** werden: Inwieweit passt das aus den Finanzberichten abgeleitete Bild zu dem Verständnis vom analysierten Unternehmen, das der Bilanzanalyst am Anfang des Prozesses erworben hat? Sind manche Ergebnisse für ihn überraschend? Wenn es hier zu einem widersprüchlichen Bild kommt, kann dies als Anlass genommen werden, einzelne Schritte nachzujustieren, z. B. die Aufbereitung der Daten zu modifizieren oder bei der Wahl der Kennzahlen nachzuschärfen. Eine andere Folge kann es aber auch sein, die aus der Analyse abgeleiteten Interpretationen anzupassen.

Grundlagen der Bilanzanalyse

Eine Bilanzanalyse wird typischerweise nicht einmal durchgeführt und ist dann abgeschlossen, sondern sie ist ein **laufender Prozess**. Investoren analysieren z. B. regelmäßig die Entwicklungen ihrer Investitionsobjekte bzw. laufend neue nach denselben Routinen. Die vorgenommenen Beurteilungen als Endergebnis der Bilanzanalysen können somit weiterhin den tatsächlich folgenden Entwicklungen gegenübergestellt werden; daraus können Erkenntnisse für zukünftige Beurteilungen bzw. generell für die Herangehensweise an den Prozess der Bilanzanalyse gewonnen werden. Aus diesem Grund sollten die Adressaten der Bilanzanalyse ihren tatsächlich wahrgenommenen Nutzen auch an die Bilanzanalysten zurückspielen (bzw. sollte dies sogar von den Bilanzanalysten eingefordert werden). Somit knüpfen an diese Analysen kontinuierliche **Lernprozesse**.

2.4. Besonderheiten verschiedener Analyseobjekte und Folgen für die Bilanzanalyse

Bisher wurde insb. die Notwendigkeit einer klaren Festlegung, wer für wen die Bilanzanalyse durchzuführen hat, behandelt. Die Rahmenbedingungen für die Analyse werden aber in Folge gleichsam durch die Wahl des konkreten Analyseobjektes festgelegt. Hinsichtlich gewisser Analyseobjekte folgen bereits grds. Besonderheiten, die manche Betrachtungen entweder besonders interessant oder aber bedeutungslos bis sogar nicht durchführbar machen.

Zunächst kann die **Rechtsform** des Analyseobjekts genannt werden. Dies wirkt sich zunächst i. d. R. nur gering auf die entfalteten Aktivitäten bzw. den wirtschaftlichen Erfolg eines Unternehmens aus. Allerdings ist es gerade für den österreichischen Rechtsrahmen charakteristisch, dass unterschiedliche Bestimmungen zur Rechnungslegung an die verschiedenen Rechtsformen knüpfen. Diese betreffen Fragen wie die folgenden:

- Aus welchen einzelnen Bestandteilen bestehen die veröffentlichten Finanzberichte (bzw. müssen überhaupt Finanzberichte veröffentlicht werden)?
- Wie sind insb. Bilanz und GuV aufgebaut? Welche ergänzenden Anhangangaben sind vorgesehen?
- Gibt es für unternehmen verschiedener Größenklassen zusätzliche größenabhängige Erleichterungen hinsichtlich ihrer Rechnungslegung?
- Müssen diese Informationen durch einen (Abschluss-)Prüfer geprüft werden?

Hierbei sind etwa zwischen einer GmbH und einer AG geringere Unterschiede festzustellen als etwa zwischen diesen Kapitalgesellschaften und Personengesellschaften. Besondere Einschränkungen ergeben sich, wenn dann Rechtsformen wie etwa Vereine oder Bundesstiftungen ins Spiel kommen, bzgl. deren kaum verwertbare Informationen für eine Bilanzanalyse zugänglich sind (und wenn diese zugänglich sind, sehen sie wesentlich anders aus, als man es etwa von „gewöhnlichen" Kapitalgesellschaften gewöhnt ist). Besonders dann, wenn von Gesetzes wegen nur eine einfache Einnahmen-Ausgaben-Rechnung von einem Unternehmen gefordert wird, sind herkömmliche Instrumente der Bilanzanalyse schnell an ihren Grenzen angekommen, und deren Anwendung ist somit (weitgehend) sinnlos (allenfalls eine Auswertung, wie sie für Geldflussrechnungen erfolgt, kann mitunter angedacht werden).

Von gleichsam zentraler Bedeutung sind die verschiedenen **Branchen**, in denen ein Unternehmen tätig sein kann. Dies aus zwei Gründen:

- Tlw. knüpfen auch an diese Branchen **unterschiedliche (gesetzliche) Bestimmungen** – nicht zuletzt wieder zur Rechnungslegung. Als besonders „prominente" Beispiele sind die Branchen Banken- und Versicherungswesen zu nennen. Aufgrund der spezifischen Geschäftsmodelle waren hier Anpassungen der allgemeinen Bestimmungen erforderlich. Z. B. beginnt eine Banken-GuV mit dem, was man bei „gewöhnlichen" Unternehmen als Finanzerfolg gegen Ende der GuV vermuten würde; dafür fehlen wiederum „gewöhnliche" Umsatzerlöse (da insb. die Zinsen, die eine Bank erhält, ihre Umsatzerlöse darstellen). In den Bilanzen von Versicherern finden sich demgegenüber „Schwankungsrückstellungen", die anderen Branchen fehlen, aber eine wesentliche Größenordnung für die Beurteilung einnehmen. Dies erfordert natürliche eine Anpassung in den Berechnungsweisen (fast) aller Kennzahlen.

- Darüber hinaus unterscheidet sich auch bei grds. identisch anzuwendenden Rechnungslegungsbestimmungen das Bild, das in den Finanzberichten vermittelt wird. So sind unterschiedliche Branchen typischerweise durch **abweichende Unternehmensgrößen** (und damit z. B. Umsatzerlösen und Bilanzsummen in Eurobeträgen), **Margen, Rentabilitäten** etc. gekennzeichnet. In manchen Branchen spielen tendenziell das Sachanlagevermögen und dessen Bewirtschaftung eine Rolle (z. B. Energieversorger), in anderen die immateriellen Vermögensgegenstände des Anlagevermögens (z. B. Pharma-Unternehmen), in anderen wiederum das Umlaufvermögen (z. B. im Handel), und letztlich gibt es Branchen, in denen die Bilanz überhaupt nur eine untergeordnete Rolle spielt (z. B. im Consulting oder in der Wirtschaftsprüfung; ähnlich auch die Software-Branche, die ihr Vermögen – i. d. R. selbst entwickelte Computerprogramme – häufig gar nicht in der Bilanz zeigen darf; siehe Kap. 3.2.1.).

Manche Branchen sind überhaupt „speziell": Zu nennen ist etwa die Biotech-Branche; in dieser entwickeln Unternehmen über Jahre hinweg medizinische Produkte; in dieser Zeit schreiben sie tiefrote Zahlen und leben sozusagen „auf Pump". Wenn dann am Ende des Entwicklungsprozesses ein Medikament für eine wichtige Krankheit marktreif vorliegt, können dafür enorme Gewinne erwirtschaftet werden. Wenn nicht, werden früher oder später die Geldgeber den sog. Geldhahn zudrehen. Da es aber immanent ist, dass eigentlich nur Verluste während der Entwicklungsphase erwirtschaftet werden (können), ist eine Analyse des wirtschaftlichen Erfolges müßig – allenfalls ist es spannend, zu ermitteln, was das Unternehmen den nächsten Kredit benötigt. Was zählt, das sind die Produkte, die entwickelt werden, also die Erfolgspotenziale; und diese können aufgrund der einschlägigen Bestimmungen für das externe Rechnungswesen (nach nationalen wie internationalen Normen gleichsam) nicht angemessen quantifiziert werden. Ein Vergleich mit Unternehmen einer vergleichsweise weniger riskanten, gleichmäßiger funktionierenden Branche wie etwa dem Handel ist jedenfalls sinnlos.

Zu bedenken ist hinsichtlich der Besonderheiten von Branchen weiterhin, dass Unternehmen auch innerhalb derselben Branche über unterschiedliche **Wertketten** verfügen. Der Begriff „*Wertkette*" meint dabei die Summe aller Aktivitäten, um ein Produkt (oder eine Dienstleistung) zu entwickeln, herzustellen, zu vertreiben, auszuliefern und in der Folge zu servicieren. Ein Bäcker betreibt ein eigenes Filialnetz, ein anderer liefert (ausschließlich) an Supermärkte; ein Bäcker produziert sein gesamtes Produktsortiment selbst, ein anderer kauft Teile davon zu. Dies beeinflusst den Vergleich zwischen verschiedenen Unternehmen natürlich wesentlich.

Damit in enger Verbindung spielt es eine gleichsam entscheidende Rolle, ob das Analyseobjekt als **produzierendes Unternehmen**, als **Handelsunternehmen** oder als **Dienstleistungsunternehmen** zu qualifizieren ist. Diese verschiedenen Profile werden häufig mit verschiedenen Branchen zusammenfallen, aber nicht immer. Z. B. lassen sich der Branche der Energieversorgung sowohl Stromproduzenten als auch Stromhändler zuordnen. Darüber hinaus gibt es eine Vielzahl an Dienstleistern, die in ihr tätig sind. Im Sozialwesen gibt es demgegenüber Sozialmärkte (Handelsunternehmen) und Anbieter mobiler Pflegeleistungen (Dienstleister). Nicht immer wird es praktisch umzusetzen sein, die Branchen so feingliedrig zu fassen, um diese Unterschiede angemessen herauszufiltern. Dies führt zu Besonderheiten für den gesamten Analyseprozess und dabei nicht zuletzt hinsichtlich Auswahl und Einsatz von möglichen Kennzahlen (siehe Kap. 4.3.1.).

Von häufig unterschätzter, dennoch aber von großer Bedeutung sind letztlich Besonderheiten von Analyseobjekten, die sich aus abweichenden Zwecksetzungen ergeben. Dies betrifft die Unterscheidung in gewinnorientierte Unternehmen und **nicht-gewinnorientierte Organisationen** (da es für Letztere nicht üblich ist, von „Unternehmen" zu sprechen; auch: Nonprofit-Organisationen, NPO). Wenn der Zweck eines Unternehmens nicht darin liegt, Gewinne zu erwirtschaften und diese in weiterer Folge an Eigentümer auszuschütten, hat dies zur Folge, dass natürlich auch eine Analyse des wirtschaftlichen Erfolgs (z B. hinsichtlich der Rentabilität des Analyseobjekts) nicht in gewohnter Form Sinn macht. Sehr wohl ist aber regelmäßig gleichsam relevant, inwieweit eine Insolvenzwahrscheinlichkeit gegeben ist.

Ein Teil des üblichen „Analysekanons" ist somit für diese Organisationen nicht übertragbar, dafür kommen aber neue Analysezwecke hinzu: Etwa stellt sich die Frage nach der Wirksamkeit des Ressourceneinsatzes; da es dann darum geht, zu beurteilen, ob etwa hilfsbedürftige Menschen zweckmäßig unterstützt wurden, erfordert dies eine viel weitergehende Beurteilung, als sei etwa für gewinnorientierte Unternehme notwendig ist – für diese lässt sich vieles auf die Frage der einfach quantifizierbaren Rentabilität zurückführen (siehe Kap. 7.3.3.). Ein wichtiges Analyseobjekt innerhalb der NPO sind weiterhin spendensammelnde Organisationen; hier kommt die Bilanzanalyse zum Einsatz, um etwa zu bestimmen, wieviel der gespendeten Mittel tatsächlich an die letztendlichen Spendenempfänger weitergehen und wie effizient daher z. B. die Verwaltungsprozesse sind.

Aber auch gewinnorientierte Unternehmen sind eine heterogenere Gruppe, als es auf den ersten Blick den Anschein hat. Börsenotierte Unternehmen unterscheiden sich etwa in wesentlichen Punkten von **Familienunternehmen**. Während Erstere bereits rechtlich i. d. R. strengen (Publizitäts-)Vorschriften unterliegen und Finanzziele eine dominierende Rolle spielen, sind Zweitere häufig in weniger streng reglementierten Rechtsformen wie Personengesellschaften oder GmbH geführt; darüber hinaus spielen für sie – nicht unähnlich zu NPO – Sachziele eine nicht zu vernachlässigende Rolle (z. B. Wahrung des „Andenkens an den Unternehmensgründer", Verfolgung gesellschaftlicher oder persönlicher Ziele, stärkere Einbindung in einen gesellschaftliche Kontext etc.). Dies kann zur Notwendigkeit führen, Ergebnisse einer Bilanzanalyse stärker zu relativieren oder um die Analyse nicht-finanzieller Aspekte zu erweitern.

Der Bilanzanalyst muss sich dieser Besonderheiten stets bewusst sein und die Auswirkungen auf die konkret durchzuführende Bilanzanalyse abschätzten. In den folgenden Kap. des vorliegenden SWK-Spezials kann auf die meisten nur am Rande eingegangen werden; einerseits würde es deutlich den vorgegebenen Rahmen sprengen, andererseits handelt es sich in vielen Fällen nur um Variationen des allgemeinen Grundmusters, das bei einem entsprechenden Verständnis problemlos übertragen werden kann. Auf die Schaffung eines solchen Verständnisses zielen die weiteren Ausführungen. Zufriedenstellende „Patentlösungen" fehlen darüber hinaus leider auch an dieser Stelle. Viele der angesprochenen Besonderheiten lassen sich darüber hinaus über die Wahl geeigneter Vergleichsmaßstäbe berücksichtigen (siehe Kap. 4.1.).

2.5. Grundlegende Besonderheiten der Analyse von Konzernabschlüssen

Wesentliche Besonderheiten ergeben sich für die Bilanzanalyse nicht nur hinsichtlich einzelner Unternehmen. Zahlreiche Probleme treten gerade dann auf, wenn mehrere rechtlich selbständige Unternehmen in Form eines Konzernes wirtschaftlich miteinander verbunden sind. Sie treten koordiniert wie ein einzelnes fiktives Unternehmen auf und werden dafür zumeist zentral gesteuert. Die Entwicklung der letzten Jahrzehnte zeigt, dass solche Konzernverbünde zunehmend an Bedeutung gewinnen. Durch diese Koordination verliert jedoch der Jahres- bzw. Einzelabschluss dieser Unternehmen an Aussagekraft: Gerade wenn umfangreiche Leistungsbeziehungen zwischen den verbundenen Unternehmen bestehen, sind die Aufwendungen und Erträge aus diesen Leistungsbeziehungen – und damit die Darstellung der wirtschaftlichen Lage in den Finanzberichten – leicht gestaltbar. Häufig erfolgt dies z. B. aus steuerlich motivierten Anreizen heraus, insb. dann, wenn der Konzern in mehreren Ländern mit unterschiedlichen Steuersystemen tätig ist (sog. *„Transfer Pricing" i. V. m. „Steuerverschiebungen"*), oder es sollen die Finanzberichte eines einzelnen Unternehmens bewusst in eine gewisse Richtung hin „optimiert" werden.

In der einschlägigen Literatur finden sich zahlreiche Beispiele, wie sich hier im Konzernverbund tricksen lassen könnte: beliebige Mehrung des ausgewiesenen Eigenkapitals, Umgehungen von Bilanzierungsverboten, Gewinnverschiebungen etc. Aus diesem Grund haben die Verpflichtungen zur Konzernrechnungslegung an wesentlicher Bedeutung gewonnen – hinsichtlich der Rechnungslegung selbst wie auch betreffend die Bilanzanalyse. Die für Österreich maßgeblichen Bestimmungen finden sich seit Anfang der 1990er-Jahre in den §§ 244 ff. UGB. Die Verpflichtung knüpft an das Vorliegen einer Mutter-Tochter-Beziehung zwischen (mindestens) zwei rechtlich selbständigen Einheiten. Welche konkreten Anforderungen hinsichtlich Rechtsform der Unternehmen und Ausgestaltung dieser Beziehung vorgesehen sind, wird ebenso konkretisiert. Für diese wird dann ein gemeinsamer Abschluss aufgestellt, und die Leistungsbeziehungen zwischen den einbezogenen Unternehmen werden eliminiert. Ein Konzernabschluss kann darüber hinaus noch weitere Unternehmen beinhalten; für die Bilanzanalyse ist das Auseinanderhalten folgender Arten der Einbeziehung entscheidend:

- **Muttergesellschaft:** Diese ist die den Konzern steuernde Einheit; ihr Jahresabschluss wird als Grundlage für die Konsolidierung herangezogen.
- **Tochtergesellschaft(en):** Ein oder mehrere Unternehmen, die unmittelbar oder mittelbar von der Muttergesellschaft kontrolliert werden; üblicherweise geschieht dies dadurch, dass die Muttergesellschaft über die Mehrheit der Stimmrechte verfügt oder zumindest die wesentlichen Funktionen der Tochtergesellschaft kontrollieren kann (z. B. auf Basis von Bestimmungen des Gesellschaftsvertrags). Diesfalls wird der Jahresabschluss der Tochtergesellschaft vollständig zum Jahresabschluss der Muttergesellschaft hinzugerechnet (Vollkonsolidierung).
- **Gemeinschaftsunternehmen (Joint Ventures):** Hier muss sich die Muttergesellschaft des Konzernes bzgl. eines Unternehmens dessen Leitung mit zumindest einem anderen Unternehmen teilen, das nicht zum Konzern gehört. Diesfalls kann es entweder die sog. Quotenkonsolidierung (der Jahresabschluss des Gemeinschaftsunternehmens wird praktisch zu den entsprechenden Teilen zwischen den leitenden Unternehmen „aufgeteilt") oder die At-Equity-Bewertung (die Beteiligung aus dem Jahresabschluss der Muttergesellschaft bleibt bestehen, wird allerdings nach einem eigens festgelegten Schema bewertet) wählen.
- **Assoziierte Unternehmen:** Bei diesen übt die Muttergesellschaft des Konzerns noch immer einen maßgeblichen Einflusses auf die Geschäfts- und Finanzpolitik eines anderen aus, dieser ist aber zu gering, als dass hieraus eine unmittelbare Kontrollmöglichkeit folgen würde. Folglich hat die Beteiligung mithilfe der At-Equity-Bewertung im Konzernabschluss abgebildet zu werden.

Je nach Klassifikation werden also die verschiedenen Arten von Unternehmen, die in einem Konzern zusammenwirken, in einem ersten Schritt auf unterschiedliche Art und Weise im Konzernabschluss aufgenommen. (Wobei es auch hier Wahlrechte, Ermessensspielräume, Auslegungsfragen und „Schlupflöcher" gibt.) In einem zweiten Schritt werden aber weitgehend in gleichem Maße vier Konsolidierungsmaßnahmen durchgeführt, um die angesprochenen Verzerrungen zu beheben:

- **Kapitalkonsolidierung:** Die Beteiligung im Jahresabschluss der Muttergesellschaft wird gegen den korrespondierenden Betrag im Eigenkapital der Tochtergesellschaft bzw. des Gemeinschaftsunternehmens (bei Quotenkonsolidierung) verrechnet.
- **Schuldenkonsolidierung:** Forderungen und Schulden, die aus wechselseitigen Leistungsbeziehungen zwischen in den Konzernabschluss einbezogenen Unternehmen resultieren, werden gegeneinander aufgerechnet.
- **Aufwands- und Ertragskonsolidierung:** Während die Schuldenkonsolidierung nur in der Konzernbilanz wirksam wird, wird in diesem Schritt die Konzern-GuV von den Auswirkungen konzerninterner Transaktionen bereinigt.
- **Zwischenergebniseliminierung:** In Weiterführung der Aufwands- und Ertragskonsolidierung werden nicht nur Aufwands- und Ertragsposten gleicher Höhe gegengerechnet, sondern auch allfällig entstandene Gewinne oder Verluste in einzelnen Konzerngesellschaften aufgrund solcher Transaktionen.

Fundamentales Prinzip ist der Grundsatz, dass so letztlich der Konzernabschluss ein Bild vermitteln soll, als würde es sich bei diesem Konzern um ein fiktives Unternehmen handeln (das entsprechend keine Forderungen oder Schulden gegen sich selbst halten kann etc.; sog. Einheitsgrundsatz). Damit dies geschehen kann und die obigen Konsolidierungsmaßnahmen gesetzt werden können, ist es weiterhin notwendig, Vereinheitlichungen für die Überleitung der einbezogenen Jahres- in den Konzernabschluss vorzunehmen. Insb. dürfen Bilanzierung-, Bewertungs- und Ausweiswahlrechte von Neuem ausgeübt werden. Dadurch kann sich der Konzernabschluss inhaltlich sehr stark von den ursprünglichen Jahresabschlüssen unterscheiden.

Aus Sicht der Bilanzanalyse ist dies zu berücksichtigen; es erklärt die „Genese" und den Hintergrund von Konzernabschlüssen. Nachvollziehbar ist dieser Prozess – zumindest für den externen Bilanzanalysten – allerdings nicht mehr, da er hochkomplex ist und auch die davon betroffenen Unternehmen selbst entsprechend beschäftigt. Grds. wird der Konzernabschluss einem beliebigen Jahresabschluss vergleichbar aussehen und bzgl. der inhaltlich angewandten Bestimmungen diesem sehr nahestehen (was wenig überraschend ist, lässt sich doch der Konzernabschluss in der Logik der österreichischen Bestimmungen auch als *„Jahresabschluss des fiktiven Unternehmens ‚Konzern'"* auffassen). Es sind aber im Regelfall einige Besonderheiten zu beachten, die aus den zuvor geschilderten Rahmenbedingungen erwachsen (siehe Kap. 3.2.2. und 3.3.2.):

- Die Bedeutung des Postens *„Firmenwert"* (auch *„Goodwill"*; *„Geschäfts- oder Firmenwert"*) auf der Aktivseite der Konzernbilanz.
- Das Vorhandensein des Postens *„Minderheitsgesellschafter"* im Eigenkapital der Konzernbilanz sowie in der Konzern-GuV.
- Das Vorhandensein von Währungsumrechnungsdifferenzen im Eigenkapital der Konzernbilanz sowie in der Konzern-GuV. Diese entstehen dann, wenn Unternehmen aus Ländern mit verschiedenen Währungen einbezogen werden; die Bestimmungen des UGB fordern jedenfalls eine Umrechnung in Euro, was allerdings zu konzeptionellen Schwierigkeiten – und damit gesondert auszuweisenden Differenzbeträgen – führt.

Auf die ersten beiden Besonderheiten ist im Zuge der folgenden Ausführungen wie der praktischen Analyse gesondert einzugehen. Für das Vorhandensein von Umrechnungsdifferenzen wird dies demgegenüber nicht der Fall sein. Diese sind in der Praxis durchaus problematisch – grds. stehen mehrere theoretische Möglichkeiten für die Durchführung zur Auswahl, die auch zu unterschiedlichen Ergebnissen führen; und es geht mitunter um wesentliche Beträge. Allerdings gibt es bis heute keine endgültig zufriedenstellende, „richtige" Lösung für dieses Problem. Und wenn sich das Unternehmen einmal für ein Verfahren entschieden hat, ist es grds. zu dessen Beibehaltung verpflichtet, was Manipulationsspielraum wesentlich einschränkt. Letztlich würde es für eine interne Bilanzanalyse aus Gründen der Kosten-Nutzen-Betrachtung regelmäßig nicht in Frage kommen, ein „Umrechnen" für Analysezwecke auf die Ergebnisse einer anderen Methode durchzuführen; für eine externe Bilanzanalyse fehlen ohnedies hierfür benötigte Informationen. Allerdings kann aus der Entwicklung des Bilanzpostens im Eigenkapital des Unternehmens zumindest rückgeschlossen werden, wie stark der Konzern dem Risiko von Wechselkursschwankungen ausgesetzt ist.

Als letzte Frage ist noch zu klären, welcher Abschluss (Jahres- oder Konzernabschluss) für welche Analysezwecke im Rahmen der Bilanzanalyse heranzuziehen ist. Hierbei ist wieder ein grds. Abstellen auf den konkreten Analysezweck erforderlich; zumeist wird jedoch der **Konzernabschluss** im Fokus stehen. Je stärker Unternehmen in einen Konzernverbund integriert sind, desto stärker verliert der Jahresabschluss an Bedeutung. Dies gilt insb. für Mutter- und Tochtergesellschaften; bei Gemeinschaftsunternehmen mag es strittig sein, erst für assoziierte Unternehmen scheint wieder von einer erhöhten (und ggf. auch höheren) Aussagekraft des Jahresabschlusses auszugehen zu sein.

Zwar nehmen in einem Konzern i. d. R. nur einzelne Unternehmen (und zwar zumeist die Muttergesellschaft) Eigen- oder Fremdkapital auf, dieses wird aber im Konzern verteilt und typischerweise zentral koordiniert. Ob Tilgungen vorgenommen bzw. Dividenden ausgeschüttet werden können, bestimmt aus diesem Grund eher der Erfolg des gesamten Konzerns denn jener einzelner Unternehmen; die Gesellschafter beteiligen sich somit zwar rechtlich zumeist an der Muttergesellschaft, faktisch aber am Gesamtkonzern. Fremdkapitalgebern haftet i. d. R. der Konzern (bzw. seine Einzelunternehmen) gesamthaft. Darum scheint für die Ableitung der wirtschlichen Lage und hieran anknüpfender Entscheidungen auch das „Gesamtbild" aussagekräftiger.

In manchen Fällen kann allerdings für Mütter- oder Tochtergesellschaften auf deren **Jahresabschlüsse** abzustellen sein. Dies ist insb. i. V. m. rechtlichen Fragestellungen der Fall – den Fiskus interessiert für die Steuerbemessung grds. nur der Jahresabschluss (was hinsichtlich der sog. „Gruppenbesteuerung" zunächst gleichermaßen gilt), die tatsächlich ausschüttbaren Dividenden orientieren sich i. d. R. am Jahresabschluss der Muttergesellschaft und den für diesen greifenden Ausschüttungsrestriktionen. Auch die Bestimmungen zur Feststellung eines Reorganisationsbedarfs oder einer Insolvenz stellen nur auf diesen ab (siehe Kap. 7.4.1.). Weiterhin ist es mitunter bedeutsam, die Jahresabschlüssen von Unternehmen zu analysieren, die aus einem Konzernverbund herausgekauft werden sollen (diesfalls ist natürlich nicht der Abschluss für den gesamten Konzern von Bedeutung, es wird dabei aber aus den geschilderten Gründen besonders schwierig sein, hier zu einem verlässlichen Urteil zu kommen). In Summe verbleibt trotzdem ein überschaubarer Anwendungsbereich für den Jahresabschluss im Rahmen von Konzernen.

Abschließend ist in diesem Zusammenhang noch kurz auf den häufig thematisierten sog. **„Holding-Abschluss"** einzugehen. Eine Holding meint dabei jene Konzerngesellschaft, welche die Anteile an den verbundenen Unternehmen hält, d. h. zumeist die Muttergesellschaft an der Spitze des Konzerns selbst. Ob es grds. sinnvoll ist, den Jahresabschluss dieser Holding zu analysieren, dafür kann auf die Ausführungen des vorhergehenden Absatzes verwiesen werden. Darüber hinaus ist für diesen Jahresabschluss charakteristisch, dass in der Bilanz das Finanzanlagevermögen (in dem die gehaltenen Anteile ausgewiesen werden) sowie in der GuV der Beteiligungserfolg (in dem die von den verbundenen Unternehmen erhaltenen Dividenden sowie allfällige Abschreibungen ausgewiesen werden) ganz wesentliche Größen sind. Ob daneben noch weitere Vermögensgegenstände oder Erträge bedeutsam sind, hängt davon ab, ob sich die Holding auf die bloße (interne) Koordination des Konzernes beschränkt (sog. „Finanzholding") oder darüber hinaus selbst noch wirtschaftliche Leistungen innerhalb und/oder außerhalb des Konzerns erbringt („operative Holding"). Als spezifischer Analysezweck kann sich im Einzelfall anbieten, ob die Dividendenerträge ausreichen, die Rückzahlung des aufgenommenen Fremdkapitals sowie die tatsächliche Ausschüttung der Dividenden zu gewährleisten.

2.6. Grundlegende Besonderheiten der Analyse von IFRS-Abschlüssen

2.6.1. Anwendungsbereich und Grundlegendes

Der zunehmende Bedeutungsgewinn der IFRS für die Rechnungslegung gehört heute wohl zu den zentralen Themen in der Rechnungswesen-Forschung und -Praxis. Diese Entwicklung lässt sich nicht nur in Europa beobachten; die IFRS finden heute weltweit Anwendung, von den aufstrebenden Märkten wie Indien und China bis zunehmend hin zu den Vereinigten Staaten, die sich lange Jahre dagegen „wehrten" und stattdessen die eigenen US-GAAP forcierten. Viele andere (Entwicklungs-)Länder, die aus historischen Gründen keine eigenen Rechnungslegungsstandards entwickelt haben oder entwickeln konnten, nützen die IFRS als unmittelbare „Abkürzung" zur Einführung verbindlicher, weitentwickelter Bestimmungen. Kurz gesagt: Heute führt praktisch kein Weg mehr an den IFRS vorbei, wenngleich die konkrete Umsetzung von Land zu Land stark variieren kann und sich mitunter verschiedene nationale Umsetzungen und Interpretationen dieser Standards finden.

Für Österreich relevant sind zunächst die europarechtlichen Vorgaben, welche die Grundlage für die Anwendung hierzulande darstellen. Hier ist es die EU-Verordnung 1606/2002 vom 19. 7. 2002 (sog. „IAS-VO") gewesen, die den IFRS den Weg in allen EU-Mitgliedstaaten bereitet hat: Diese sieht eine verpflichtende Anwendung der IFRS (grds. seit 1. 1. 2005, allerdings tlw. mit großzügigeren Übergangsbestimmungen) für die Konzernabschlüsse kapitalmarktorientierter (Mutter-)Unternehmen in allen Mitgliedstaaten vor und wurde auch in Österreich umgesetzt (§ 245a Abs. 1 UGB); ein UGB-Konzernabschluss ist diesfalls nicht erforderlich. Als solche gelten nach Art. 4 der VO Unternehmen, *„wenn am jeweiligen Bilanzstichtag ihre Wertpapiere in einem beliebigen Mitgliedstaat zum Handel in einem geregelten Markt [...] zugelassen sind"*. Dafür ist grundsätzlich die Rechtsform des Emittenten ebenso irrelevant wie die Frage, ob diese Eigen- oder Fremdkapitaltitel begeben haben. In Österreich entsprechen Zulassungen an der Wiener Börse zum Amtlichen Handel bzw. zum Geregelten Freiverkehr einer Notation an solchen geregelten Märkten. Es können aber auch Notationen an ausländischen Börsen dieses Kriterium erfüllen. Im Kontext solcher Unternehmen dreht sich heute eigentlich alles nur noch um die IFRS, und die Bestimmungen des UGB sind weitgehend bedeutungslos oder zumindest von deutlich untergeordneter Relevanz.

Von den weiterführenden Möglichkeiten, die IFRS verpflichtend für bestimmte Arten von Abschlüssen vorzuschreiben, hat der österreichische Gesetzgeber nicht Gebrauch gemacht. Es steht jedoch nicht-kapitalmarktorientierten Muttergesellschaften nach § 245a Abs. 2 UGB frei, ihre Konzernabschlüsse auf freiwilliger Basis nach den IFRS aufzustellen; diesfalls entfällt ebenso die Verpflichtung, einen UGB-Konzernabschluss aufzustellen. Jahresabschlüsse sind demgegenüber stets nach den Vorgaben des UGB aufzustellen; zwar steht es Unternehmen offen, zusätzlich für eigene Zwecke IFRS-Jahresabschlüsse aufzustellen, diese haben aber keine befreiende Wirkung – d. h., die Unternehmen würden diesfalls zwei Jahresabschlüsse aufstellen, was aufgrund der damit verbundenen Kosten praktisch irrelevant ist. Hier ist Österreich vergleichsweise restriktiver als viele andere EU-Mitgliedstaaten (tlw. Deutschland, insb. aber die Schweiz, Großbritannien etc.).

Eine detaillierte Gegenüberstellung der Rechnungslegungsbestimmungen im UGB und in den IFRS würde weit über den Rahmen dieses SWK-Spezials hinausgehen; Lehrbücher von mehreren hundert Seiten Umfang (sowie eigene Hochschulkurse) widmen sich eigens diesem Unterfangen – so groß sind die inhaltlichen Unterschiede.[3] Da im Kontext von Rechnungslegungsstandards häufig der Vergleich mit Sprachen fällt, scheint es durchaus angebracht, UGB und IFRS als verschiedene Sprachen zu bezeichnen: Einerseits werden viele verschiedene Begrifflichkeiten verwendet, andererseits zeigt sich, dass dort, wo ähnliche Begriffe verwendet werden, diese mitunter etwas inhaltlich Unterschiedliches bezeichnen. Die Grundsystematik der doppelten Buchführung (Soll und Haben) ist in beiden Rechnungslegungssystemen unverändert gültig (wie wohl in jedem Rechnungslegungssystem weltweit angewandt). Wie dann aber konkret die erfassten Geschäftsfälle in den Finanzberichten zusammengefasst und abgebildet werden, dem liegen völlig unterschiedliche Philosophien zugrunde.

Für die Bilanzanalyse bedeutet das, dass die IFRS gleichsam eine zunehmende Bedeutung spielen. Tlw. werden sie nur noch auf Basis von IFRS-Abschlüssen durchgeführt. Weiterhin kann es mitunter unumgänglich sein, Unternehmen (bzw. insb. Konzerne) mit UGB- und IFRS-Abschlüssen zu vergleichen – auch wenn dies aufgrund der inhaltlich kaum gegebenen Vergleichbarkeit zu vermeiden ist. Hierbei können sich im Vergleich zu den Grundsätzen für die Durchführung von UGB-basierten Bilanzanalysen zwei Arten von Besonderheiten ergeben:

- Besonderheiten hinsichtlich der Art und Weise, wie Kennzahlen berechnet werden (**rechnerische Besonderheiten**).
- Besonderheiten hinsichtlich der Finanzinformationen, welche die Grundlage für diese Berechnung darstellen; diese können Auswirkungen sowohl auf Fragen der Aufbereitung der Finanzberichte als auch auf Fragen der Interpretation der Analyseergebnisse mit sich bringen (**inhaltliche Besonderheiten**).

In Folge werden beide Arten von Besonderheiten berücksichtigt; in den Kap. zur Aufbereitung der Finanzberichte (siehe Kap. 6) und zur Berechnung der Kennzahlen (siehe Kap. 7) finden sich dahingehend ausführliche Darstellungen. Da sich die Interpretation demgegenüber einer schematischen Darstellung entzieht und stets auf dem Verständnis des Bilanzanalysten sowie in weiterer Folge der Berichtsadressaten fußt, sollen nun noch die grundlegenden Unterschiede zwischen beiden Rechnungslegungssystemen skizziert werden, um dieses Verständnis zu unterstützen.

2.6.2. Grundlegende Unterschiede zum UGB mit Relevanz für die Bilanzanalyse

Bereits auf den ersten Blick unterscheiden sich die einzelnen Bestandteile der Finanzberichte, die dem Bilanzanalysten zugänglich sind, mitunter wesentlich. Da dies für die verschiedenen Schritte der Bilanzanalyse sehr relevant ist, wird auf diese Unterschiede später eingegangen (siehe Kap. 3.). Diese sowie die weiteren inhaltlichen Unterschiede fußen insb. auf folgenden Punkten:

- **Qualität der Daten:** Was unter qualitativen, d. h. für die Adressaten aussagekräftigen Finanzinformationen verstanden wird, unterscheidet sich zwischen UGB und IFRS beträchtlich. Dies lässt sich auf ein Begriffspaar zurückführen, das die grundlegende Ausrichtung eines jeden Rechnungslegungssytems charakterisiert: **„Relevanz" vs. „Verlässlichkeit"**. Sollen die Daten sicher und möglichst verlässlich bestimmbar sein? Diesfalls orientiert man sich am besten an Größen wie historischen Anschaffungskosten oder sonstigen gut dokumentierbaren (vergangenheitsorientierten) Wert-

---

[3] Verwiesen werden kann etwa auf das übersichtliche Buch von *Hirschböck/Kerschbaumer/Schurbohm*, IFRS für Führungskräfte[2] (2012).

ansätzen. Oder sollen sie eher an den (idealtypischen) Informationsbedürfnissen ihrer Adressaten orientieren? Dann wird eher eine betriebswirtschaftliche Abbildung im Fokus stehen – und damit die Berücksichtigung von mehr Zeitwerten (Fair Values) sowie ein stärkeres Orientieren an Prinzipien wie der (theoretischen) Realisierbarkeit (statt der tatsächlichen Realisation) und einer eher symmetrischen Erfassung von Gewinnen und Verlusten (statt eines ausgeprägten Vorsichtsprinzips).

Beide Zugänge haben jedenfalls ihre Berechtigung, aber auch ihre Tücken. Dies lässt sich anhand des folgenden Beispiels illustrieren: Sind etwa umfassende Immobilienbestände (insb. Gebäude) seit langer Zeit im (Familien-)Besitz, so werden diese typischerweise in einer UGB-Bilanz mit nur einem geringen Wertansatz ausgewiesen sein (historische Anschaffungskosten abzüglich planmäßigen Abschreibungsaufwands, der zumeist für eine aus den steuerlichen Bestimmungen übernommene, im Zweifelsfall eher konservativ angenommene Nutzungsdauer bestimmt wird). Dass ein Gebäude in bester Innenstadtlage heute jedoch keinen relevanten Wert darstellt, ist nach betriebswirtschaftlichem Verständnis Unsinn. In einer IFRS-Bilanz könnten diese Gebäude unter gewissen Voraussetzungen jährlich zu ihrem Marktwert bewertet und abgebildet werden; dies kann dann ein mitunter sehr beträchtlicher Bilanzposten sein, der diesem betriebswirtschaftlichen Verständnis näher ist. Die Kehrseite der Medaille: Was ist nun der „richtige" Wert? Welcher Gutachter wird beauftragt? Wie regelmäßig wird ein solches Gutachten erstellt? Will überhaupt verkauft werden, sodass die Ermittlung eines Marktwerts erst Sinn macht? Hierin liegt natürlich ein enormer Ermessensspielraum begründet – der einem rechnungslegenden Unternehmen einiges an Gestaltungs- und leider auch Betrugsmöglichkeit einräumt. Außerdem ist mitunter mit größeren Wertschwankungen zu rechnen. Diese Probleme bestehen entlang der eher starren, vom Vorsichtsprinzip geprägten Regelungen des UGB nicht bzw. in deutlich geringerem Ausmaß.

Als ein praktischer Fall der jüngeren Vergangenheit, dem im Prinzip das hier beschriebene Beispiel – mit all seinen Folgen – zum Verhängnis wurde, kann die Immobilienbranche, u. a. die *ImmoFinanz*, genannt werden, die in Zeiten des Aufschwungs von den einschlägigen Bestimmungen der IFRS durch den Ausweis noch nicht realisierter Gewinne profitierte (und hierauf einen Teil des Geschäftsmodells baute), in Zeiten des Abschwungs deswegen dann allerdings (tlw. nicht nur) an den Rand des Untergangs gebracht wurde.

- **Quantität der Daten:** Für einen UGB-Jahresabschluss werden heute als Richtwert um die 50 Seiten veranschlagt; für einen UGB-Konzernabschluss sind es in Abhängigkeit von der Komplexität etwas mehr Seiten. In den IFRS sind Abschlüsse von 150 bis 200 Seiten demgegenüber keine Seltenheit – sondern eher die Regel; sie folgen somit dem Prinzip „Mehr ist mehr", worüber sich natürlich trefflich streiten lässt. Dieser zusätzliche Umfang liegt nicht an der Zahl der aufzustellenden Finanzberichte an sich begründet; hier bestehen kaum Unterschiede zwischen einem IFRS- und einem UGB-(Konzern-)Abschluss. Dadurch, dass die Detailbestimmungen zur Rechnungslegung in den IFRS weitaus komplexer sind, werden jedoch entsprechend umfangreichere Darstellungen und Erläuterungen erforderlich. Dieser Mehrumfang ist somit insb. dem Anhang geschuldet (siehe Kap. 3.7.). Für den Bilanzanalysten ist damit der Vorteil verbunden, dass ihm weitaus mehr Auswertungsmöglichkeiten zur Verfügung stehen; der zentrale Nachteil liegt in der sehr hohen Komplexität der enthaltenen Informationen, die entsprechend hohe Anforderungen an die Bilanzanalysten und Adressaten stellt. Der zielführendste Weg, Menschen zu verwirren, ist nicht, ihnen zu wenig, sondern zu viel an Informationen zu geben. Die Frage, die dann in der Praxis schnell auftritt, lautet: Wer kennt sich da noch aus? (Und die Erfahrung zeigt, dass es in manchen Regelungsbereichen leider wirklich nur sehr wenige Menschen sind, auf die das – allenfalls – noch zutrifft. Das gilt leider übrigens gleichsam für diejenigen, die diese Standards selbst verfassen.)

- **Flexibilität in der Darstellung:** Das Fehlen einheitlicher Gliederungsschemata (siehe Kap. 3.) und eine hohe Flexibilität der Darstellung, die den rechnungslegenden Unternehmen in den IFRS gewährt wird, sind ebenso i. S. d. Gewährung entscheidungsrelevanter Informationen zu sehen: Jedes Unternehmen ist letztlich individuell und kann daher selbst am besten beurteilen, welche Informationen für die Adressaten seiner Finanzberichte besonders wichtig sind; einheitliche Vorgaben wären demgegenüber ein „Über-den-Kamm-Scheren", durch das dieser individuelle Aspekt verloren ginge. Die Kehrseiten sind allerdings ebenso dieselben, wie sie zuvor beschrieben wurden: (mitunter zu) hoher Gestaltungsspielraum – und auch die Vergleichbarkeit mehrerer Unternehmen leidet darunter enorm. Eine automatisierte Auswertung der Daten wird dadurch wesentlich erschwert, und es ist viel „Handarbeit" durch den Bilanzanalysten erforderlich (siehe Kap. 4.1.4.).

Im Vergleich zu Finanzberichten, die nach dem UGB aufgestellt werden, ist daher mit formalen und inhaltlichen Unterschieden zu rechnen. Diese können aber von Unternehmen zu Unternehmen unterschiedlich ausfallen; wie sich diese Unterschiede daher genau auswirken, lässt sich nicht endgültig festhalten. Auch hier haben sich allerdings gewisse „Faustregeln" entwickelt, die von vereinzelten Studien gestützt werden und zumindest einen Eindruck von den wahrscheinlichen Konsequenzen geben sollen:

- Das **Vermögen** wird nach den IFRS tendenziell dauerhaft höher und tendenziell volatiler ausgewiesen. Dies ist insb. folgenden Faktoren geschuldet:
- Erweiterter Begriff von Vermögenswerten, d. h., es dürfen mehr Vermögenswerte aktiviert werden (z. B. zwingende Aktivierung von Entwicklungsausgaben und aktiven latenten Steuern; insb. das immaterielle Vermögen gewinnt relativ an Bedeutung).
- Aktivierungspflicht für Firmenwerte aus der Kapitalkonsolidierung und Folgebewertung nach dem *Impairment-only Approach*.
- Vorratsbewertung zu produktionsorientierten Vollkosten bzw. Anwendung der Percentage-of-Completion-Methode für Langfristfertigungen (d. h. Zulässigkeit einer Teilgewinnrealisierung).
- Fair-Value-Bewertung von vielen Vermögenswerten (Finanzinstrumente, Renditeimmobilien; aber auch Option der Neubewertung z. B. von Sachanlagevermögen).
- Die **Schulden** werden nach den IFRS tendenziell dauerhaft geringer und tendenziell volatiler ausgewiesen. Dies ist insb. folgenden Faktoren geschuldet:
    - Eingeschränkter Begriff von Schulden, insb. dürfen keine Aufwandsrückstellungen (mit Ausnahme von Restrukturierungsrückstellungen) gebildet werden.
    - Barwertansatz für langfristige Verbindlichkeiten, d. h. Reduktion dieser Verbindlichkeiten durch Abzinsung.
    - Abzinsung von Pensionsrückstellungen mit langfristigem Kapitalmarktzins (allerdings: Berücksichtigung von Gehalts-/Rententrends).
- In Konsequenz wird das **Eigenkapital** nach den IFRS tendenziell dauerhaft höher und tendenziell volatiler ausgewiesen. Dies gilt gleichermaßen für das **Jahresergebnis**. Neben den zuvor beschriebenen Faktoren ist dies u. a. der Möglichkeit von Gewinnvorverlagerungen geschuldet (höherer Stellenwert des Realisationsprinzips bzw. *matching principle* gegenüber dem Vorsichtsprinzip).

Zur generell höheren **Volatilität** eines IFRS-Abschlusses tragen zunächst die Bedeutung des Fair Value und einer Vielzahl verwandter marktnaher Bewertungsparameter bei, der damit die typischen Wertschwankungen, die sich auf Märkten beobachten lassen, „in die Unternehmen holt". Darüber hinaus wirkt sich hier auch der Wegfall von Ansatz- und Bewertungswahlrechten aus, die ergebnisglättend eingesetzt werden können

Grundlagen der Bilanzanalyse

(siehe Kap. 6.2.1.). Die meisten Unterschiede sind allerdings nur vorübergehender Natur: Da z. B. in einem IFRS-Abschluss Aufwandsrückstellungen nicht gebildet werden dürfen, führt dies im betreffenden Jahr der Bildung im UGB-Abschluss dazu, dass dieser im Vergleich zum IFRS-Abschluss ein niedrigeres Ergebnis und höhere Rückstellungen aufweist. Im dem Jahr, in dem das Ereignis eintritt, für das die Rückstellung gebildet wurden, wird sie in der Bilanz wieder aufgelöst und erhöht damit das Ergebnis des UGB-Abschlusses; im IFRS-Abschluss wird demgegenüber der Aufwand praktisch nachgeholt. Der Umgang mit dieser Volatilität und ihren Konsequenzen für die abzuleitenden Interpretationen und Maßnahmen sind für den Bilanzanalysten eine besondere Herausforderung (und damit wieder ein Argument für den Einsatz längerer Zeitreihen als Vergleichsmaßstab; siehe Kap. 4.1.3.).

Keine Unterschiede zeigen sich hinsichtlich des **Cashflows**. Dies liegt darin begründet, dass dieser die Veränderung des Bestands liquider Mittel abbildet – und dieser ist der wohl objektivstmögliche Anknüpfungspunkt, da hier Fragen zu Ansatz und Bewertung grds. keine Rolle spielen. Anders ausgedrückt: Noch kein (ernstzunehmendes) Rechnungslegungssystem auf dieser Welt ist auf die Idee gekommen, eine Kassa, in der ein Geldbetrag von 100 liegt, mit einem anderen Wert in den Abschluss aufzunehmen. Daher eignen sich Informationen aus der Geldflussrechnung tendenziell noch am besten, um Finanzberichte zu vergleichen, die nach unterschiedlichen Rechnungslegungsstandards aufgestellt wurden. Wenngleich es allerdings keine Abweichungen auf Ebene des Gesamt-Cashflows geben kann, wird dieser i. d. R. weiter untergliedert; hier können wiederum andere Vorgaben zu dieser Untergliederung nach nationalen bzw. internationalen Bestimmungen bestehen (siehe Kap. 3.4.).

Als Besonderheit der IFRS ist letztlich darauf hinzuweisen, dass diese einen eigenen Standard zum sog. ***inflation accounting*** vorsehen – IAS 29 (*„Rechnungslegung in Hochinflationsländern"*). Dieser sieht vor, dass bei einem entsprechend hohen Inflationsniveau alle Abschlussposten mit demselben Kaufkraftniveau angegeben werden müssen, d. h. eine Anpassung der Vorjahreswerte. Es bleibt zu hoffen, dass derartige Bestimmungen hierzulande auch in Zukunft keinen Anwendungsbereich finden. Betroffen sind aber u. a. Muttergesellschaften, die Unternehmen aus Hochinflationsländern in ihren Konzernabschluss einzubeziehen haben und entsprechende Anpassungen der Finanzberichte vornehmen müssen.

2.7. Grenzen der Bilanzanalyse

Die Geschichte der Bilanzanalyse ist insb. auch eine Geschichte ihrer Limitationen. Sehr schnell stößt man an diese – und vieles dreht sich folglich um die Frage, welche Lösungsansätze man für sie entwickelt. Dies trifft gleichermaßen auf Fragen i. V. m. dem grds. Herangehen an die Analyse zu wie auf die spätere Auswertung und Interpretation der Finanzberichte. Nachfolgend sollen die wohl wichtigsten Limitationen angeführt werden; in weiterer Folge wird versucht, Möglichkeiten aufzuzeigen, damit in gewissen Grenzen umzugehen (etwa durch sorgfältige Umfeld- und Unternehmensanalysen oder Aufbereitungsmaßnahmen); abschließende Lösungen für die aufgezeigten Probleme lassen sich jedoch nicht finden, was dem Bilanzanalysten auch in allen Phasen des Prozesses bewusst sein sollte.

Die ausgewerteten Daten sind i. d. R. vergangenheitsorientiert

Die Hauptaufgabe von Finanzberichten liegt in der Rechenschaftslegung, d. h., insb. externen Anspruchsgruppen (und damit Adressaten der Bilanzanalysen) ist nachzuweisen, wie mit den zur Verfügung gestellten Mitteln gewirtschaftet wurde. Hierbei dreht sich alles um die Frage der Effektivität und Effizienz dieser Mittelverwendung. Im Fokus stehen nicht (schwammige) Willensbekundungen für die Zukunft, auch wenn sich solche ebenso umfassend in Geschäftsberichten festgehalten finden, sondern primär die tatsächlichen Erfolge (oder Misserfolge) der Vergangenheit.

Das ist einerseits zu begrüßen, da dies letztlich Gestaltungsspielraum für das rechnungslegende Unternehmen einschränkt und dessen Finanzberichte somit über ein höheres Maß an Objektivierbarkeit verfügen. Allerdings helfen andererseits die Geschehnisse der Vergangenheit wenig, um Entscheidungen über die Zukunft zu treffen. Dies wäre nur dann möglich, wenn sich die Daten aus der Vergangenheit unmittelbar fortschreiben ließen. Die Erfahrung zeigt aber, dass dies in ca. 99 % der Fälle nicht möglich ist (und in dem verbliebenen 1 % tritt das wohl eher vereinzelt auf, z. B. wegen sehr spezifischer Geschäftsmodelle, bzw. ist es dem Zufall geschuldet).

Dazu kommt, dass die Informationen aus den Finanzberichten zumeist schon veraltet sind, wenn sie veröffentlicht werden. So Unternehmen diese veröffentlichen müssen, gibt es verschiedene gesetzliche Fristen, die greifen können; die allg. Regelungen des UGB fordern eine solche spätestens neun Monate nach dem Bilanzstichtag (§ 277 UGB), d. h., wenn diese Informationen vorliegen, ist das nächste Geschäftsjahr bald wieder an seinem Ende. Börsenotierte Unternehmen unterliegen demgegenüber strengeren Regelungen, die einerseits die Zeitspanne für die Offenlegung ihrer Finanzberichte betreffen, andererseits die Veröffentlichung aktuellerer (Quartals- und Halbjahres-) Berichte vorsehen. Diesfalls kann das angesprochene Problem etwas gemildert werden. Grds. bleibt es aber bestehen.

Als Lösungsansatz gewinnt daher die vermehrte Einbeziehung zukunftsgerichteter Berichtsbestandteile und weiterer Informationen an Bedeutung. Als typischer Bestandteil von Finanzberichten ist hier insb. der Lagebericht (siehe Kap. 3.7.) bedeutsam, der genau dieses hier beschriebene Defizit etwas mildern soll. Darüber hinaus können und müssen im Zuge vorgelagerter Analyseschritte Informationen aus anderen Quellen, die einen stärkeren Zukunftsbezug aufweisen, Eingang in den Prozess der Bilanzanalyse finden; diese Quellen können z. B. Analystenreports, Medienberichterstattungen oder auch von Unternehmen freiwillig veröffentlichte Berichte darstellen.

Ein großer Vorteil der internen Bilanzanalyse ist hier, dass diesfalls dem Bilanzanalysten i. d. R. weitaus umfassenderer Zugang zu zukunftsrelevanten Datenquellen offensteht. Hierunter können etwa Budgetpläne, Dokumente i. V. m. der Unternehmensstrategie, langfristige Businesspläne oder ähnliche Unterlagen fallen. Der Bilanzanalyst ist dann gefordert, diese Quellen entsprechend zu berücksichtigen und hierfür insb. in Austausch mit Vertretern anderen Abteilungen im Unternehmen zu treten, die zumeist im Besitz dieser Quellen sind oder für deren Nutzung unerlässliche Informationen geben können. Dem externen Bilanzanalysten stehen solche Möglichkeiten demgegenüber im Regelfall nicht offen.

Ein abschließendes Problem, das mit dieser Vergangenheitsorientierung in Verbindung steht – bei einer entsprechend hohen Inflation führt dies zu einer mitunter nicht unwesentlichen Verzerrung. Dies betrifft insb. die GuV sowie aus diesen abgeleiteten Kennzahlen (gerade Rentabilitätskennzahlen). Diese ist nicht erst bei einer Hyperinflation der Fall (siehe Kap. 2.6.2.). Auch hierfür fehlt eine befriedigende Lösung; der Analyst hat sich daher bewusst zu sein, dass i. d. R. ein Teil der ausgewiesenen Gewinne sog. „Inflationsgewinne" sein werden, die den Blick auf den eigentlichen wirtschaftlichen Erfolg verdecken.

Die ausgewerteten Daten sind unvollständig

In der BWL liegt die Aufgabe des externen Rechnungswesens darin, Zahlungsströme zwischen dem Unternehmen und seinem Umfeld zu dokumentieren. Allen Zahlen von Bilanz und GuV liegen somit tatsächliche (Bar-)Zahlungen in der Vergangenheit oder der Zukunft zugrunde; und auch in den weiteren Finanzberichten geht es zumeist dar-

Grundlagen der Bilanzanalyse

um, diese näher darzustellen bzw. zu erläutern. Dabei sind es gerade qualitative Aspekte, die zu kurz kommen – ganz i. S. d. zuvor dargestellten Erfolgspotenziale; diese beeinflussen letztlich die zukünftigen Zahlungen, die ein Unternehmen tätigt und erhält, und sind damit von besonderem Interesse für die Bilanzanalyse. Diese entziehen sich allerdings weitgehend einer klaren Quantifizierbarkeit; bzw. um in Worten *Albert Einsteins* zu sprechen: *„Nicht alles, was zählt, kann gezählt werden, und nicht alles, was gezählt werden kann, zählt."*

Umso wichtiger wird dadurch auch hier die Auswertung von qualitativen Teilen der Finanzberichterstattung – insb. von Anhang und Lagebericht. Der Bilanzanalyst hat darüber hinaus entsprechende (zumeist große) Mühen in die Ergänzung der Informationen der Finanzberichte zu investieren und wird sich dabei aber letztlich schnell mit Grenzen seiner Erkenntnismöglichkeiten konfrontiert sehen. Trotzdem sind diese Mühen unerlässlich, um zu einem validen, differenzierten Gesamtbild und -urteil über das Analyseobjekt zu gelangen.

Die ausgewerteten Daten können von den Erstellern der Finanzberichte gestaltet werden

Finanzberichte werden von den rechnungslegenden Unternehmen für deren Anspruchsgruppen erstellt. Es kann davon ausgegangen werden, dass die Interessen dieser Parteien nicht immer gleichgeschaltet sind und insb. Unternehme mitunter veranlasst sind, das von ihnen vermittelte Bild in gewissen Grenzen zu gestalten. Dies wird dann Bilanzpolitik genannt, ist in den ihr gesetzten Grenzen sogar legal und stellt eines der zentralen Problemfelder für die Bilanzanalyse dar (siehe Kap. 6.2.). Bilanzanalytiker und „Bilanzpolitiker" sind in der Praxis zwei Seiten ein und derselben Münze (nämlich der Existenz von Finanzberichten und i. d. R. das Anknüpfen unterschiedlicher Interessenlagen seitens der verschiedenen Adressaten an diese).

Eine Hauptaufgabe des Bilanzanalysten liegt darin, sich dieser Gestaltbarkeit bewusst zu sein und entsprechende Maßnahmen zu setzen, um diese (in den engen Grenzen des Möglichen) zu neutralisieren. Insb. muss der Bilanzanalyst aber stets den Umstand bedenken, dass die Informationen der Finanzberichte letztlich keine „Verkündigungen höherer Wahrheiten" darstellen, sondern von Menschenhand und mitunter sehr zielgerichtet zusammengestellt wurden; Rechnungswesenleiter oder CFOs, die ihr Handwerk verstehen, sollten sogar bemüht sein, die Finanzberichte ihrer Unternehmen im Rahmen des Zulässigen derart zu gestalten, da sie damit einen Beitrag zur Wettbewerbsfähigkeit ihrer Unternehmen leisten (z. B. hinsichtlich des Wettbewerbes auf Kapitalmärkten, also etwa im Umwerben von Investoren). Die Möglichkeiten einer solchen zielgerichteten Gestaltung bestehen insb. i. V. m. Wahlrechten und Ermessensspielräumen, die durch Rechnungslegungsnormen gewährt werden.

Darüber hinaus können den Erstellern der Finanzberichte stets Fehler unterlaufen; es ist aber natürlich auch möglich – und leider nicht selten –, dass betrügerische Handlungen seitens Unternehmensvertreter darauf abzielen, eine bewusste Falschdarstellung herbeizuführen. Dies muss dem Bilanzanalysten gleichsam bewusst sein, machen kann er dagegen leider nichts, außer stets die Plausibilität der von ihm erzielten Ergebnisse kritisch zu beurteilen. Die Verantwortung zur Verhinderung solcher betrügerischen Handlungen liegt einzig in den jeweiligen Unternehmen (z. B. bei dessen Management und dem Aufsichtsrat, die für ein angemessenes internes Kontrollsystem zu sorgen haben) und tlw. auch beim Abschlussprüfer dieser Unternehmen. Wenn dies nicht mehr gewährleistet ist bzw. wenn man darauf nicht vertrauen kann, dann stellt sich schon auf sehr grundlegender Ebene die Frage nach der generellen Sinnhaftigkeit einer Bilanzanalyse (die wohl nicht gegeben ist).

Die ausgewerteten Daten unterliegen Verzerrungen durch Prinzipien der Rechnungslegung

Im Zuge der Bilanzanalyse werden Finanzberichte analysiert, die auf Grundlage nationaler oder internationaler Rechnungslegungsstandards erstellt wurden. Diese sind wiederum auf Prinzipien aufgebaut, die allen Detailbestimmungen zugrunde liegen. Ein zentrales Prinzip, das in den meisten Standards eine mehr oder weniger große Stellung einnimmt, ist das Vorsichtsprinzip. Dieses besagt im Kern, dass im Zweifelsfall bei mehreren möglichen Alternativen für die Bilanzierung jene heranzuziehen ist, die zu einem schlechteren Ergebnis führt (d. h. „vorsichtiger" ist). Die Idee dahinter ist, nicht potenziell unrealistische Erwartungshaltungen bei den Adressaten der Finanzberichte zu erwecken, die sich dann mitunter nicht bewahrheiten; die Folgen für die Adressaten wären diesfalls häufig mehr oder weniger kostspielige Fehlentscheidungen.

Besonders ausgeprägt ist dieses Prinzip im nationalen UGB, in dem es allerdings mitunter sehr exzessiv ausgelegt bzw. umgesetzt wird, manchmal schon in Richtung eines „Todrechnens". Begründet liegt dies u. a. auch in der engen Verknüpfung der unternehmensrechtlichen mit der steuerrechtlichen Bilanz (sog. „Maßgeblichkeit"; siehe Kap. 3.1.3.). In den IFRS ist es demgegenüber eher von etwas untergeordneter Bedeutung, da noch stärker auf den Gedanken eines *„true and fair view"* (und damit der Informationsfunktion von Finanzberichten) abgestellt wird; im aktuellen Rahmenkonzept der IFRS wird das Vorsichtsprinzip zwar (anders als in der „Vorgängerversion") nicht mehr explizit angesprochen, es schwingt aber noch immer stark in den einschlägigen Passagen mit.

Aus Sicht der Bilanzanalyse ist dieses Vorsichtsprinzip insofern problematisch, als es zu Verzerrungen führt. Man ist zwar eher „auf der sicheren Seite" im Rahmen der Analysen, aber durch die starke Betonung möglicher Gefahren ist die Gefahr groß, die andere Seite der Medaille aus den Augen zu verlieren, nämlich jene der Chancen. Bei einer Vielzahl an Anlässen für Bilanzanalysen spielen allerdings gerade diese eine große Rolle; z. B. beteiligen sich Investoren, indem sie Eigenkapital zeichnen, gerade an den Chancen auf zukünftige Gewinne. Für diese besteht also die Herausforderung darin, ggf. wieder das verzerrte Bild „zurechtzurücken". Möglichkeiten hierzu bestehen i. S. d. zuvor angesprochenen Punkte durch die Ergänzung qualitativer, zukunftsgerichteter Informationen – sowie durch sorgfältige Aufbereitungen der analysierten Finanzberichte, um die Verzerrungen (soweit möglich) „händisch" zu kompensieren (siehe Kap. 6.3.). Aus Sicht der Bilanzanalyse wäre daher grds. eine Ausgewogenheit der Berücksichtigung von Chancen und Risiken zu fordern.

Ein geringeres Problem ist das Vorsichtsprinzip demgegenüber für Adressaten der Bilanzanalyse, die geringeres Interesse an den Chancen i. V. m. dem Analyseobjekt haben. Für diese stehen eher Sicherheits-Überlegungen im Vordergrund. Dies trifft z. B. auf Fremdkapitalgeber wie etwa (Haus-)Banken zu; diese partizipieren zumeist nicht an zukünftigen Gewinnen, sondern haben nur Anspruch auf vertraglich fixierte Zahlungen (Zinsen und Tilgungen). Für diese ist es so häufig eher spannend, ob ein Unternehmen diesen Zahlungsverpflichtungen auch nachkommen kann, wenn es für dieses nicht so gut läuft. Hier zeigt sich somit wieder die hohe Relevanz des Analysezweckes für die Bilanzanalyse.

Die auf Basis der ausgewerteten Daten zu treffenden Ableitungen und Entscheidungen sind stets subjektiv

Dies ist eine der grundlegenden Rahmenbedingungen der Bilanzanalyse und auch nicht wirklich zu ändern. Menschen treffen auf Basis ihres Wissensstands und ihrer Präferenzen Entscheidungen darüber, was wie erhoben und wie dies dann für die weiteren Entscheidungen genützt wird; trotz aller EDV-Programme zur Unterstützung der Bilanzanalyse und komplexer, empirisch gestützter Verfahren wie etwa Diskriminanzanalysen (siehe Kap. 7.7.7.) behält dieser Grundsatz seiner Gültigkeit. Stets sind dabei unsichere

Einschätzungen über die unsichere Zukunft unumgänglich. Dies impliziert eine entsprechend hohe Wahrscheinlichkeit, zu Fehlurteilen zu kommen.

Dieses Problem betrifft allerdings nicht ausschließlich die Bilanzanalyse, sondern ist für (fast) alle Themengebiete der BWL – wie auch des gesamten Lebens an sich – charakteristisch. Eine Lösung dafür ist leider nicht in Sicht. Die Folge daraus ist, dass man sich stets der Limitationen der durchgeführten Analysen bewusst sein muss und Fehlentscheidungen als Anreiz zu sehen sind, den Prozess der Bilanzanalyse stetig weiterzuentwickeln, um aus diesen zu lernen. Auf Basis einer sorgfältig durchgeführten Bilanzanalyse lässt sich keine Gewissheit gewinnen, sehr wohl aber bessere Grundlagen, um Entscheidungen mit zumindest höherem Sicherheitsgrad (und jedenfalls ruhigeren Gewissens) zu treffen.

Dass absolute Maßstäbe als Orientierungspunkte fehlen, erleichtert die Aufgaben des Bilanzanalysten nicht. Ziel der Bilanzanalyse ist es jedoch, die Entscheidungen konkreter Personen zu beeinflussen; wenn die Erwartungen und Ziele dieser Personen in den Prozess konsequent Eingang finden, ist dies allerdings letztlich zum Nutzen dieser Personen und damit wieder i. S. einer qualitativ durchgeführten Bilanzanalyse.

3. Bilanz, GuV und weitere Bestandteile von Finanzberichten

3.1. Grundlegendes und Überblick

3.1.1. Begriffe und Fragestellungen im externen Rechnungswesen

Wenn in der Folge die Grundlagen der Finanzberichte erörtert werden, mit deren Auswertung sich die Bilanzanalyse ganz wesentlich (wenngleich nicht ausschließlich!) beschäftigt, so muss am Anfang ein Punkt betont werden, der oftmals untergeht: Finanzberichte beschäftigen sich mit wenigen, elementaren Fragen, die in keiner Weise kompliziert sind oder sein müssen. Auf dem Weg tauchen natürlich viele Detailfragen auf, die mitunter ein langes Bücherwälzen erfordern mögen. Aber diese sind typischerweise im Rahmen einer Bilanzanalyse selbst (glücklicherweise) von geringer Bedeutung, sondern versüßen vielmehr den Alltag der Spezialisten in Rechnungswesenabteilungen in den Unternehmen.

Bereits in Kap. 2.1. wurden die Betrachtungsobjekte einer Unternehmensanalyse dargestellt; für eine Bilanzanalyse wurde dabei die Analyse der Vermögens-, Finanz- und Ertragslage eines Unternehmens als Erkenntnisziel herausgearbeitet – d. h. der langfristigen finanziellen Reserven und der kurzfristigen Liquidität. Diese etwas sperrigen Begriffe kann man auch einfacher formulieren – diesfalls in Form der sog. *„Grundfragen des externen Rechnungswesens"*. Weil diese Fragen so zentral sind, ist einer jeder ein eigener Bericht gewidmet; dieser soll insb. den externen Anspruchsgruppen eine Möglichkeit geben, für die Befriedigung ihrer Informationsbedürfnisse entsprechende Antworten zu erhalten:

- Wie **reich** ist das Unternehmen (zeitpunktbezogene bzw. statische Betrachtung)? Hierauf gibt die Bilanz Antwort.
- Hat das Unternehmen in der letzten Periode einen **Gewinn** gemacht? (Ist es **reicher** oder **ärmer** geworden [zeitraumbezogene bzw. dynamische Betrachtung]?) Dies findet sich in der GuV beantwortet.
- Kommt das Unternehmen mit den **Zahlungsmitteln** aus? Hierin bietet die Geldflussrechnung eines Unternehmens Einblicke.

Die **Vermögens- und Finanzlage** adressiert die erste Frage und damit die Informationen der Bilanz: Worin wurden die Mittel eines Unternehmens investiert (in welche Vermögensgegenstände?), und woher ist das Geld gekommen? Die **Ertragslage** stellt demgegenüber als Begriff auf die zweite Frage, d. h. auf den erwirtschafteten Gewinn und seine Zusammensetzung, ab. Die dritte Frage, jene nach den ausreichenden Zahlungsmitteln und damit der Liquidität, fällt letztlich ebenso unter die Begriffe der Vermögens- und Finanzlage, ergibt sich doch Liquiditätsbestand und -bedarf letztlich genau aus diesem Zusammenspiel von Investitionen und deren Finanzierung (sowie den daraus generierten Rückflüssen).

Die verschiedenen Fragestellungen bedingen allerdings wiederum unterschiedliche Begrifflichkeiten und insb. damit bezeichnete finanzielle Größen, mit denen in den einzelnen Berichten gearbeitet wird. Diese auseinanderhalten zu können, gehört nicht nur zu den notwendigen Grundfertigkeiten eines jeden Betriebswirtes, es ist insb. auch dafür erforderlich, um die enthaltenen Informationen in den Berichten richtig interpretieren zu können. Hierbei handelt es sich um die Folgenden:

- **Ein- und Auszahlungen** sind Zu- oder Abflüsse von Zahlungsmitteln. Sie verändern den Bestand der Kassa oder den Bankkontostand (Zahlungsmittelbestand). Hiermit arbeitet die Geldflussrechnung.
    - Bezahlung eines Boten mittels Handkassa,
    - Banküberweisung zur Begleichung einer Verbindlichkeit bei einem Lieferanten,
    - Tilgung von Krediten bei der Bank.
- **Einnahmen und Ausgaben** verändern den Zahlungsmittelbestand zzgl. Forderungen, abzgl. Verbindlichkeiten. Das Entstehen solcher Forderungen und Verbindlichkeiten knüpft an die entsprechenden (zivil)rechtlichen Bestimmungen. Auf diese Größen stellen insb. sog. Einnahmen-Ausgaben-Rechner ab (ohne an dieser Stelle aber weiter auf die „steuerrechtlichen Besonderheiten" der Definitionen von Einnahmen und Ausgaben eingehen zu wollen).
    - Einkäufe auf Ziel,
    - Fakturierung von Forderungen (unabhängig vom Zeitpunkt der Bezahlung).
- **Ertrag und Aufwand** stellen die Wertveränderung aller Einsatzgüter eines Unternehmens dar (was eine deutlich weiter gefasste Basis ist – nämlich erweitert auf die gesamte Bilanz, die mehr als nur Forderungen und Verbindlichkeiten umfasst (z. B. Sachanlagen, die abgeschrieben werden) –, als sie für die vorher angeführten Begriffspaare Anwendung findet). Sie verändern das aus Geld- und Sachvermögen abzgl. dafür aufgenommener Schulden bestehende Netto- bzw. Reinvermögen (Eigenkapital). In Österreich wird der Rahmen hierfür gesetzlich durch das UGB sowie in weiterer Folge durch die **Grundsätze ordnungsgemäßer Buchführung** (GoB) präzisiert. Aufwand und Ertrag ist somit, vereinfacht gesagt, insb. das, „was im Gesetz steht" (was nicht immer einer klar ersichtlichen Logik folgen muss). Diese Größen werden in der GuV abgebildet.
    - Verbrauch von Material, das ursprünglich auf Lager gelegen ist;
    - Abschreibungen von Maschinen;
    - (Sach-)Spenden an soziale Organisationen.

Strikt zu unterscheiden (inhaltlich wie sprachlich) sind davon die verwendeten Begriffe der Kostenrechnung: **Erlöse (bzw. Leistungen) und Kosten**. Diese sind – je nach gewähltem Kostenverständnis – u. a. einzig auf den Zweck des Unternehmens bezogen und von diesem frei gestaltbar, da die Ausgestaltung der Kostenrechnung heute (weitgehend) gesetzlich nicht geregelt und damit von den Unternehmen selbst vorzunehmen ist. Im Fokus stehen die Informationsbedürfnisse im Rahmen der Unternehmenssteuerung; eine wesentliche Rolle spielen weiter zeitliche und sachliche Normalisierungen sowie ggf. eine weitgehende Orientierung an Wiederbeschaffungs- oder Opportunitätskosten. Nebenbei bemerkt: Es ist eigentlich traurig, dass diese Begriffe auch im UGB durcheinandergebracht werden (Umsatz„*erlöse*", Herstellungs„*kosten*" etc.).

Bilanz, GuV und weitere Bestandteile von Finanzberichten

3.1.2. Systematik des (integrierten) externen Rechnungswesens

Bilanz, GuV und Geldflussrechnungen sind somit die zentralen Säulen des externen Rechnungswesens – und damit der Finanzberichte, die im Zuge einer Bilanzanalyse analysiert werden können. In der Literatur hat sich hierfür auch die Bezeichnung der „*drei Jahresrechnungen*" etabliert, die diese Bedeutung gut wiedergibt. Diese drei Berichte sind nicht unabhängig voneinander, sondern im Gegenteil sogar sehr eng verbunden; in „technischer" Hinsicht ist dabei die Bilanz der Dreh- und Angelpunkt, an den GuV und Geldflussrechnung anknüpfen (was demgegenüber inhaltlich, d. h. hinsichtlich Fragen der Wertfindung im Rahmen der Rechnungslegung, der „richtige" Dreh- und Angelpunkt ist, darüber streitet die Literatur seit über 100 Jahren unter dem Schlagwort der sog. *„Bilanztheorien"*; so ganz genau weiß man es bis heute nicht).

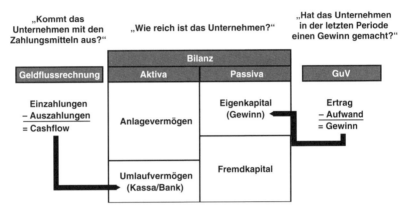

Abbildung 3: Die „drei Jahresrechnungen" und ihr Zusammenwirken im integrierten Rechnungswesen

Ergänzt werden diese Jahresrechnungen typischerweise durch mehrere weitere Berichte, die sich jedoch ebenso primär mit diesen drei Säulen befassen:

- Die **Eigenkapitalrechnung** stellt eine weitere Auffächerung der Entwicklungen des Eigenkapitals dar (siehe Kap. 3.5. und die Ausführungen am Ende von Kap. 3.1.2.).
- Der **Anhang** erklärt, wie die Zahlen in Bilanz, GuV und Geldflussrechnung zustande gekommen sind (siehe Kap. 3.7.).
- Der **Lagebericht** erweitert die Informationen um zukunftsorientierte und nicht-finanzielle Bestandteile, die in den anderen Berichten nicht abgebildet werden (können).

Dabei ist es also so, dass

- die **GuV** detailliert erklärt bzw. „auffächert", wie sich das Eigenkapital zwischen zwei Bilanzstichtagen verändert hat (dies ist deswegen so zentral, da es die Mittel im Unternehmen darstellt, welche den Eigenkapitalgebern – und damit den Eigentümern – zusteht). Die IFRS erweitern die GuV zu einer Gesamtergebnisrechnung, ohne jedoch etwas an diesem grds. Zusammenhang zu ändern (siehe Kap. 3.3.3.);
- die **Geldflussrechnung** erklärt, wie sich die liquiden Mittel (insb. Kassa/Bank) zwischen zwei Bilanzstichtagen verändert haben.

Für beide Anknüpfungspunkte könnte man die Veränderung als Absolutbetrag und in Summe schon dadurch sehen, indem man die Bilanzen für beide Stichtage nebeneinanderlegt und vergleicht; die detailliertere Darstellung in Bilanz, GuV und Geldflussrechnung bringt aber einen ganz entscheidenden Zusatznutzen dahingehend, dass sie die (verschiedenen) Gründe für einen Anstieg oder Fall detailliert und somit besser nachvollziehbar macht. Nicht zuletzt für eine Bilanzanalyse ist dieses Verständnis ja besonders zentral (die Frage nach dem „Warum").

Dieser Zusammenhang gehört seit Jahrhunderten zu den Grundfesten des externen Rechnungswesens. Besondere Probleme stellen sich aber gerade in letzter Zeit hinsichtlich der Verbindung zwischen Bilanz und GuV. Wenig problematisch ist dabei der (ebenso schon lange bekannte) Umstand, dass natürlich auch Transaktionen mit Eigentümern (z. B. ausgezahlte Dividenden oder Kapitalerhöhungen/-herabsetzungen) in die Betrachtung aufgenommen werden müssen (diese lassen sich den Informationen in Anhang und Lagebericht problemlos entnehmen); d. h., für UGB-(Jahres-)Abschlüsse lautet der Zusammenhang genau genommen:

      Jahresüberschuss laut GuV
+/– Transaktionen mit Eigentümern
=   **Veränderung des Eigenkapitals**

Im Kontext der IFRS gilt dies nicht mehr, da in diesem Rechnungslegungssystem Buchungen zulässig sind, die unmittelbar im Eigenkapital erfasst werden bzw. zumindest nicht über die GuV gehen und dennoch das Eigenkapital verändern (siehe Kap. 3.3.3.):

      Ergebnis laut GuV
+/– erfolgsneutral verbuchtes Ergebnis (sonstiges Gesamtergebnis, OCI)
+/– Effekte aus Methodenänderungen und Fehlerberichtigungen
+/– Transaktionen mit Eigentümern
=   **Veränderung des Eigenkapitals**

Tlw. gilt dies auch, allerdings in sehr eingeschränktem Maße, für UGB-Konzernabschlüsse; für diese ist die Abbildung der Währungsumrechnungsdifferenzen ein Problem. Die damit verbundenen konzeptionellen Probleme hinsichtlich Aussagekraft und Steuerung sollen an dieser Stelle nicht weiter diskutiert werden; unter dem Schlagwort *„Durchbrechung des Kongruenzprinzips"* findet sich hierzu eine Fülle aktueller Literatur, die auf die verbundenen Gefahren hinweist. Aus Sicht der Bilanzanalyse bedeutet dies aber, dass mitunter wichtige Informationen an den Analysten „vorbeigeschleust" werden könnten. Aus diesem Grund wurden seitens der Standardsetter neue Berichte wie die Gesamtergebnisrechnung bzw. die Eigenkapitalveränderungsrechnung geschaffen – denen sich dieser Analyst daher auch mit entsprechender Sorgfalt zu widmen hat (was in der Praxis jedoch bisher nur unzureichend erfolgt).

3.1.3. Funktionen von Finanzberichten

Letztlich ist an dieser Stelle noch auf die verschiedenen Funktionen von Finanzberichten einzugehen. Auch diese ergeben sich für den österreichischen Kontext aus dem hiesigen Gesetzesrahmen – und ist mit für einige der „Spannungsfelder" und Probleme verantwortlich, mit denen sich der Bilanzanalyst im Zuge seiner Untersuchungen auseinanderzusetzen hat. Die drei zentralen Funktionen, die Finanzberichten (hierzulande!) heute zugebilligt werden, klangen dabei schon an einigen früheren Stellen des vorliegenden Buches durch:

- **Informationsfunktion:** Die Informationen der Rechnungslegung sollen internen und externen Anspruchsgruppen einen Einblick in die wirtschaftliche Lage des rechnungslegenden Unternehmens gewähren; sie umfasst damit die Selbstinformation und die Fremdinformation. Zentral ist aber insb. die Fremdinformation, d. h. die Information an außenstehende Dritte, die ansonsten etwa keinen Einblick in interne Daten aus der Kostenrechnung etc. haben. Diesen sollen entscheidungsrelevante

Bilanz, GuV und weitere Bestandteile von Finanzberichten

Informationen vermittelt werden (siehe Kap. 2.1.). Die Entscheidungen umfassen primär die Alternativen, Ressourcen wie insb. Kapital zur Verfügung zu stellen oder wieder abzuziehen; Entscheidungsgrundlagen sind die Effektivität und Effizienz des Einsatzes dieses Kapitals:

- **Effektivität:** Werden die Mittel im Sinne der Kapitalgeber eingesetzt?
- **Effizienz:** Erfolgt dieser Mitteleinsatz möglichst wirtschaftlich, d. h. ohne Vergeudung von Ressourcen?

Für gewinnorientierte Unternehmen wird als letztliches Ziel der Kapitalgeber zumeist die sog. „Gewinnmaximierung" angenommen – was zwar eine Vereinfachung darstellt, aber einen nicht zu leugnenden wahren Kern besitzt (man beachte aber z. B. wieder die Besonderheiten u. a. bei Familienunternehmen; siehe Kap. 2.4.). Daher fallen Effektivität und Effizienz für diese Unternehmen in den Finanzberichten zusammen, und die Frage nach der Rentabilität tritt in den Vordergrund, als Verhältnis von gegenwärtigen und zukünftig erwarteten Gewinnen zum investierten Eigen- bzw. Gesamtkapital. Eine „Maximierung" dieser Relation erfüllt die Forderungen nach Effektivität und Effizienz gleichermaßen. Darüber soll die Rechnungslegung daher Aussage ermöglichen – im Sinne der Entscheidungsbedürfnisse idealerweise zukunftsgerichtet.

- **Steuerbemessungsfunktion:** In Österreich ist darüber hinaus der Grundsatz der „Maßgeblichkeit" ausgeprägt; dieser besagt, dass der im Jahresabschluss ausgewiesene Gewinn die Grundlage für die Steuerlast (für Kapitalgesellschaften insb. der Körperschaftsteuer) des Unternehmens darstellt. Je höher der Gewinn in der GuV ausgewiesen wird, umso mehr an Steuern muss das Unternehmen zahlen, und umgekehrt. Zwar gibt es noch einige Restriktionen im Steuerrecht, die punktuelle Überleitungen erfordern – sog. „Mehr-Weniger-Rechnungen". Diese sind aber vergleichsweise vernachlässigbar, was bedeutet, dass Unternehmen *„zwei Fliegen mit einer (Jahresabschluss-)Klappe schlagen"* können.

- **Ausschüttungsbemessungsfunktion:** Nicht nur die Steuerlast ergibt sich in weiterer Folge aus den Finanzberichten, auch der Betrag, den das Unternehmen tatsächlich an seine Eigentümer ausschütten darf, knüpft an den Jahresabschluss eines Unternehmens. Vereinfacht gesagt gilt hier: Je höher der Gewinn lt. GuV, desto höhere Dividenden dürfen gezahlt werden. Zwar gibt es hier ebenso gewisse Restriktionen (etwa gesetzliche Verpflichtungen, gewisse Mindestteile des Gewinns im zumindest anfangs im Unternehmen zu behalten, oder sog. Ausschüttungssperren), diese haben aber gleichsam eine eher untergeordnete Bedeutung.

Mit den Zahlen eines Jahresabschlusses ist man somit an drei Fronten gleichzeitig aktiv. Dies hat insb. einen Grund bzw. Vorteil: eine Kostenreduktion, die sich daraus ergibt, dass man nicht drei separate Rechenwerke erstellen muss, um diesen – unumgänglichen – Funktionen bzw. Fragestellungen gerecht werden zu können. Mit diesem Vorteil ist jedoch ein großes Problem verbunden, das man als die *„Tragik"* aller Finanzberichte, wie sie hierzulande die Grundlage für die Bilanzanalyse darstellen, bezeichnen könnte: Diese drei Funktionen befinden sich in einem Widerstreit und können nicht alle in gleichem Maße gut erfüllt werden – es braucht stets eine Priorisierung, die dann zulasten der anderen Funktionen geht:

- Im Sinne der Informationsfunktion wären Unternehmen geneigt, möglichst hohe Gewinne auszuweisen, um Kapitalgebern zu zeigen, wie toll sie nicht sind – und damit weiteres Kapital anzuwerben. Damit verbunden können sie auch entsprechend hohe Ausschüttungen an ihre Eigentümer tätigen. Sobald sie dies tun, sind sie aber mit höheren Steuerlasten konfrontiert.

- Will ein Unternehmen wenig Steuern zahlen, muss es sich demgegenüber besonders schlecht rechnen – was wiederum auf anderer Ebene den Eigentümern wenig gefallen könnte.

Den gelernten Österreicher charakterisiert eine grundlegende Aversion gegen den Fiskus, d. h., gerade im Kontext von **KMU** wird die Steuerbemessungsfunktion übergeordnet. Was aber bedeutet, dass ihre Jahresabschlüsse für Investoren nur bedingt geeignet sind und man i. d. R. keinen differenzierten Einblick in deren tatsächliche wirtschaftliche Lage erhält. Größere Unternehmen orientieren sich demgegenüber stärker an der Informationsfunktion; nicht zuletzt deswegen, da sie eher an der Akquisition von Kapital und damit Investoren Interesse haben, während KMU hier häufiger in der Hand von (geschlossenen) Familien (also Familienunternehmen) sind. Hinzu kommt, dass der gegenwärtige Rechtsrahmen den UGB- oder IFRS-Konzernabschlüssen, die ja tendenziell für größere Unternehmen von Bedeutung sind, gleichsam eine reine Informationsfunktion zubilligt, hieran aber keine der beiden weiteren Funktionen – formalrechtlich – anknüpft. (Wiewohl die Praxis zeigt, dass Konzernmuttergesellschaften insb. ihre Dividendenpolitik primär an dem im Konzernabschluss ausgewiesenen Gewinnen orientieren, auch wenn der eigentlich nichts mit ihrem Jahresabschluss zu tun hat; in Anbetracht der engen Verknüpfungen von Konzernunternehmen ist dies durchaus plausibel – und da die Investoren sich primär für den Konzernabschluss interessieren, wäre es auch schwer, dann zu argumentieren, dass sie hier zwar einen Gewinn sehen, dann aber letztlich nur einen „anderen" Gewinn bekommen.)

Dieses Spannungsfeld für den UGB-Jahresabschluss wirkt sich in weiterer Folge auf dessen Gestaltung und die konkreten Inhalte der auszuwertenden Berichte aus – insb. auch deshalb, da Unternehmen im Rahmen ihrer Rechnungslegung eingeräumte Gestaltungsräume entsprechend nutzen können (Bilanzpolitik; siehe Kap. 6.2.). Die dargestellte enge Verknüpfung ist nicht in allen Ländern so, sondern eher ein Spezifikum des deutschsprachigen Raums. International üblich sind etwa Überleitungsrechnungen, die über den Umfang dessen hinausgehen, was in Österreich Mehr-Weniger-Rechnungen darstellen; dies ist zwar mit mehr an Aufwand verbunden, „schützt" dadurch aber die Inhalte der Finanzberichte stärker vor den geschilderten Verzerrungen.

Die Bilanzanalyse adressiert unmittelbar die Informationsfunktion von Finanzberichten, und die Bestimmungen des UGB wie der IFRS stellen auf diese Vermittlung entscheidungsrelevanter Informationen als primäres Ziel der Rechnungslegung ab. Leider sind Theorie und Praxis auch in diesem Kontext zwei verschiedene Paar Schuhe; dessen sollte sich der Bilanzanalyst stets bewusst sein; nicht zuletzt stellt dies ja eine der geschilderten wesentlichen Grenzen der Bilanzanalyse dar (siehe Kap. 2.7.).

3.2. Bilanz

3.2.1. Grundlagen im UGB-Jahresabschluss

Grundlegende Bedeutung kommt der Bilanz zu; in dieser wird der „Reichtum" eines Unternehmens abgebildet, d. h. dessen Vermögen und seine Finanzierung. Wie die Bilanz im Detail auszusehen hat, das findet sich in § 224 UGB verbindlich in Form einer Mindestgliederung geregelt. Diese kann zwar erweitert werden, geringfügige Umbenennungen sind zulässig, und nicht zutreffende Posten brauchen nicht ausgewiesen werden; letztlich haben aber durch diese Vorgaben Bilanzen nach den Bestimmungen des UGB ein weitgehend einheitliches Erscheinungsbild, was deren Vergleichbarkeit deutlich erhöht. Die nachfolgende Abbildung skizziert das Schema für den grundlegenden Aufbau dieser Bilanzen (etwas vereinfacht und ohne die vorgesehenen tiefer gehenden Untergliederungen):

Bilanz, GuV und weitere Bestandteile von Finanzberichten

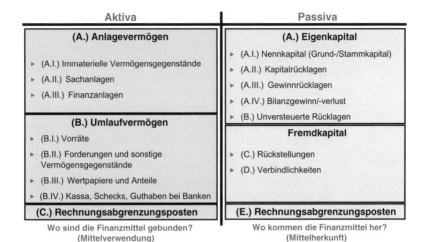

Abbildung 4: Grundlegender Aufbau einer UGB-Bilanz

Die Bilanz ist in zwei Seiten eingeteilt – **Aktiva und Passiva**. Die Aktiva beantworten die Frage, wie die Mittel, die dem Unternehmen zur Verfügung gestellt wurden, investiert wurden (Mittelverwendung); die Passiva stellen demgegenüber darauf ab, woher diese Mittel gekommen sind – also wer die Kapitalgeber waren (Mittelherkunft). Aktiva und Passiva sind dabei als Begrifflichkeiten primär Konventionen. Aus dieser Gegenüberstellung folgt, dass Aktiva und Passiva notwendigerweise auf den Cent genau denselben Betrag („Bilanzsumme") ergeben müssen. Ansonsten wäre z. B. mehr an Mitteln investiert, als überhaupt da sein dürften; oder aber es wären einige der zur Verfügung gestellten Mittel irgendwo im Nichts verschwunden. Beides ist natürlich tunlichst zu vermeiden und theoretisch auch gar nicht möglich.

Die Aktivseite der Bilanz

Was Vermögensgegenstände sind, das wird im UGB nicht definiert, sehr wohl gibt es aber umfassende Literatur dazu. Vereinfacht gesagt handelt es sich um Ressourcen, die im wirtschaftlichen (aber nicht notwendigerweise auch im rechtlichen) Eigentum des Unternehmens stehen, die be- und verwertbar (d. h. insb. mit einem zukünftigen Nutzen verbunden) sind und deren Bilanzierung nicht von Gesetzes wegen verboten ist (dazu später mehr). Die Aktiva werden nach **Anlage- und Umlaufvermögen** unterschieden; dies ist eine Unterteilung primär nach Fristigkeit – und damit in vielen Fällen auch nach Liquiditätsnähe (d. h. wie schnell Vermögensgegenstände in liquide Mittel umgewandelt werden können; insb. für Finanzdienstleister können sich aber Unterschiede zur Gliederung nach Fristigkeit ergeben). Definiert ist die Unterscheidung zwischen beiden Kategorien dahingehend, ob die Vermögensgegenstände dafür bestimmt sind, dauernd dem Geschäftsbetrieb zu dienen (Anlagevermögen) oder nicht (Umlaufvermögen). In der Praxis wird als Faustregel oftmals von einer Fristigkeit von einem Jahr ausgegangen – wenn ein Vermögensgegenstand mindestens diese Zeit im Unternehmen bleibt, gilt er als Anlagevermögen. Dies deckt sich zwar nicht mit der gesetzlichen Definition, und es gibt doch zahlreiche Fälle, in denen es auch nicht zutrifft (insb. in sehr schnelllebigen oder umgekehrt sehr langfristig ausgerichteten Branchen), aber für eine grobe Veranschaulichung reicht die Definition an dieser Stelle.

Die weitere Untergliederung ist ebenso detailliert festgehalten – diese fängt mit sog. immateriellen Vermögensgegenständen des Anlagevermögens an und endet mit der

Kassa/Bank. Dies folgt der folgenden Logik: Wie schnell werden die Vermögensgegenstände wieder zu (Bar-)Geld im Zuge der Geschäftstätigkeit? Diese liquiditätsorientierte Betrachtung unterstreicht die Relevanz dieser Informationen für die Einschätzung der wirtschaftlichen Lage und entspricht damit insb. einem Abstellen auf Gesichtspunkte der **Risikoeinschätzung**.

Im Detail sind folgende grundlegenden Aussagen zu den in einem UGB-Jahresabschluss ausgewiesenen zweiten Untergliederungsebenen des **Anlagevermögens** wichtig:

- **Immaterielle Vermögensgegenstände:** Immaterielle Vermögensgegenstände sind das Gegenstück zu den Sachanlagen, sozusagen den „materiellen Vermögensgegenständen". Sie sind folglich nicht greifbar und damit auch besonders schwer abbildbar. Aus diesem Grund gilt eines der wichtigsten Bilanzierungsverbote im UGB hinsichtlich dieser immateriellen Vermögensgegenstände: nämlich das Verbot, die Aufwendungen für die Selbsterstellung immaterieller Vermögensgegenstände des Anlagevermögens in der Bilanz anzusetzen – diese gehen direkt als Aufwand in die GuV ein. Dies erklärt sich dadurch, dass es besonders schwer ist, hier zu nachvollziehbaren Wertansätzen zu kommen. Praktisch bedeutet das: Wird ein ERP-System zugekauft, scheint es in der Bilanz auf und wird gewöhnlich abgeschrieben; wird dasselbe im Unternehmen selbst entwickelt, geht es 1:1 in die GuV ein, scheint aber nicht in der Bilanz auf. Dies ist bereits vor dem Hintergrund der wichtigen Rolle, die immaterielles Vermögen heute in den Geschäftsmodellen zahlreicher Unternehmen einnimmt, ein wesentliches Informationsdefizit. Selbsterstellte immaterielle Vermögensgegenstände des Umlaufvermögens (etwa als Teil der Vorräte eines Unternehmens) sind demgegenüber von diesem Verbot nicht umfasst.

  Als Beispiele für immaterielle Vermögensgegenstände nennt das Gesetz *„Konzessionen, gewerbliche Schutzrechte und ähnliche Rechte und Vorteile sowie daraus abgeleitete Lizenzen"*. Nicht zuletzt würden auch Software-Lizenzen als wichtiges Beispiel hierunter fallen. Zwar kommt Software häufig auf einer CD (also einer physischen Komponente), hier wird jedoch auf das Überwiegen abgestellt – und der Wert dieses Vermögensgegenstands liegt eindeutig in seiner immateriellen Komponente. Auch (geleistete) Anzahlungen für diese sind – gesondert – auszuweisen. Letztlich ist der Firmenwert hier zu berücksichtigen; in einem Jahresabschluss spielt dieser aber typischerweise nur eine untergeordnete Rolle (für den Konzernabschluss später dazu dann mehr).

- **Sachanlagen:** Diese sind im Gegensatz zu den immateriellen Vermögensgegenständen „greifbar" und damit verhältnismäßig leicht zu bewerten. Beispiele für konkrete Vermögensgegenstände, die hierunter fallen, sind Grundstücke, technische Anlagen und Maschinen, Büro- und Geschäftsausstattung sowie wieder gesondert auszuweisende Anzahlungen auf diese. Man kann sich also unter den einzelnen Posten stets etwas vorstellen, was die Analyse entsprechend erleichtert.

  Anders als für immaterielle Vermögensgegenstände des Anlagevermögens besteht für selbsterstelltes Sachanlagevermögen eine Verpflichtung zur Aktivierung der zuordenbaren Aufwendungen im Fall einer Selbsterstellung. Dies ist insb. darin begründet, dass z. B. ein selbst errichtetes Bürogebäude oder selbst hergestelltes Auto leichter nachvollziehbar zu bewerten ist.

- **Finanzanlagen:** Finanzanlagen wären i. d. R. an der Schnittmenge zwischen Sachanlagen und immateriellen Vermögensgegenständen; aufgrund ihrer Besonderheiten werden sie jedoch als separate Kategorie geführt. Das Gesetz nennt hierfür Anteile und Beteiligungen an anderen Unternehmen sowie Ausleihungen. Als Beispiel können hier etwa Aktien oder Gesellschafteranteile an einer GmbH genannt werden. Aber auch komplexere Instrumente wie etwa Derivate können hier erfasst sein. Ein gesonderter Ausweis allfälliger geleisteter Anzahlungen ist für Finanzanlagen nicht vorgeschrieben, sie sind folglich unter den Einzelposten auszuweisen, die sie betreffen (wobei ein gesonderter Ausweis zulässig ist). Aufgrund der Wichtigkeit und Komplexität dieser Vermögensgegenstände sind nachfolgend die vorgesehenen Einzelposten erläutert:

- **Anteile an verbundenen Unternehmen:** Jede Form von Beteiligung an Unternehmen, mit denen man in einer Konzernbeziehung i. S. d. § 244 UGB (Mutter-Tochter-Verhältnis) steht (siehe Kap. 2.5.); auch dann, wenn dann letztlich ein Konzernabschluss nicht aufgestellt wird oder zumindest das konkrete Unternehmen nicht in diesen einbezogen wird (etwa aufgrund vorgesehener Befreiungsbestimmungen). Häufig (aber nicht notwendigerweise) liegt hierfür ein Beteiligungsausmaß von über 50 % vor. Diese Unternehmen werden aufgrund der besonders engen Beziehung im Jahresabschluss gesondert abgebildet.

- **Ausleihungen an verbundene Unternehmen:** *„Forderungen mit einer Laufzeit von mindestens fünf Jahren sind jedenfalls als Ausleihungen auszuweisen"* (§ 227 UGB). Während Anteile Investitionen in Form von Eigenkapitalmittel bezeichnen, sind Ausleihungen langfristig gewährte Fremdkapitalmittel an solche verbundenen Unternehmen. Dabei handelt es sich ausschließlich um finanzielle Forderungen, z. B. Hypotheken, Grund- und Rentenschulden oder Darlehen, jedoch nicht um Forderungen aus Warenlieferungen oder Leistungen. Die Laufzeit dieser Forderungen beträgt i. d. R. mindestens ein Jahr; sie haben den Charakter einer Investition.

- **Beteiligungen:** Diese sind grds. den Anteilen an verbundenen Unternehmen vergleichbar, jedoch besteht hier keine Konzernbeziehung in Form eines Mutter-Tochter-Verhältnisses. § 228 Abs. 1 UGB definiert Beteiligungen als *„Anteile an anderen Unternehmen, die bestimmt sind, dem eigenen Geschäftsbetrieb durch eine dauernde Verbindung zu diesen Unternehmen zu dienen"*. Angenommen (allerdings widerlegbar) wird das Vorliegen einer Beteiligung für Anteile an einer Kapitalgesellschaft oder an einer Genossenschaft, die zumindest 20 % des Nennkapitals ausmachen. Typischerweise sind hiervon insb. assoziierte und Gemeinschaftsunternehmen umfasst. *„Die Beteiligung als persönlich haftender Gesellschafter an einer unternehmerisch tätigen Personengesellschaft gilt stets als Beteiligung; für andere Beteiligungen an unternehmerisch tätigen Personengesellschaften gilt Abs. 1 sinngemäß"* (§ 228 Abs. 2 UGB).

- **Ausleihungen an Unternehmen, mit denen ein Beteiligungsverhältnis besteht:** Diese bezeichnen die korrespondierenden gewährten Fremdkapitalmittel.

- **Wertpapiere (Wertrechte) des Anlagevermögens:** Diese umfassen alle an anderen Unternehmen gehaltenen Eigenkapitalmittel, die nicht unter die Anteile an verbundenen Unternehmen oder Beteiligungen fallen.

- **Sonstige Ausleihungen:** Hierbei handelt es sich um eine korrespondierende Sammelgröße für gewährte Fremdkapitalmittel.

Besonders bei Unternehmen, die in Konzernstrukturen integriert sind, können die Anteile an verbundenen Unternehmen bzw. Beteiligungen einen wesentlichen Teil der Bilanzsumme einnehmen, insb. im Fall von Holding-Jahresabschlüssen. Das ist insofern besonders relevant für die Analyse, da dann der Ausweis in der Bilanz des Analyseobjekts wesentlich vom wirtschaftlichen Wohl oder Wehe der anderen Konzernunternehmen abhängt – weil stets die Gefahr massiver Abschreibungen im Raum steht. Probleme einzelner Unternehmen können so eine Kettenwirkung auf den gesamten Konzern lostreten. Die Bewertung dieser Bilanzposten ist noch dazu besonders aufwendig und schwierig, da sie i. d. R. – wenn die zugrunde liegenden Wertpapiere etc. etwa nicht börsenotiert sind – de facto eine durchgeführte Unternehmensbewertung erfordern.

Da das Anlagevermögen i. d. R. den wesentlichen Teil der Bilanzsumme ausmacht, sind darüber hinausgehende Informationen zu seiner Zusammensetzung und insb. seiner Entwicklung in Form eines **Anlagenspiegels** zu tätigen (siehe Kap. 3.7.).

Als einen besonderen Posten, eine sog. „Bilanzierungshilfe", durften Unternehmen bis Ende 2009 einen Bilanzposten namens *„Aufwendungen für das Ingangsetzen und Erweitern eines Betriebes"* aktivieren. Dieser wurde in der Bilanz vor dem Anlagevermögen ausgewiesen, zusätzlich waren entsprechende Angaben allgemein im Anhang sowie insb. im Anlagenspiegel zu tätigen. Hierunter fielen alle Aufwendungen etwa für die Aufnahme eines Geschäftsbetriebs bzw. dessen wesentliche Erweiterung. Beispiele dafür waren etwa Aufwendungen für Probeläufe von Anlagen, für beanspruchte Unternehmensberatungsleistungen, für beauftragte Marktstudien etc. Aufwendungen für die Gründung von Unternehmen oder die Eigenkapitalbeschaffung waren ausdrücklich ausgenommen. Der Bilanzposten musste anschließend mit mind. einem Fünftel pro Geschäftsjahr abgeschrieben werden. Inzwischen ist eine Aktivierung nicht mehr zulässig, man findet „Altbestände" aber noch vor, bzw. sind diese im Rahmen von Analysen entsprechend weit zurückliegender Geschäftsjahre von Bedeutung.

Zu der weiteren Untergliederung des **Umlaufvermögens** lässt sich Folgendes festhalten:

- **Vorräte:** Diese umfassen eine Vielzahl an Bilanzposten, insb.
  - **Roh-, Hilfs- und Betriebsstoffe:** Rohstoffe gehen unmittelbar in ein vom Unternehmen produziertes Erzeugnis ein, sind aber noch nicht be- oder verarbeitete Stoffe. Hilfsstoffe gehen ebenfalls in das Erzeugnis ein, sind jedoch von untergeordneter Bedeutung (die Abgrenzung ist tlw. fließend und auch abhängig von der Behandlung in der dahinterliegenden Kostenrechnung – als Beispiel werden etwa für einen Tischlereibetrieb häufig Stoffe wie Nägel, Lacke oder Leim genannt). Betriebsstoffe werden im Zuge der Erstellung verbraucht und gehen somit nicht in das Produkt ein (z. B. Schmiermittel, Treibstoffe etc.);
  - **unfertige Erzeugnisse:** Diese repräsentieren bereits be- oder verarbeitete Produkte, die aber noch nicht auslieferungsfähig sind;
  - **fertige Erzeugnisse und Waren:** Fertige Erzeugnisse stammen aus der eigenen Produktion und finden sich i. d. R. vor ihrer Fertigstellung in den zuvor angeführten Bilanzposten wieder. Diese sind somit primär für Produktionsbetriebe relevant. Waren werden demgegenüber bereits in einem veräußerungsbereiten Zustand erworben und anschließend vertrieben – wie es für ein Handelsunternehmen charakteristisch ist;
  - **noch nicht abrechenbare Leistungen:** Dieser Bilanzposten ist für Dienstleistungsunternehmen von Relevanz; hierunter werden alle Dienstleistungen ausgewiesen, die bereits begonnen, aber zum Bilanzstichtag noch nicht abrechenbar sind, d. h. für die noch kein Anspruch auf eine Gegenleistung besteht (ansonsten würde der Betrag als Forderung ausgewiesen). Angesetzt werden darf der Aufwand, der diesen Dienstleistungen (z. B. Projekten) zuzuordnen ist, etwa Personalaufwand, zugekaufte Drittleistungen etc.;
  - **geleistete Anzahlungen:** Diese sind auch für Vorräte gesondert auszuweisen.
- **Forderungen und sonstige Vermögensgegenstände:** Hierbei werden die bereits bestehenden Ansprüche gegenüber Dritten ausgewiesen. Aufgrund der Bedeutung dieser erfolgt dabei eine Auffächerung in folgende Bilanzposten.
  - **Forderungen aus Lieferungen und Leistungen:** Diese resultieren aus der gewöhnlichen Geschäftstätigkeit eines Unternehmens, enthalten aber auch eine allfällig fakturierte Umsatzsteuer an den Kunden. Dieser Bilanzposten steht in unmittelbarem Zusammenhang mit den Umsatzerlösen aus der GuV (siehe Kap. 3.1.).

Bilanz, GuV und weitere Bestandteile von Finanzberichten

- **Forderungen gegenüber verbundenen Unternehmen und Forderungen gegenüber Unternehmen, mit denen ein Beteiligungsverhältnis besteht:** Spiegelbildlich zur entsprechenden Aufgliederung im Finanzanlagevermögen haben auch die Forderungen gegenüber solchen Unternehmen gesondert dargestellt zu werden. Das kann für Bilanzanalysen besonders interessant sein – schließlich ist für ein Unternehmen ein anderes Verhalten dahingehend zu unterstellen, ob die Forderung einem x-beliebigen Dritten oder aber einem Unternehmen gegenüber besteht, mit dem man eng verbunden ist (wenn es z. B. um die Ausgestaltung der Vertragskonditionen oder allfällige Einforderungspraktiken geht).
- **Sonstige Forderungen und Vermögensgegenstände:** Sammelposten für alle Forderungen, die nicht gesondert auszuweisen sind, z. B. Guthaben gegenüber Behörden, Forderungen gegenüber Dienstnehmern oder Ansprüche aus Versicherungsentschädigungen. Hier ist insb. auch die Abgrenzung gegenüber Ausleihungen (Anlagevermögen) zu beachten.

- **Wertpapiere und Anteile:** Das Gegenstück zu den Finanzanlagen; d. h., es werden hier insb. Anteile am Eigenkapital anderer Unternehmen erfasst, die nicht dauerhaft dem Geschäftsbetrieb dienen sollen (weil sie etwa aus Handelsgründen gehalten werden).
- **Kassenbestand, Schecks, Guthaben bei Kreditinstituten:** Die unmittelbar zur Verfügung stehenden liquiden Mittel eines Unternehmens, auf die es also z. B. jederzeit zurückgreifen kann, um seinen Verpflichtungen nachzukommen.

Zentraler Bewertungsmaßstab auf der Aktivseite sind die **Anschaffungs- oder Herstellungskosten**. Während Erstere einen (überwiegenden) Fremdbezug der Vermögensgegenstände voraussetzen und daher vergleichsweise leicht bestimmbar sind, sieht das UGB bzgl. der Bestimmung der Herstellungskosten einen Höchst- (i. S. einer Obergrenze) und einen Mindestansatz (i. S. einer Untergrenze) vor (§ 203 UGB). Darüber hinaus sind für die Bestimmung der Herstellungskosten weitreichende Informationen aus der Kostenrechnung (insb. Kostenschlüsselungen sowie Verbrauchsfolgeverfahren wie das Fifo-Verfahren) erforderlich, was hier die Nachvollziehbarkeit erschwert. In der Folge sind Vermögensgegenstände des Sachanlagevermögens sowie immaterielle Vermögensgegenstände des Anlagevermögens – mit ganz wenigen Ausnahmen für Vermögensgegenstände, deren Nutzung zeitlich nicht begrenzt ist (§ 204 UGB; z. B. Grundstücke) – um eine planmäßige Abschreibung laufend zu reduzieren.

Im Hinblick auf einen außerplanmäßigen Abschreibungsbedarf („Impairment") schlägt das Vorsichtsprinzip hier in der (Folge-)Bewertung unerbittlich zu; es findet nämlich das sog. **Niederstwertprinzip** in verschiedenen Ausprägungen Anwendung:

- **Anlagevermögen:** gemildertes Niederstwertprinzip; nur bei dauernder Wertminderung muss (und darf allerdings auch erst) abgewertet werden – eine Ausnahme ergibt sich für das Finanzanlagevermögen, für das bei vorübergehender Wertminderung auch abgewertet werden darf (und bei dauernder Wertminderung ebenso abgewertet werden muss);
- **Umlaufvermögen:** strenges Niederstwertprinzip; bei jeder Form der Wertminderung (andauernd oder nur vorübergehend) muss abgewertet werden.

Eine Wertaufholung, d. h. **Zuschreibung** nach erfolgter außerplanmäßiger Abschreibung, wäre zwar grds. verpflichtend, unterliegt aber aufgrund spezifischer Regelungen in § 208 UGB de facto einem Wahlrecht. Unternehmen steht es also frei, von diesen Zuschreibungen Abstand zu nehmen, was sie i. d. R. auch (aus steuerrechtlichen Gründen zumindest im Jahresabschluss) zu tun pflegen. Dies führt somit zu weiteren Verzerrungen. Einzig für Beteiligungen i. S. d. § 228 Abs. 1 UGB besteht jedenfalls eine Zuschreibungspflicht.

Die Passivseite der Bilanz

Auf der Passivseite ist die Bilanz demgegenüber zunächst nicht nach Fristigkeiten eingeteilt, sondern nach Finanzierungsquellen – **Eigenkapital und Fremdkapital**. Das Fremdkapital umfasst dabei sowohl Verbindlichkeiten als auch Rückstellungen. Beide stellen zukünftige Mittelabflüsse dar, die das Unternehmen treffen; sie unterscheiden sich jedoch primär über den Grad der Sicherheit – bei einer Verbindlichkeit stehen Grund (d. h. Bestehen), Höhe und regelmäßig auch Zeitpunkt fest, während bei einer Rückstellung zumindest einer dieser Punkte ungewiss ist. Kriterium ist aber für Letztere, dass es wahrscheinlich ist, dass es zu dem Mittelabfluss kommen wird (was allerdings gerade im UGB eher vorsichtig auszulegen ist).

So findet sich letztlich auch eine Logik hinter der Einteilung der Passivseite – nach dem Grad der Gebundenheit im Unternehmen bzw. der Wahrscheinlichkeit des Abflusses: Die Bilanz beginnt mit dem Eigenkapital, das dem Unternehmen dauerhaft zur Verfügung steht. Es folgen die Rückstellungen, bei denen es zwar wahrscheinlich ist, dass sie zu Mittelabflüssen führen, für die es aber doch nicht zu 100 % sicher ist (d. h. es besteht noch Hoffnung). Am Schluss kommen die Verbindlichkeiten, bei denen von dem Mittelabfluss auszugehen ist. Dies ist natürlich einer Gliederung nach Fristigkeit ebenso ähnlich. Spiegelbildlich zur Aktivseite kann man also diese Darstellung als eine risikoorientierte betrachten, und es macht dahingehend Sinn, dass am oberen Ende der Bilanz Anlagevermögen und Eigenkapital gegenübergestellt sind und am unteren Ende liquide Mittel und Verbindlichkeiten. Diese Gegenüberstellung eignet sich natürlich besonders für eine Analyse der Liquiditätssituation (siehe Kap. 7.2.3.).

Zu den Untergliederungsebenen des **Eigenkapitals** im Einzelnen:

- **Nennkapital (Grund-, Stammkapital):** Hierbei handelt es sich um das gezeichnete Kapital einer Gesellschaft, also das Grundkapital einer AG bzw. das Stammkapital einer GmbH.
- **Kapitalrücklagen:** Hierunter werden u. a. jene Beträge erfasst, die bei der Ausgabe von Anteilen einschließlich von Bezugsanteilen über den Nennbetrag hinaus und bei der Ausgabe von Anleihen für Wandlungs- und Optionsrechte zum Erwerb von Anteilen erzielt werden, d. h. insb. das Agio. Aber auch Zuzahlungen für Vorteilsaktien können hierunter fallen. Die Kapitalrücklagen sind weiter zu untergliedern in:
    - **gebundene Kapitalrücklagen:** Die Tatbestände, die hierzu führen, sind genau vorgeschrieben; die Rücklagen dürfen nur zur Abdeckung eines Bilanzverlusts aufgelöst werden. Beispiele sind ein Agio bei der Ausgabe von Aktien;
    - **ungebundene Kapitalrücklagen:** Diese können frei gebildet und daher auch jederzeit wieder aufgelöst werden.
    - **Gewinnrücklagen:** Diese umfasst die nicht ausgeschütteten Bilanzgewinne eines Unternehmens, die der Innenfinanzierung eines Unternehmens dienen. Diese sind zu unterteilen in
        - **„gesetzliche Rücklagen",** zu deren Dotierung aus dem laufenden Jahresüberschuss AG und GmbH verpflichtet sind;
        - **satzungsmäßige Rücklagen,** zu deren Dotierung sich das Unternehmen selbst verpflichtet, und
        - **andere Rücklagen (freie Rücklagen).**
- **Bilanzgewinn (Bilanzverlust):** Dieser repräsentiert den Betrag, der an die Eigentümer maximal ausgeschüttet werden kann (nach Bildung aller Rücklagen). Dieser ergibt sich unmittelbar aus der GuV (siehe Kap. 3.3.1.); gesondert anzugeben ist als ein „Davon"-Vermerk der Gewinnvortrag/Verlustvortrag, d. h. die Bilanzgewinne/-verluste der Vorperioden, zu denen der laufende Bilanzgewinn/-verlust addiert wurde.

Bilanz, GuV und weitere Bestandteile von Finanzberichten

Die dargestellte Untergliederung orientiert sich naturgemäß ausschließlich an den Bedürfnissen von Kapitalgesellschaften. Für Unternehmen anderer **Rechtsform** (etwa Personengesellschaften, Stiftungen oder Vereine) finden sich den jeweiligen gesellschaftsrechtlichen Grundlagen angepasste Darstellungsformen, die sich aber grds. an obiger Logik orientieren.

So ein Unternehmen **eigene Anteile** hält, sind diese gesondert im Eigenkapital auszuweisen. Korrespondierend und insb. betragsmäßig in derselben Höhe sind diese Anteile auf der Aktivseite entweder im Anlage- (selten) oder im Umlaufvermögen (regelmäßig) auszuweisen. Ein Unternehmen könnte dies tun, um z. B. eigene Aktien an die Belegschaft im Rahmen von Stock-Options-Programmen weiterzugeben. Selbiges gilt für **Anteile an einem herrschenden oder mit Mehrheit beteiligten Unternehmen**, wobei es dabei um Anteile an Unternehmen geht, die wiederum an dem rechnungslegenden Unternehmen entsprechende Anteile halten.

Die Behandlung von **ausstehenden Einlagen** hängt davon ab, ob sie zum Bilanzstichtag bereits eingefordert sind oder noch nicht: Sind sie bereits eingefordert, sind sie unter den Forderungen gesondert auszuweisen, und das Nennkapital ist ebenso in voller Höhe auszuweisen. Sind sie demgegenüber noch nicht eingefordert, sind die ausstehenden Einlagen vom Nennkapital offen abzusetzen.

Ergibt die Ermittlung des Eigenkapitals einen negativen Wert, d. h., wenn es von Verlusten bereits vollständig aufgezehrt ist, muss es als *„negatives Eigenkapital"* bezeichnet und auf der Passivseite der Bilanz ausgewiesen werden.

Als gesonderte Gliederungsebene sind nach dem Eigenkapital die sog. **unversteuerten Rücklagen** auszuweisen. Diese Entstehen aus der Inanspruchnahme von steuerlichen Investitionsbegünstigungen; Teile des Gewinns werden unter bestimmten Bedingungen steuerfrei gestellt. Früher gab es hierzu eine Vielzahl an möglichen Tatbeständen, die heute aber weitgehend eingeschränkt und i. d. R. von geringerer Bedeutung sind. Diese Rücklagen müssen zwecks steuerlicher Anerkennung auch unternehmensrechtlich gebildet werden – der Ausweis erfolgt gesondert zwischen Eigenkapital und Rückstellungen. Wirtschaftlich sind sie jedoch Eigenkapital gleichzusetzen und werden diesem bilanzanalytisch zugeordnet (wenngleich sie auch eine geringfügige Fremdkapitalkomponente aufweisen; siehe Kap. 6.3.3.1.).

Ebenso gesondert können nicht-rückzahlbare Investitionszuschüsse bzw. **Subventionen** zwischen Eigen- und Fremdkapital angesetzt werden (Bruttomethode). Alternativ ist es aber gleichsam zulässig, diese Beträge von den Anschaffungskosten der geförderten Vermögensgegenstände abzuziehen (Nettomethode). Welche der beiden Methoden gewählt wird, ist im Anhang darzulegen.

Hinsichtlich der **Rückstellungen** werden vier verschiedene Untergliederungen unterschieden. Zu betonen ist dabei, dass Rücklagen und Rückstellungen zwar sehr ähnlich klingen, aber etwas fundamental anderes meinen (nämlich Eigen- oder Fremdkapital). Die Verwechslung beider Begrifflichkeiten gehört leider zu den „Klassikern" unter den Dingen, die Betriebswirten eigentlich nicht passieren sollten, aber dann doch regelmäßig passieren. Da Rückstellungen regelmäßig mit (tlw. sehr langfristigen) Schätzungen bzgl. Höhe der für die Bewertung relevanten erwarteten Zahlungen und/oder Eintrittswahrscheinlichkeit verbunden sind, ist ihre Bewertung besonders schwierig und heikel.

- **Rückstellungen für Abfertigungen:** Hierunter werden Abfertigungsansprüche der Mitarbeiter abgebildet, für die früher zumeist (vor der Abfertigung „neu") das Unternehmen vorsorgen musste (durch Bildung dieser Rückstellungen; aktivseitig stand diesen lange Zeit verpflichtend zur Deckung gehaltenes Finanzanlagevermögen gegenüber). Aber auch auf freiwilliger Basis ist es denkbar, dass ein Unternehmen mit (möglichen) Abfertigungsverpflichtungen konfrontiert ist.

- **Rückstellungen für Pensionen:** Hierunter fallen Zusagen betreffend Firmenpensionen (für diese besteht noch eine Pflicht zur sog. *„Wertpapierdeckung für Pensionsrückstellung")*.
- **Steuerrückstellungen:** Diese umfassen Steuerverpflichtungen, die sich aus dem laufenden Geschäftsjahr ergeben, deren Höhe aber noch nicht endgültig feststeht.
- **Sonstige Rückstellungen:** Diesem etwas unscheinbaren Sammelposten kommt in der Praxis große Bedeutung zu, da mitunter wesentliche Beträge unter ihm ausgewiesen werden. Wichtigste Beispiele für sonstige Rückstellungen werden anschließend dargestellt; aufgrund ihrer Bedeutung sind diese im Anhang weiter aufzugliedern (siehe Kap. 3.7.). Da viele der Einzelrückstellungen vage gehalten sind, werden sie in der Praxis häufig im Rahmen bilanzpolitischer Maßnahmen genutzt (siehe Kap. 6.2.2.).
    - **Drohverlustrückstellungen:** Diese sind zu bilden, wenn sich die Erträge und Aufwendungen aus demselben noch nicht abgewickelten Geschäft voraussichtlich nicht ausgleichen.
    - **Rückstellungen für Garantieverpflichtungen:** Diese sind z. B. für zukünftige kostenlose Nacharbeiten oder Ersatzlieferungen zu bilden.
    - **Prozessrückstellungen:** Diese sind nur für bereits anhängige Prozesse zu bilden, in die das Unternehmen als Kläger oder Beklagter involviert ist.
    - **Aufwandsrückstellungen:** Diese sind die wohl strittigsten und „schwammigsten" aller Rückstellungen; nach allgemeinem Verständnis bieten sie dem Unternehmen ein Wahlrecht, Rückstellungen für zumeist zukünftige Maßnahmen oder Ereignisse zu bilden, deren (wirtschaftliche) Verursachung bereits im laufenden Geschäftsjahr begründet liegt; § 198 Abs. 8 Z 2 UGB definiert diese als Rückstellungen *„für ihrer Eigenart nach genau umschriebene, dem Geschäftsjahr oder einem früheren Geschäftsjahr zuzuordnende Aufwendungen"* – und insb. als solche, die nicht unter die anderen Kategorien von Rückstellungen fallen. Der Begriff ist aber insofern unglücklich (bis irreführend) gewählt, als eigentlich fast alle diese Kategorien von Rückstellungen mit Aufwand verbunden sind. Typische Beispiele umfassen etwa Instandhaltungs- oder Rekultivierungsaufwendungen, Aufwendungen für Schadensbeseitigungen etc.

Für **Verbindlichkeiten** ist eine ganz beachtlich lange Untergliederung vorgesehen, die jedoch wiederum nur eine Aufgliederung primär nach Gläubigern bezweckt; zentraler Bewertungsmaßstab ist der Rückzahlungsbetrag für die jeweilige Verbindlichkeit:

- **Anleihen:** Hierunter sind von Unternehmen ausgegebene Anleihen, d. h. langfristige Darlehen in verbriefter Form, anzugeben. Als „Davon"-Vermerk ist jener Teil anzugeben, der konvertibel ist, also das Recht auf eine Umwandlung in Eigenkapitalmittel umfasst.
- **Verbindlichkeiten gegenüber Kreditinstituten:** Verbindlichkeiten, die z. B. gegenüber Hausbanken und weiteren Kreditinstituten bestehen.
- **Erhaltene Anzahlungen auf Bestellungen:** Grds. besteht ein Wahlrecht, von den Kunden des Unternehmens erhaltene Anzahlungen von den Vorräten „offen" abzusetzen, d. h. in der Bilanz zu subtrahieren. Wird davon nicht Gebrauch gemacht, sind diese Anzahlungen gesondert auszuweisen.
- **Verbindlichkeiten aus Lieferungen und Leistungen:** Diese sind als „Gegenstück" zu den Forderungen aus Lieferungen und Leistungen zu sehen; hierunter fallen insb. Verbindlichkeiten für bezogene Produkte oder Dienstleistungen. Sie müssen jedoch nicht in unmittelbarem Zusammenhang mit dem Umsatzprozess (und den Umsatzerlösen aus der GuV) stehen.

Bilanz, GuV und weitere Bestandteile von Finanzberichten

- **Verbindlichkeiten aus der Annahme gezogener Wechsel der Ausstellung eigener Wechsel:** Verbindlichkeiten, die im Zusammenhang mit Wechseln stehen (was heute immer mehr an Bedeutung verliert, aber insb. früher relevanter war).
- **Verbindlichkeiten gegenüber verbundenen Unternehmen** und **Verbindlichkeiten gegenüber Unternehmen, mit denen ein Beteiligungsverhältnis besteht:** Diese sind als „Gegenstück" zur entsprechenden Aufgliederung der Forderungen zu sehen.
- **Sonstige Verbindlichkeiten:** Dieser Sammelposten umfasst alle Verbindlichkeiten, die unter keine der vorher genannten fallen, etwa gegenüber dem Finanzamt.

Für die weitere Transparenz fordert § 225 Abs. 6 UGB außerdem: *„Der Betrag der Verbindlichkeiten mit einer Restlaufzeit bis zu einem Jahr ist bei jedem gesondert ausgewiesenen Posten in der Bilanz anzumerken oder im Anhang anzugeben."* Gerade dieser Information kommt für eine Analyse der Liquiditätssituation ganz entscheidende Bedeutung zu.

Korrespondierend – und folgerichtig für die Passivseite der Bilanz auch spiegelverkehrt – zum Niederstwertprinzip auf der Aktivseite wirkt sich das Vorsichtsprinzip auf Rückstellungen und Verbindlichkeiten in Form des **Höchstwertprinzips** aus. Vereinfacht gesagt ist so von mehreren möglichen Ansätzen grds. der höchste („vorsichtigste") zu wählen.

Was letztlich in der Bilanz noch fehlt: Sowohl auf der Aktiv-, als auch auf der Passivseite sind (aktive bzw. passive) **Rechnungsabgrenzungsposten** vorgesehen. Diese sind betragsmäßig zumeist zu vernachlässigen und am besten als Gegenstück zu den Forderungen oder Verbindlichkeiten zu betrachten; betriebswirtschaftlich entsprechen sie (i. d. R. kurzfristigen) Forderungen bzw. Verbindlichkeiten:

- **Aktive Rechnungsabgrenzungsposten** entsprechen eigenen Vorauszahlungen, für die der korrespondierende Aufwand erst in der Folgeperiode anzusetzen ist (etwa im Rahmen eines Mietvertrags von Juli eines Jahres bis Juni des Folgejahres, der aber bereits im Vorhinein vollständig bezahlt wird; hier wären 50 % des Gesamtbetrages als aktiver Rechnungsabgrenzungsposten auszuweisen). Als wichtiges Beispiel ist ein allfälliges **Disagio** zu nennen, also ein Abschlag etwa von ausgegebenen Wertpapieren oder einem aufgenommenen Kredit. Dieses darf aktiviert und planmäßig abgeschrieben werden und ist diesfalls als aktiver Rechnungsabgrenzungsposten auszuweisen. Dieser Ausweis hat gesondert zu erfolgen, bzw. ergänzende Anhangangaben sind gefordert.
- **Passive Rechnungsabgrenzungsposten** entsprechen fremden Vorauszahlungen, für die der korrespondierende Ertrag erst in der Folgeperiode anzusetzen ist.

Und ganz zuletzt sind auch Informationen zu beachten, die sich nicht in der Bilanz, sondern „unter" dieser befinden („**Unter-dem-Strich-Angaben**"). § 199 UGB macht es erforderlich, *„Verbindlichkeiten aus der Begebung und Übertragung von Wechseln, Bürgschaften, Garantien sowie sonstigen vertraglichen Haftungsverhältnissen, soweit sie nicht auf der Passivseite auszuweisen sind, zu vermerken, auch wenn ihnen gleichwertige Rückgriffsforderungen gegenüberstehen"*. Hierbei handelt es sich, genau genommen, um Verpflichtungen, mit deren Eintritt vom Unternehmen gegenwärtig nicht gerechnet wird (da sie ansonsten in der Bilanz als Rückstellungen oder Verbindlichkeiten aufscheinen müssten); jedoch sind sie i. d. R. betragsmäßig von so großer Relevanz, dass eine gesonderte Angabe notwendig erscheint (und sie jedenfalls in die Analysen mitaufgenommen werden sollten).

Eine besondere „Unter-dem-Strich-Angabe" in UGB-Jahresabschlüssen betrifft den sog. *„Fehlbetrag der Pensionsrückstellung"*. Derartige Angaben beziehen sich noch auf eine Übergangsbestimmung im Zuge der Reform der Rechnungslegungsbestimmungen in Österreich Anfang der 1990er-Jahre. Zuvor galten Bestimmungen zur Bilanzierung von Pensionsrückstellungen, die zu wesentlich niedrigeren Ansätzen führten, als sie fortan erforderlich waren. Um hier den Unternehmen entgegenzukommen, wurde eine großzügige Übergangsbestimmung vorgesehen. Über maximal 20 Jahre verteilt konnte der Fehlbetrag zwischen den bisherigen Ansätzen und den neuen sich ergebenden Ansätzen nachgeholt werden; erforderlich war dafür entweder die Angabe des Fehlbetrags unter der Bilanz oder aber der Ansatz der Rückstellung mit dem neuen versicherungsmathematischen Wert sowie eines eigenen Postens innerhalb der aktiven Rechnungsabgrenzungsposten, der anschließend aufgelöst wurde. Darüber hinaus waren umfangreiche Anhangangaben vorgesehen. Da diese Bestimmungen ab dem 1. 1. 1992 schlagend wurden, konnten solche Fehlbeträge bis in die jüngere Vergangenheit in den Jahresabschlüssen vorgefunden werden. Inzwischen sind diese 20 Jahre aber vorbei, sodass diese Bestimmungen für zukünftige Jahresabschlüsse keine Rolle mehr spielen.

3.2.2. Wichtigste Besonderheiten eines UGB-Konzernabschlusses

Angenehmerweise unterscheidet sich das Aussehen eines UGB-Konzernabschlusses nicht von jenem des Jahresabschlusses; es gewinnen nur einige Besonderheiten an Bedeutung; diese sollen nachfolgend behandelt werden (siehe Kap. 2.5.).

Firmenwert als zentraler – und besonders problematischer – Bilanzposten

Der Firmenwert gilt nicht umsonst als *„der immateriellste aller immateriellen Vermögensgegenstände"* – dies ist den Gründen für sein Entstehen und insb. der fast unmöglichen Durchführung einer nachvollziehbaren Folgebewertung geschuldet. Dem steht gegenüber, dass dieser Bilanzposten gerade in den Abschlüssen österreichischer wie ausländischer Konzerne in den letzten Jahrzehnten einen zunehmend relevanteren Stellenwert eingenommen hat.

Ein Firmenwert kann grds. im Rahmen eines Unternehmenszusammenschlusses entstehen, unabhängig davon, ob dieser im Jahresabschluss („Asset Deal") oder Konzernabschluss („Share Deal") abzubilden ist. Er veranschaulicht den Unterschiedsbetrag zwischen dem, was ein Erwerber für das erworbene Unternehmen zahlt (d. h. die in der Bilanz des Erwerbers ausgewiesenen Anteile) zahlt (d. h. hier die in der Bilanz des Erwerbers ausgewiesenen Anteile) und was er in Form des übernommenen Eigenkapitals dafür erhält. Für einen Konzernabschluss lässt sich dies wie folgt darstellen:

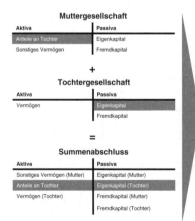

Abbildung 5: Gründe für das Entstehen eines Firmenwerts im Konzernabschluss

Bilanz, GuV und weitere Bestandteile von Finanzberichten

Zahlt ein Unternehmen mehr, als es lt. Jahresabschluss erhält, entsteht im Rahmen der Konsolidierungsmaßnahmen (Kapitalkonsolidierung – Gegenrechnung von Beteiligungsbuchwert und Eigenkapital lt. einbezogenen Jahresabschlüssen) ein Unterschiedsbetrag auf der Aktivseite; für diesen sind noch gewisse Möglichkeiten zur „Verteilung" vorgesehen (z. B. können tlw. stille Reserven aufgedeckt werden). Was dann noch verbleibt, ist ein (mit buchhalterischen Mitteln) *„unerklärlicher Restbetrag"*, der gesondert als Firmenwert ausgewiesen und über eine festzulegende Nutzungsdauer planmäßig (und ggf. auch außerplanmäßig) abzuschreiben ist. Da sich natürlich eine solche Nutzungsdauer nicht feststellen lässt, da oftmals schon nicht wirklich klar ist, wie dieser Firmenwert zustande kommt, besteht hier einiges an Spielraum, und man orientiert sich i. d. R. an den aus dem steuerrechtlichen Bestimmungen übernommenen Vorgaben einer Abschreibung auf 15 Jahre. Anders als im Rahmen der Abschreibung eines Gegenstands des Anlagevermögens – z. B. eines Autos – hat diese Abschreibung keine klare Aussagekraft; bei dem Auto wird abgebildet, dass dieses durch die Nutzung laufend an Wert verliert, und das ist wohl i. d. R. auch zutreffend. Die Abschreibung des Firmenwerts soll ebenso in diese Richtung gehen, ist aber dahingehend ein bloßes Konstrukt, als man nicht einmal wissen kann, was warum (eventuell) an Wert verliert (und in welchem Umfang).

Eine Erklärung, warum Unternehmen mehr für den Erwerb eines anderen Unternehmens zahlen, als in dessen Bilanz als Eigenkapital ausgewiesen wird, ist vergleichsweise einfach, sobald man die „Denkwelt" des Rechnungswesens verlässt. Bereits mehrfach wurde betont, dass die eigentlich entscheidenden Erfolgspotenziale eines Unternehmens nicht oder nur unzulänglich in dessen Finanzberichten abgebildet werden können – man denke etwa an Mitarbeiter-Know-how oder selbst entwickelte Patente, die einem Aktivierungsverbot unterliegen. Der Verkäufer eines Unternehmens wäre aber schlichtweg dumm, würde er sich diese bei dem Verkauf nicht entgelten lassen. Weiterhin kommen etwa mögliche Synergien zwischen dem erwerbenden und dem erworbenen Unternehmen in Betracht. Eine zweckmäßige Bestimmung und Begründung eines Kaufpreises braucht somit nicht primär die Informationen aus Finanzberichten, sondern eine umfassendere Unternehmensbewertung (die natürlich auf den Finanzberichten als Grundlage basiert, aber wesentlich weiter geht).

Konzerne entstehen regelmäßig durch genau solche Erwerbe – ein Unternehmen erwirbt eine ausreichende Zahl an Anteilen an einem anderen, um dieses zu kontrollieren (i. d. R. zumindest knapp über 50 %). Dieses Unternehmen behält aber weiterhin seine rechtliche Eigenständigkeit. Im Gegensatz dazu kann ein Firmenwert im Jahresabschluss insb. dann entstehen, wenn ein Unternehmen ein anderes erwirbt, das erworbene Unternehmen aber seine rechtliche Selbständigkeit verliert; d. h., die Vermögenswerte und Schulden gehen vollständig in den Jahresabschluss des erwerbenden Unternehmens ein (daher auch der Begriff *„Asset Deal"*). In der Praxis ist das häufig bei Umgründungsvorgängen der Fall. Wird demgegenüber ein Unternehmen von einem anderen gegründet, so sind die dargestellten Grundsätze gleichsam übertragbar. Es wird dabei aber i. d. R. kein Firmenwert entstehen, da z. B. die Aushandlung eines Transaktionspreises nicht erforderlich ist.

Bis 2009 war für den Konzernabschluss in Österreich noch eine **offene Verrechnung** des Firmenwerts mit den Kapital- oder Gewinnrücklagen statt seines Ansatzes auf der Aktivseite zulässig; hierbei handelte es sich um ein – viel kritisiertes – Wahlrecht. Dieses ist inzwischen abgeschafft, kann allerdings für die Analyse historischer Konzernabschlüsse von Bedeutung sein. Gleichsam war bis 2009 im **Jahresabschluss** lediglich ein Wahlrecht bzgl. der Aktivierung vorgesehen, das zu einer Aktivierungspflicht umgeändert wurde.

Letztlich ist auch der Fall denkbar und tlw. anzutreffen, dass ein Unternehmen weniger für den Erwerb eines anderen zahlt, als es dem Gegenwert des übernommenen Eigenkapitals entspricht. Diesbezüglich wäre die Folge ein sog. **negativer Unterschiedsbetrag** (gelegentlich auch *„negativer Firmenwert"*). Beispielhaft kann eine solche Situation auftreten, wenn der Erwerber umfassende Reorganisationen nach Übernahme des Unternehmens plant – und die dafür anfallenden Aufwendungen sinnvollerweise in sein Kaufangebot einpreist. Für den konkreten Umgang mit diesem negativen Unterschiedsbetrag (zumeist als *„Unterschiedsbetrag aus der Kapitalkonsolidierung"* ausgewiesen) wird auf den Grund für dessen Entstehung abgestellt; in der Praxis kommt dieser Fall zwar vor, aber doch eher selten. U. a. wird in der Literatur folgende Vorgehensweise gefordert:

- **„Lucky buy":** Ausweis im Eigenkapital des Konzerns (z. B. hat der Erwerber einfach gut verhandelt bzw. den Verkäufer schlichtweg über den Tisch gezogen).
- **Gewinnthesaurierungen über einen Zeitraum zwischen Erwerb und Erstkonsolidierung:** gleiche Handhabung wie bei einem *„lucky buy"*.
- **Negative Zukunftsaussichten:** Ausweis als Rückstellung in der Konzernbilanz (z. B. erwartete zukünftige Aufwendungen für den Erwerber).
- **Wenn keine Zuordnung möglich ist:** Sonderposten zwischen Rücklagen und Rückstellungen in der Konzernbilanz.

Weiter gehende Verpflichtung zum Ansatz latenter Steuern im Konzernabschluss

Latente Steuern gehören wohl zu den unbeliebtesten, da komplexesten Aufgabengebieten im Rahmen der Erstellung von Finanzberichten. Während sich die rechnungslegenden Unternehmen hiervor jedoch für die Erstellung eines Jahresabschlusses i. d. R. „drücken können", gibt es für den Konzernabschluss kein Entkommen, was damit auch entsprechende Konsequenzen für die Analyse mit sich bringt.

Latente Steuern entstehen aus dem Auseinanderfallen von unternehmensrechtlichem und steuerrechtlichem Unternehmenserfolg. Zwar sind beide über das Maßgeblichkeitsprinzip eng aneinander gebunden, jedoch kann es dennoch zu Abweichungen kommen (Mehr-Weniger-Rechnungen; siehe Kap. 3.1.3.). So dies der Fall ist, liegt das Problem vor, dass die Steuerlast, wie sie letztlich verbindlich auf Grundlage des steuerrechtlichen Unternehmenserfolgs ermittelt wird, nicht zum unternehmensrechtlichen Unternehmenserfolg „passt". Der Ausweis latenter Steuern soll hier als „Überleitung" dienen, um die in den Finanzberichten ausgewiesenen Steuern wieder passend zu machen; den Adressaten der Finanzberichte soll dies eine bessere Einschätzung zukünftig zu erwartender Steuerzahlungen ermöglichen (wieder i. S. d. Vermittlung entscheidungsrelevanter Informationen).

Dies ist zunächst ein Thema für die GuV, in welcher der Steueraufwand angepasst wird (siehe Kap. 3.3.1.). Die Gegenbuchung erfolgt jedoch gegen den Bilanzposten der *„aktiven"* oder *„passiven latenten Steuern"*:

- **Aktive latente Steuern:** Der dem Geschäftsjahr und früheren Geschäftsjahren zuzuweisende Steueraufwand ist zu hoch, weil der nach den steuerrechtlichen Vorschriften ermittelte Erfolg höher als der unternehmensrechtliche Erfolg ist. Dabei ist aber weiterhin gefordert, dass sich diese Unterschiede in Zukunft wieder ausgleichen und umkehren, d. h., dass in späteren Geschäftsjahren der nach den steuerrechtlichen Vorschriften ermittelte Erfolg niedriger als der unternehmensrechtliche Erfolg ist. Dies ist etwa der Fall, wenn abweichende Abschreibungsmethoden oder Nutzungsdauern gewählt werden (über die gesamte Nutzungsdauer wird derselbe Betrag abgeschrieben, nur die Verteilung ändert sich), nicht jedoch, wenn z. B. Rückstellungen im Jahresabschluss gebildet werden, die steuerrechtlich nicht zulässig sind. Anzusetzen ist der später sich ausgleichende Differenzbetrag in voller Höhe. Aktive latente Steuern sagen so aus, welchen Betrag sich das Unternehmen in späteren Geschäftsjahren aufgrund derartiger Differenzen über den unternehmensrechtlichen Erfolg hinaus wird „sparen können"; im Jahr ihrer Bildung reduzieren sie den in der GuV ausgewiesenen Steueraufwand.

- **Passive latente Steuern:** Diese verhalten sich spiegelbildlich zu den aktiven latenten Steuern. Passive latente Steuern sagen so aus, welcher Betrag vom Unternehmen in späteren Geschäftsjahren aufgrund derartiger Differenzen noch zu zahlen sein wird; im Jahr ihrer Bildung erhöhen sie den in der GuV ausgewiesenen Steueraufwand.

Diese werden i. d. R. nicht gesondert, sondern **aktivseitig als Teil der aktiven Rechnungsabgrenzungsposten bzw. passivseitig als Teil der Steuerrückstellungen** ausgewiesen. Der Auswies erfolgt typischerweise saldiert, d. h., es werden entweder aktive oder passive latente Steuern ausgewiesen. Gesonderte Angaben zu den beiden Posten sind jedenfalls dem Anhang zu entnehmen.

Im **Jahresabschluss** besteht ein Wahlrecht, aktive latente Steuern anzusetzen (bei deren Nichtausübung diese jedoch – außer von kleinen GmbH – im Anhang anzugeben sind); dem steht die Pflicht gegenüber, passive latente Steuern anzusetzen. In der Praxis überwiegen weitaus Fälle, in denen aktive latente Steuern anzusetzen wären – dies folgt schon aus der durchaus restriktiven Steuergesetzgebung, die dazu führt, dass im Zweifelsfall der steuerrechtliche Erfolg höher ist als der unternehmensrechtliche. Da diesfalls das Wahlrecht greift, verzichten Unternehmen i. d. R. dankend auf die Bildung dieser latenten Steuern (wobei sie nicht den entsprechenden Angabepflichten im Anhang entkommen). Im **Konzernabschluss** ist demgegenüber ein verpflichtender Ansatz gleichsam für aktive und passive latente Steuern vorgesehen. Entsprechend finden sich latente Steuern regelmäßig in diesen.

Besonders umstritten sind Bilanzposten für latente Steuern, die für **Verlustvorträge** gebildet werden. Deren Berücksichtigung ist nach österreichischem Recht nur sehr eingeschränkt zulässig und darf nicht zum Ansatz aktiver latenter Steuern führen. Anderenfalls könnte die paradoxe Situation folgen, dass sich ein Unternehmen mit hohen Verlusten in der Vergangenheit durch diese in Bilanz (Vermögensgegenstand) und GuV (reduzierter Steuerertrag) „reicher rechnen" darf.

Für weiterführende Ausführungen und Beispiele zu dieser – zugegebenermaßen komplexen – Materie sei neben der umfangreich vorhandenen Literatur insb. auf die frei zugängliche **Richtlinie KFS/RL15**[4] verwiesen. Von deutscher Literatur ist demgegenüber – gegenwärtig – abzuraten, da sich die Rechtslage hier wesentlich unterscheidet.

Ermittlung und Ausweis von Anteilen der Minderheitsgesellschafter im Eigenkapital

Im Jahresabschluss spiegelt das ausgewiesene Eigenkapital insb. jene Mittel wider, die von Eigentümern dem Unternehmen zugeführt wurden bzw. die von diesen wieder beansprucht werden können. Im Konzernabschluss – der ja einen Konzern so abbilden soll, als würde es sich dabei um ein fiktives Unternehmen handeln, somit also auch dessen (fiktive) Eigentümer gleichsam berücksichtigen muss – taucht an dieser Stelle das Problem auf, dass es zwei Kategorien von Eigentümern gibt:

- Eigentümer, die Anteile an der Konzernmuttergesellschaft und über diese de facto am gesamten Konzern halten;
- Eigentümer, die Anteile an einer Tochtergesellschaft dieser Konzernmuttergesellschaft, damit aber eben nicht an dem gesamten Konzern halten.

---

[4] Stellungnahme zur *„Steuerabgrenzung im Einzelabschluss und im Konzernabschluss"* des Fachsenats für Handelsrecht und Revision des Instituts für Betriebswirtschaft, Steuerrecht und Organisation der Kammer der Wirtschaftstreuhänder.

Dieser Unterschied hat natürlich wesentliche Konsequenzen hinsichtlich der Frage, welcher Abschluss für welche Gruppe von Eigentümern eigentlich der relevantere ist. Abbildung 6 veranschaulicht den Zusammenhang zwischen beiden Gruppen:

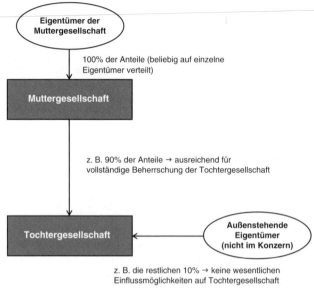

Abbildung 6: Gründe für das Vorhandensein von Minderheitsgesellschaftern

Dieses Beispiel ließe sich – vor dem Hintergrund heute üblicher Konzernstrukturen – noch beliebig weiter verkomplizieren, etwa durch die Berücksichtigung von weiteren Tochtergesellschaften der in der Grafik abgebildeten Tochtergesellschaft *("Enkelgesellschaften")*. Da im Zuge der Einbeziehung von Tochtergesellschaften 100 % ihrer Vermögensgegenstände und Schulden übernommen werden, wird auch das gesamte Eigenkapital (inklusive jener dritter Parteien) mitübernommen; um dann im Konzernabschluss zu kennzeichnen, welche besondere Rolle diese übernommenen Teile des Eigenkapitals haben, erfolgt ein gesonderter Ausweis. Dieser wird häufig als *„Anteile Minderheitsgesellschafter"* oder *„Ausgleichsposten für die Anteile der anderen Gesellschafter"* bezeichnet und im Konzerneigenkapital ausgewiesen.

Rechnerisch ist seine Ermittlung für die Bilanz (anders als in der GuV) grds. unproblematisch; er tritt darüber hinaus nur im Rahmen der Vollkonsolidierung auf, nicht bei einer Quotenkonsolidierung oder At-Equity-Bewertung. Aus Sicht der Bilanzanalyse stellt sich primär die Frage, ob diese Anteile aus Sicht des Gesamtkonzerns als Eigen- oder Fremdkapital zu beurteilen sind. Theoretisch gibt es Argumente für beide Sichtweisen; praktisch erscheint es jedoch im Hinblick auf die weiteren Analyseschritte und -möglichkeiten sowie vor dem Hintergrund der sog. Einheitstheorie, der die Bestimmungen im UGB lt. Literaturmeinung weitgehend folgen, sinnvoll, die Minderheitsgesellschafter ebenso als Eigenkapitalgeber des Gesamtkonzerns zu behandeln. Man muss sich dabei nur dessen bewusst sein, dass diese Minderheitsgesellschafter praktisch nichts davon haben, da für sie der Konzernabschluss grds. irrelevant ist.

Abschließend sei nochmals auf das Problem der **Währungsumrechnung** hingewiesen (siehe Kap. 2.5.). Da dies jedoch ein grundlegendes Problem darstellt, bzgl. dessen

Bilanz, GuV und weitere Bestandteile von Finanzberichten

Handhabung weder Analysten noch rechnungslegende Unternehmen viel Spielraum haben, wird auf eine tiefer gehende Diskussion verzichtet.

3.2.3. Wichtigste Besonderheiten nach den IFRS

Hinsichtlich der Darstellungsweise bestehen einige Unterschiede in den anzuwendenden Regelungen; praktisch haben diese jedoch eher geringe Auswirkungen, sodass die IFRS-Bilanz einem UGB-geschulten Bilanzanalysten keine Probleme bereiten sollte. Im Gegenteil: Sie kommt den Bedürfnissen im Rahmen einer Bilanzanalyse in manchen Punkten sogar noch besser entgegen.

Eine IFRS-Bilanz kann, muss aber nicht notwendigerweise in derselben (Konten-)Form aufgebaut sein, wie sie zuvor für eine UGB-Bilanz dargestellt wurde (siehe Abbildung 4). Zulässig ist auch die sog. Staffelform, was zu einem auf den ersten Blick etwas ungewohnten Bild führt, jedoch letztlich mit denselben Aussagen und Auswertungsmöglichkeiten verbunden ist.

Abbildung 7: Grundlegender Aufbau einer IFRS-Bilanz (Staffelform)

Das Darstellungsbild wird somit „in die Länge gezogen", und das Eigenkapital wird de facto als eine Saldogröße dargestellt, die sich nach dem Abzug der Schulden von den

Vermögenswerten ergibt. Ansonsten zeigt sich ebenso, dass eine Überleitung von der eher gewohnten Kontenform zur Staffelform (und umgekehrt) problemlos möglich ist. Die Staffelform ermöglicht den rechnungslegenden Unternehmen darüber hinaus den Ausweis von frei gestaltbaren Zwischensummen und Differenzen, was tlw. in der Praxis Anwendung findet, sog. „Pro-forma-Kennzahlen" – in der Bilanz spielen diese aber eine vergleichsweise geringere Rolle als in der IFRS-GuV (siehe Kap. 3.3.3.).

Hingewiesen sei darauf, dass der Aufbau einer IFRS-Bilanz eines österreichischen oder deutschen Unternehmens typischerweise von langfristig zu kurzfristig erfolgt, was sich ganz offensichtlich an der UGB-/HGB-Logik orientiert. International üblich ist demgegenüber der (in Abb. 7 skizzierte) Aufbau **von kurzfristig zu langfristig** (und somit eine Bilanz, die regelmäßig mit Kassa/Bank beginnt).

Anstelle von Anlage- und Umlaufvermögen im UGB treten zunächst lang- und kurzfristige Vermögenswerte. Begrifflich ist die Unterscheidung zwischen *„Vermögensgegenstand"* und *„Vermögenswert"* wichtig, da ihnen abweichende Definitionen zugrunde liegen. Insb. ist der Begriff der Vermögenswerte in Summe tendenziell weiter auszulegen, d. h., dass mehr Tatbestände unter ihn fallen und daher aktiviert werden können. Abgesehen davon meint er aber dasselbe wie im UGB: Software, Gebäude, Aktien etc. Noch größer ist die Nähe zwischen dieser Unterscheidung nach **Fristigkeit** und der Kategorisierung in Anlage- und Umlaufvermögen. Als kurzfristig ist ein Vermögenswert dann einzustufen, wenn er binnen eines Geschäftszyklus bzw. innerhalb eines Jahres realisiert werden kann oder nur für Handelszwecke gehalten wird, wobei der Geschäftszyklus länger oder kürzer als ein Jahr dauern kann. Auch Zahlungsmittel sind i. d. R. als kurzfristige Vermögenswerte zu klassifizieren. Was nicht als kurzfristig gilt, fällt automatisch unter langfristig. Ausnahmsweise wäre auch eine Gliederung nach Liquiditätsnähe der Bilanzposten zulässig (siehe Kap. 3.2.1.), ist jedoch sehr wenig verbreitet.

Spiegelbildlich gilt dies auch für die Passivseite der Bilanz. Der Begriff der **Schulden** kommt zwar in dieser Form im UGB-Gliederungsschema nicht vor, meint aber dasselbe: die Summe aus Rückstellungen und Verbindlichkeiten. Beide Begriffe sind im Vergleich zum UGB etwas enger gefasst, aber auch hier grds. auf dieselben Tatbestände ausgerichtet. (Die im UGB nicht unumstrittenen) Aufwandsrückstellungen sind in den IFRS z. B. verboten. Zwischen Rückstellungen und Verbindlichkeiten kann auf der obersten Gliederungsebene differenziert werden, die IFRS fordern dies jedoch im Gegensatz zum UGB nicht. Da auf Ebene der folgenden Untergliederungen sehr wohl nach beiden Kategorien von Schulden zu differenzieren ist, entsteht den Bilanzadressaten hierdurch kein Nachteil – diese profitieren für die Berechnung von Kennzahlen sogar durch die auf den ersten Blick ersichtliche Aufgliederung nach Fristigkeiten, die im UGB oftmals nur mithilfe von Anhangangaben nachvollziehbar wird.

Bzgl. der **Klassifizierung nach Fristigkeiten** ist noch anzumerken, dass IAS 1 für manche Bilanzposten eine verbindliche Zuordnung vorsieht. So sind Forderungen bzw. Verbindlichkeiten aus Lieferungen und Leistungen sowie für Handelszwecke gehaltene Vermögenswerte z. B. als kurzfristig (wie auch Vermögenswerte und Schulden, die aufgrund von IFRS 5 separat ausgewiesen werden), latente Steuern als langfristig einzustufen. Deutschen Auslegungen folgend (RIC 1.16), können hier jedoch Ausnahmen (von praktisch i. d. R. geringer Bedeutung) vorliegen, etwa wenn ungewöhnlich lange Zahlungsziele vereinbart worden sind.

Wie bereits erwähnt, sieht der anzuwendende IAS 1 keine verbindliche Gliederung für die Bilanz vor, sondern nur eine Mindestgliederung. Abweichende Bezeichnungen und insb. Ergänzungen in Form von weiteren Untergliederungen sind in einem relativ freien Rahmen von den Unternehmen selbst zu entscheiden und umzusetzen. Sowohl in dieser Mindestgliederung als auch in den in der (österreichischen) Praxis zu beobachten-

Bilanz, GuV und weitere Bestandteile von Finanzberichten

den IFRS-Abschlüssen findet sich eine Vielzahl an Bilanzposten, die auch im UGB vorgesehen sind und sehr Vergleichbares meinen. Um Fehlschlüsse zu vermeiden, ist aber nochmals zu betonen, dass sich regelmäßig selbst bei gleichen Bezeichnungen wesentliche Unterschiede zwischen diesen Bilanzposten nach UGB und IFRS finden. Diese liegen in den abweichenden Ausrichtungen und daraus abgeleiteten Bilanzierungs- und Bewertungsbestimmungen in den beiden Rechnungslegungssystemen begründet (siehe Kap. 2.6.).

Bereits offensichtliche Unterschiede ergeben sich hinsichtlich der folgenden analyserelevanten Bilanzposten:

- **Finanzielle Vermögenswerte** entsprechen weitgehend den Finanzanlagen bzw. den Wertpapieren und Anteilen des Umlaufvermögens nach UGB. Gesondert von diesen auszuweisen sind nach den IFRS die **nach der Equity-Methode bilanzierten finanziellen Vermögenswerte**. Inhaltlich (insb. hinsichtlich der Bewertung) liegen jedoch gerade hinsichtlich dieser Bilanzposten Welten zwischen den IFRS und dem UGB; die Rechnungslegung über Finanzinstrumente gehört zu den „größten Baustellen" (mit den komplexesten Regelungen, die sich überwiegend am Fair Value orientieren) in den gesamten IFRS. Soll hier eine detailliertere Analyse erfolgen, so ist entsprechendes Spezialwissen unumgänglich. **Finanzielle Verbindlichkeiten** sind korrespondierende vertragliche Verpflichtungen, liquide Mittel oder einen anderen finanziellen Vermögenswert an ein anderes Unternehmen abzugeben (worunter z. B. auch Bankkredite fallen).

- **Als Finanzinvestition gehaltene Immobilien** (*„Investment Properties"*, IAS 40) sind eigentlich eine Sonderform der finanziellen Vermögenswerte, die dem UGB gänzlich fremd ist. Der Bilanzposten umfasst Vermögenswerte wie etwa Grundstücke oder Gebäude, die als Finanzinvestitionen gehalten werden, insb. zur Erzielung von Mieterträgen – nicht jedoch Sachanlagen, die für das operative Geschäft (z. B. für die Produktion oder Verwaltung) genutzt werden. Sie sind weiterhin nicht zum Verkauf im Rahmen der gewöhnlichen Geschäftstätigkeit des Unternehmens gehalten. Für diese besteht das Wahlrecht einer Fair-Value-Bewertung. Spannend ist dies natürlich für Unternehmen der Immobilienbranche.

- **Immaterielle Vermögenswerte** müssen stets aktiviert werden, wenn sie selbst geschaffen wurden. Hier fordern die IFRS eine Trennung in Forschungs- und Entwicklungsphase zu diesem Vermögenswert; von der Aktivierungspflicht sind nur Entwicklungsausgaben betroffen, solche für Forschung sind demgegenüber (wie im UGB) sofort in der GuV als Aufwand zu erfassen. Dies führt in der Praxis allerdings zu größerem Gestaltungsspielraum dahingehen, wo die eine Phase aufhört und die andere anfängt (sog. *„Nachweiswahlrecht"*; siehe Kap. 6.2.2.).

- Realisierte Teilgewinne aufgrund von **Langfristfertigungen** sind bei Anwendung der Percentage-of-Completion-Methode (siehe Kap. 2.6.2.) als Forderungen (angearbeitete Leistungen > erhaltene Anzahlungen) bzw. Verbindlichkeiten (angearbeitete Leistungen < erhaltene Anzahlungen) aus Langfristfertigung auszuweisen. Absehbare Verluste sind demgegenüber sofort erfolgswirksam zu erfassen; die Bildung einer Rückstellung ist nicht zulässig.

- **Biologische Vermögenswerte** sind ein weiterer IFRS-spezifischer Bilanzposten, der auf besondere Regelungen für biologische Vermögenswerte und landwirtschaftliche Erzeugnissen abstellt (IAS 41). Biologische Vermögenswerte sind etwa lebende Tiere oder Pflanzen, deren Erzeugnisse z. B. Wolle, Zuckerrohr etc. Auch hier erfolgt eine grds. Orientierung am Fair Value.

- **Steuererstattungsansprüche** stellen eine Forderung des Unternehmens dar, die sich ergibt, wenn die im Laufe eines Geschäftsjahres gezahlten Ertragsteuern

SWK-Spezial: Bilanzanalyse

(insb. in Form von Vorauszahlungen) den geschuldeten Betrag übersteigen. Spiegelbildlich sind auch **Steuerschulden** gesondert auszuweisen.

- **Zur Veräußerung gehaltene Vermögenswerte nach IFRS 5** bzw. **Schulden in Verbindung mit zur Veräußerung gehaltenen Vermögenswerten nach IFRS 5** sind eine für die Analyse zentrale Besonderheit von IFRS-Abschlüssen. IFRS 5 enthält spezielle Vorschriften zur Bewertung von langfristigen Vermögenswerten und Gruppen von Vermögenswerten (insb. auch ganze Geschäftsbereiche) sowie unmittelbar damit verbundenen Schulden, die von einem Unternehmen zur Veräußerung gehalten werden. Im Standard sind strenge Vorgaben vorgesehen, welche Kriterien erfüllt sein müssen, damit eine solche Qualifikation in Frage kommt. Sobald deren Erfüllung gewährleistet ist, kommt der gesonderte Ausweis in Betracht. Damit wird signalisiert, dass die betroffenen Vermögenswerte und Schulden zeitnah (binnen Jahresfrist) veräußert werden sollen; diese Veräußerung wurde bereits beschlossen und wird vom Unternehmen aktiv verfolgt.

- Für **Rechnungsabgrenzungsposten** ist kein gesonderter Ansatz vorgesehen. Diese finden sich aktivseitig zumeist in den „sonstigen Forderungen", passivseitig in den „sonstigen Verbindlichkeiten".

- Da auch kein eigener Sonderposten zwischen Eigen- und Fremdkapital für nichtrückzahlbare Investitionszuschüsse bzw. **Subventionen** zulässig ist, werden diese im Rahmen der Bruttomethode zumeist den langfristigen Schulden zugeordnet. Alternativ ist aber auch hier die Nettomethode zulässig.

- **Eigene Anteile** sind nach IAS 32 nicht als Vermögenswert auf der Aktivseite anzusetzen, sondern stets auf der Passivseite vom Eigenkapital abzuziehen. Selbiges gilt für **Anteile an einem herrschenden oder mit Mehrheit beteiligten Unternehmen**. In der Bilanz selbst bzw. im Anhang sind entsprechende Informationen anzugeben.

- **Erhaltene Anzahlungen** auf Bestellungen sind zwingend auf der Passivseite auszuweisen. Ausnahmen bestehen tlw. hinsichtlich Fertigungsaufträge nach IAS 11, wofür aber entsprechende Anhangangaben zu den erhaltenen Anzahlungen erforderlich sind.

- Ein **Disagio** darf nicht aktiviert werden, sondern wird von den Verbindlichkeiten in Abzug gebracht und im Rahmen der Folgebewertung (z. B. über den Effektivzinssatz) auf die Laufzeit verteilt.

- **Aufwendungen für das Ingangsetzen und Erweitern eines Betriebs** sind der IFRS-Bilanz seit jeher fremd gewesen. Die entsprechenden Aufwendungen werden entweder in der GuV ausgewiesen oder können unter gewissen Voraussetzungen direkt in den Buchwert von Vermögenswerten Eingang finden.

- Ein **negativer Unterschiedsbetrag aus der Kapitalkonsolidierung** ist stets als Ertrag in der GuV auszuweisen (und somit nicht in der Bilanz zu finden).

Latente Steuern spielen in den IFRS eine sogar noch größere Rolle, als sie es im UGB-Konzernabschluss tun. Sowohl aktive als auch passive latente Steuern müssen angesetzt werden (mit ihrem Rückzahlungsbetrag, ohne Abzinsung), eine Saldierung ist dabei nicht zulässig. Darüber hinaus sind noch nicht genutzte steuerliche Verlustvorträge – was besonders umstritten ist – von der Aktivierungspflicht umfasst. Die Idee hinter ihnen ist eine ähnliche, die Ermittlungsweise jedoch eine komplett andere; die Bilanzposten werden nicht anhand unterschiedlicher Erfolge ermittelt, sondern es erfolgt eine Orientierung an steuerrechtlichen und IFRS-basierten Buchwerten.

Darüber hinaus ist festzuhalten, dass die Bewertung generell weniger stark vom Vorsichtsprinzip oder Einflüssen des Steuerrechts geprägt ist. Im Vordergrund steht eine sog. „wirtschaftliche Betrachtungsweise". Häufig kennzeichnen daher längere Nutzungsdauern oder die Berücksichtigung von Restbuchwerten die Abschreibung von Vermögenswerten. Rückstellungen und Verbindlichkeiten werden demgegenüber regelmäßig abgezinst (und dadurch wieder verringert). Dies begründet die grundlegenden Unterschiede zwischen IFRS- und UGB-Abschlüssen nicht unwesentlich mit (siehe Kap. 2.6.2.).

Ein **Niederst- bzw. Höchstwertprinzip** wie im UGB ist in den IFRS nicht explizit vorgesehen; allerdings kommen die über die jeweiligen IFRS verstreuten Bestimmungen, insb. zu Sachanlagen, immateriellen Vermögenswerten und zur Vorratsbewertung, den diesbezüglichen UGB-Normen sehr nahe. Finanzielle Vermögenswerte, finanzielle Verbindlichkeiten und Rückstellungen unterliegen demgegenüber deutlicheren Unterschieden in diesem Punkt.

Als für die Bilanzanalyse besonders relevanter Umstand ist noch anzuführen, dass es in einem IFRS-Abschluss auch langfristige Vermögenswerte gibt, die **nicht planmäßig abgeschrieben werden**, sondern lediglich regelmäßig einer Prüfung zu unterziehen sind, ob eine außerplanmäßige Abschreibung vonnöten ist, d. h. für die eine *„unendliche Nutzungsdauer"* unterstellt wird (*„Impairment-only Approach"*). Im Kontext der Bestimmungen des UGB wäre dies für das (immaterielle und Sach-)Anlagevermögen nach herrschender Meinung undenkbar.

Betroffen sind hiervon immateriell Vermögenswerte, insb. der Firmenwert. Gerade in diesem Punkt bietet sich dem rechnungslegenden Unternehmen folglich beachtlicher **Spielraum**, denkt man nur an die Komplexität, die mit der Frage verbunden ist, ob solche Vermögenswerte nun weniger wert sind als zuvor oder aber nicht. Weder weiß man überhaupt, was wirklich hinter dem Firmenwert steckt, noch kann es gut machbar sein, für ganz spezifische Patente, Rechte oder ähnliche Vermögenswerte, die man aktiviert hat und die es nur ein einziges Mal auf der Welt gibt, valide Vergleichs- und Beurteilungsmaßstäbe zu finden. Häufig führt auch kein Weg an der Durchführung einer Unternehmensbewertung (oder zumindest Teile einer solchen) vorbei.

Die Verlockung ist so natürlich groß, eine Abschreibung zu vermeiden und damit das Ergebnis möglichst wenig zu belasten. Und tatsächlich scheint eine solche Praktik auch in der Praxis der letzten Jahre üblich gewesen zu sein. Gerade die Bilanzierung von und (Nicht-)Abschreibungspolitik bzgl. **Firmenwerten** stand in der Vergangenheit besonders im Blickpunkt, zeigte sich doch, dass während der Finanzkrise eine solche nur sehr vereinzelt erfolgte – was vor dem Hintergrund der Börsen- und Marktdaten nur wenig plausibel erscheint. Das Problem für die rechnungslegenden Unternehmen dabei ist allerdings, dass sich diese damit gleichsam einen „Rucksack" aufbürdeten: Wer drei Jahre in Folge auf eine (ggf. moderate) außerplanmäßige Abschreibung verzichtete, kam vielleicht im vierten Jahr nicht mehr um eine solche herum, die dann aber umso gravierender ausfiel. Dies unterstreicht, dass der Bilanzanalyst gerade den ausgewiesenen Firmenwerten in einem IFRS-Abschluss ganz besonderes Augenmerk widmen muss.

3.3. Gewinn- und Verlustrechnung

3.3.1. Grundlagen im UGB-Jahresabschluss

Während die Bilanz den „Reichtum" eines Unternehmens abbildet, findet sich in der GuV dessen Veränderung dargestellt. Damit wird sie auch zur zentralen Quelle für die Beurteilung des wirtschaftlichen Erfolgs eines Unternehmens – und somit zu jenem Teil der Finanzberichte, dem interne und externe Analysten ihr Hauptaugenmerk schenken. Dies illustrieren (häufige) Fälle etwa von Mitarbeitern aus Controllingabteilungen, die zwar die GuV in all ihren Details in- und auswendig, aber eine Bilanz (geschweige denn weitere Berichte) allenfalls vom Hörensagen kennen. Dass diese Übergewichtung der GuV zu nicht wünschenswerten Ergebnissen führen kann – insb. durch die Vernachlässigung der wichtigen Informationen aus den anderen Berichten –, versteht sich wohl von selbst. Diese mahnenden Worte seien der Detaildarstellung der GuV und ihrer Aussagekraft vorangestellt.

Auch im Hinblick auf die GuV sieht das UGB Vorgaben zur Darstellung vor; im Gegensatz zur Bilanz steht hier aber ein Wahlrecht zwischen zwei Verfahren, dem Gesamtkostenverfahren und dem Umsatzkostenverfahren, offen. Beide führen (sehr weitgehend) zu denselben Ergebnissen, die Form ihrer Präsentation sowie die daran anknüpfenden Auswertungsmöglichkeiten unterscheiden sich jedoch grundlegend. Die Abweichungen betreffen die Art und Weise der Ermittlung des Betriebserfolgs – der ersten zentralen Erfolgsgröße der GuV; der Betriebserfolg selbst ist jedoch betragsmäßig nach beiden Verfahren ident (mit einer Ausnahme, die später dargestellt wird).

Abbildung 8: Grundlegender Aufbau einer UGB-GuV (Teil 1, Betriebserfolg)

Gliederungen für den betrieblichen Leistungsbereich

Im Gesamtkostenverfahren erfolgt ein Ausweis der GuV-Posten einerseits einheitlich nach **Kostenarten** (bzw. terminologisch richtiger: Aufwandsarten): Materialaufwand, Personalaufwand etc.; im Umsatzkostenverfahren erfolgt der Ausweis demgegenüber primär nach betrieblichen Funktionsbereichen bzw. **Kostenstellen** im Unternehmen: Produktion, Verwaltung, Vertrieb etc. Andererseits gibt es auch Unterschiede hinsichtlich der **Höhe des Aufwands**, der ausgewiesen wird: Im Gesamtkostenverfahren werden alle in der Periode angefallenen Aufwendungen, d. h. alle für die Produktion angefallenen Aufwendungen, ausgewiesen, unabhängig davon, ob diese Produktion vollständig abgesetzt wurde. Im Umsatzkostenverfahren werden nur jene Aufwendungen ausgewiesen, die für die abgesetzte Menge (für den Umsatz – daher der Name Umsatzkostenverfahren) angefallen sind.

Vereinfacht gesagt werden bei einer Produktion von 100 Stück und einem Absatz von 80 im Gesamtkostenverfahren 100 % der Aufwendungen in den vorgesehenen Posten ausgewiesen, im Umsatzkostenverfahren nur 80 %; wird demgegenüber vom Lager genommen und mehr abgesetzt, als im betrachteten Geschäftsjahr produziert wurde, wird sich dieses Verhältnis umdrehen. Damit sich aber letztlich nach beiden Verfahren derselbe Betriebserfolg ausgeht, bedeutet das, dass man im Gesamtkostenverfahren eine Korrekturgröße benötigt – und dies sind die Bestandsveränderungen (bzw. sehr ähnlich die aktivierten Eigenleistungen). Im angeführten Beispiel wird über diese ein Ertrag in Höhe der Differenz von 20 % der Gesamtaufwendungen ausgewiesen, sodass sich derselbe Netto-

Bilanz, GuV und weitere Bestandteile von Finanzberichten

effekt ergibt. Spiegelbildlich gilt das Gesagte auch für Dienstleistungsunternehmen (über die noch nicht abrechenbaren Leistungen); für Handelsunternehmen spielt diese Unterscheidung folgerichtig keine Rolle (da Bestandsveränderungen direkt im Aufwand für den Handelswareneinsatz – und damit den Materialaufwand – eingehen).

Zu den GuV-Posten nach dem **Gesamtkostenverfahren** im Detail:

- **Umsatzerlöse:** Hierunter fallen die aus der gewöhnlichen Geschäftstätigkeit (dem *„Kerngeschäft"*) erzielten Erträge aus Verkauf, Nutzungsüberlassung (Vermietung und Verpachtung) und aus Dienstleistungen. Da sich diese naturgemäß nur auf abgesetzte Mengen beziehen können, unterscheiden sie sich nicht nach Umsatz- und Gesamtkostenverfahren. Da sie die zentralen Ertragsquellen eines Unternehmens repräsentieren, sind sie auch gleich an den Anfang der GuV gestellt. Die ausgewiesenen Umsatzerlöse entsprechen dabei Nettoumsatzerlösen (d. h. z. B. abzüglich Umsatzsteuer, Erlösschmälerungen etc.).

- **Bestandsveränderungen:** Hier wird die mengen- und wertmäßige Veränderung des Vorratsvermögens (unfertige und fertige Erzeugnisse bzw. noch nicht abrechenbare Leistungen, nicht jedoch z. B. Roh-, Hilfs- und Betriebsstoffe) eines Unternehmens abgebildet – im Sinne des zuvor dargestellten Beispiels. Dieser GuV-Posten kann für Dienstleistungsunternehmen relevant sein, ist es aber üblicherweise primär für produzierende Unternehmen. Diese können damit ihr Ergebnis wesentlich gestalten, da die Höhe der ausgewiesenen Bestandsveränderung wesentlich davon abhängt, wie die Wahlrechte zur Bewertung des Vorratsvermögens ausgeübt werden (siehe Kap. 3.2.1. und 6.2.2.).

- **Aktivierte Eigenleistungen:** Dieser GuV-Posten hat im Wesentlichen dieselbe Funktion wie die Bestandsveränderungen (und teilt dessen Probleme bzw. Gestaltungsmöglichkeiten); es werden aber nicht zur Veräußerung bestimmte Vorräte und deren wert- wie mengenmäßige Veränderung abgebildet, sondern selbsterstelltes Anlagevermögen, dass zur Nutzung im Unternehmen selbst gedacht ist.

- **Sonstige betriebliche Erträge:** Dieser GuV-Posten ist als Sammelposten für alle weiteren betrieblichen Erträge zu sehen. Er umfasst:
  - Erträge aus dem **Abgang** (Veräußerungserlös höher als der Restbuchwert) vom und der **Zuschreibung** (Rückgängigmachung außerplanmäßiger Abschreibungen) zum **Anlagevermögen** mit Ausnahme der Finanzanlagen;
  - Erträge aus der **Auflösung von Rückstellungen** (die Rückstellung wurde zu hoch gebildet), z. B. bei Garantierückstellungen;
  - **übrige Erträge:** alle betrieblichen Erträge der gewöhnlichen Geschäftstätigkeit, die nicht aus der typischen Geschäftstätigkeit resultieren.

- **Materialaufwand und sonstige bezogene Herstellungsleistungen:** Diese sind wie folgt getrennt auszuweisen:
  - **Materialaufwand:** Dieser umfasst insb. den Roh-, Hilfs- und Betriebsstoffverbrauch, Handelswareneinsatz, Reinigungs- und Reparaturmaterial sowie Energieverbrauch beim Fertigungsbetrieb etc. Diese Aufwendungen kennzeichnet eine besonders enge Bindung an die Umsatzerlöse und damit an den Leistungserstellungsprozess des Unternehmens; anderenfalls wären sie unter den sonstigen betrieblichen Aufwendungen auszuweisen.
  - **Sonstige bezogene Leistungen:** Dieser Posten umfasst fremdbezogene Herstellungsleistungen, die in den eigenen Leistungserstellungsprozess einfließen (Subunternehmerleistungen).

- **Personalaufwand:** Dieser Posten ist einerseits danach zu gliedern, ob der Aufwand für Arbeiter (Löhne) oder Angestellte (Gehälter) anfällt. Weiter sind u. a. die Aufwendungen für Abfertigungen oder für die Altersversorgung auszuweisen. Abgebildet werden nur die Aufwendungen für vom Unternehmen angestelltes Personal, nicht aber z. B. für Fremdpersonal etwa im Rahmen des Personalleasings (je nach dem Einsatzgebiet dieser Mitarbeiter erfolgt ihr Ausweis unter den sonstigen bezogenen Leistungen oder im sonstigen betrieblichen Aufwand).

- **Abschreibungen:** Diese sind insb. für immaterielle Gegenstände des Anlagevermögens und Sachanlagen auszuweisen; Abschreibungen auf Finanzanlagevermögen werden demgegenüber erst im Rahmen des Finanzerfolgs ausgewiesen. Dies gilt gleichermaßen für planmäßige und außerplanmäßige Abschreibungen, wobei die außerplanmäßigen Abschreibungen gesondert auszuweisen sind. Gesondert sind weiterhin (ausschließlich außerplanmäßig mögliche) Abschreibungen auf Gegenstände des Umlaufvermögens (außer auf Wertpapiere und Anteile des Umlaufvermögens) auszuweisen, soweit diese die im Unternehmen üblichen Abschreibungen überschreiten (was auf Basis von Zeitreihen- und Betriebsvergleichen zu beurteilen ist; siehe Kap. 4.1.). Anderenfalls werden sie nach Sachbezug von den Bestandsveränderungen, vom Materialaufwand oder von den sonstigen betrieblichen Aufwendungen mitumfasst.

- **Sonstige betriebliche Aufwendungen:** Diese sind der Sammelposten für Aufwendungen, die ebenso in den Bereich des Betriebserfolgs fallen, aber keinem anderen GuV-Posten zuzuordnen sind. Gesondert auszuweisen sind

    - **Steuern, soweit sie nicht Steuern vom Einkommen und Ertrag sind:** z. B. Steuern vom Vermögen (Grundsteuer), Verkehrsteuern (z. B. Börsenumsatzsteuer, Kfz-Steuer), Verbrauchsteuern.
    - **Übrige Aufwendungen:** alle nicht gesondert ausweispflichtigen Aufwendungen, z. B. Büromaterial, Ausgangsfrachten, Reisespesen, Diäten, Rechts- und Beratungsaufwand, Werbeaufwand, Fremdreinigung, Aus- und Fortbildung, Telefongebühren, Porti, Kfz-Kosten, Verluste aus dem Abgang von Sachanlagen, Provisionen, Versicherungen etc. Da hierunter doch viele verschiedene Geschäftsvorfälle fallen können, ist dieser GuV-Posten oftmals einer der größten und daher besonders kritisch zu durchleuchten. Im Anhang ist hierfür eine weitere Aufschlüsselung der wichtigsten Aufwandsarten anzugeben.

Im Rahmen einer GuV, die dem **Umsatzkostenverfahren** folgt, sind folgende Aufwandsposten auszuweisen:

- **Herstellungskosten der zur Erzielung der Umsatzerlöse erbrachten Leistungen:** Hierbei handelt es sich um die Herstellungskosten der in der abgelaufenen Periode veräußerten Produkte (bzw. Dienstleistungen). Diese sind stets auf Vollkostenbasis zu ermitteln, d. h., die Ausübung des Wahlrechts betreffend die Vorratsbewertung für deren Ausweis in der Bilanz wirkt sich hier nicht aus. Dieser GuV-Posten umfasst somit i. d. R. gleichermaßen Material-, Personal- und Abschreibungsaufwendungen. Bei Handelsunternehmen ist stattdessen bei angepasster Bezeichnung der **Handelswarenverbrauch** unter diesem GuV-Posten auszuweisen. Aus der Subtraktion dieses GuV-Postens von den ausgewiesenen Umsatzerlösen folgt das **Bruttoergebnis vom Umsatz**; dieses ist eine mitunter sehr aussagekräftige Zwischengröße für die weiteren Analysen (siehe Kap. 7.3.2.).

- **Vertriebskosten:** Diese umfassen alle Aufwendungen z. B. der Verkaufs-, Werbe-, Marketingabteilungen, des Vertreternetzes und der Absatzförderung etc.

- **Verwaltungskosten:** Diese umfassen z. B. Aufwendungen, die für die Geschäftsführung und anderer Unternehmensorgane anfallen, für das Rechnungswesen, die Personalverwaltung, Rechtsabteilungen etc.

- **Sonstige betriebliche Aufwendungen:** Dies stellt einen Sammelposten für alle weiteren, nicht den obigen Kategorien zuordenbaren betrieblichen Aufwendungen dar; sie umfassen u. a. Verluste aus dem Abgang von Gegenständen des Anlagevermögens, Forschungs- und Entwicklungsaufwendungen, Aufwendungen in direktem Zusammenhang mit sonstigen betrieblichen Erträgen etc. In der Praxis ist allerdings zu beobachten, dass gerade in forschungsintensiven Branchen die Forschungs- und Entwicklungsaufwendungen als ein gesonderter GuV-Posten ausgewiesen werden, wenn diese eine wesentliche Höhe einnehmen (etwa in der Pharma- oder Biotech-Branche). Auch wegen Unterbeschäftigung nicht aktivierungsfähige Aufwendungen, die an sich unter den Begriff der der Herstellungskosten fallen würden, sind hier weiter auszuweisen.

Nach beiden Verfahren resultiert der **Betriebserfolg** als erste – und besonders wichtige – Zwischensumme und Erfolgsgröße der GuV. Dieser soll das auf den eigentlichen Unternehmenszweck zurückzuführende Ergebnis widerspiegeln, d. h. die Differenz aus den Erträgen und Aufwendungen, die aus dem unmittelbaren Kerngeschäft des Unternehmens resultieren. Weiterhin werden Effekte aus der Finanzierung außen vor gelassen – insb. die Aufwendungen für Zinsen aus Krediten, die für die Finanzierung der Leistungserbringung aufgenommen wurden. Das hat den Vorteil, dass Unternehmen mit verschiedenen Finanzierungsstrukturen vergleichbar werden (z. B. 100 % vs. 20 % Eigenkapitalquote); es kann besser beurteilt werden, wie gut welches Unternehmen seine Leistungserbringung versteht (unbeschadet der Frage, wie gut es Kreditkonditionen heraushandeln kann, was ja mitunter zwei sehr unterschiedliche Fragen sind). Zumindest theoretisch sollen darüber hinaus alle außergewöhnlichen Effekte ausgeblendet werden (zu den diesbezüglichen Problemen später mehr). Daher handelt es sich um eine Ergebnisgröße, die oftmals auch als *„operatives Ergebnis"* bezeichnet wird.

Österreichische Unternehmen wenden **fast ausschließlich das Gesamtkostenverfahren** im Rahmen ihrer Jahresabschlüsse an. Dies mag nicht zuletzt aus dem Grund erfolgen, dass die Anwendung des Umsatzkostenverfahrens eine sehr weit ausdifferenzierte Kostenrechnung erfordert, die nicht immer vorliegen mag. Außerdem gibt ein Unternehmen bei Anwendung des Umsatzkostenverfahrens weitreichende Einblicke in seine interne Kostenstruktur. Dies ist ein Maß an Transparenz, vor dem viele Unternehmen wohl in Anbetracht solcher externer Adressatengruppen wie etwa Konkurrenten (nachvollziehbarerweise) zurückschrecken.

Mit diesem angesprochenen Mehr an Einblicken in das Unternehmen, welches das Umsatzkostenverfahren bieten kann, ist aber auch (fast schon folgerichtig) ein anderer Nachteil verbunden, der sich für den Vergleich mehrerer Unternehmen gravierend auswirkt: Welche Beträge genau in den einzelnen GuV-Posten des Umsatzkostenverfahrens (z. B. Verwaltungs- oder Vertriebskosten) auszuweisen sind, hängt wesentlich von der Ausgestaltung der Kostenrechnung des Unternehmens ab – etwa von der Schlüsselung der Umlagen, der Feingliedrigkeit der Kostenstellenstruktur etc. In diesen Punkten wird es stets mehr oder weniger große Unterschiede zwischen verschiedenen Unternehmen geben – selbst wenn sich diese z. B. hinsichtlich der Prozesse ihrer Leistungserbringung haargenau entsprächen. Dies **erschwert die Vergleichbarkeit** von Unternehmen, die ihre GuV nach dem Umsatzkostenverfahren darstellen, enorm – und führt zu dem Vergleich innewohnenden Verzerrungen, deren sich der Bilanzanalyst bewusst zu sein hat. Dagegen tun kann er wenig; allerdings kann mitunter der Vergleich, wie unterschiedliche Kostenschlüsselungen von Analyseobjekten vorgenommen werden, selbst wiederum (wenngleich begrenzte) Erkenntnisse bringen.

Einschränkend ist aber ebenso für das Gesamtkostenverfahren anzumerken, dass ähnliche Erschwernisse vorliegen. Z. B. sind Bezeichnungen wie *„Personalaufwand"* für viele Adressaten irreführend, da eben nicht der gesamte Personalaufwand unter diesem Posten abgebildet wird (man denke etwa an den zuvor diskutierten Ausweis von Leihpersonal oder oder gleichsam hinsichtlich der ausgewiesenen Abschreibungen Abschreibungen auf Vermögensgegenstände des Umlaufvermögens). Dies wirkt sich nicht weniger erschwerend auf den Betriebsvergleich aus.

Überleitbarkeit zwischen Umsatz- und Gesamtkostenverfahren

Eine **Überleitung vom Umsatz- zum Gesamtkostenverfahren** ist vergleichsweise gut möglich; bei Anwendung des Umsatzkostenverfahrens fordert nämlich § 237 Z 4 UGB die Angabe des Materialaufwands und der Aufwendungen für bezogene Leistungen des Geschäftsjahres sowie des Personalaufwands gesondert i. S. d. Gesamtkostenverfahrens im Anhang. Die Abschreibungsaufwendungen sind demgegenüber bereits dem Anlagespiegel zu entnehmen (siehe Kap. 3.7.). Probleme bereitet einzig die Überleitung der sonstigen betrieblichen Aufwendungen zwischen beiden Verfahren; annäherungsweise können aber brauchbare Ergebnisse durch die nachfolgend dargestellte Überleitungsrechnung erzielt werden.

```
    Vertriebskosten
+   Verwaltungskosten
+   sonstige betriebliche Aufwendungen (lt. Umsatzkostenverfahren)
+   Herstellungskosten der zur Erzielung der Umsatzerlöse erbrachten Leistungen
-   Bestandsverminderungen    ┐
+   Bestandserhöhungen        ├──── annäherungsweise aus Bilanz ableitbar
+   aktivierte Eigenleistungen ───── nicht ersichtlich

=   Gesamter Periodenaufwand

-   Materialaufwand           ┐
-   Personalaufwand           ├──── aus dem Anhang ersichtlich
-   Abschreibungen            ┘

=   sonstige betriebliche Aufwendungen  ←──→ fehlende Position zur Überleitung
    (lt. Gesamtkostenverfahren)
```

Abbildung 9: Überleitung vom Umsatz- zum Gesamtkostenverfahren

Dabei sind jedoch die folgenden Einschränkungen zu berücksichtigen:

- Die erforderlichen **Bestandserhöhungen bzw. -verminderungen** sind nur über den Vergleich der Bestände an fertigen und unfertigen Erzeugnissen sowie an noch nicht abrechenbaren Leistungen aus der Bilanz zu Beginn und Ende des Geschäftsjahres zu ermitteln. In diesen Bilanzposten werden jedoch auch Handelswaren ausgewiesen, deren Veränderung nicht gesondert über den GuV-Posten Bestandsveränderung, sondern über den Materialaufwand (unmittelbare Erhöhung oder Verringerung) abgebildet werden. Mangels diesbezüglicher Anhangangaben ist ein eigentlich gefordertes Herausrechnen aus den Bilanzposten nicht möglich; hieraus wird zumeist eine Verzerrung der ermittelten Bestandserhöhungen bzw. -verminderungen folgen (so das Analyseobjekt über Handelswaren verfügt).
- **Aktivierte Eigenleistungen** sind im Umsatzkostenverfahren weder aus der Bilanz noch aus dem Anhang oder anderen Berichten ersichtlich. Sie können daher nicht berücksichtigt werden. Die Konsequenz hieraus ist, dass im Fall ihres Vorliegens die sonstigen betrieblichen Aufwendungen lt. obigem Schema zu niedrig ermittelt werden.
- Werden **Fremdkapitalzinsen** als Teil der Herstellungskosten aktiviert (§ 203 UGB), reduziert dies im Umsatzkostenverfahren die ausgewiesenen Zinsen im Finanzerfolg. Hier lässt sich der zu korrigierende Betrag ggf. aus den Angaben im Anhang ableiten (§ 236 Z 2 UGB); er erhöht die Bestandsveränderungen im Gesamtkostenverfahren. Diesfalls werden die sonstigen betrieblichen Aufwendungen lt. obigem Schema somit zu hoch ermittelt, und der Betriebserfolg wird zu niedrig ausgewiesen; folgerichtig wird der Zinsaufwand niedriger und damit der Finanz(ierungs)erfolg höher ausgewiesen (da für diesen eine Überleitung nicht möglich ist). So weichen

Bilanz, GuV und weitere Bestandteile von Finanzberichten

auch Betriebserfolg und Finanzerfolg nach Umsatz- und Gesamtkostenverfahren ab (was ansonsten ja nicht der Fall sein sollte).

Bei Veräußerung der in einem früheren Geschäftsjahr hergestellten Vermögensgegenstände gehen die aktivierten Zinsen anschließend als Aufwand in den Betriebserfolg ein (über die Bestandsveränderungen bzw. die Herstellungskosten der zur Erzielung der Umsatzerlöse erbrachten Leistungen). Dies führt zu keiner Abweichung zwischen Umsatz- und Gesamtkostenverfahren.

Diese Einschränkungen sind insb. für externe Bilanzanalysen zu beachten. Dem internen Analysten wird es oftmals möglich sein, durch Zugriff auf unternehmensinterne Daten (nicht zuletzt auf die Kostenrechnung) mit überschaubarem Aufwand zu einer relativ exakten Überleitung zu kommen.

Eine **Überleitung vom Gesamt- zum Umsatzkostenverfahren** bleibt demgegenüber ausschließlich dem internen Analysten vorbehalten. Dieser benötigt hierfür umfassend Zugang zu den Informationen aus der Kostenrechnung. Die hierfür erforderliche Vorgehensweise skizziert Abbildung 10.

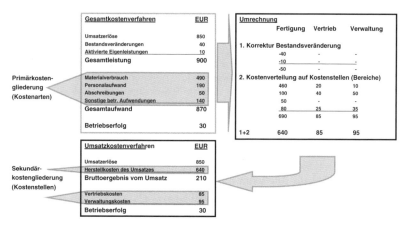

Abbildung 10: Überleitung vom Gesamt- zum Umsatzkostenverfahren

Gliederung für die Ermittlung des Finanzerfolgs

Nach der Bestimmung des Betriebserfolgs entsprechen einander Gesamt- und Umsatzkostenverfahren in allen weiteren Schritten (mit der einzigen Ausnahme im Fall aktivierter Zinsaufwendungen als Teil der Herstellungskosten). Im nächsten Schritt wird der sog. Finanzerfolg ermittelt. Tabelle 1 stellt die im UGB dafür vorgesehene Vorgehensweise dar.

    Erträge aus Beteiligungen
+   Erträge aus anderen Wertpapieren und Ausleihungen des Finanzanlagevermögens
+   sonstige Zinsen und ähnliche Erträge
+   Erträge aus dem Abgang von und der Zuschreibung zu Finanzanlagen und Wertpapieren des Umlaufvermögens
–   Aufwendungen aus Finanzanlagen und aus Wertpapieren des Umlaufvermögens
–   Zinsen und ähnliche Aufwendungen
=   **Finanzerfolg**

Tabelle 1: Grundlegender Aufbau einer UGB-GuV (Teil 2, Finanzerfolg)

Gesondert sind dabei Aufwendungen und Erträge auszuweisen, die auf verbundene Unternehmen entfallen. Das – zentrale, oftmals aber leider unbewusste oder unterschätzte – Problem der abgebildeten Gliederung des Finanzerfolgs ist, dass es sich bei diesem um keine einheitlich zu interpretierende Größe handelt; es werden in ihm nämlich zwei verschiedene Dinge durcheinandergebracht:

- Der sog. Erfolg aus **Finanzinvestitionen**: Dieser umfasst die ersten fünf hier angeführten Posten; es handelt sich hierbei um Aufwendungen und Erträge, die allesamt i. V. m. dem Finanzvermögen zu sehen sind – d. h., ein Unternehmen hat sein Geld in andere Unternehmen investiert und erhält hieraus Rückflüsse (bzw. muss seine Anteile, Beteiligungen etc. außerplanmäßig abschreiben). Dies ist regelmäßig eine strategische Entscheidung und in Konzernverbünden von großer Bedeutung. In manchen Branchen kommen die Erträge eines Unternehmens sogar primär aus diesen Posten, etwa im Bereich Venture Capital, Holding-Unternehmen, etc. Der Erfolg aus Finanzinvestitionen rührt somit i. d. R. aus Investitionen, die auf der Aktivseite der Bilanz abgebildet werden.

- Der sog. Erfolg aus der Finanzierung bzw. **Finanzierungserfolg**: Nur der letzte angeführte GuV-Posten, Zinsen und ähnliche Aufwendungen, bildet die eigentlichen Aufwendungen für die Unternehmensfinanzierung ab – regelmäßig die Aufwendungen aufgrund von Zinsen auf Bankkredite, Anleihen etc. Mitunter können auch Teile der unter den sonstige Zinsen und ähnlichen Erträgen ausgewiesenen Erträge dem Finanzierungsbereich zugeordnet werden, nämlich dann, wenn diese Zinsen z. B. für das Bankguthaben des Unternehmens erzielt werden. Diese Information ist allerdings zumindest für externe Bilanzanalysen regelmäßig nicht verfügbar, sodass eine Aufrechnung der Zinsaufwendungen und -erträge in diesem Fall unterbleiben muss. Der Finanzierungserfolg rührt somit i. d. R. aus Finanzierungen, die auf der Passivseite der Bilanz abgebildet werden.

Aufgrund dieser Vermischung von Finanzinvestitionserfolg und Finanzierungserfolg (die i. d. R. auch wenig miteinander zu tun haben) ist der in der GuV ausgewiesenen **Finanzerfolg für Analysen nicht brauchbar**; es muss daher stets eine in die dargestellte Richtung gehende Differenzierung erfolgen.

Ermittlung des EGT und des Jahresüberschusses

Die Summe aus Betriebserfolg und Finanzerfolg führt zum **Ergebnis der gewöhnlichen Geschäftstätigkeit** (EGT). Dieses umfasst den Erfolg aus den Tätigkeiten i. V. m. dem eigentlichen Unternehmenszweck inklusive der Finanzierung dieser Tätigkeiten. Auch die Investitionen in andere Unternehmen sind davon abgedeckt (die ja hoffentlich ebenso einen Bezug zum Unternehmenszweck aufweisen, wodurch das EGT in dieser Hinsicht zu einer gewöhnlich „vollständigeren Größe" wird).

Die Verwendung des Attributs „gewöhnlich" signalisiert eine Abgrenzung zu „ungewöhnlich", und auch Steuern auf das Einkommen wurden bisher nicht berücksichtigt. Dies wird anschließend in einem dritten Teil der GuV ergänzt:

	Betriebserfolg
+/–	Finanzerfolg
=	Ergebnis der gewöhnlichen Geschäftstätigkeit
+	außerordentliche Erträge
–	außerordentliche Aufwendungen
–	Steuern vom Einkommen und vom Ertrag
=	**Jahresüberschuss/Jahresfehlbetrag**

Tabelle 2: Grundlegender Aufbau einer UGB-GuV (Teil 3, Jahresüberschuss)

Bilanz, GuV und weitere Bestandteile von Finanzberichten

Statt *„ungewöhnlich"* spricht das UGB von *„außerordentlichen"* Aufwendungen und Erträgen, die noch zu ergänzen sind – was jedoch nicht mit *„außerplanmäßig"* gleichzusetzen ist. Z. B. sind ja außerplanmäßige Abschreibungen auf Sachanlagevermögen bereits als Teil des Betriebserfolgs auszuweisen. Dann stellt sich natürlich die Frage, was stattdessen an dieser Stelle in der GuV auszuweisen ist. Die Antwort ist leider, dass das niemand so genau weiß. Das Problem wird anhand der Gegenüberstellung der Definition im UGB und dem betriebswirtschaftlichen Verständnis von *„gewöhnlich"* und *„ungewöhnlich"* in Abbildung 11[5] dargestellt:

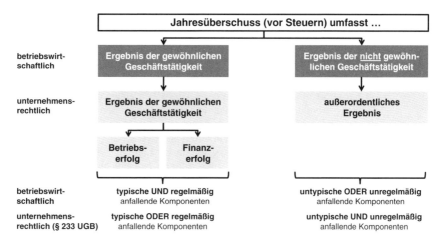

Abbildung 11: Abgrenzung Ergebnis der gewöhnlichen Geschäftstätigkeit und außerordentliches Ergebnis

Auch die Wesentlichkeit der anfallenden Aufwendungen bzw. Erträge spielt in der obigen Beurteilung eine Rolle. De facto sind die Bestimmungen des UGB bei strenger Auslegung so zu sehen, dass eigentlich nur **sehr wenige Tatbestände** die Kriterien für einen Ausweis als Teil des außerordentlichen Ergebnisses erfüllen:

- Wenn z. B. eine Produktionshalle (von vielen) niederbrennt, wird das zwar (hoffentlich) nicht regelmäßig passieren, aber doch typisch für das Geschäftsfeld und das diesem ihm innewohnende Risiko sein (Produktionshallen können nun einmal brennen).
- Wenn ein Weinbauer nebenbei Erträge aus angebotenen Betriebsführungen lukriert, hat dies wohl wenig mit seiner Geschäftstätigkeit zu tun; dennoch wird es z. B. unter die Kategorie regelmäßiger Erträge fallen.
- Beispiele, die demgegenüber für einen Ausweis in Betracht kommen, umfassen Betriebsstillegungen, Standortverlagerungen, ein Schuldnachlass i. V. m. einer Unternehmenssanierung etc.

Der Grund für diese restriktive Umsetzung im UGB ist ein plausibler: Natürlich wären Unternehmen versucht, alle schlechten Dinge, die im Laufe eines Geschäftsjahres passieren, als außerordentliche Aufwendungen auszuweisen und zu entschärfen – signalisiert dies doch eine Botschaft wie: *„Lieber Bilanzadressat, das ist einmal schiefgelaufen, in Zukunft aber passiert das sicher nicht nochmals."* Umgekehrt besteht ein Interesse daran, möglichst alle Erträge (und seien sie noch so zufällig) im Betriebserfolg auszuweisen. Überspitzt formuliert würde dann bei zu freier Auslegungsmöglichkeit wohl das

---

[5] Abbildung 11 folgt der Darstellung bei *Baetge/Kirsch/Thiele*, Bilanzanalyse[2] (2004) 104, tlw. m. w. N.

EGT letztlich nur noch aus Erträgen bestehen, und alle Aufwendungen wären im außerordentlichen Ergebnis gelandet.

Entsprechend findet man in der Praxis äußerst selten Unternehmen, die ein außerordentliches Ergebnis ausweisen. Und die paar, die es gibt, haben dies wohl vermutlich in harten Kämpfen mit ihren Abschlussprüfern erstritten (bzw. verfolgen diese eine etwas „kulantere" Auslegung der Rechtsnormen). Für die Bilanzanalyse bedeutet dies natürlich, dass die Unterscheidung in EGT und außerordentliches Ergebnis zwar ganz zentral wäre, um eine Einschätzung über mögliche zukünftige Entwicklungen zu erhalten, dass diese aber **nicht brauchbar** ist. „Zum Trost" kann festgehalten werden, dass diese Möglichkeit eines getrennten Ausweises wohl auch nicht mehr lange bestehen wird, da im Zuge der anstehenden Reformen des Bilanzrechts (auf Grundlage europarechtlicher Reformen) der Ausweis eines außerordentlichen Ergebnisses im UGB in naher Zukunft abgeschafft werden wird.

Letztlich – und eigentlich wieder etwas ganz anderes – werden noch die **Steuern vom Ergebnis** gesondert ausgewiesen. Diese werden wohl typisch und regelmäßig anfallen; ihre gesonderte Berücksichtigung hat aber wieder den Vorteil, insb. die Vergleichbarkeit zwischen verschiedenen Unternehmen zu gewährleisten – ein Unternehmen kann Verlustvorträge ausnützen, ein anderes ist in verschiedenen Ländern aktiv und unterliegt damit verschiedenen Steuersystemen etc. Latente Steuern sind hier ebenso zu berücksichtigen. All dies führt zu Verzerrungen hinsichtlich möglicher Vergleichsmaßstäbe (siehe Kap. 4.1.), und der Bilanzanalyst ist damit gut beraten, dies zu neutralisieren.

An dieser Stelle endet der für die Bilanzanalyse brauchbare Teil. Nach Berücksichtigung all dieser Posten folgt der **Jahresüberschuss**. Dieser ist eine Größe nach Steuern und (praktisch irrelevanten) außerordentlichen Effekten, er wird aber häufig auch in einen Jahresüberschuss vor und einen Jahresüberschuss nach Steuern aufgeteilt, wobei diesfalls aus den geschilderten Gründen zumeist der Jahresüberschuss vor Steuern mit dem EGT zusammenfällt.

Ermittlung des ausschüttbaren Gewinns

Was nun kommt, sind einzig Rechenoperationen, die notwendig sind, um in der Bilanz einen „richtigen" Ausweis aller Rücklagen hinzubekommen, insb. hinsichtlich (Gewinn-) Rücklagen und der Berücksichtigung von Gewinn-/Verlustvorträgen. Der daraus folgende **Bilanzgewinn-/verlust** ist schließlich die Größe aus der GuV, der in der Bilanz ausgewiesen wird (siehe Kap. 3.2.1.).

	Jahresüberschuss/Jahresfehlbetrag
+	Auflösung unversteuerter Rücklagen
+	Auflösung von Kapitalrücklagen
+	Auflösung von Gewinnrücklagen
–	Zuweisung zu unversteuerten Rücklagen
–	Zuweisung zu Gewinnrücklagen
+/–	Gewinnvortrag/Verlustvortrag aus dem Vorjahr
=	**Bilanzgewinn/Bilanzverlust**

Tabelle 3: Grundlegender Aufbau einer UGB-GuV (Teil 4, Bilanzgewinn)

Dieser Bilanzgewinn ist für die Bilanzanalyse **unbrauchbar**. Dies liegt darin begründet, dass er keinen unmittelbaren Bezug mehr zu dem hat, was ein Unternehmen in dem betrachteten Geschäftsjahr wirklich geleistet hat. Er wird nämlich insb. durch die folgenden Punkte verzerrt:

Bilanz, GuV und weitere Bestandteile von Finanzberichten

- **Ausschüttungspolitische Entscheidungen bestimmen die Höhe des Bilanzgewinns:** Wenn das Management eines Unternehmens entscheidet, den erwirtschafteten Erfolg nicht gleich auszuschütten, sondern – zumindest tlw. – im Unternehmen zu belassen (z. B. für die Finanzierung zukünftiger Investitionen), werden Gewinnrücklagen gebildet, die den Bilanzgewinn reduzieren. Das heißt aber natürlich nicht, dass das Management schlechte Arbeit geleistet hat – so wie es nicht „toll" sein muss, nur weil es in den Vorjahren angesparte Rücklagen für das aktuelle Jahr auflöst. Eher im Gegenteil wird die Bildung von Reserven in guten Jahren regelmäßig sinnvoll und sogar notwendig sein, wie umgekehrt ein „Knabbern" an den Reserven auch kein besonders gutes Zeichen ist.

- **Vorjahreserfolge werden mit dem Erfolg aus dem aktuellen Geschäftsjahr vermischt:** Dies geschieht dadurch, dass der Gewinn-/Verlustvortrag (also die Bilanzgewinne oder -verluste früherer Geschäftsjahre) noch hinzugerechnet wird.

Analysen des wirtschaftlichen Erfolgs adressieren den erzielten Erfolg auf Grundlage der getroffenen geschäftspolitischen Entscheidungen im laufenden Geschäftsjahr. Aus diesem Grund hat der Bilanzgewinn hier nichts zu suchen. Man möge ihn daher einfach als *„missing link"* sehen, damit GuV und Bilanz zusammenpassen. Als mehr bitte nicht.

3.3.2. Wichtigste Besonderheiten eines UGB-Konzernabschlusses

Dankenswerterweise halten sich die Besonderheiten, die im Zuge der Analyse eines UGB-Konzernabschlusses in dessen GuV zu beachten sind, in ganz besonders engen Grenzen. Inhaltlich sind es die bereits dargestellten Besonderheiten i. V. m. der Konzernbilanz, die sich natürlich ebenso in der Konzern-GuV niederschlagen. Dies betrifft insb. die wesentliche Rolle, die regelmäßig Abschreibungen auf den **Firmenwert** einnehmen; und auch **latente Steuern** spielen in den ausgewiesenen Steuern vom Ergebnis eine größere Rolle. Aber diese Posten lassen sich relativ einfach herauslesen und ändern nichts am grundlegenden Aufbau und der „Funktionsweise" des Konzern-GuV. Bzgl. eines Herauslesens der Effekte aus der **Währungsumrechnung** im Konzernabschluss erhält man demgegenüber in der Konzern-GuV keine verwertbaren Anhaltspunkte; die GuV-Posten werden methodenabhängig i. d. R. mit den Kursen der zugrunde liegenden Geschäftsvorfälle oder vereinfachend mit Durchschnittskursen einer Periode umgerechnet. Weiterführende (substanzielle) Einblicke sind Finanzberichten grds. nicht zu entnehmen.

Kopfzerbrechen bereiten allenfalls die Minderheiten, die bereits in der Konzernbilanz gesondert als Teil des Eigenkapitals auszuweisen sind. In der Konzern-GuV finden sie sich häufig unter einer Bezeichnung wie *„Anteile anderer Gesellschafter am Jahresergebnis"* wieder. Somit werden zwei unterschiedliche (Konzern-)Jahresüberschüsse im Konzern ausgewiesen:

- der (Konzern-)Jahresüberschuss **vor** den Anteilen anderer Gesellschafter,
- der (Konzern-)Jahresüberschuss **nach** den Anteilen anderer Gesellschafter.

Aus den bereits i. V. m. der Konzernbilanz geschilderten Gründen ist grds. sinnvoll, auf den **Jahresüberschuss nach den Anteilen anderer Gesellschafter** für alle weiteren Analysen abzustellen (siehe Kap. 3.2.2.). Dies ist dann auch notwendig, wenn andere Erfolgsgrößen betrachtet werden sollen – z. B. der Betriebs- oder Finanzerfolg. Diese werden – genauso wie alle anderen auszuweisenden GuV-Posten – nicht weiter dahingehend unterteilt, welchen Teilen der Gesellschafter sie gehören. Damit macht es z. B. keinen Sinn, selbst vergleichsweise einfache Kennzahlen wie eine Umsatzrentabilität ohne Berücksichtigung dieser Anteile anderer Gesellschafter zu rechnen.

Die einzige relevante Ausnahme, für die eine getrennte Berechnung sinnvoll machbar ist, ist die **Eigenkapitalrentabilität** – da man nämlich sowohl Zähler (den Jahresüberschuss, allerdings nur nach Steuern) als auch Nenner (alle Eigenkapitalposten, jedoch ohne die gesondert auszuweisenden Anteile der Minderheitsgesellschafter) für beide Betrachtungsweisen bestimmen kann:

$$\text{Eigenkapitalrentabilität ohne Minderheiten} = \frac{\text{Jahresüberschuss vor Minderheiten}}{\text{Eigenkapital ohne Minderheiten}}$$

bzw.

$$\text{Eigenkapitalrentabilität mit Minderheiten} = \frac{\text{Jahresüberabschuss nach Minderheiten}}{\text{Eigenkapital mit Minderheiten}}$$

Sinnvoll verwertbar wird aber dennoch primär eine Betrachtung sein, welche die Minderheitsgesellschafter miteinschließt – nicht zuletzt vor dem Hintergrund des theoretischen Rahmens des Konzernabschlusses. Für alle anderen Posten der Konzernbilanz und der Konzern-GuV ist eine getrennte Betrachtung demgegenüber nicht möglich. (In vergleichbarer Weise ließe sich wohl allenfalls noch die Konzerneigenkapitalquote getrennt berechnen, um aber ähnlich wenig aussagekräftigen Kennzahlen hier keinen zu großen Raum einzuräumen, wird hierauf an dieser – wie jeder anderen – Stelle gerne verzichtet.)

Dieses Fazit hat auch den angenehmen Nebeneffekt, dass es umfangreiche Ausführungen zu einem anderen, viel grundlegenderen Problem erspart: Während für die Konzernbilanz noch vergleichsweise klarer ist, wie die Höhe der Minderheitsanteile zu berechnen und auszuweisen ist, konnten sich Literatur und Praxis bis heute nicht auf die „richtige" Ermittlung für die Konzern-GuV einigen – theoretische Tücken sind dabei nämlich einige zu beachten. Noch dazu greifen hier wesentlich mehr Wahlrechte und Ermessensspielräume, als sie für die Konzernbilanz relevant sind. All das führt zu der abschließenden Einschätzung, dass dieser Posten der Konzern-GuV für sich genommen ohnedies kein wirklich aussagekräftiger und damit analyserelevanter ist.

Am Ende einer Konzern-GuV findet sich letztlich auch ein **Konzernbilanzgewinn** ausgewiesen. Hinsichtlich dessen Wertlosigkeit für Analysezwecke gilt das für den Jahresabschluss bereits Gesagte in noch viel umfassenderem Maße – hat er dort zumindest Relevanz für die Ausschüttungsbemessung und daran anknüpfende Überlegungen, ist diese für die Konzern-GuV ja irrelevant. Um ihren Eigentümern und Adressaten der Finanzberichte Verwirrungen zu ersparen, neigen Unternehmen daher dazu, den Konzernbilanzgewinn so abzuleiten, dass er mit dem Bilanzgewinn aus dem Jahresabschluss des Mutterunternehmens übereinstimmt. Somit verliert er aber jeden inhaltlichen Bezug zum vorigen Rechenwerk der Konzern-GuV und kann somit für die Bilanzanalyse getrost außer Betracht gelassen werden.

3.3.3. Wichtigste Besonderheiten nach den IFRS

Die aus Sicht der Bilanzanalyse wohl größten Schwierigkeiten ergeben sich im Rahmen der Gegenüberstellung von GuV i. S. d. UGB und dem korrespondierenden Rechenwerk in den IFRS. Auch diese sehen eine GuV vor, die in vielen Punkten einer GuV nach dem UGB entspricht; jedoch wird die GuV anschließend um einen Teil erweitert, der dem UGB völlig fremd ist – die Darstellung eines *„sonstigen Gesamtergebnisses"* (*„Other Comprehensive Income"*, OCI). Erst die Summe aus GuV und sonstigem Gesamtergebnis führt zum Gesamtergebnis nach den IFRS – weswegen dieser Bericht **„Gesamtergebnisrechnung"** genannt wird, in dem die GuV nur einer von zwei Teilen ist. Die GuV alleine kann somit nicht die Veränderungen im Eigenkapital eines Unternehmens erklären (siehe Kap. 3.1.2.). Die damit verbundenen Besonderheiten werden nun dargestellt.

Bilanz, GuV und weitere Bestandteile von Finanzberichten

Zunächst zur GuV. Diese ist üblicherweise wie im UGB nach der Staffelform erstellt; zulässig (aber wenig verbreitet) wäre nach den IFRS aber auch eine Kontenform, d. h. ein Aufbau wie eine UGB-Bilanz. Weiterhin sieht IAS 1 wie für die Bilanz nur eine Mindestgliederung vor. Diese sind allerdings sehr schnell aufgezählt und erschöpfen sich mit den folgenden fünf Posten:

- Umsatzerlöse;
- Finanzierungsaufwendungen;
- Ergebnis aus Unternehmen, die nach der At-Equity-Methode bilanziert werden;
- Steueraufwendungen;
- Ergebnis aus aufgegebenen Geschäftsbereichen nach IFRS 5.

Darüber hinaus hat sich das rechnungslegende Unternehmen wieder zwischen dem **Umsatz- und dem Gesamtkostenverfahren** für eine weitere Aufgliederung der Darstellung zu entscheiden. Auch hier finden sich in IAS 1 nur wenig verbindliche Ausführungen, wie die konkrete Umsetzung beider Darstellungsvarianten zu erfolgen hat; als Beispiel finden sich jedoch in IAS 102 f. folgende Schemata:

Gesamtkostenverfahren		**Umsatzkostenverfahren**	
	Umsatzerlöse		Umsatzerlöse
+	sonstige Erträge	–	Umsatzkosten
+/–	Veränderungen des Bestandes an Fertigerzeugnissen und unfertigen Erzeugnissen	=	Bruttogewinn
–	Aufwendungen für Roh-, Hilfs- und Betriebsstoffe	+	sonstige Erträge
–	Aufwendungen für Leistungen an Arbeitnehmer	–	Vertriebskosten
–	Aufwand für planmäßige Abschreibungen	–	Verwaltungsaufwendungen
–	andere Aufwendungen	–	andere Aufwendungen
=	Gesamtaufwand	=	Gewinn vor Steuern
=	Gewinn vor Steuern		

Abbildung 12: Grundlegender Aufbau einer IFRS-GuV

Anders als in der Praxis der UGB-Rechnungslegung wird für eine IFRS-GuV wesentlich **häufiger das Umsatzkostenverfahren** angewandt. Wie auch nach den Bestimmungen des UGB hat ein Unternehmen, das seine GuV nach dem Umsatzkostenverfahren gliedert, im Anhang Informationen zu bestimmten Aufwandsarten i. S. d. Gesamtkostenverfahrens zu tätigen. IAS 1.104 fordert dabei zumindest die Angabe der Abschreibungen und des Personalaufwands, lässt aber darüber hinaus dem rechnungslegenden Unternehmen Spielraum; die Angabe der Aufwendungen für Roh-, Hilfs- und Betriebsstoffe ist nicht ausdrücklich gefordert. Inwieweit also in den IFRS eine Überleitung vom Umsatz- zum Gesamtkostenverfahren möglich ist, wird von den konkret getätigten Angaben abhängen sowie von der Tätigkeitsbrache des Unternehmens (welche Aufwandsarten nämlich in dieser überhaupt eine Rolle spielen). Eine Überleitung vom Gesamtkosten- zum Umsatzkostenverfahren kommt demgegenüber – zumindest für eine externe Bilanzanalyse – grds. nicht in Betracht, da die hierfür benötigten Informationen nicht in den Finanzberichten enthalten sind.

Die obige Aufgliederung kann entweder in der GuV selbst oder aber im Anhang des Unternehmens erfolgen. Die einzelnen Posten entsprechen weitgehend der Gliederung nach dem UGB, sind aber von den rechnungslegenden Unternehmen zu gestalten – d. h. zu erweitern, umzubenennen etc. Maßstab ist hier insb. der Wesentlichkeitsgrundsatz. Wichtig sind in dem Zusammenhang Angabeverpflichtungen für den Anhang (bzw. tlw. für die GuV), die u. a. folgende Angaben fordern können:

- Ausgaben für Forschung und Entwicklung, die im Geschäftsjahr als Aufwand erfasst wurden;
- außerplanmäßige Abschreibungen;
- Restrukturierungsaufwendungen;
- Erträge aus der Veräußerung von Sach- bzw. Finanzanlagen;
- Erfolge aus der Auflösung von Rückstellungen und weiterführende Angabepflichten zu diesen im Rahmen eines umfassenden Rückstellungsspiegels.

Bereits für die Bilanz sah **IFRS 5** einen Ausweis für Vermögenswert und Schulden in Zusammenhang mit Geschäftsbereichen und Vermögenswerten vor, die aufgegeben werden. Auch hierzu ist eine korrespondierende Ausweisverpflichtung für die GuV vorgesehen. Diese ist ein wenig enger gefasst und betrifft nur aufgegebene Geschäftsbereiche, das Prinzip ist jedoch dasselbe – es werden Auswirkungen auf das Ergebnis von Aktivitäten zusammengefasst, mit deren Vorhandensein für die Zukunft nicht mehr zu rechnen ist. Entsprechend wichtig kann diese Info für die Bilanzanalyse sein, wenngleich warnend auch hier nochmals auf das vorhandene (wenngleich doch eingeschränkte) Gestaltungspotenzial eines Unternehmens hinzuweisen ist. Detaillierte Angaben zu Erträgen, Aufwendungen, Gewinn oder Verlust vor Steuern und Ertragsteuern sind für den Anhang oder die GuV selbst vorgesehen.

Pro-forma-Kennzahlen

In der Diktion des UGB würde die angeführte Darstellung zum Betriebserfolg führen; in den IFRS ist diese Zwischensumme demgegenüber nicht vorgegeben. Dem rechnungslegenden Unternehmen steht es frei, ob es einen solchen Betriebserfolg, eine oder mehrere andere Zwischensummen ausweisen möchte, oder ob es sogar gänzlich darauf verzichten möchte. Die Flexibilität in der Darstellung einer IFRS-GuV erstreckt sich somit nicht nur auf die Frage, welche GuV-Posten ausgewiesen werden, sondern auch, welche Teilerfolge berichtet werden. Die von einem Unternehmen hier ausgewiesenen Zwischensummen werden **Pro-forma-Kennzahlen** genannt. Sie wären ebenso für die Darstellung des sonstigen Gesamtergebnisses bzw. in einer IFRS-Bilanz zulässig; die Praxis zeigt aber, dass ihnen insb. in der IFRS-GuV hohe Bedeutung zukommt. Sie sind wahrlich ein zweischneidiges Schwert und mit größter Sorgfalt in die Analyse aufzunehmen.

Pro-forma-Kennzahlen haben ihren Namen daher, dass sie eine Betrachtung „als ob" anstreben – z. B. als ob gewisse Aufwandsteile nicht angefallen wären. Der UGB-Betriebserfolg wäre insofern eine solche Kennzahl, als dieser u. a. den Finanzerfolg ausblendet. Unternehmen können solche Kennzahlen nützen, um einmalige, ungewöhnliche, außerbetriebliche oder nicht zahlungswirksame Aufwendungen und Erträge zu bereinigen. Die mit Abstand wichtigste Pro-forma-Kennzahl in IFRS-Abschlüssen ist das EBIT (siehe Kap. 7.3.1.), das dem Betriebserfolg nahekommt, sich aber insb. durch die unterschiedliche Behandlung des Erfolgs aus Finanzinvestitionen unterscheidet.

In der Praxis sind an diesem Punkt der Phantasie keine Grenzen gesetzt. Ein Unternehmen kann beliebige solcher Kennzahlen schaffen und ausweisen. Charakteristisch ist für sie, dass sie grds. mit einem *„EB" („Earnings before ..."*, d. h. in etwa *„Gewinn vor ..."*) anfangen. Häufige weitere Beispiele sind u. a. das EBITDA oder EBITSO; weitere Möglichkeiten sind in Kap. 7.3.1. dargestellt. Diese berücksichtigen allesamt verschiedene Aufwandsposten nicht; häufig werden aber auch nur gewisse – als ungewöhnlich oder nicht wiederkehrend klassifizierte – Bestandteile einzelner Aufwandsposten ausgeblendet (i. S. eines *„Gewinns vor Einmaleffekten"*).

Der Nutzen hinter dieser Möglichkeit der Berichterstattung liegt darin, dass Unternehmen die Teilergebnisgrößen aufbereiten und darstellen können, von denen sie denken, dass sie für die Adressaten der Finanzberichte besonders wichtig sind. Dieser Grundgedanke der *„Maßschneiderung"* liegt den IFRS ja an so mancher Stelle zugrunde. Der Nachteil dahinter liegt aber auch hier in dem großen Gestaltungs- und Manipulationsspielraum, der durch die fehlende Standardisierung eröffnet wird. Die Literatur spricht spöttisch von einer *„EBITanei"* oder Kennzahlen wie EBME (*„Earnings before Making Expenses"*) oder EBATBS (*„Earnings before All the Bad Stuff"*). Diese Pro-forma-Kennzahlen stehen somit im Verruf eines bezweckten Schönrechnens, indem Unternehmen Posten oder Sachverhalte, die sie nicht wahrhaben wollen, einfach ausblenden. Dass diese Kritik mitunter berechtigt ist, zeigen auch Befunde, wonach ein und dieselbe Kennzahl (z. B. ein EBIT, insb. aber komplexere Kennzahlen) in den GuV fünf verschiedener Unternehmen trotz gleicher Bezeichnung auf fünf verschiedene Arten im Detail ermittelt werden kann. Das ist natürlich einer kritischen Analyse der wirtschaftlichen Lage eines Unternehmens – über dessen Selbstdarstellung hinaus – sowie einem Vergleich mehrerer verschiedener Unternehmen mithilfe eines einheitlichen Kennzahlensets wenig zuträglich.

Für die Bilanzanalyse folgt hieraus ein ganz zentraler Grundsatz, der gerade für die GuV nach IFRS zum Tragen kommt: **Finger weg von Kennzahlen, die der Analyst nicht selbst nach einem klar definierten, gut durchdachten und einheitlich angewandten Schema ermittelt hat** (siehe Kap. 4.3.)! Pro-forma-Kennzahlen sollten nie unmittelbar für eine Analyse übernommen werden. Es erspart sich der Analyst dadurch allenfalls ein paar Minuten; diese sind aber sehr gut für die eigene Ableitung der relevanten Kennzahlen investiert. Das gilt übrigens auch für ähnliche Kennzahlen, die Unternehmen mitunter im Lagebericht oder in frei gestalteten Teilen ihrer Geschäftsberichte (etwa auf der berühmten „Hochglanz-Seite 1") den Berichtsadressaten präsentieren.

Das sonstige Gesamtergebnis

Nach der GuV folgt dann der besondere, man möchte auch sagen: „abenteuerliche" Teil der IFRS-Gesamtergebnisrechnung. Hier fordert IAS 1 eine **Überleitungsrechnung vom Gewinn und Verlust zum Gesamtergebnis**; den Gesamteffekt dieser Überleitungen nennt er sonstiges Gesamtergebnis. Was genau in dieser Überleitungsrechnung zu berücksichtigen ist, verrät der Standard nicht; diese Info findet sich über die anderen Standards verstreut – tlw. sind dahingehende Ausweispflichten enthalten, tlw. nur Wahlrechte. Man könnte also zunächst zusammenfassen, dass es in den IFRS Sachverhalte gibt, die nicht Gewinn oder Verlust darstellen, aber dennoch den Erfolg eines Unternehmens bestimmen und dessen Eigenkapital verändern.

Damit das Ganze nicht einmal Gefahr läuft, zu einfach zu durchschauen zu sein, ist seit 2011 eine weitere Gliederung verpflichtend – dahingehend, ob die im sonstigen Gesamtergebnis ausgewiesenen Posten später einmal in die GuV umgegliedert werden können oder nicht (sog. *„Recycling"* oder *„Reclassification"*). Entsprechend können in einer solchen Überleitung typischerweise folgende Posten in der dargestellten Form abgebildet sein:

Gewinn/Verlust (aus GuV)

Bestandteile, die ggf. in den Folgeperioden in die GuV umgegliedert werden

+/– Gewinne/Verluste aus der Neubewertung von Sachanlagevermögen und immateriellen Vermögenswerten

+/– versicherungsmathematische Gewinne oder Verluste aus Leistungen an Arbeitnehmer

+/– GuV-neutrale Erfolgsbestandteile der Equity-Bewertung

+/– zuordenbare Steuern

Bestandteile, die niemals in die GuV umgegliedert werden

+/– Währungsumrechnungsdifferenzen

+/– Marktbewertung von als zur Veräußerung verfügbar klassifizierten finanziellen Vermögenswerte (IAS 39) bzw. GuV-neutrale Fair-Value-Bewertung von finanziellen Vermögenswerten (IFRS 9)

+/– Gewinn oder Verlust aus dem effektiven Teil einer Absicherung von Cashflows („*cash flow hedges*")

+/– zuordenbare Steuern

= **sonstiges Gesamtergebnis nach Steuern**

= **Gesamtergebnis**

Tabelle 4: Überleitung von der GuV zum Gesamtergebnis

Die Darstellung der Bestandteile des sonstigen Gesamtergebnisses ist vor oder nach Steuern zulässig (was ggf. die Aufteilung der Steuern auf das „*umgliederbare*" und „*nicht-umgliederbare*" sonstige Gesamtergebnis notwendig macht). Jedenfalls sind die den einzelnen Bestandteilen zuordenbaren Steuern entweder gesondert auszuweisen oder aber im Anhang anzugeben. Besonders hinzuweisen ist darüber hinaus auf den ausdrücklichen Ausweis der Währungsumrechnungsdifferenzen – diese verschwinden nicht unmittelbar im Eigenkapital, wie es etwa auch (konzeptionell) möglich wäre. Freilich ist der Erkenntnisgewinn für den Bilanzanalysten noch immer eingeschränkt (siehe Kap. 2.5.). Im in der Bilanz ausgewiesenen Eigenkapital sind der Erfolg aus der GuV und das sonstige Gesamtergebnis gesondert zu erfassen; dies wird i. d. R. über die Eigenkapitalveränderungsrechnung ersichtlich (siehe Kap. 3.5.).

Spannend wäre nun insb. zu wissen, welcher **Logik diese Aufteilung** einzelner Posten entweder in die GuV oder in dieses sonstige Gesamtergebnis folgt. Anders gefragt: Was verstehen die IFRS unter „*Gewinn*", und wie unterscheidet sich dieser vom „*Erfolg*" eines Unternehmens? Um eine traurige Geschichte kurz zu halten: Bis heute weiß das niemand so genau, selbst die Organisation hinter den IFRS, das *IASB*, kann hierauf keine zufriedenstellende Antwort geben. Aus diesem Grund ist es gegenwärtig auch ein Fokus der Reformüberlegungen der IFRS, hier eine fundiertere theoretische Grundlage zu schaffen. Diskutiert wird u. a. eine Abgrenzung anhand eines oder mehrerer der folgenden Begriffspaare:

- realisierte vs. nicht-realisierte Erfolgsbestandteile;
- wiederkehrende vs. nicht-wiederkehrende Erfolgsbestandteile;
- betriebliche vs. nicht-betriebliche Erfolgsbestandteile.

Bisher zeichnet sich noch immer kein wirklich zufriedenstellendes Ergebnis dafür ab – und es bleibt auch hier als Erkenntnis: Teil des sonstigen Gesamtergebnisses sind Posten, für die eine solche Behandlung in den IFRS vorgeschrieben ist. Die einzelnen Standards folgen dabei aber keinem klaren Konzept, und häufig ist die Zuordnung auch der Arbeit gewisser Lobbys geschuldet, die natürlich Interessen hegen mögen – klingt doch eine Zuordnung zum *„Gewinn oder Verlust"* schon viel wichtiger als eine Zuordnung zu einem *„sonstigen Gesamtergebnis"*, wodurch gewisse Posten mitunter elegant „entsorgt" werden können. Pragmatiker mögen damit auch ganz gut leben können.

Aus Sicht einer kritischen Analyse bedeutet dies aber dennoch: Die Unterscheidung ist (zumindest gegenwärtig) nicht aussagekräftig genug und sollte daher nicht für die Analyse übernommen werden. Keinesfalls sollte man daher auf die Idee kommen, unkritisch nur mit den Inhalten aus der GuV zu den weiteren Analysen zu schreiten; vielmehr sollte der **Ausgangspunkt aller Analysen immer das Gesamtergebnis** sein; dieses kann dann natürlich im Zuge der Aufbereitungsmaßnahmen modifiziert und an den Analysezweck angepasst werden (siehe Kap. 6.3.). Auch Kennzahlen beziehen sich so grds. auf das Gesamtergebnis; illustriert an der Eigenkapitalrentabilität kann nach den IFRS somit ebenso wie folgt gerechnet werden:

$$\text{Eigenkapitalrentabilität} = \frac{\text{Gesamtergebnis}}{\varnothing \text{ Eigenkapital}}$$

und es bleibt eine anderenfalls notwendige Modifikation der beiden Bestandteile der Kennzahl um das sonstige Gesamtergebnis erspart, etwa:

$$\text{Eigenkapitalrentabilität} = \frac{\text{Gesamtergebnis} - \text{sonstiges Gesamtergebnis}}{\varnothing \text{ Eigenkapital} - \varnothing \text{ Eigenkapitalkomponenten des sonstigen Gesamtergebnisses}}$$

Börsenotierte Unternehmen haben nach IAS 33 zusätzlich das **Ergebnis pro Aktie** auszuweisen. Dafür ist der Gewinn/Verlust, aber nicht das sonstige Gesamtergebnis auf die im Umlauf gewesenen Aktien herunterzubrechen. Differenziert wird in ein unverwässertes und ein verwässertes Ergebnis je Aktie, wobei Letzteres auch die potenziellen Stammaktien eines Unternehmens berücksichtigt (insb. aufgrund von ausübbaren Aktienoptionen auf neue Aktien oder Wandelanleihen). Diese Kennzahl ist aus bilanzanalytischer Sicht anders zu sehen als die zuvor dargestellten Pro-forma-Kennzahlen, da sie auf einer verbindlich festgelegten Definition im IAS 33 beruht. Für Analysen kann sie somit durchaus gewinnbringend herangezogen werden, wobei diesfalls jedoch abzuwägen ist, ob das verwässerte (und/)oder unverwässerte Ergebnis für den konkreten Analysezweck aussagekräftiger ist.

Gleich zu den Bestimmungen des UGB sind in einem IFRS-Konzernabschluss weiterhin die Anteile, die **Minderheiten** am Ergebnis zustehen, gesondert auszuweisen (und zwar ausschließlich auf Ebene des Ergebnisses – für die GuV selbst wie auch für die Summe des Erfolgs aus GuV und sonstigem Gesamtergebnis –, nicht für einzelne Aufwandsoder Ertragsarten bzw. Teilergebnisse). Dies hat aber konsequenterweise sowohl für den Gewinn oder Verlust als auch für das sonstige Gesamtergebnis zu erfolgen.

In den IFRS ist den rechnungslegenden Unternehmen schließlich ein Wahlrecht eingeräumt – sie können die Gesamtergebnisrechnung „am Stück", d. h. als einen Bericht, der GuV und sonstiges Gesamtergebnis gleichermaßen umfasst und diese nur durch Zwischenüberschriften voneinander trennt, abbilden (*„Single Statement Approach"*) oder zwei getrennte Berichte daraus machen (*„Two Statement Approach"*). Dies ist aber primär eine Frage der optischen Gestaltung und suggeriert dem (unkundigen) Berichtsadressaten allenfalls einen größeren oder geringeren Zusammenhang zwischen beiden Berichten; letztlich führen beide Darstellungsvarianten notwendigerweise zu denselben Teil- und Gesamtergebnissen. In der Praxis finden beide Möglichkeiten gleichermaßen Anwendung.

Der Ausweis außerordentlicher Aufwendungen und Erträge bzw. eines **außerordentlichen Ergebnisses** ist in den IFRS sogar explizit untersagt. D. h. derartige Informationen sind den zu analysierenden Gesamtergebnisrechnungen nicht zu entnehmen. Einerseits wird das aber in der Praxis zumeist auch bei UGB-GuV nicht der Fall sein, andererseits erspart man sich dabei die verbundenen Frage- und Problemstellungen, die in diesem Zusammenhang zuvor geschildert wurden (siehe Kap. 3.3.1.). Allerdings sind im Anhang Angaben zu Art und Höhe wesentlicher Aufwendungen und Erträge zu tätigen, woraus sich tlw. Rückschlüsse auf ein allfälliges außerordentliches Ergebnis ziehen lassen sollten.

Eine **Rechnung der Mittelverwendung** (also zur Dotierung und Auflösung der Rücklagen), wie sie in der UGB-GuV vorgesehen ist, erfolgt in der IFRS-Gesamtergebnisrechnung nicht. Dies hat den angenehmen Nebeneffekt, dass der Bilanzanalyst nicht einmal in Versuchung geführt wird, mit einer so problematischen Größe wie dem Bilanzgewinn zu arbeiten. Diesbezügliche Informationen findet er aber in der Eigenkapitalveränderungsrechnung (siehe Kap. 3.5.).

3.4. Geldflussrechnung

Die Geldflussrechnung stellt schließlich die dritte der angesprochenen *„drei Jahresrechnungen"* dar (siehe Kap. 3.1.2.). Sie beschäftigt sich mit der Frage, ob ein Unternehmen mit seinen Zahlungsmitteln auskommt – nicht zuletzt vor dem Hintergrund der drohenden Insolvenzgefahr durch Zahlungsunfähigkeit. Anders als bei Bilanz und GuV sind für die folgenden Darstellungen jedoch einige grundlegende Besonderheiten zu beachten:

Die Bestimmungen des UGB fordern die **Aufstellung einer Geldflussrechnung** nur im Rahmen des Konzernabschlusses, nicht jedoch für den Jahresabschluss. Für diesen ist allenfalls im Rahmen der ergänzenden Lageberichterstattung eine Darstellung von Teilergebnissen aus der Kapitalflussrechnung gefordert (und eine vollständige Übernahme zumindest empfohlen). In den IFRS ist demgegenüber eine Geldflussrechnung stets verpflichtend vorgeschrieben – egal, ob es sich um einen Jahres- oder Konzernabschluss handelt.

Bzgl. der konkreten **Ausgestaltung der Geldflussrechnung** lassen sich die Bestimmungen des UGB und der IFRS nur gemeinsam betrachten – daher entfällt für dieses Kap. auch die Untergliederung nach den verschiedenen Rechnungslegungsstandards. Es ist nämlich so, dass die heute maßgeblichen Rahmenbedingungen allesamt auf IAS 7 zurückzuführen sind, der bereits in den 1970-Jahren veröffentlicht wurde. Damals war die Geldflussrechnung im deutschsprachigen Raum noch kein großes Thema (für die Praxis). Im Anschluss wurde zunächst eine deutsche Empfehlung erlassen, welche die Rahmenbedingungen für die Geldflussrechnung konkretisiert – diese hat sich aber weitgehend an IAS 7 orientiert. Schließlich folgte auch in Österreich eine solche Empfehlung (in Form des Fachgutachtens KFS/BW2),[6] wobei in bester Tradition eine *„enge Anbindung an die korrespondierenden deutschen Regelungen"* erfolgte (böse Zungen mögen auch behaupten, es wurde weitgehend abgeschrieben).

Solche Empfehlungen haben keinen rechtlich bindenden, aber doch einen faktisch hoch normativen Charakter. Dennoch sind vergleichsweise größere Abweichungen und Gestaltungsmöglichkeiten zu erwarten. Im UGB selbst wird nur die Aufstellung gefordert, allerdings kein Wort über die konkrete Ausgestaltung verloren. Das österreichische Fachgutachten enthält eine Mindestgliederung, die den rechnungslegenden Unternehmen als Orientierungspunkt dient; in IAS 7 ist diesmal jedoch nicht einmal eine **Mindest-**

---

[6] Fachgutachten über *„die Geldflussrechnung als Ergänzung des Jahresabschlusses und Bestandteil des Konzernabschlusses"* des des Fachsenats für Betriebswirtschaft und Organisation des Instituts für Betriebswirtschaft, Steuerrecht und Organisation der Kammer der Wirtschaftstreuhänder.

Bilanz, GuV und weitere Bestandteile von Finanzberichten

gliederung vorgesehen, sondern sehr allgemein gehaltene Ausführungen und gewisse Detailvorgaben. D. h. in der Praxis, dass sich österreichische Unternehmen in ihren IFRS-Geldflussrechnungen regelmäßig an dem österreichischen Fachgutachten KFS/BW2 orientieren. Sozusagen ein schönes „Ringelspiel".

Die Geldflussrechnung ist eine Darstellung darüber, wie sich die **liquiden Mittel** in einer Periode verändert haben. Was genau liquide Mittel i. S. der Zwecke einer Geldflussrechnung sind, diesbezüglich besteht ein gewisser Auslegungs- und Gestaltungsspielraum, dessen Umsetzung im Anhang oder unmittelbar bei der Geldflussrechnung erläutert werden muss. Man spricht hier von einem *„Fonds"*, d. h. einer möglichen Zusammenfassung mehrerer Bilanzposten. Üblicherweise wird aber auf Kassa- und Bankbestände, d. h. *„Cash"* im engsten Sinne, abgestellt. Daher hat sich auch der Name *„Geldflussrechnung"* neben anderen gebräuchlichen Bezeichnungen wie etwa *„Kapitalflussrechnung"* durchgesetzt. Im Einzelfall kann jedoch eine abweichende Abgrenzung vorgenommen werden, was hier Aufmerksamkeit seitens des Bilanzanalysten erfordert. Die Geldflussrechnung ist damit wie die GuV auch eine zeitraumbezogene Rechnung; während die GuV aber mit den buchhalterischen Erträgen und Aufwendungen arbeitet, finden sich in der Geldflussrechnung ausschließlich Ein- und Auszahlungen abgebildet (siehe Kap. 3.1.1.).

Unabhängig von den konkret herangezogenen Rechnungslegungsstandards besteht heute weitgehend Einigkeit darüber, dass eine Geldflussrechnung typischerweise in **drei Teil-Cashflows** unterteilt ist:

+ Einzahlungen aus dem laufenden Geschäft
− Auszahlungen aus dem laufenden Geschäft
Cashflow aus laufender Geschäftstätigkeit

− Auszahlungen für Investitionen
+ Einzahlungen aus Desinvestitionen
Cashflow aus Investitionstätigkeit

+ Kredit- und Eigenkapitalaufnahmen
− Kredit- und Eigenkapitalrückzahlungen
Cashflow aus Finanzierungstätigkeit

Zahlungsmittelüberschuss/-fehlbetrag

Finanzierung der Investitionen   Rückzahlung der Finanzierung

Abbildung 13: Grundlegender Aufbau einer Geldflussrechnung

Hierzu ist Folgendes festzuhalten:

- Der **Cashflow aus laufender Geschäftstätigkeit** wird häufig auch als *„operativer Cashflow"* bezeichnet. Er steht inhaltlich dem Betriebserfolg aus der GuV sehr nahe und umfasst alle Ein- und Auszahlungen, die mit der unmittelbaren Leistungserbringung in Verbindung stehen.

- Der **Cashflow aus Investitionstätigkeit** bildet alle Investitionen in Anlagevermögen ab. Diese finden sich in der GuV gar nicht berücksichtigt, allenfalls tlw. über die Abschreibungen (die aber als gänzlich zahlungsunwirksam verteilte Investitionsbeträge nicht in der Geldflussrechnung abgebildet werden) und über den Erfolg aus Finanzinvestitionen.

- Der **Cashflow aus Finanzierungstätigkeit** zeigt alle Ein- und Auszahlungen aus Transaktionen mit Eigen- und Fremdkapitalgebern. Damit kommt er grds. dem Finanzierungserfolg aus der GuV nahe, jedoch ist er wesentlich weiter gefasst. In der

Geldflussrechnung werden hierunter auch Aufnahmen und Tilgungen von Krediten und ähnlichen Fremdkapitalmitteln abgebildet (die sich ansonsten nicht in der GuV, sondern lediglich in der Bilanz wiederfinden). Darüber hinaus werden hierunter regelmäßig die Dividenden(aus)zahlungen berücksichtigt.

Die Höhe des ermittelten Cashflows muss (bei entsprechender Fonds-Definition) der Veränderung des Kassabestands im Geschäftsjahr entsprechen. Diese **Verprobung** wird typischerweise am Ende der Geldflussrechnung durchgeführt bzw. ist über einen schnellen Blick in die Bilanz ersichtlich.

Die aus analytischer Sicht größten Probleme bereitet die Frage, wo konkret **einzelne Zahlungen zuzuordnen** sind. Hier gibt es nämlich einige „klassische Problemfälle", für die das nicht unbedingt eindeutig ist und für die sich insb. etwas abweichende Vorgaben in IAS 7 und der österreichischen Empfehlung finden. Die maßgeblichen Regelungen werden nachfolgend dargestellt:

Geschäftsfall	KFS/BW2	IAS 7
Zinseinzahlungen	Ausweis im Cashflow aus laufender Geschäftstätigkeit	Wahlrecht: Ausweis in jedem der drei Teil-Cashflows möglich.
Zinsauszahlungen	Ausweis im Cashflow aus laufender Geschäftstätigkeit	Wahlrecht: Ausweis in jedem der drei Teil-Cashflows möglich.
Dividendeneinzahlungen	Ausweis im Cashflow aus laufender Geschäftstätigkeit	Wahlrecht: Ausweis in jedem der drei Teil-Cashflows möglich.
Dividendenauszahlungen	Ausweis im Cashflow aus Finanzierungstätigkeit	Wahlrecht: Ausweis entweder im Cashflow aus laufender Geschäftstätigkeit oder aus Finanzierungstätigkeit
Ertragsteuerzahlungen	Grds. im Cashflow aus laufender Geschäftstätigkeit; Möglichkeit der Zuordnung auch auf die anderen Teilbereiche nach Verursachung	Grds. im Cashflow aus laufender Geschäftstätigkeit; Möglichkeit der Zuordnung auch auf die anderen Teilbereiche nach Verursachung
Außerordentliche Zahlungen	Ausweis nach Zuordenbarkeit im Cashflow aus Investitions- bzw. Finanzierungstätigkeit, ansonsten im Cashflow aus laufender Geschäftstätigkeit (separater Ausweis)	Ausweis nach Zuordenbarkeit im Cashflow aus Investitions- bzw. Finanzierungstätigkeit, ansonsten im Cashflow aus laufender Geschäftstätigkeit (kein separater Ausweis)

Tabelle 5: Ausweisfragen in der Geldflussrechnung

Üblich in Geldflussrechnungen nach IAS 7 ist, dass die **eingeräumten Wahlrechte** überwiegend so ausgenützt werden, dass ein Ausweis der angeführten Zahlungen im Cashflow aus laufender Geschäftstätigkeit erfolgt; einzig Dividendenauszahlungen werden zum größten Teil im Cashflow aus Finanzierungstätigkeit ausgewiesen. Somit entspricht die Praxis der IFRS-Geldflussrechnung weitgehend den Vorgaben des Fachgutachtens KFS/BW2. Zu betonen ist aber, dass es auch abweichende Praktiken gibt; die

Bilanz, GuV und weitere Bestandteile von Finanzberichten

einzelnen zugeordneten Beträge sind darüber hinaus regelmäßig von nicht unbedeutsamer Höhe, d. h., das vermittelte Bild unterscheidet sich i. d. R. wesentlich in Abhängigkeit von der Ausübung der eingeräumten Wahlrechte. Glücklicherweise sind entsprechende Angaben dazu im Anhang oder direkt im Rahmen der Geldflussrechnung zu tätigen; der Bilanzanalyst ist gefordert, auf diese Informationen betreffend die getätigten Zuordnungen Augenmerk zu legen – und diese ggf. im Zuge seiner Aufbereitungsmaßnahmen anzupassen (siehe Kap. 6.5.).

Heikel ist auch die Frage nach der Berücksichtigung von **nicht-zahlungswirksamen Investitions- und Finanzierungsvorgängen**. Hierbei handelt es sich um Investitions- bzw. Finanzierungsvorgänge, die nicht mit einer Veränderung des Bestands an liquiden Mitteln verbunden sind – etwa im Fall einer Gewährung von Gesellschaftsrechten gegen Sacheinlagen oder weil eine Investition über Aufnahme eines langfristigen Lieferantenkredites erfolgte. Ein wichtiges Beispiel betrifft Finanzierungsleasingverträge. Die aktivierten Vermögensgegenstände sind nicht in die Geldflussrechnung aufzunehmen, sondern separat darzustellen und zu erläutern; somit werden nur die laufenden Leasingzahlungen abgebildet.

Geldflussrechnungen können – unbeschadet dieser Grundsatzfragen – auf zwei verschiedene Weisen aufgestellt werden:

- **Originär:** Jede Ein- und Auszahlung wird gesondert ermittelt und am Jahresende für die Geldflussrechnung aufbereitet.
- **Derivativ:** Im laufenden Geschäftsjahr werden nur die Erträge und Aufwendungen aufgezeichnet. Am Jahresende erfolgt eine Ableitung der tatsächlichen Ein- und Auszahlungen in Form einer Rückrechnung.

Aus Effizienzgründen findet in der Praxis ausschließlich die derivative Aufstellung Anwendung. Weiterhin ist zwischen zwei Möglichkeiten für den Ausweis in diesen Geldflussrechnungen zu unterscheiden:

- **Direkte Methode:** Die Geldflussrechnung wird nach konkreten Zahlungsströmen untergliedert. Z. B. werden Zahlungen für Personal, für Material etc. gesondert ausgewiesen.
- **Indirekte Methode:** Hier werden diese konkreten einzelnen Zahlungsströme nicht gesondert ermittelt und ausgewiesen, sondern es erfolgt eine Rückrechnung ausgehend vom ausgewiesenen Ergebnis aus der GuV (das sonstige Gesamtergebnis in IFRS-Finanzberichten spielt dabei keine Rolle, da es typischerweise nicht mit tatsächlichen Zahlungen verbunden ist).

Auch hier zeigt sich, dass in der Praxis hinsichtlich der Darstellung des Cashflows aus laufender Geschäftstätigkeit einzig die indirekte Methode von Bedeutung ist; diese ist nämlich vergleichsweise einfach durchzuführen, während eine Aufstellung nach der direkten Methode umfangreiche(re) Dokumentationen im laufenden Geschäftsjahr erfordert. Allerdings wird dies kritisiert und ist häufig Gegenstand von Reformüberlegungen, da die Zwischenschritte bei der Herleitung der Teil-Cashflows nach der indirekten Methode weitgehend ohne Aussagekraft sind. Eine direkte Darstellung einzelner Zahlungsströme wäre demgegenüber von besonderem Interesse für die Adressaten der Finanzberichterstattung. Hinsichtlich der Cashflows aus der Investitions- bzw. Finanzierungstätigkeit sehen sowohl IAS 7 als auch das Fachgutachten KFS/BW2 die ausschließliche Anwendung der direkten Methode vor.

Folgende Mindestgliederung lässt sich aus dem österreichischen Fachgutachten hinsichtlich der Bestimmung des **Cashflows aus laufender Geschäftstätigkeit** (indirekte Ermittlung) entnehmen:

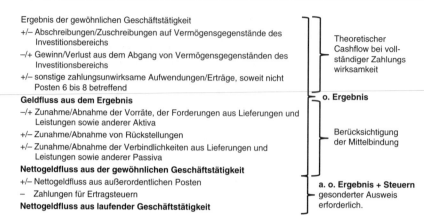

Abbildung 14: Mindestgliederung einer Geldflussrechnung (Teil 1, laufende Geschäftstätigkeit)

Ähnlich wie für die GuV diskutiert, wird im Rahmen der Darstellung dieses ersten Teil-Cashflows zwischen ordentlichem und außerordentlichem Cashflow unterschieden; wobei hier durch das Anknüpfen an die GuV-Klassifikation ebenso i. d. R. mit einer geringen Relevanz außerordentlicher Elemente zu rechnen ist. Darüber hinaus sind einige Zwischensummen vorgesehen, die für die Analyse besonders aussagekräftig sein können:

- **Geldfluss aus dem Ergebnis:** Dieser wird auch *„theoretischer Cashflow"* genannt. Er nähert sich jenem Cashflow an, der vor der Mittelbindung durch Investitionen in das oder Desinvestitionen des Umlaufvermögens zustande gekommen wäre. D. h., Effekte, die sich aus dem Umstand ergeben, ob zum Stichtag der Aufstellung gerade etwas mehr oder etwas weniger Forderungen offen sind, mehr oder weniger an Vorräten noch auf Lager liegt etc., können hierdurch ausgeblendet werden. Dadurch wird diese Zwischensumme gerade für die Schätzung zukünftiger Entwicklungen besonders interessant. Noch aussagekräftiger – und in der Praxis häufig anzutreffen – ist es daher, zumindest z. B. die Veränderung langfristiger Rückstellungen sowie Ergebnisbestandteile aus Unternehmenszusammenschlüssen im Geldfluss aus dem Ergebnis zu berücksichtigen. Damit kann auch erreicht werden, dass im folgenden nächsten Schritt „sauberer" nur auf die Veränderung des sog. *„Working Capital"* (siehe Kap. 7.2.3.1.) abgestellt wird.

- **Nettogeldfluss aus der gewöhnlichen Geschäftstätigkeit:** Dieser ist anschließend hinsichtlich der Aussagekraft dem EGT aus der GuV ähnlich.

Für die weiteren Teil-Cashflows wird eine direkte Ermittlung vorgegeben, deren Mindestgliederung im KFS/BW2 wie folgt festgehalten ist:

Bilanz, GuV und weitere Bestandteile von Finanzberichten

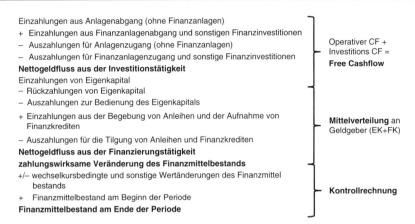

Abbildung 15: Mindestgliederung einer Geldflussrechnung (Teil 2, weitere Teil-Cashflows)

Aus der Addition des Cashflow aus laufender Geschäftstätigkeit mit jenem aus Investitionstätigkeit lässt sich weiterhin der sog. **Free Cashflow** ermitteln. Dieser wird manchmal auch gesondert als Zwischensumme ausgewiesen. Ihm kommt heute – gerade im Kontext einer wertorientierten Steuerung – hohe Bedeutung zu. Er heißt deswegen „*freier Cashflow*", weil er jene erwirtschafteten Geldmittel abbildet, die „*frei*" sind, um sie den Eigen- bzw. Fremdkapitalgebern zurückzuführen (was im dritten Teil-Cashflow anschließend abgebildet wird). Hierbei ist aber in besonderem Maße zu beachten, dass für verschiedene Analysezwecke gerade für den Free Cashflow auch verschiedene Berechnungsweisen erforderlich sind; dies umfasst insb. die zuvor angeführten Wahlrechte für die Zuordnung einzelner Zahlungen (z. B. Zinsen) und die Frage, inwieweit bzw. in welcher Höhe Steuerzahlungen in diesem abgebildet werden. Hier ist häufig vom Schema des KFS/BW2 abzuweichen (siehe Kap. 7.2.3.2.).

Probleme hinsichtlich der Zuordnung zwischen den drei Cashflows – insb. bei indirekter Aufstellung der Geldflussrechnung und unbeschadet der zuvor behandelten grundlegenden Wahlrechte betreffend die Zuordnung bestimmter Zahlungen darin – ergeben sich u. a. auch bei Geschäftsfällen, die **(Groß-)Investitionen** betreffen, die zum Stichtag der Aufstellung der Geldflussrechnung noch nicht bezahlt sind. Ist dieser Stichtag annahmegemäß am 31. 12., so kann folgendes Szenario eintreten: Wird am 15. 12. eine Maschine um 100 bestellt und geliefert, deren Bezahlung aber erst am 5. 1. des Folgejahres erfolgt, hat dies bei Ermittlung nach dem obigen Schema zur Folge, dass der Cashflow aus laufender Geschäftstätigkeit um 100 erhöht (da sich die Verbindlichkeiten erhöhen) und der Cashflow aus Investitionstätigkeit um 100 reduziert wird (da sich das Anlagevermögen erhöht). Der Nettoeffekt beträgt 0, was mit der noch nicht erfolgten Zahlung zusammenpasst. Wird im Folgejahr dann die Rechnung bezahlt, reduziert dies aber den Cashflow aus laufender Geschäftstätigkeit um die 100, um die sich nun die Verbindlichkeiten reduziert. Dieser Effekt ist natürlich unsinnig, denn in Wirklichkeit geht es ja darum, eine Investition in Höhe von 100 in dem Folgejahr abzubilden. Das erfordert eine händische Korrektur derartiger Vorgänge. In der Praxis ist man sich dessen oftmals nicht bewusst – was zu entsprechend verzerrten Geldflussrechnungen führt.

Probleme i. V. m. der indirekten Ermittlung der Geldflussrechnung bereitet weiterhin der Ausweis von Zahlungen für **Forschungs- und Entwicklungsaktivitäten**. Da lt. UGB selbsterstellte immaterielle Vermögensgegenstände des Anlagevermögens nicht aktiviert werden dürfen, wird dies i. d. R. dazu führen, dass diese Zahlungen nach dem dargestellten Schema im Cashflow aus der laufenden Geschäftstätigkeit ausgewiesen werden. Da in den IFRS demgegenüber eine tlw. Pflicht zur Aktivierung dieser Zahlungen besteht, wird diesfalls zumindest ein Teil der Zahlungen im Cashflow aus Investitionstätigkeit ausgewiesen sein. Da Forschungs- und Entwicklungsaktivitäten in manchen Branchen aber eine ganz zentrale Bedeutung einnehmen und als Investitionen zu werten sind, ist diesfalls mitunter eine manuelle Umgliederung der gesamten Zahlungen in den Cashflow aus Investitionstätigkeit sinnvoll. Diese Möglichkeit räumt auch das österreichische Fachgutachten ein.

Ähnliche praxisrelevante Probleme bei indirekter Aufstellung der Geldflussrechnung ergeben sich für den Ausweis von **Subventionen bzw. Investitionszuschüssen**. Die Investitionsauszahlung für den geförderten Vermögensgegenstand kann in voller Höhe im Cashflow aus Investitionstätigkeit ausgewiesen werden und die damit einhergehende Förderung z. B. in jenem aus Finanzierungstätigkeit. Alternativ kann auch nur der saldierte Betrag dem Cashflow aus Investitionstätigkeit zugeordnet werden.

Ganz generell können ähnliche von Rechnungslegungsstandards eingeräumte **Wahlrechte** zu einem Ermessensspielraum sowohl bei Aufstellung als auch bei Analyse einer Geldflussrechnung führen. Zwar lässt sich zumeist dem Anhang entnehmen, wie in Bilanz oder GuV mit diesen umgegangen wurde, aber oftmals fehlen korrespondierende Angaben zur Berücksichtigung in der Geldflussrechnung. Dies kann gerade für einen Betriebsvergleich zu Verzerrungen führen.

Hinsichtlich der Interpretation der Teil-Cashflows bestehen zumindest gewisse Möglichkeiten für den Einsatz von „**Faustregeln**":

- Der **Cashflow aus laufender Geschäftstätigkeit** sollte (bei richtiger Ermittlung) stets positiv sein. Wäre er negativ, würde es bedeuten, dass ein Unternehmen z. B. für jedes verkaufte Produkt noch einen Betrag X darauflegt. Dann wäre es besser beraten, den Betrieb gleich zuzusperren. Ausgenommen hiervon sind natürlich Unternehmen wie Start-ups, z. B. aufgrund nicht ausgelasteter Kapazitäten oder umfassender Vorleistungen in den ersten Jahren ihres Bestehens.

- Der **Cashflow aus Investitionstätigkeit** wird sehr volatil, i. d. R. aber mehr oder weniger deutlich negativ sein. Wäre er (nachhaltig) positiv, würde es bedeuten, dass sich ein Unternehmen mitunter über den Verkauf von (benötigtem) Anlagevermögen finanziert. Das ist dann typischerweise bereits ein Zeichen des nahenden Endes dieses Unternehmens.

- Der **Cashflow aus Finanzierungstätigkeit** wird ebenso (etwas weniger) schwanken, jedoch manchmal positiv, manchmal negativ sein. Er ist letztlich der Puffer, der in Zeiten von Investitionsbedarf sicherstellt, dass ausreichend Geld für die Finanzierung im Unternehmen ist, der anschließend aber von den laufenden Rückzahlungen an die Eigen- und Fremdkapitalgeber belastet wird.

Besondere Probleme stellen sich bei der Aufstellung einer Konzern-Geldflussrechnung. Die geschilderten Grundregeln behalten unverändert ihre Gültigkeit, es kommt allerdings die Komplexität aus jenen Sachverhalten dazu, die sich ausschließlich i. V. m. Konzernstrukturen ergeben. Als wichtige Beispiele können genannt werden:

- Die Bestände an liquiden Mittel der in den Konzernabschluss **vollständig einbezogenen Unternehmen** sind entsprechend vollständig aufzunehmen. Ausgeschlossen sind jedoch emittierte Wertpapiere, die von anderen Unternehmen des Konsolidierungskreises gehalten werden. Liquide **Mittel quotenkonsolidierter Unternehmen** sind demgegenüber nur anteilig aufzunehmen.

- In der Geldflussrechnung dürfen einzig Zahlungen von oder an **konzernfremde Dritte** berücksichtigt werden, was auch hier entsprechende Konsolidierungsmaßnahmen erforderlich macht.

Bilanz, GuV und weitere Bestandteile von Finanzberichten

- **Veränderungen im Konsolidierungskreis** sind als Investitionszahlungen abzubilden, jedoch nur, sofern sie Zahlungsbewegungen wiedergeben.
- Zahlungsmittel und -ströme **ausländischer Tochtergesellschaften** sind in die Konzernwährung umzurechnen.

Die Aufstellung einer vollständigen Geldflussrechnung durch einen **externen Bilanzanalysten** – wie in der Literatur tlw. vorgeschlagen – ist sehr herausfordernd; für eine Konzern-Geldflussrechnung ist es sogar praktisch ausgeschlossen, dass dies gelingt – eine zu große Rolle spielen ausschließlich intern verfügbare Daten (wenn diese überhaupt verfügbar sind). D. h., der externe Analyst muss mit den vorliegenden Geldflussrechnungen arbeiten und sich bemühen, diese für seine Analysen bestmöglich aufzubereiten (siehe Kap. 6.5.). So keine Geldflussrechnung für die Analyse zur Verfügung steht, kann zumindest tlw. mithilfe von Kennzahlen zur Liquiditätslage des Analyseobjekts gearbeitet werden (siehe Kap. 7.2.3.). Dem **internen Bilanzanalysten** stehen demgegenüber in diesem Punkt mehr Optionen offen – aufgrund des großen Aufwands, der allerdings auch für diesen mit der Erstellung von (Konzern-)Geldflussrechnungen verbunden ist, werden diese Optionen wohl sinnvollerweise häufig theoretische bleiben müssen.

Die Geldflussrechnung ist mit einem zentralen Vorteil verbunden: Sie ist noch am ehesten dafür geeignet, Unternehmen zu vergleichen, deren Finanzberichte **nach verschiedenen Rechnungslegungssystemen** aufgestellt wurden; dem Problem unterschiedlich zugeordneter einzelner Zahlungen (etwa für Zinsen und Dividenden) kann zumindest tlw. im Zuge von Aufbereitungsmaßnahmen entgegengetreten werden (siehe Kap. 2.6.2.).

Die Relevanz der Geldflussrechnung wird in der Praxis von Bilanzanalysten tlw. **unterschätzt** – dem sollen aber abschließend zwei Weisheiten aus dem buchhalterischen Volksmund entgegengehalten werden: „*Cash is king*" (dem ist wohl nichts mehr hinzuzufügen) sowie „*Cash is fact, profit is opinion*" (was auf seine Manipulationsresistenz im Vergleich zu Größen z. B. aus der GuV anspielt; siehe Kap. 6.2.3.).

3.5. Eigenkapitalveränderungsrechnung

Sinn und Notwendigkeit der Eigenkapitalveränderungsrechnung wurde bereits an mehreren Stellen zuvor angesprochen – gerade bei der Analyse von (IFRS-)Konzernabschlüssen verhält es sich so, dass zahlreiche Geschäftsfälle **direkt die Höhe des Eigenkapitals beeinflussen, jedoch nicht aus der GuV ersichtlich sind**. Dies ist auch ein Grund für die Einführung der IFRS-Gesamtergebnisrechnung gewesen; dennoch werden selbst in dieser Gesamtergebnisrechnung nicht alle Geschäftsfälle mit Auswirkung auf das Eigenkapital abgebildet – man denke nur daran, dass z. B. die Darstellung der Mittelverwendung (z. B. Dotierung oder Auflösung von Rücklagen) kein Bestandteil dieses Berichts ist. Transaktionen mit Eigentümern wie etwa Kapitalerhöhungen bzw. -herabsetzungen oder Dividendenausschüttungen fehlen grds. in den einschlägigen UGB- und IFRS-Berichten.

Wenn man nun dem Bilanzposten „*Eigenkapital*" zentrale Bedeutung zubilligt – wie es auch bereits der Vielzahl der geschilderten Gründen wohl berechtigterweise geschieht –, so erfordert dies eine detailliertere Analyse der Gründe für dessen Veränderungen. Dies bezweckt die Eigenkapitalveränderungsrechnung (üblich sind dafür Bezeichnungen wie „*[Konzern-]Eigenkapitalspiegel*" oder „*Darstellung der Komponenten des [Konzern-]Eigenkapitals und ihrer Entwicklung*" in der Diktion des UGB). Sie ist verpflichtend für einen UGB-Konzernabschluss sowie jeden IFRS-Abschluss vorgeschrieben. Ähnlich wie für die Geldflussrechnung wird deren konkrete Ausgestaltung im UGB nicht weiter präzisiert – dies erfolgt im Rahmen der Stellungnahme KFS/BW4.[7] Diese orientiert sich

---

[7] Stellungnahme zur „*Darstellung der Komponenten des Konzerneigenkapitals und ihrer Entwicklung*" des Fachsenats für Betriebswirtschaft und Organisation des Instituts für Betriebswirtschaft, Steuerrecht und Organisation der Kammer der Wirtschaftstreuhänder.

wiederum an den einschlägigen Ausführungen des IAS 1 und den dort enthaltenen (Gliederungs-)Prinzipien. Folglich ist der konzeptionelle Unterschied zwischen Eigenkapitalveränderungsrechnungen nach beiden Rechnungslegungssystemen vernachlässigbar.

Das Grundprinzip der Eigenkapitalveränderungsrechnung ist schnell erklärt: Es handelt sich um eine Tabelle, in deren Spalten sich die verschiedenen Komponenten des Eigenkapitals aufgelistet finden (mit Zwischensummen im Rahmen des Konzernabschlusses – gesamtes Eigenkapital, Minderheitenanteile, Eigenkapital ohne Minderheitenanteile) und deren Zeilen die Geschäftsvorfälle wiedergeben, die sich auf die verschiedenen Komponenten des Eigenkapitals ausgewirkt haben. Abbildung 16 illustriert ein Beispiel hierfür:

		... zu (Bestandteil des Eigenkapitals)								
		Grundkapital	Kapitalrücklagen	Gewinnrücklagen	Rücklage für Available for-Sale-Wertpapiere	Sicherungsrücklage	Währungsumrechnungsdiff.	Neubewertungsrücklage	Summe	Anteile von Minderheiten	Gesamtes Eigenkapital
	Stand zum 1.1.2013	27.400	19.000	10.000	-150	-400	-40	1.000	56.810	3.000	59.810
von ... (Posten aus der Gesamtergebnisrechnung)	Währungsdifferenzen						14		14		14
	Marktbewertung von Wertpapieren				15				15		15
	Cashflow Hedges					40			40		40
	Ergebnis nach Steuern			3.700					3.700	300	4.000
	Erwerb von nicht beherrschenden Anteilen durch Kapitalerhöhung			-500					-500	500	0
	Stand zum 31.12.2013	27.400	19.000	13.200	-135	-360	-26	1.000	60.079	3.800	63.879

Abbildung 16: Beispielhafte Darstellung einer Eigenkapitalveränderungsrechnung

Der Hauptnutzen ist so in der geschaffenen Transparenz zu sehen; insb. erfolgt eine Bruttodarstellung, d. h., wenn sich verschiedene Geschäftsfälle auf einzelne Bestandteile des Eigenkapitals auswirken, werden diese getrennt dargestellt und sind damit deutlich besser nachvollziehbar. Für eine tiefergehende Analyse bietet sich an, dass bestimmte Posten im Eigenkapital näher betrachtet werden. Dies betrifft nicht zuletzt die angesprochenen Transaktionen mit Eigentümern, deren Auswirkungen sich hier am übersichtlichsten und vollständigsten einsehen lassen. Die Entwicklung der Währungsumrechnungsdifferenzen kann etwa Aufschluss über das Währungsrisiko (und dessen Entwicklung) geben, dem sich der Konzern ausgesetzt sieht. Im Kontext von IFRS-Finanzberichten ist gerade auch die Entwicklung von Posten i. V. m. Finanzinstrumenten interessant, da diese über den Erfolg aus Finanzinvestitionen Einblick gewähren und das damit verbundene angesammelte Risiko tlw. wiedergeben können. Auch zeigen sich z. B. die Effekte aus der Neubewertung von Anlagevermögen, d. h. insb. der Bewertung von Sachanlagen und langfristigen immateriellen Vermögenswerten, über den Anschaffungskosten.

Grds. sind UGB-Eigenkapitalveränderungsrechnungen etwas weniger komplex als solche nach den IFRS. Dies liegt bereits darin begründet, dass viele Zeilen und Spalten, die im Bezug zum sonstigen Gesamtergebnis nach IFRS stehen, für das UGB keine Rolle spielen. Das Grundmuster ist allerdings stets das gleiche und die konkrete Ausgestaltung primär abhängig von den Rahmenbedingungen des Analyseobjekts.

Bilanz, GuV und weitere Bestandteile von Finanzberichten

3.6. Segmentberichterstattung

Selten ist es heute so, dass (große) Unternehmen – oder insb. Konzerne – ausschließlich in einem einzigen Tätigkeitsfeld aktiv sind: also z. B. der Maschinenbauer, der daneben keiner anderen Geschäftstätigkeit nachgeht, oder der Automobilzulieferer, der sich auf ein bestimmtes Produkt bzw. einen sehr eng umrissenen Markt konzentriert. Vielmehr sind gerade mit zunehmender Unternehmensgröße **hoch diversifizierte Unternehmen und „Mischkonzerne"** die Regel, die in verschiedensten, tlw. auch durchaus artfremden Feldern aktiv sind. Dies führt natürlich zu einer Verzerrung des Informationswerts, der mit Finanzberichten verbunden ist – rentable und unrentable Geschäftsfelder werden vermischt, gerade erst neu erschlossene und schon lange etablierte, solche, die stärker, und solche, die weniger stark von konjunkturellen Schwankungen betroffen sind. Insb. sind also auch andere Chancen und Risiken mit solchen verschiedenen Aktivitäten verbunden. Dies führte zur Idee der Segmentberichterstattung, die de facto ein „Filetieren" eines Unternehmens bzw. Konzerns in seine wesentlichen Teilbereiche fordert, für die dann jeweils zumindest grobe Zusatzinformationen gegeben werden.

Zur Segmentberichterstattung verpflichtet IFRS 8 alle kapitalmarkorientierten Unternehmen, d. h. also auch alle österreichischen Unternehmen, die einen IFRS-Konzernabschluss aufgrund der Verpflichtung in § 245a UGB aufstellen (siehe Kap. 2.6.1.). Die Verpflichtung adressiert insb. die Konzernabschlüsse dieser kapitalmarktorientierten Unternehmen, während sie in den Jahresabschlüssen unterbleiben kann, so beide gemeinsam in den Finanzberichten veröffentlicht werden. Im UGB selbst ist lediglich für den Konzernabschluss das Wahlrecht festgehalten, diesen um eine Segmentberichterstattung zu erweitern. Wiederum fehlen aber Vorgaben zur konkreten Ausgestaltung, es ist diesmal dazu auch keine ergänzende Empfehlung verlautbart worden. D. h., die Praxis orientiert sich im Fall der (freiwilligen) Aufstellung ebenso i. d. R. an den Bestimmungen des IFRS 8 (bzw. an der sehr ähnlichen deutschen Empfehlung des DRS 3). Verpflichtend sind jedoch Anhangangaben vorgesehen, die etwa eine Aufgliederung der Umsatzerlöse nach Tätigkeitsbereichen sowie nach geografisch bestimmten Märkten fordern – was für die Segmentberichterstattung typisch ist.

In den IFRS ist die Segmentberichterstattung formal **Teil des Anhangs**; sie wird ob ihrer Wichtigkeit aber oftmals an einer eigenen Stelle berichtet und gewinnt auch immer mehr als ein eigenständiges Analyseobjekt Bedeutung.

Im IFRS 8 selbst sind keine Gliederungs- oder Formvorschriften enthalten. Geprägt sind die Bestimmungen dafür insb. vom sog. *„Management-Approach"*, der eine Abbildung in der Form verlangt, wie sie auch für das Management eines Unternehmens erfolgt (d. h., die Darstellung erfolgt *„mit den Augen des Managements"*). Die Überlegung dahinter: Die Infos, die sich das Management regelmäßig auswerten lässt, werden wohl die relevantesten sein und sind daher eine nicht minder gute Grundlage für die Information externer Adressaten von Finanzberichten. Detaillierte Vorgaben betreffen jedoch die folgenden Punkte:

- **Vorgaben zur Segmentabgrenzung:** Hierfür wird ausschließlich auf Geschäftssegmente abgestellt, die i. d. R. selbständig Umsatzerlöse erwirtschaften und Aufwendungen verursachen, deren Betriebserfolge regelmäßig von den Hauptentscheidungsträgern gesondert überprüft werden und für die auch eigenständige Finanzinformationen verfügbar sind. Die Segmentabgrenzung orientiert sich somit primär an der internen Berichtsstruktur, wie sie etwa für das Controlling Anwendung findet.

- **Vorgaben zur Auswahl berichtspflichtiger Segmente:** Nicht jedes abgegrenzte Segment muss auch berichtet werden. Hiermit möchte der Standard insb. eine Informationsüberflutung vermeiden und eine Fokussierung auf die wirklich wichtigen

Segmente begünstigen. Im Rahmen eines zweistufigen Auswahlverfahrens ist zunächst zu prüfen, ob ähnliche Segmente zusammengefasst werden können. In einem zweiten Schritt ist anschließend anhand quantitativer Schwellenwerte (als Unter- und Obergrenzen) zu überprüfen, ob die verbleibenden Segmente als wesentlich einzustufen sind.

- **Vorgaben zu den auszuweisenden Segmentinformationen:** Vorgesehen sind hierbei
  - allgemeine Informationen, insb. zur Segmentabgrenzung und der Geschäftstätigkeit der verschiedenen Segmente;
  - Angaben zur Ertrags- und Vermögenslage, wobei jedenfalls eine quantitative Angabe zum Segmentergebnis zu tätigen ist. Welche Größe heranzuziehen ist, das hängt i. S. d. Management-Approachs davon ab, was dem Management intern berichtet wird. Ähnlich können auch weitere Ergebnis-, Ertrags- oder Aufwandsgrößen unter die Angabepflichten fallen, so diese intern berichtet werden. Angaben zum Segmentvermögen oder zu den Segmentschulden sind grds. nur dann zu tätigen, wenn sie gleichsam Teil der internen Berichterstattung sind;
  - zusätzlich ist eine Überleitungsrechnung anzuführen. Diese ist notwendig, um die Summe der ausgewiesenen Segmentinformationen zu den Größen überzuleiten, die im Rahmen des Abschlusses für den Gesamtkonzern bzw. für das Gesamtunternehmen ausgewiesen wurden. Wichtig ist dies u. a. deshalb, da die Segmentbilanzierungs- und Bewertungsmethoden für die Angaben zur Ertrags- und Vermögenslage beizubehalten sind, die aber von den Bilanzierungs- und Bewertungsmethoden, die im Rahmen der Aufstellung des Konzernabschlusses zu vereinheitlichen sind, regelmäßig abweichen werden. Auch weitere Effekte aus der Konsolidierung, etwa aus der Zwischenergebniseliminierung (siehe Kap. 2.5.), sind hier zu beachten.

- **Segmentübergreifende Angaben:** Diese sind nicht für die einzelnen identifizierten Segmente, sondern gesamthaft anzugeben und betreffen:
  - Angaben zu Produkte und Dienstleistungen des Konzerns/Unternehmens,
  - Angaben zu geografischen Regionen des Konzerns/Unternehmens,
  - Angaben zu bedeutenden Kunden des Konzerns/Unternehmens.

Die nachfolgende Abbildung skizziert die – vereinfachte – Segmentberichterstattung eines großen Konzernes i. S. d. Vorgaben des IFRS 8:

	Segment 1		Segment 2		Segment 3		Überleitung		Konzern	
	2012	2013	2012	2013	2012	2013	2012	2013	2012	2013
Umsatz	100	110	50	45	200	240	-30	-40	320	355
Abschreibungen	–10	–11	–3	–3	–20	–22	–5	–5	–38	–41
EBIT	30	25	10	10	50	65	-5	-10	85	90
Segmentvermögen	100	130	3	4	150	160	–18	–20	235	274
Segmentschulden	20	30	2	2	100	120	–13	–15	109	137
Mitarbeiter per 31.12. (Köpfe)	50	55	100	90	140	150	0	0	290	295

Tabelle 6: Beispielhafte Darstellung einer Segmentberichterstattung

Der **grundlegende Nutzen** einer Analyse der Segmentberichterstattung eines Unternehmens wurde bereits eingangs ausgeführt. Die so verfügbaren Informationen werden zwar zahlenmäßig noch immer sehr überschaubar sein, das Rechnen so mancher aussagekräftiger Kennzahl bzw. die Ableitung wichtiger Interpretationen ist aber jedenfalls gut möglich. Auf dieser Basis kann ein vertieftes Verständnis für die wirtschaftliche Lage eines Unternehmens gewonnen werden – bereits beginnend für die einleitende Unternehmensanalyse bis hin zu späteren Phasen der Bilanzanalyse.

Besonderes Augenmerk ist an dieser Stelle auf den **Management-Approach** zu legen. Mit diesem geht Gutes wie Schlechtes einher. Einerseits sind so die Einblicke, die gerade externen Bilanzanalysten geboten werden, fantastisch – die Segmentberichterstattung wird für diese zu der Schnittstelle zwischen (externer) Finanzberichterstattung und (internen) Controllingberichten. Man kann damit also einen besonders guten Einblick gewinnen, wie ein Unternehmen gesteuert wird und von welchen Finanzinformationen das Management selbst – hoffentlich besten Wissens und Gewissens – der Meinung ist, dass sie wirklich steuerungsrelevant sind. Die Informationen, die auf diesem Management-Approach basieren, haben somit das Potenzial, die vielleicht relevantesten aller verfügbaren zu sein. Damit verbunden ist aber die Verlässlichkeit und insb. die Vergleichbarkeit dieser Informationen kritisch zu werten – es besteht einerseits einiges an Gestaltungs- bis hin zu Manipulationsspielraum; da letztlich jedes Unternehmen anders geführt wird (und sei es einfach deshalb, weil Manager auch nur Menschen sind und andere Erfahrungen, Präferenzen und Geschmäcker mitbringen), wird damit kein Segmentbericht mit einem anderen vergleichbar sein. Selbst für ein und dasselbe Unternehmen wird es regelmäßig zu Änderungen in den ausgewiesenen Informationen kommen, da etwa Ergebnisgrößen neu definiert oder gegen andere ausgetauscht werden. Dies ist natürlich mit entsprechend großen Einschränkungen aus Sicht der Bilanzanalyse verbunden.

Dennoch: Die Segmentberichterstattung ist ein **wichtiges – und zunehmender wichtiger werdendes – Informationsinstrument**. Interne Bilanzanalysten haben zwar i. d. R. Zugang zu weiterführenden Informationen, etwa aus der Kostenrechnung oder anderen (Vor-)Systemen des Controllings; aber gerade externe Analysten sind auf sie angewiesen und gut beraten, ihr entsprechende Aufmerksamkeit zu schenken.

3.7. Anhang und Lagebericht

Anhang und Lagebericht sind die zwei wichtigen qualitativen – d. h. besonders mit verbalen Ausführungen arbeitenden – Bestandteile der Finanzberichterstattung. Während der Anhang vergangenheitsorientiert ist und die quantitativen Teile der Finanzberichterstattung erläutern soll, ist die Lageberichterstattung stärker gegenwarts- und zukunftsorientiert (siehe Kap. 3.1.2.). Sie soll den Rahmen der Finanzberichterstattung verlassen und das Augenmerk stärker auch auf nicht-finanzielle Faktoren sowie Erfolgspotenziale lenken – und dabei auf Chancen und Risiken hinsichtlich der weiteren Unternehmensentwicklung eingehen.

Nach den Bestimmungen des UGB besteht der **Anhang** grds. aus drei Teilabschnitten, die aufeinanderfolgen:

- **Grundsätze der angewandten Methoden für Bilanzierung, Bewertung und Währungsumrechnung:** Eingangs sind die angewandten Methoden für die Bilanzierung und Bewertung zu erläutern. Insb. sind die angewandten Regelungen und bei Methodenänderungen im Vergleich zu den Vorjahren deren Auswirkungen auf das in den Finanzberichten vermittelte Bild der wirtschaftlichen Lage darzustellen. Konkrete Angaben sind weiterhin z. B. dazu erforderlich, über wie viele Jahre das Sachanlagevermögen abgeschrieben wird, welche Arten von Wechselkursen für die Währungsumrechnung angewandt werden und nach welchen Grundsätzen bzw. mithilfe welcher Parameter die Bildung allfälliger Pensionsrückstellungen erfolgt.

- **Informationen zur Bilanz und zur Gewinn- und Verlustrechnung:** Dem Anhang wird an dieser Stelle eine Erläuterungs-, Ergänzungs- und Korrekturfunktion zugeschrieben, die sich wie folgt auswirkt:
  - **Erläuternde Ausführungen** stellen einen zentralen „Brocken" der Anhangangaben dar. Die Inhalte der verschiedenen Bilanz- und GuV-Posten werden der Reihe nach durchgenommen; es wird erklärt, was hinter den Posten steckt, und diese werden häufig weiter untergliedert: z. B. werden die Umsatzerlöse nach Tätigkeitsbereichen und geografischen Märkten aufgegliedert; die sonstigen betrieblichen Aufwendungen aufgeschlüsselt; die Zusammensetzung und Entwicklung der sonstigen Rückstellungen und Verbindlichkeiten dargestellt und kommentiert; die Verbindlichkeiten nach ihrer Laufzeit ausgewiesen etc.
  - **Ergänzende Ausführungen** betreffen Angaben zu Tatbeständen, die nicht oder nur unzureichend in den anderen Teilen der Finanzberichte abgebildet sind. Einzugehen ist z. B. auf bestehende Verpflichtungen aus Miet- und Leasingverträgen oder auf abgeschlossene derivative Finanzinstrumente. Auch zu ausgeübten Wahlrechten oder Ermessensspielräumen sind i. d. S. Ausführungen erforderlich. Diese sollen das dahingehend vermittelte Bild in den Finanzberichten vervollständigen.
  - **Korrigierende Ausführungen** betreffen Erläuterungen zu Geschäftsfällen, deren Abbildung in den verschiedenen Teilen der Finanzberichte zu einer zu positiven oder negativen Darstellung der wirtschaftlichen Lage führt, als dies eigentlich angebracht wäre. Ein wichtiges Beispiel betrifft das Eingehen auf außergewöhnliche Ereignisse und deren Auswirkungen auf den Unternehmenserfolg.

  Auch zu aufgestellten Geldflussrechnungen sowie zu weiteren Berichten können sich ähnliche Erläuterungen finden; diese erstrecken sich somit nicht notwendigerweise nur auf Bilanz und GuV.

- **Sonstige Angaben:** Diese umfassen typischerweise die Namen und Funktionen aller Mitglieder des Vorstandes bzw. der Geschäftsführung und eines allfälligen Aufsichtsrats, Angaben über ihre Bezüge und Bezugsrechte sowie die Anzahl der beschäftigten Arbeitnehmer. Gerade die Informationen zu dieser Anzahl der Arbeitnehmer ist oftmals für Analysezwecke relevant; hier zeigen sich aber große Unterschiede, ob diese Zahl als Stichtags- oder Durchschnittswert für das Geschäftsjahr angegeben wird – was die praktische Vergleichbarkeit wieder stark einschränkt (gerade bei einem herzustellenden Bezug zur GuV wären Durchschnittswerte zu bevorzugen).

Wichtig für die Bilanzanalyse ist der **Anlagenspiegel**, der eigentlich Teil des Anhangs ist, aber auch als ein gesonderter Teil der Finanzberichte außerhalb dieses Anhangs aufgenommen werden kann. In diesem werden die Zusammensetzung und Entwicklung des in der Bilanz ausgewiesenen Anlagevermögens detailliert dargestellt und damit für den Analysten nachvollziehbar gemacht. Besonders ist der Vorteil zu betonen, dass auf Bruttoentwicklungen abgestellt wird, also z. B. Zu- und Abgänge gesondert dargestellt werden. Ein gesonderter Ausweis der Zusammensetzung nach planmäßiger und außerplanmäßiger Abschreibungen erfolgt demgegenüber nicht. Für die Analyse der Vermögenslage eines Unternehmens ist es unumgänglich, auf diese Informationen zurückzugreifen (siehe Kap. 7.2.1.).

Bilanz, GuV und weitere Bestandteile von Finanzberichten

	Anschaffungskosten				kumulierte Abschreibungen	Buchwerte 31.12.2013	Buchwerte 31.12.2010	Abschreibungen des Geschäftsjahres
	Stand 1.1.2013	Zugänge	Abgänge	Stand 31.12.2013				
I. Immaterielle Vermögensgegenstände								
Lizenzen	4.618	2.476	97	6.997	5.617	1.380	466	1.081
II. Sachanlagen								
1. Bauten auf fremdem Grund	33.548	2.610	534	35.624	26.481	9.143	8.338	1.405
2. Maschinen und maschinelle Anlagen	52.489	10.540	5.423	57.606	32.226	25.380	23.120	6.312
3. Betriebs- und Geschäftsausstattung	20.814	3.267	873	23.208	17.311	5.897	6.148	3.161
	106.851	16.417	6.830	116.438	76.018	40.420	37.606	10.878
III. Finanzanlagen								
Wertpapiere	3.100	300	0	3.400	0	3.400	3.100	0
Summe	114.569	19.193	6.927	126.835	81.635	45.200	41.172	11.959

Tabelle 7: Beispielhafte Darstellung eines Anlagenspiegels

Das für den Anhang zum Jahresabschluss Geschilderte lässt sich auf den **UGB-Konzernabschluss** übertragen; dieser fällt wiederum nur umfangreicher aus, da die zahlreichen konzernspezifischen Geschäftsfälle und Berichtsinhalte mit abzudecken sind. So sind etwa umfassende Ausführungen zur Bestimmung des Konsolidierungskreises und dessen Zusammensetzung zu finden – Letzteres wird häufig in Form eines sehr hilfreichen Beteiligungsspiegels abgebildet, der die verschiedenen einbezogenen Unternehmen nach Art der Einbeziehung, Anteilsbesitz, Sitz etc. auffächert. Auch eine Darstellung der angewandten Konsolidierungsgrundsätze ergänzt die allgemeinen Ausführungen zu Bilanzierung und Bewertung.

Gleiches wie für den UGB-Anhang gilt im Wesentlichen für einen **IFRS-Anhang**. Auf das diesen in besonderem Maße treffende Problem wurde bereits an früherer Stelle hingewiesen (siehe Kap. 2.6.2.): Wenn ein Anhang der oben dargestellten Erläuterungsfunktion nachkommen soll, bedeutet das, dass er umso mehr zu erläutern hat, je komplexer die Inhalte der Berichte sind, auf die er sich bezieht. Diese erhöhte Komplexität ist nun ein zentrales Kennzeichen der IFRS-Rechnungslegung; entsprechend lässt sich an den in der Praxis zugänglichen Anhängen feststellen, dass ein IFRS-Anhang gut doppelt so umfangreich sein kann, wie es seine „UGB-Gegenstücke" sind. Dies macht ihn zum Schrecken für die rechnungslegenden Unternehmen und zu einem zweischneidigen Schwert für die Bilanzanalyse:

- Zu dem Schrecken wird er deshalb, weil seine Erstellung entsprechend zeitaufwendig und mit Kosten für die Unternehmen verbunden ist. Diese müssen sich darüber hinaus tief in die Karten blicken lassen und mitunter sensible Informationen preisgeben, was häufig auch auf hohen Widerstand stößt.

- Aus Sicht der Bilanzanalyse werden derartig umfangreiche Daten natürlich zu einer Schatztruhe. Allerdings gilt auch hier: Ein „Zuviel" an Information ist mitunter genauso schlecht wie ein „Zuwenig" – der Analyst muss sich immerhin durch diese Unmengen an Papier kämpfen, für ihn Wichtiges und Unwichtiges auseinanderhalten und dabei zumeist gegen eine häufig unstrukturierte Darstellungsweise ankämpfen. Wenig frustresistente Naturen werden es dann häufig gleich bleiben lassen, womit sich der an sich positiv zu beurteilende Nutzeneffekt des IFRS-Anhanges schnell in sein Gegenteil verkehren kann.

Z. B. ist als eine besonders nützliche Erweiterung anzuführen, dass ein **IFRS-Anlagenspiegel** gesondert auch die außerplanmäßigen Abschreibungen, Wertaufholungen und Veränderungen aufgrund einer Neubewertung auszuweisen hat. Eine Aufnahme der Finanzanlagen in den Anlagenspiegel ist demgegenüber (und anders als im UGB) nicht vorgesehen. Umfangreiche und besonders wichtige Darstellungen finden sich weiterhin auch bei einer Anpassung von Vorjahreswerten aufgrund von Fehlerberichtigungen (siehe Kap. 4.1.3.).

Eine abschließende Darstellung der einzelnen Angaben, die im Rahmen des Anhangs nach UGB bzw. IFRS zu tätigen sind, würde für sich genommen schon ein Buch füllen: Diese unterliegen einer besonders hohen Änderungsdynamik (jeder neue IFRS bringt ein Anwachsen der diesbezüglichen Vorgaben, und auch im UGB werden es tendenziell mehr denn weniger). Für einen kompakten Überblick hierzu kann aber auf aktuelle Publikationen hierzu verwiesen werden, die von großen Wirtschaftsprüfungsgesellschaften laufend in **Checklistenform** auf den jeweiligen Homepages veröffentlicht werden. Mithilfe von Suchfunktionen lassen sich diese effizient nach Hinweisen zu Angaben durchsuchen, die für einen konkreten Analysezweck von Bedeutung sein können.

Nun zum **Lagebericht:** Dieser Bericht ist nach den Bestimmungen des UGB ebenso als Teil der Finanzberichterstattung zur Ergänzung der quantitativen, vergangenheitsorientierten Berichterstattung aufzustellen. Betroffen von dieser Verpflichtung sind jedoch zu-

Bilanz, GuV und weitere Bestandteile von Finanzberichten

nächst ausschließlich Kapitalgesellschaften (kleine GmbHs sind allerdings befreit). Sondergesetzte für Unternehmen anderer Rechtsformen enthalten jedoch tlw. ebenso die Verpflichtung zur Aufstellung eines Lageberichts (insb. für Privatstiftungen und Genossenschaften als wichtige Beispiele). Für den Konzernabschluss ist jedenfalls ein Konzernlagebericht zu ergänzen.

Den **IFRS** ist der Lagebericht demgegenüber fremd. Es gibt zwar einen sog. *„Practice Statement Management Commentary"*, der im Wesentlichen die gleichen Inhalte thematisiert. Dieses ist jedoch nur eine unverbindliche Empfehlung. Vor diesem Hintergrund findet sich in § 245a UGB eine Passage, die festhält, dass bei (freiwilliger oder verpflichtender) Aufstellung eines IFRS-Konzernabschlusses jedenfalls zusätzlich die Bestimmungen des UGB betreffend die Lageberichterstattung eingehalten werden müssen. D. h., diese Konzerne erstellen einen IFRS-Konzernabschluss und ergänzen diesen um einen UGB-Konzernlagebericht.

Das UGB selber enthält knappe, aber doch konkrete Anforderungen an den Inhalt dieser Lageberichte. In einer eigenen Stellungnahme dazu hat das *AFRAC*[8] folgende Gliederung empfohlen, der in der Praxis auch weitgehend gefolgt wird:

- Bericht über den **Geschäftsverlauf und die wirtschaftliche Lage:**
  - Geschäftsverlauf,
  - Bericht über die Zweigniederlassungen,
  - finanzielle und nicht-finanzielle Leistungsindikatoren,
  - Ergebnisse von besonderer Bedeutung nach dem Bilanzstichtag.
- Bericht über die **voraussichtliche Entwicklung** und die Risiken des Unternehmens:
  - voraussichtliche Entwicklung des Unternehmens,
  - wesentliche Risiken und Ungewissheiten.
- Bericht über die **Forschung und Entwicklung**.
- Berichterstattung über wesentliche Merkmale des **internen Kontroll- und des Risikomanagementsystems im Hinblick auf den Rechnungslegungsprozess**.
- Angaben zu **Kapital-, Anteils-, Stimm- und Kontrollrechten** und damit verbundenen Verpflichtungen.

In den Jahresabschlüssen von Kapitalgesellschaften, die nicht kapitalmarktorientiert sind, müssen nur Teile dieser Informationen wiedergegeben werden. Dies betrifft die beiden letzten der obigen Aufzählungspunkte. Die Verpflichtung zur Angabe von nichtfinanziellen Leistungsindikatoren trifft wiederum nur große Kapitalgesellschaften. Der Konzernlagebericht kann mit dem Lagebericht des Mutterunternehmens „verschmolzen" werden, sodass nur ein Lagebericht im Zuge der Finanzberichterstattung aufzustellen ist. Ein ähnliches Wahlrecht würde übrigens auch bzgl. der Zusammenfassung des Konzernanhangs und des Anhangs des Mutterunternehmens bestehen; dieses wird aber in der Praxis vergleichsweise selten ausgeübt.

Gerade die Angabe der **finanziellen (und nicht-finanziellen) Leistungsindikatoren** kann für die Bilanzanalyse weitere Anknüpfungspunkte bergen. Ähnlich, wie es zuvor für die Segmentberichterstattung dargestellt wurde, muss das Unternehmen jene (Steuerungs-)Größen berichten, von denen es selbst ausgeht, dass sie für ein Verständnis der Geschäftstätigkeit und des Geschäftserfolgs zentral sind. Allerdings gilt auch hier der Grundsatz, man möge keiner Kennzahl trauen, die man nicht selbst gerechnet hat. Für den Lagebericht wird dieses Problem jedoch dahingehend gemildert, dass die Empfeh-

---

[8] *AFRAC*-Stellungnahme zur *„Lageberichterstattung gemäß §§ 243, 243a und 267 UGB"*, Stand Juni 2009.

lung besteht, die genaue Ermittlungsweise (Datenquelle, Berechnung etc.) mit der Angabe der Kennzahl zu erläutern. Somit bietet sich hier ein guter Anknüpfungspunkt für ergänzende bzw. vertiefende eigene Analysen.

Aufgrund seiner Zukunftsorientierung wird der Lagebericht häufig i. V. m. Konzepten wie dem *„Value Reporting"* genannt, d. h. eine Berichterstattung, welche die Lücke zwischen historischen Finanzinformationen und (ebenso zukunftsorientierter) wertorientierter Unternehmenssteuerung schließen soll. Im Zentrum stehen so letztlich ebenso die Erfolgspotenziale, die im Lagebericht abgebildet werden sollen – mit diesem Fokus sollte er ausgewertet werden und in die Bilanzanalyse Eingang finden.

Folgender Schlussappell sei gestattet: Gefühlte 80 % eines Geschäftsberichts entfallen auf Anhang und Lagebericht; dem suchenden Bilanzanalysten (der auch weiß, was ihn erwartet bzw. was genau er braucht) bieten sie sehr zentrale Informationen. So kann eigentlich keine Zahl aus der Bilanz oder GuV sinnvoll abgelesen werden, ohne gleich anschließend die dazu passende „Story" im Anhang zu sichten, die das Zustandekommen dieser Zahl erst begreifbar macht. Es gibt nicht wenige Analysten in der Praxis, die sogar selbst sagen, dass für sie der Anhang der vielleicht wichtigste Bestandteil der Finanzberichterstattung eines Unternehmens ist. Da für eine Interpretation und Urteilsbildung stets der Blick in die Zukunft entscheidend ist, kann auch der Lagebericht nicht unbeachtet bleiben. Hierbei ist insb. dessen Rolle schon für die Umfeld- und Unternehmensanalyse als Grundlage aller weiteren Schritte für die Bilanzanalyse zu betonen (siehe Kap. 5.). Man nehme sich also die Zeit für das Studium dieser qualitativen Bestandteile der Finanzberichte – denn diese Zeit kann wahrlich gut investiert sein!

3.8. Weitere Bestandteile von Finanzberichten

Damit sind die (allgemeinen) gesetzlichen Verpflichtungen fast schon erschöpft. Weitere Bestandteile können zahlreich sein, basieren diesfalls aber sehr häufig auf einer Freiwilligkeit seitens des Unternehmens – mit allen damit verbundenen Nachteilen (z. B. dass diese manchmal die Berichterstattung mehr oder weniger ernst nehmen können bzw. daraus „Werbebroschüren" zu machen scheinen).

Zu den wichtigsten weiteren Berichten, die von manchen Unternehmen aufzustellen sind, gehört jedenfalls der **Corporate-Governance-Bericht**; zu dessen Erstellung sind kapitalmarktorientierte AGs verpflichtet. Corporate Governance ist ein Thema, das spätestens seit Anfang der 1970er-Jahre zu den Dauerbrennern der BWL (aber auch anderer Gebiete, etwa der Rechtswissenschaften) gehört. Vereinfacht gesagt beschäftigt sich **Corporate Governance** mit Fragen, die in Verbindung mit der Führung von Unternehmen stehen – und sicherstellen sollen, dass diese Führung durch das Management im Sinne der Eigentümer und anderer Anspruchsgruppen erfolgt. Um diesen Eigentümern einen Einblick zu gewähren, ob dem wirklich so ist, haben die angesprochenen Unternehmen einen Bericht zu erstellen, der sich einem breiten Katalog aus Anforderungen zu diesem Thema widmet. Sie müssen somit Rechenschaft darüber ablegen, welche Maßnahmen zur Sicherung einer effektiven „Governance" sie gesetzt haben. § 243b UGB umfasst hierbei folgende Vorgaben:

- Wie die Zusammensetzung erfolgt und die Arbeitsweise des Vorstands und des Aufsichtsrats sowie seiner Ausschüsse ausgestaltet ist;
- welche Maßnahmen vom Unternehmen zur Förderung von Frauen im Vorstand, im Aufsichtsrat und in leitenden Stellungen gesetzt wurden;
- wie die Gesamtbezüge der einzelnen Vorstandsmitglieder im letzten Geschäftsjahr waren und welche Grundsätze der Vergütungspolitik zum Tragen kamen.

Bilanz, GuV und weitere Bestandteile von Finanzberichten

Darüber hinaus ist die Einhaltung eines sog. **Corporate-Governance-Kodex** (CGK), wie etwa des ÖCGK, gefordert; diesem kommt für die (österreichische) Praxis zentrale Bedeutung zu, da seine Einhaltung Voraussetzung für die Aufnahme an den Prime Market an der Wiener Börse ist. Er enthält Anforderungen zu folgenden Themenbereichen:

- Aktionäre und Hauptversammlung;
- Zusammenwirken von Vorstand und Aufsichtsrat;
- Vorstand (Bestellung, Vergütung, Arbeitsweise etc.);
- Aufsichtsrat (Bestellung, Vergütung, Arbeitsweise etc.);
- Transparenz und Prüfung.

Tlw. sind konkrete Angaben (etwa zu Vergütungen) gefordert, tlw. nur eine Entsprechenserklärung. Die größte Zahl der enthaltenen Bestimmungen arbeitet nach dem sog. **Comply-or-explain-Prinzip**, wonach die Forderungen im ÖCGK eingehalten werden müssen bzw. bei Abweichen eine Begründung hierfür zu geben ist. Trotz der quantitativen Angaben ist der Corporate-Governance-Bericht ebenso den qualitativen Teilen der Finanzberichterstattung zuzuordnen, bzw. sein Inhalt geht über eine „bloße" Finanzberichterstattung hinaus; er ist somit primär für die Unternehmensanalyse von (besonderem) Interesse.

Dem stehen **Nachhaltigkeitsberichte** (bzw. Corporate-Social-Responsibility-Berichte, CSR-Berichte) von Unternehmen gegenüber, die auf freiwilliger Basis erstellt werden, allerdings von zunehmender Relevanz für die Praxis sind. Diese behandeln die nachhaltige Entwicklung von Unternehmen und insb. auch die Auswirkungen ihrer Handlungen auf verschiedene Anspruchsgruppen. Heute ist es üblich, dass drei Aspekte aufgegriffen werden: ökologische Nachhaltigkeit (z. B. Umweltschutz), ökonomische (z. B. nachhaltige Erwirtschaftung von Gewinnen) und soziale Nachhaltigkeit (i. d. R. als Verteilungsgerechtigkeit zu umschreiben).

Insb. Großunternehmen veröffentlichen Berichte, die sich an den Richtlinien internationaler Standardsetter orientieren. Von praktisch wichtigster Bedeutung sind dabei die Richtlinien der **Global Reporting Initiative** (GRI). Diese sehen u. a. Angaben zu Strategie, Analyse und Organisationsprofil, zur Einbeziehung von Anspruchsgruppen oder zu verschiedensten Leistungsindikatoren in den Bereichen Ökologie, Ökonomie und Soziales vor. Neben den allgemeinen Rahmenbedingungen gibt es auch spezifische Richtlinien für einzelne Branchen und den Umgang mit deren Spezifika.

Ein fertiggestellter Nachhaltigkeitsbericht kann gerne einmal mehr als 100 Seiten fassen. Für Unternehmen wird er heute häufig noch als Marketinginstrument gesehen, um der zunehmenden Forderung nach nachhaltigen Unternehmenspraktiken seitens der Kunden entgegenzukommen und sich hier zu profilieren. Je mehr Unternehmen aber auf diesen Zug aufspringen, umso größer wird natürlich auch der faktische Druck auf ihre Mitbewerber, ebenso nachzuziehen. Das macht diese Berichte und deren weitere Entwicklung aus Sicht der Bilanzanalyse natürlich besonders spannend. Im Vergleich zum zuvor geschilderten Corporate-Governance-Bericht gehen Nachhaltigkeitsberichte wesentlich weiter und tiefer, der Grundgedanke dahinter und die Nutzungsmöglichkeiten im Rahmen einer Bilanzanalyse sind aber weitgehend vergleichbar. Allenfalls bietet ein Mehr an enthaltenem „Zahlenmaterial" und Kennzahlen weiterführende Ansatzpunkte für Analysen – wobei wieder der Forderung zu wiederholen ist, sich diesen aufbereiteten Zahlen kritisch anzunähern und dadurch nicht die eigenen Analysen zu ersetzen.

Darüber hinaus sind viele ähnliche Formen von Berichten vorzufinden, die i. d. R. freiwillig von Unternehmen erstellt und veröffentlicht werden. Als Beispiele können etwa **Sozialbilanzen** (seit den 1970er-Jahren), **Gemeinwohlbilanzen** bzw. zunehmend sog.

„Integrated Reports" genannt werden. Bei all diesen stehen typischerweise qualitative Aspekte mit hohem Nachhaltigkeitsbezug im Fokus. Tlw. sind diese Berichtsformen Kinder ihrer Zeit: Neue entstehen, alte werden irgendwann eingestellt. Auch hier ist i. d. R. mit Anknüpfungspunkten für die Bilanzanalyse zu rechnen, die aber nicht überschätzt werden sollten.

4. Elemente der Bilanzanalyse
4.1. Vergleichsmaßstäbe für die Auswertung von Kennzahlen
4.1.1. Grundlegendes

Die (bloße) rechnerische Ermittlung einer Kennzahl und deren Interpretation müssen strikt voneinander getrennt werden; dies ist einer der zentralen Grundsätze der Bilanzanalyse, gegen den in der Praxis jedoch häufig verstoßen wird. Häufig haben für bestimmte Kennzahlen Vorstellungen i. S. v. (manchmal unbewussten) „Faustregeln" Verbreitung gefunden – z. B. dass die Eigenkapitalquote stets über 8 % liegen soll. Dem lässt sich jedoch entgegenhalten, dass z. B. manchmal auch 10 % oder 12 % zu wenig sein können (etwa im Bankenbereich vor dem Hintergrund aufsichtsrechtlicher Auflagen); umgekehrt gibt es auch Branchen, für die mitunter negative Eigenkapitalquoten typisch sind, die aber dennoch gut damit zurechtkommen (etwa im Tourismus). Auch wenn nicht alle dieser Faustregeln von Haus aus abzulehnen sind und zumindest für gewisse Kennzahlen auch sinnvoll herangezogen werden können, stellt sich daher die Frage, wie sinnvolle Maßstäbe für die Interpretation von Kennzahlen abgeleitet werden können. Hierin liegt mitunter eine größere Schwierigkeit, und dies ist mit mehr Aufwand verbunden als die rechnerische Ermittlung dieser Kennzahlen; für deren Nutzung kommt der Klärung dieser Frage aber entscheidende Bedeutung zu.

In Literatur und Praxis haben sich als Lösung insb. drei bestimmte Vergleichsmaßstäbe entwickelt, die typischerweise herangezogen werden können, um zu einer solchen Interpretation zu gelangen. Jede ist mit eigenen Vorteilen sowie Grenzen verbunden, und typischerweise finden sie parallel Anwendung. Weiters liegt ihnen aber auch eine gewisse Rangreihenfolge zugrunde, der die Reihenfolge der folgenden Darstellungen Rechnung trägt.

4.1.2. Soll-Ist-Vergleiche

Der Soll-Ist-Vergleich gehört vielleicht zu den wichtigsten Maßstäben der BWL insgesamt. Bereits aus den Disziplinen Management und Controlling kennt man ihn als das zentrale Steuerungselement, um Entscheidungen aufzubereiten und in weiterer Folge zu treffen. Die Idee hinter dem Vergleich ist, den ermittelten Werten für eine Kennzahl einen **Sollwert** i. S. einer Vorgabe gegenüberzustellen. Aus der anschließend zumeist festgestellten Abweichung (ein Nichterfüllen oder ein Übererfüllen der Zielvorgaben) lassen sich Schlüsse ziehen und Maßnahmen ableiten. Dies ermöglicht eine zielorientierte Führung und eine kontinuierliche Weiterentwicklung der Organisation.

Somit wäre dieser Maßstab eigentlich der wichtigste, der auch für die Zwecke der Bilanzanalyse sehr häufig als zentraler heranzuziehen wäre. Jedoch ist seine Anwendbarkeit letztlich davon abhängig, ob bzw. wie sich sinnvolle, aussagekräftige Sollwerte ermitteln lassen. Diese haben leider die Angewohnheit, sprichwörtlich „nicht vom Himmel zu fallen", worin das zentrale Problem dieses Maßstabs begründet liegt.

Zielvorgaben können einerseits individuell von einzelnen Personen vorgegeben werden, typischerweise Führungskräften oder anderen Adressaten der Informationen der Bilanzanalyse. Dies ist etwa im Rahmen einer internen Bilanzanalyse dann gut möglich, wenn es sich dabei um interne Adressaten handelt, da es i. d. R. nur in wenigen Fällen möglich ist, von externen Adressaten entsprechende Vorgaben zu erhalten (allenfalls etwa von Finanzanalysten). Diese Zielvorgaben könnten nun einerseits mehr oder weniger „aus dem Bauch heraus" erfolgen und damit ausschließlich Erwartungen oder Präferenzen dieser Adressaten in Form von Vorgaben widerspiegeln. Diesfalls stellt sich jedoch die Frage, inwieweit diese Vorgaben wirklich sinnvoll, gut begründbar und auch eine fundierte Grundlage für weitere Maßnahmen darstellen werden. Ein solches Vorgehen ist daher in der Praxis leider nicht unüblich, aber jedenfalls wenig ratsam.

Vorgaben betreffend Sollwerte können demgegenüber sehr wohl auf Basis von anderen Vergleichsmaßstäben abgeleitet werden. Z. B. kann eine solche – vergleichsweise einfache und in weiterer Folge noch zu quantifizierende – Vorgabe lauten: *„Die Eigenkapitalquote soll steigen."* Diesfalls sind die Istwerte der Vergangenheit die Grundlage für die Ableitung des Sollwerts – und damit in Folge ein sog. Zeitreihenvergleich (siehe Kap. 4.1.3.). Eine andere Vorgabe könnte demgegenüber sein: *„Die Eigenkapitalquote soll im oberen Branchendrittel liegen."* Hier sind die Istwerte anderer Unternehmen der Maßstab – und damit ist ein sog. Betriebsvergleich die Grundlage (siehe Kap. 4.1.4.). Dies unterstreicht das Grundproblem des Soll-Ist-Vergleichs: Er ist typischerweise kein eigenständiger Maßstab, sondern muss sich zunächst aus zumindest einem der beiden anderen Vergleichsmaßstäbe ableiten. Ganz im Sinne des Controllinggedankens ist es dann aber mitunter unerlässlich, derartige Sollwerte zu formulieren und auf Basis dieses Vergleichsmaßstabes Ableitungen durchzuführen. Diese Sollwerte finden dabei i. d. R. als Planwerte Eingang in die kurz-, mittel- oder langfristige Unternehmensplanung.

Natürlich gibt es auch von dieser grds. Regel gewisse Ausnahmen. Sollwerte liegen häufig dann vor, wo durch Gesetze gewisse Anforderungen an Unternehmen (und insb. gewisse Kennzahlen dieser Unternehmen) gestellt werden. Ein wichtiges Beispiel die die sog. URG-Kennzahlen (siehe Kap. 7.4.1.). Hier wird z. B. als eine angesprochene Kennzahl eine Eigenkapitalquote von mind. 8 % gefordert. Dies erklärt – nebenbei bemerkt – auch, warum gerade diese 8 % häufig in den Köpfen von Berichtsadressaten so präsent sind. Jedoch macht eine Orientierung an diesem Wert nur dann Sinn, wenn ein Analyseobjekt etwa in den rechtlichen Anwendungsbereich dieses Gesetzes fällt und z. B. hinsichtlich der weiteren Anforderungen, die in diesem Gesetz verankert sind, „gefährdet" ist. Neben dem URG gibt es eine Vielzahl weiterer Normen, die mitunter ähnliche Anforderungen an Unternehmen stellen und sich daher für eine unmittelbare Ableitung von Sollwerten eignen; typischerweise trifft dies jedoch besonders häufig nur Unternehmen gewisser Branchen – z. B. Banken und Versicherungen.

Darüber hinaus sind es häufig Banken, die an Kreditvergaben die Erreichung gewisser Kennzahlenwerte knüpfen – sog. *„Financial Covenants"*. Diese haben dann gerade für Unternehmen, die über einen hohen Grad der Kreditfinanzierung verfügen, eine entscheidende Bedeutung. Praktisch eine ähnlich hohe Bedeutung kommt auf Kapitalmärkten den Analystenschätzungen für große, börsenotierte Konzerne zu – hier insb. im Hinblick auf das am Kapitalmarkt aufgenommene Eigenkapital. Gerade in diesen Fällen stellt sich aber wiederum die Frage, wie diese Vorgaben zustande kommen; i. d. R. werden hier ebenso Zeitreihen- sowie Betriebsvergleiche eine wesentliche Rolle spielen (wenngleich diesmal nicht vom Unternehmen selbst, sondern von Dritten durchgeführt). Man könnte dies natürlich auch hinsichtlich der im vorigen Absatz angesprochenen Vorgaben seitens des Gesetzgebers schließen bzw. fordern (d. h.: *„Warum z. B. gerade 8 % Eigenkapitalquote?"*), allerdings folgt der Prozess einer Gesetzeswerdung mitunter (vorsichtig formuliert) „eigenen Logiken".

4.1.3. Zeitreihenvergleiche

Ein für sich genommen selbständiger zentraler Beurteilungsmaßstab ist der Zeitreihenvergleich. Die Idee hinter diesem ist so einfach wie überzeugend: Man vergleicht z. B. die Ausprägung einer Kennzahl mit jener aus Vorjahren, um damit insb. die folgende Frage beantworten zu können: *„Steht das Unternehmen heute besser oder schlechter da?".* Folgendes Beispiel soll dies illustrieren:

- *Beispiel*

  Fall 1

Jahr	2013	2012	2011	2010
Kennzahl (z. B. Eigenkapitalquote)	9,5 %	8,5 %	7,0 %	5,0 %

  Fall 2

Jahr	2013	2012	2011	2010
Kennzahl (z. B. Eigenkapitalquote)	9,5 %	10,5 %	11,0 %	12,5 %

  Fall 3

Jahr	2013	2012	2011	2010
Kennzahl (z. B. Eigenkapitalquote)	9,5 %	8,0 %	10,0 %	7 %

Im ersten Fall wird man wohl i. d. R. von einer positiven Entwicklung ausgehen und damit zu einer ebensolchen Beurteilung hinsichtlich der Kennzahlenausprägung für das Jahr 2013 kommen. Umgekehrt könnte dieselbe Ausprägung im zweiten Fall eher mit Besorgnis wahrgenommen werden und damit vielleicht Anlass für Gegensteuerungsmaßnahmen sein. Im dritten und letzten Fall ist demgegenüber eine hohe Volatilität der konkret erzielten Ausprägungen augenscheinlich. Hier erfordert eine Beurteilung wohl eine tiefer gehende Analyse – bzw. kann diese Volatilität für sich genommen schon eher kritisch gesehen werden *(„Unsicherheit")*.

Das zentrale Problem des Zeitreihenvergleichs liegt demgegenüber in dem Umstand begründet, dass er primär auf eine (relative) Entwicklung abstellt. Damit kann er aber keine Aussage darüber ermöglichen, welcher Wert absolut anzustreben ist – anders gesagt: ob ein *„Besser"* denn nun auch schon ein *„Gut"* ist. Im zuvor angeführten Beispiel könnte so etwa im zweiten Fall ein „Jammern auf hohem Niveau" vorliegen, umgekehrt der erste Fall nur einen kleinen Fortschritt von einer sehr schwachen Ausgangsbasis aus darstellen. Gerade diese Beurteilung ist aber unerlässlich, um zu einer sinnvollen Interpretation einer Kennzahl zu gelangen. Und auch wenn solche absoluten Maßstäbe für Zwecke der Bilanzanalyse (leider) fehlen, soll in Folge dargestellt werden, dass hierfür am ehesten noch der Betriebsvergleich Hilfestellungen liefern kann.

Unabhängig von dieser Einschränkung ist der Zeitreihenvergleich aber jedenfalls ein Fixpunkt im Repertoire der Bilanzanalyse. Dies ist insb. zwei Vorteilen geschuldet:

- Mithilfe der Zeitreihenvergleiche können bilanzpolitische Maßnahmen tlw. aufgedeckt werden, zumindest aber neutralisieren sich die meisten bilanzpolitischen Maßnahmen im Zeitablauf (siehe Kap. 6.2.).
- Außerordentliche Effekte, die in einzelnen betrachteten Perioden auftreten, werden so besser ersichtlich (siehe insb. Kap. 3.3.).

Wie weit ein Zeitreihenvergleich in die Vergangenheit reichen soll, dazu finden sich verschiedene Auffassungen. I. d. R. wird ein **Zeitraum von drei bis fünf Jahren** vertreten, wobei grds. gilt: je länger, desto besser. Dies wird aber dahingehend eingeschränkt, dass stets eine Vergleichbarkeit der Perioden gewährleistet sein muss. Die geforderte Vergleichbarkeit bezieht sich hierbei insb. auf die entfaltete Geschäftstätigkeit, auf ihre Rahmenbedingungen und auf die Prozesse, die dieser zugrunde liegen.

Zu Recht käme niemand auf die Idee, heute für die Analyse eines Logistikunternehmens eine Zeitreihe aufzustellen, die bis zu einem Zeitpunkt in die Vergangenheit reicht, zu dem die Auslieferungen noch mithilfe von Pferdefuhrwerken erfolgten. Weiterhin kann z. B. eine umfassende Umstrukturierung oder die Veränderung der Unternehmenstätigkeiten dazu führen, dass bereits Werte einer jüngeren Vergangenheit wenig aussagekräftig sind und der Zeitreihenvergleich mitunter nur zwei Jahre umfassen kann. Zu Krisenzeiten wie jüngst jener der Finanzkrise mag es wiederum ratsam sein, Zeiträume vor Krisenbeginn mit in die Betrachtung aufzunehmen, um z. B. den Krisenjahren eine Phase des Normalzustands gegenüberzustellen und diese für die Beurteilung der aktuellen Situation heranzuziehen.

Besondere Probleme stellen sich für den Zeitreihenvergleich im Falle von **Fehlerkorrekturen**, die Vorperioden betreffen. Diese betreffen fehlende oder falsche Angaben in Abschlüssen, die erst nachträglich erkannt werden, nicht jedoch z. B. bloße Schätzfehler (die Schätzungen nach damals bestem Wissen und Gewissen betreffen). Solche können grds. sowohl in einem UGB- als auch in einem IFRS-Abschluss auftreten, jedoch sind in beiden Rechnungslegungssystemen sehr unterschiedliche Konsequenzen mit diesen verbunden:

- **UGB**: Fehler werden i. d. R. GuV-wirksam in der laufenden Periode berücksichtigt; nur in besonders gravierenden (und daher seltenen) Fällen ist es denkbar, dass Abschlüsse früherer Perioden nachträglich geändert werden (*„retrospektive Fehlerkorrektur"*).
- **IFRS**: Nach IAS 8 sind Fehler demgegenüber grds. durch retrospektive Anpassungen zu korrigieren, wenn diese wesentlich sind (was eine deutlich niedrigere Schwelle darstellt, als sie im UGB gefordert wird). Dabei wird unterschieden:
  - Fehler, die unmittelbar die Vorperiode des aktuellen Abschlusses betreffen, werden direkt in dieser korrigiert, d. h., die für den aktuellen Abschluss angegebenen Vorjahresvergleichswerte werden angepasst.
  - Fehler, die weiter in die Vergangenheit reichen, werden erfolgsneutral in den Vermögenswerten, Schulden und dem Eigenkapital (Gewinnrücklagen) der ersten berichteten Periode korrigiert.

Diesfalls wird die Veröffentlichung einer **dritten Bilanz**, d. h. für den 1. 1. der für den aktuellen Abschluss angegebenen Vorjahresvergleichswerte. Vom berichtenden Unternehmen sind jedenfalls umfassende Informationen zur Art und Weise sowie den Auswirkungen der Fehlerberichtigungen im Anhang gefordert.

Diese insb. für IFRS-Abschlüsse relevanten Fehlerkorrekturen haben für Zeitreihenvergleiche **gravierende Konsequenzen**; die Praxis zeigt, dass sie noch dazu relativ häufig vorkommen (und mit durchaus beträchtlichen Beträgen, um die es dabei geht) – wohl nicht zuletzt dem Umstand geschuldet, dass das heutige „Regelungsdickicht" der IFRS selbst für Experten tlw. nicht mehr leicht durchschaubar ist und damit z. B. bei Wechseln von Abschlussprüfern, (Steuer-)Beratern, Rechnungswesenleitern oder CFOs mitunter ungeahnte Altlasten auftauchen können. Für die zweite Kategorie von Fehlern, die nämlich weiter in die Vergangenheit reicht, geht der Bilanzanalyst seiner Zeitreihe verlustig. Dies soll Abbildung 17 illustrieren.

SWK-Spezial: Bilanzanalyse

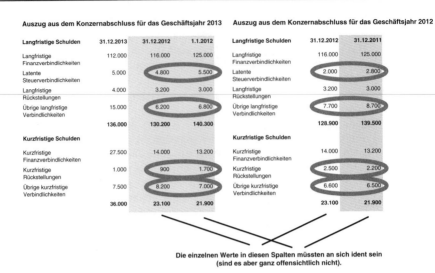

Abbildung 17: Beispielhafte Auswirkungen von Fehlerkorrekturen in aufeinanderfolgenden Abschlüssen

Eine wirklich zufriedenstellende Lösung für dieses Problem lässt sich leider nicht finden. Als Möglichkeit, damit umzugehen, hat sich jedoch bewährt, im Fall von berichteten Fehlern die historischen Werte weitestmöglich auf Grundlage der aktuellen, berichtigten Werte für die Vorperioden zu aktualisieren. Ein fünfjähriger Zeitreihenvergleich für Bilanz und GuV zu einem aktuellen Abschluss per 31. 12. 2013 könnte sich so z. B. wie folgt gestalten:

- *Beispiel*

	Analysierte Geschäftsjahre				
	2013	2012	2011	2010	2009
Bilanz	Abschluss *2013*, Werte zum aktuellen Stichtag	Abschluss *2013*, Werte für Vorjahres-Vergleichsperiode	Abschluss *2013*, Werte für zweite Vergleichsperiode	Abschluss *2012*, Werte für zweite Vergleichsperiode	Abschluss *2011*, Werte für zweite Vergleichsperiode
GuV	Abschluss *2013*, Werte zum aktuellen Stichtag	Abschluss *2013*, Werte für Vorjahres-Vergleichsperiode	Abschluss *2012*, Werte für Vorjahres-Vergleichsperiode	Abschluss *2011*, Werte für Vorjahres-Vergleichsperiode	Abschluss *2010*, Werte für Vorjahres-Vergleichsperiode

In diesem Beispiel wurde angenommen, dass in jedem Jahr Fehler berichtigt wurden, die jeweils weiter als eine Periode in die Vergangenheit reichten. Wären demgegenüber 2011 und 2012 keine Fehler berichtet und berichtigt worden, wäre für das Jahr 2010 auf die zum damaligen Stichtag berichteten Werte des Abschlusses per 31. 12. 2010 zurückzugreifen. Darüber hinaus ist natürlich auch an dieser Stelle zu betonen, dass der konkrete Umgang mit diesen Fehlerdarstellungen **abhängig von konkretem Analysezweck** ist: Manchmal kann es geboten sein, sich an das damals vermittelte Bild zu halten und nicht darauf abzustellen, *„wie es eigentlich wirklich gewesen wäre"*. Gerade bei Fehlerkorrekturen, die nur einen geringen Effekt auf das Abschlussbild haben (oder zumindest auf die Teile, die für den Bilanzanalysten von Interesse sind), ist darüber hinaus die Kosten-Nutzen-Relation einer nachträglichen Anpassung der Zeitreihen kritisch zu betrachten. So oder so ist es aber Bilanzanalysten anzuraten, darauf zu achten, ob die analysierten Finanzberichte derartige Fehlerkorrekturen aufweisen – und, wenn dem so ist, sich kritisch mit den Anhangangaben dazu auseinanderzusetzen.

Die dargestellten Probleme kommen zunächst insb. für externe Bilanzanalysen zum Tragen. Für interne Bilanzanalysen sind i. d. R. detailliertere Informationen zu den Fehlern und deren Auswirkungen verfügbar. Dennoch zeigt hier die Erfahrung, dass die tatsächlich in Unternehmen vorzufindenden Dokumentationen und weiterführenden Informationen häufig kaum über das hinausgehen, was sich in den veröffentlichten Finanzberichten findet – wodurch auch die interne Analyse entsprechend erschwert wird (und zumindest umfassende Nebenrechnungen erfordern würde).

Mitunter ähnliche Probleme stellen sich hinsichtlich (**gesetzlicher**) **Änderungen in den Bilanzierungs- und Bewertungsmethoden**, d. h. betreffend Ansatz und Bewertung der Posten eines Abschlusses. Hier führt nicht zuletzt die große Geschwindigkeit, mit der IFRS überarbeitet bzw. neu erlassen werden, dazu, dass umfassende Anpassungen in den Vorjahresabschlüssen für IFRS-Bilanzierer unumgänglich sind.

4.1.4. Betriebsvergleiche

Als vielversprechendster, aber gleichzeitig auch als herausforderndster aller Vergleichsmaßstäbe bleibt der Betriebsvergleich. Für diesen wird erstmals nicht nur auf das Unternehmen selbst, für das die Kennzahlen errechnet werden, abgestellt, sondern die ermittelten Kennzahlen werden in Bezug zu den Ergebnissen für andere Unternehmen gesetzt. So folgt eine **relative Positionierung des Unternehmens**. Wenn absolute Maßstäbe für eine Beurteilung fehlen, wie es i. d. R. der Fall ist, kann gerade ein Betriebsvergleich besonders aussagekräftig sein. Im Fokus steht die Frage: „*Was ist möglich, bzw. was wäre möglich gewesen?*"

Ein markantes Zitat in der BWL, um das niemand herumkommt, der sich mit Fragen der Unternehmensbewertung beschäftigt, wird auf *Adolf Moxter* zurückgeführt und lautet: „*Bewerten heißt vergleichen.*"[9] Dies lässt sich auch auf die Bilanzanalyse übertragen. Die Idee, die dahintersteckt, ist jene, dass sich Unternehmen typischerweise in einem Wettbewerb, insb. um Eigen- oder Fremdkapital, befinden. Gerade Investoren (aber auch viele andere Anspruchsgruppen) könnten typischerweise zwischen mehreren möglichen Investitionsobjekten wählen; sie werden diese daher gegenüberstellen und vergleichen, nicht zuletzt mithilfe von Kennzahlen, und sich anschließend zugunsten der Alternative entscheiden, die als am vorteilhaftesten erscheint. Maßstab für ein Unternehmen sind somit die Ergebnisse, die andere Unternehmen erzielen, mit denen sie vergleichbar sind.

Den Nutzen hinter solchen Vergleichen kann man auch gut anhand der Entwicklungen der jüngeren Vergangenheit im Zuge der sog. Finanzkrise illustrieren. Von ihr war die größte Zahl von Unternehmen (sehr) vieler Länder und Branchen betroffen, was zu einer entsprechenden Verschlechterung wichtiger Kennzahlen dieser Unternehmen führte. Zeitreihenvergleiche zeigen hier – bei allen Unterschieden im Detail – grds. Einbrüche zwischen den Jahren 2005 und 2010. Daraus abzuleiten, dass hier jedoch ausschließlich schlechte Arbeit vonseiten der Unternehmen bzw. ihrer Führungskräfte geleistet wurde, ist nicht angebracht; tatsächlich war dies eine sehr herausfordernde Zeit, und es zeigt sich, dass es durchaus Unternehmen gab, denen es vergleichsweise (deutlich) besser erging als anderen – auch wenn das dann letztlich „nur" bedeutete, dass z. B. die Verluste dieser Unternehmen weniger hoch waren, als es bei ihren Vergleichsunternehmen der Fall war. Tlw. war das, was realistischerweise möglich war, letztlich eine Schadensbegrenzung, um so durch diese schwierigen Jahre zu kommen. Dies sollte im Rahmen einer Bilanzanalyse auch herausgearbeitet werden.

Dieser Frage nach dem „*realistischerweise Möglichen*" – dem Betriebsvergleich – kommt die größte Autorität zu, wenn es um Vergleichsmaßstäbe für die Interpretation

---

[9] Siehe *Moxter*, Grundsätze ordnungsmäßiger Unternehmensberatung[2] (1983) 123.

von Kennzahlen geht. Sie lässt sich nicht aus Lehrbüchern oder rein theoretischen Modellen beantworten, sondern erfordert einen Blick in die Unternehmenspraxis – und damit in die Abschlüsse anderer Unternehmen. Die Qualität – und damit der Nutzen eines solchen Betriebsvergleichs – steht und fällt dabei letztlich mit der tatsächlichen Vergleichbarkeit der für den Vergleich herangezogenen Unternehmen (der sog. *„Peer Group"*). Als Kriterien für die Auswahl kommen insb. die folgenden in Betracht:

- **Branche(n):** Es ist zumeist wenig sinnvoll, Unternehmen verschiedener Branchen miteinander zu vergleichen; zu groß sind die Unterschiede hinsichtlich der Rahmenbedingungen und der Art und Weise der entfalteten Tätigkeiten. Besondere Herausforderungen stellen sich diesbezüglich aber dann, wenn das Unternehmen, für das es eine Peer Group zu finden gilt, nicht nur in einer einzelnen Branche tätig ist – bei Konzernen spricht man diesfalls von *„Mischkonzernen"*. Diese gewannen in der Vergangenheit an Bedeutung. Gerade hier wäre es erforderlich, andere Unternehmen zu finden, die dasselbe Tätigkeitsspektrum abdecken, inhaltlich und idealerweise auch vom Umfang her, in dem diese Tätigkeiten entfaltet werden. Da dies häufig scheitert, kann es ratsam sein, hier nicht gesamte Unternehmen, sondern jeweils nur Ausschnitte zu vergleichen. Dies kann z. B. auf Basis der Segmentberichte (siehe Kap. 3.6.) des Unternehmens erfolgen, was somit bedeutet, dass es mitunter mehrere relevante Peer Groups zu berücksichtigen gilt. Damit in enger Verbindung ist auch zwischen produzierenden Unternehmen, Dienstleistungsunternehmen und Handelsunternehmen zu unterscheiden; zudem sind Unterschiede in den Wertschöpfungsketten zu berücksichtigen (siehe Kap 2.4.). Als grds. Orientierungspunkt hat sich hierzulande – bei all diesen Einschränkungen, allerdings insb. für eine inländische Peer-Group-Zusammenstellung – die Orientierung an der ÖNACE-Klassifikation bewährt, um ein Mindestmaß an Vergleichbarkeit zu gewährleisten.

- **Märkte:** Gerade die jüngsten Krisenzeiten unterstrichen wieder, dass nicht nur unterschiedliche Branchen von anderen Entwicklungen betroffen sein können, sondern dass auch zwischen verschiedenen geografische Regionen mitunter gravierende Unterschiede bestehen. Diesem Kriterium kommt zwar eine vergleichsweise geringere Bedeutung zu als dem zuvor dargestellten, dennoch kann es eine große Rolle bei der Auswahl der Peer Group spielen – bzw. ist es jedenfalls bei der Interpretation der Ergebnisse zu berücksichtigen (z. B. muss ein geringerer wirtschaftlicher Erfolg eines Unternehmens, den es in stabilen, vergleichsweise sicheren Märkten erwirtschaftet, nicht automatisch schlechter sein als ein höherer wirtschaftlicher Erfolg, der allerdings in hochriskanten Märkten [politische Risiken, Währungsrisiken, Marktrisiken etc.] erzielt wird).

- **Größe:** Auch hier stellt sich die Frage, ob es sinnvoll ist, ein Kleinstunternehmen mit einem börsenotierten Unternehmen zu vergleichen; zu unterschiedlich werden die (z. B. rechtlichen oder wirtschaftlichen) Rahmenbedingungen und Abläufe zwischen diesen sein. Viele der relevanten Kennzahlen werden sich bereits aus diesen Gründen unterscheiden müssen (bzw. auch nicht – sinnvoll – bestimmbar sein). Üblich und bewährt ist hier eine Beurteilung der Vergleichbarkeit anhand der Kriterien Umsatzerlöse, Bilanzsumme und Mitarbeiter.

- **Rechnungslegung:** Nicht zuletzt müssen auch vergleichbare (Finanz-)Informationen zu den zu vergleichenden Unternehmen vorliegen. Konkret umfasst diese Forderung u. a. die folgenden Aspekte:
  - **Rechnungslegungsstandards:** Wie bereits ausgeführt, sollten nur in Ausnahmefällen Unternehmen verglichen werden, deren Abschlüsse nach abweichenden Standards aufgestellt wurden. Dies gilt primär dann, wenn sich diese Standards inhaltlich stark voneinander unterscheiden; z. B. ist dies für das UGB im Vergleich zu den IFRS der Fall. Ein Vergleich zwischen einem UGB- und einem

Elemente der Bilanzanalyse

(deutschen) HGB-Abschluss wäre demgegenüber aufgrund der historischen Nähe zwischen diesen beiden Normen eher möglich.

- **Bilanzierungs- und Bewertungsmethoden:** Auch diese sollten von den zu vergleichenden Unternehmen weitgehend gleichsam ausgeübt werden. Wo dies nicht erfolgt, kann tlw. im Rahmen der durchzuführenden Aufbereitung der Abschlüsse eine Vergleichbarkeit hergestellt werden; diese stößt jedoch ebenso in manchen Punkten an ihre Grenzen (siehe Kap. 6.).
- **Formale Aufbereitung:** Unabhängig vom konkreten Inhalt der Finanzberichte muss deren formale Aufbereitung einen Vergleich zulassen. Problematisch ist dies u. a., wenn zwei Unternehmen gegenübergestellt werden, die einmal das Umsatz- und einmal das Gesamtkostenverfahren als Darstellungsform für die GuV (siehe Kap. 3.3.) wählen. Generell erschwert die Flexibilität in der Darstellung der Finanzberichte, wie sie für die IFRS im Vergleich zum UGB charakteristisch ist (siehe Kap. 2.6.2.), die Vergleichbarkeit verschiedener Unternehmen. Außerdem liegen gerade für kleinere Unternehmen oftmals nicht vollständige Abschlussbestandteile vor, da diese z. B. nur in verkürzter Form zu veröffentlichen sind. I. d. R. lässt sich aber ansonsten im Zuge der Aufbereitung der Abschlüsse auch hier ein notwendiges Mindestmaß an Einheitlichkeit herstellen.

Als Faustregel hat sich grds. bewährt, dass zwar eine gewisse Mindestanzahl an Unternehmen für die Aussagekraft einer Peer Group unabdingbar ist; allerdings gilt im Zweifelsfall auch hier: **Qualität geht vor Quantität.** Besonders gut eignet sich oft die Berücksichtigung von Unternehmen, die bereits offensichtlich in einem intensiven Wettbewerbsverhältnis zueinander stehen. Darüber hinaus ist es aber auch hier stets vom konkreten Analysezweck abhängig, welche Unternehmen für die Berücksichtigung in der Peer Group in Betracht kommen. Soll etwa die Wirtschaftlichkeit eines Unternehmens beurteilt werden, spielt eine umfassende Abgrenzung eine größere Rolle, als wenn verschiedene Investitionsmöglichkeiten für einen Investor am Kapitalmarkt verglichen werden (da es diesem mitunter egal sein wird, ob er in einen Energieversorger oder einen Versicherer investiert).

Ist die Peer Group einmal bestimmt, so sind zunächst die Abschlüsse der enthaltenen Unternehmen nach Möglichkeiten aufzubereiten, um eine **hohe Vergleichbarkeit** zu gewährleisten (siehe Kap. 6.). Dann sind alle relevanten Kennzahlen für die enthaltenen Unternehmen nach einer einheitlichen, konsistenten Methodik zu bestimmen. Dies ist insb. herausfordernd, wenn umfassende Datenmengen zu erheben sind und dies z. B. durch verschiedene Mitarbeiter erfolgt. Hier benötigt es klare Vorgaben (etwa einheitliche Definitionen), Schulungen und entsprechende Tools (z. B. Erhebungsraster).

Anschließend haben sich mehrere Vorgehensweisen zur Ableitung konkreter Vergleichswerte aus dieser bewährt. Einerseits kann der **Mittelwert** für die einzelnen Kennzahlen bestimmt werden; da dieser jedoch sehr anfällig für Ausreißer in jedwede Richtung ist, sollte der **Median** ergänzt werden. Gesondert sollte jedenfalls auch die **beste vorgefundene Ausprägung** der Kennzahl angeführt werden, da ja idealerweise diese das anzustrebende Ziel darstellt. Bei von der Zahl her umfassenderen peer groups können darüber hinaus z. B. weitere Angaben von **Quartilwerten** („Top-25%") oder etwa eines **„Top-3-Schwellenwerts"** sinnvoll sein. Um eine differenzierte Interpretation zu ermöglichen, sind tunlichst mehrere dieser Möglichkeiten zu kombinieren. Besteht allerdings die Peer Group einzig aus zwei oder drei Unternehmen, kann auf derartige (komprimierende) Darstellungen verzichtet werden, und es reicht i. d. R. völlig aus, die Kennzahlen für alle betrachteten Unternehmen nebeneinanderzustellen.

Damit in enger Verbindung steht das Konzept des **Benchmarkings**. Ein Betriebsvergleich ist mit einem solchen grds. nicht gleichzusetzen. Benchmarking stellt vielmehr auf einen systematischen, kontinuierlich laufenden Prozess ab, um den Leistungserstellungsprozesse eines Unternehmens effektiver und/oder effizienter zu gestalten; Benchmarking geht somit wesentlich weiter als die hier dargestellten Überlegungen. Allerdings lässt sich ein Betriebsvergleich in diese Richtung weiterentwickeln bzw. steht am Anfang eines Benchmarkingprozesses i. d. R. ein solcher Betriebsvergleich. Im Hinblick auf den praktischen Nutzen aus dem Betriebsvergleich ist es jedenfalls ratsam, die erzielten Ergebnisse in einem solchen Sinne zum kritischen Reflektieren über die Organisation und ihre Prozesse zu nützen. Dies ist naturgemäß primär i. V. m. einer internen Bilanzanalyse von Relevanz.

Wem die dargestellten Anforderungen an die Bestimmung einer Peer Group und damit verbunden die Ermittlung von Vergleichswerten zu mühsam sind, dem steht die Option offen, auf von Dritten veröffentlichte Quellen (häufig aus **Datenbanken**) zurückzugreifen. Sowohl auf Ebene einzelner Unternehmen als auch in Form von Branchen(durchschnitts)werten gibt es heute eine Vielzahl an Anbietern, die entsprechende Informationen anbieten. Sehr gut aufbereitete, aber kostenpflichtige Angebote sind etwa jene von Dienstleitern wie *Bloomberg* oder auch der *KMU-Forschung Austria*. Als kostenlose Alternativen haben sich demgegenüber insb. die folgenden Angebote in der österreichischen Praxis bewährt:

- **www.damodaran.com:** Der amerikanische Finance-Professor *Aswath Damodaran* stellt auf seiner Homepage regelmäßig (aktuelle!) Branchen- und Unternehmensdaten zur Verfügung, die er selbst aus kostenpflichtigen Datenbanken bezieht und aufbereitet. Besonders interessant ist, dass Unternehmen aus der ganzen Welt berücksichtigt werden und bereits eine Vielzahl an Auswertungen von Haus aus zur Verfügung gestellt wird. Umfassende Definitionen zu den Kennzahlen sind ebenso auf der Homepage hinterlegt. Der Schwerpunkt der angebotenen Inhalte liegt jedoch weniger auf dem Gebiet der Bilanzanalyse als auf Parametern, die für Unternehmensbewertungen bedeutsam sind. Hierfür greifen insb. auch Wirtschaftstreuhänder regelmäßig auf diese Informationen zu.
- **www.finexpert.info:** Das deutsche Gegenstück zur Homepage von Prof. *Damodaran*, und zwar vom Leipziger Finance-Professor *Bernhard Schwetzler*. Diese enthält zwar vergleichsweise wenig (frei zugängliche) Informationen, diese sind aber auf deutsche Unternehmen fokussiert und daher hierzulande von besonderem Interesse.
- **www.oenb.at:**[10] Basierend auf Erhebungen der *KMU-Forschung Austria* bietet die *Oesterreichische Nationalbank* über ihre Homepage die Möglichkeit an, kostenlose Vergleichswerte zu generieren. Neben dem nationalen Bezug sind diese Auswertungen besonders interessant, da sie u. a. eine differenzierte Erhebung nach Branchenmerkmalen und verschiedenen Größenklassen ermöglichen. Da die Daten aber in anonymisierter Form wiedergegeben werden, fehlt die Möglichkeit einer individuellen und mitunter differenzierteren Zusammenstellung der Peer Group.
- **www.statistik.at:**[11] Auch der Homepage der *Statistik Austria* lassen sich Vergleichswerte entnehmen. Diese werden jedoch ausschließlich für Unternehmen in der Rechtsform der Aktiengesellschaft erhoben. Auch hier erfolgt eine Darstellung nach Branchen unterteilt, die jedoch tlw. Nebenrechnungen erfordert, da zumeist aggregierte Werte für alle Unternehmen der Branche in Summe angegeben sind.

In allen Fällen sind etwa Abschlussbereinigungen nicht berücksichtigt; gerade Auswertungen rein auf Branchenebene sind darüber hinaus oftmals grob und nicht in jedem Fall

---

[10] Die genaue URL zur Unterseite, auf der die relevanten Vergleichswerte bezogen werden können, lautet: http://www.oenb.at/de/stat_melders/datenangebot/realwirtschaft/jahresabschlusskennzahlen/jahresabschlusskennzahlen.jsp.

[11] Die genaue URL zur Unterseite, auf der die relevanten Vergleichswerte bezogen werden können, lautet: https://www.statistik.at/web_de/statistiken/unternehmen_arbeitsstaetten/aktiengesellschaften/index.html.

Elemente der Bilanzanalyse

als Vergleichsmaßstab unmittelbar zu übernehmen. Eine selbständige Zusammenstellung der Peer Group ist daher im Regelfall zu bevorzugen; aber das Leben ist oftmals kein Wunschkonzert, und es sprechen mitunter faktische Zwänge dafür, sich solcher „einfachen Lösungen" zu bedienen.

4.2. Arten von Kennzahlen

4.2.1. Grundlegendes

In der Literatur finden sich viele Definitionen davon, was eine Kennzahl ist und welchen Nutzen sie entfalten soll. Wenn man sie auf einen gemeinsamen Nenner herunterbricht, so lässt sich der gemeinsame Kern etwa wie folgt festhalten: **Kennzahlen sind Zusammenfassungen von quantitativen Informationen als Grundlage für Vergleiche.** Komplexe wirtschaftliche Sachverhalte – z. B. der Geschäftsverlauf in einer betrachteten Periode – sollen so in einzelne Werte komprimiert werden, die übersichtlicher und damit leichter verständlich sind. Typischerweise werden diese quantitativen Informationen für eine Bilanzanalyse aus dem Jahresabschluss entnommen; der Adressat der Kennzahlen muss sich so nicht selbst durch den gesamten Abschluss kämpfen, sondern bekommt die für ihn wesentlichen Informationen entscheidungsgerecht aufbereitet. Ziel dieser Vergleiche ist es, Ableitungen zu ermöglichen, die anschließend Grundlage für konkrete Maßnahmen und Empfehlungen sein können.

Wie also die – soeben behandelte – Wahl des Vergleichsmaßstabs von entscheidender Bedeutung ist, stellen sich auch grundlegende Fragen hinsichtlich der Art und Weise, welche Informationen erhoben und in Form von Kennzahlen abgebildet werden. Typischerweise kann hier zwischen absoluten, relativen und kombinierten Kennzahlen unterschieden werden. Jede ist mit ihren eigenen Vor- und Nachteilen versehen; in der Praxis finden sich zumeist verschiedene Typen von Kennzahlen gleichzeitig in Anwendung.

4.2.2. Absolute Kennzahlen

Absolute Kennzahlen sind die vergleichsweise einfachsten Ausprägungen von Kennzahlen. Sie können i. d. R. direkt den einzelnen Bestandteilen von Finanzberichten entnommen werden (sog. Einzelzahlen) bzw. sind vergleichsweise einfach aus diesen abzuleiten (Summen oder Differenzen). In der Praxis häufig vorzufindende Beispiele sind diverse Gewinnkennzahlen (Jahresüberschuss, EBIT etc.), Cashflow-Größen, die Umsatzerlöse bzw. die Nettoverschuldung (siehe Kap. 7.).

Die Aussagekraft solcher absoluten Kennzahlen ist für sich genommen jedoch vergleichsweise gering, da sich eine Vielzahl an verschiedenen Effekten auf die absolute Höhe einer Kennzahl auswirken und so zu Verzerrungen in deren Interpretation führen kann. Z. B. macht es einen Unterschied, ob ein Gewinn von 100 mit einer Investition von 10, 100 oder 1.000 erwirtschaftet wurde; in allen drei Fällen wurde unterschiedlich effizient mit der ursprünglichen Investition gewirtschaftet. Gerade dies interessiert im Rahmen einer Bilanzanalyse zumeist besonders und ist auch für einen Betriebsvergleich ein notwendigerweise zu berücksichtigender Faktor. Am sinnvollsten erscheint ein Einsatz noch im Zeitreihenvergleich. Die Ermittlung absoluter Kennzahlen ist aber deswegen i. d. R. unumgänglich, da die aussagekräftigeren relativen Kennzahlen zumeist zwei oder mehrere absolute in Relation setzen.

4.2.3. Relative Kennzahlen

Von zentraler Bedeutung für die Bilanzanalyse sind die relativen Kennzahlen. Tlw. wird der Literatur der Begriff „*Kennzahl*" auch erst für die hier in der Folge behandelten Kennzahlen verwendet (und nicht schon für die absoluten Kennzahlen). Diese relativen Kennzahlen werden in weiterer Folge in Gliederungs-, Index- und Beziehungskennzahlen unterteilt.

Gemein ist allen hier behandelten Kennzahlen, dass sie zumeist in Form eines Bruchs dargestellt werden oder zumindest dargestellt werden können, d. h., sie verfügen über Zähler und Nenner. Bezüglich der genauen Ausgestaltung beider sind grds. der Kreativität keine Grenzen gesetzt – allerdings ist eines der zentralen Prinzipien für die Kennzahlenbildung zu beachten: das sog. **Entsprechungsprinzip**. Dieses besagt, dass Zähler und Nenner in einem sinnvollen, logisch erschließbaren Zusammenhang stehen. Mit anderen Worten: Es braucht in allen Fällen eine Erklärung dafür, wie sich beide wechselseitig beeinflussen und was daher aus einer Veränderung ihres Verhältnisses an Interpretationen geschlossen werden kann. Nochmals anders gesagt bzw. gefragt: Was ist der Sinn hinter der Gegenüberstellung?

Gliederungskennzahlen stellen (i. S. einer „Aufgliederung") eine Teilgröße in Verbindung mit einer korrespondierenden Gesamtgröße. Es soll so ein Abbild der relativen Wichtigkeit bzw. der Größenordnung eines bestimmten Postens gegeben werden. Ein wichtiges Beispiel dafür ist z. B. die Eigenkapitalquote:

$$\text{Eigenkapitalquote} = \frac{\text{Eigenkapital}}{\text{Bilanzsumme}}$$

Während sich in diesem Beispiel die Struktur der Bilanz im Fokus befindet, kann z. B. auch für die GuV eine solche Aufgliederung erfolgen:

$$\text{Personalintensität} = \frac{\text{Personalaufwand}}{\text{Gesamtaufwand}}$$

Beziehungskennzahlen setzen demgegenüber zwei Größen in Relation, die keine Teilmengen sind. Vielmehr ist hierbei ganz besonders der sachlogische Zusammenhang (i. S. d. Entsprechungsprinzips) zwischen Zähler und Nenner von Bedeutung, d. h., dass es eine klare Ursache-Wirkungs-Beziehung gibt. Ein zentrales Beispiel hierfür ist die Eigenkapitalrentabilität:

$$\text{Eigenkapitalrentabilität} = \frac{\text{EAT}}{\varnothing \text{ Eigenkapital}}$$

Der Zusammenhang, der hierbei entscheidend ist, ist jener, dass das EAT (was zumeist der Jahresüberschuss sein wird; siehe Kap. 7.3.1.) jener Teil des Gewinns ist, der wieder an die Eigenkapitalgeber rückgeführt werden kann. Umgekehrt wird er gleichsam erst durch die Zufuhr von Eigenkapital ermöglicht, da ohne Eigenkapital i. d. R. die meisten Unternehmen nicht wirtschaften könnten.

Bei der Gesamtkapitalrentabilität tritt – wie der Name schon sagt – anstelle des Eigenkapitals das Gesamtkapital in den Nenner des Bruchs. D. h., es erfolgt keine Unterscheidung hinsichtlich der Finanzierung nach Eigen- und Fremdkapitalgebern. Entsprechend ist für den Zähler eine Größe zu finden, die ebenso eine Größe vor Fremdkapitalzinsen reflektiert, damit das Entsprechungsprinzip gewahrt bleibt:

$$\text{Gesamtkapitalrentabilität} = \frac{\text{EBIT}}{\varnothing \text{ Gesamtkapital}}$$

Es ist weiterhin auch möglich, von einer Mittel-Zweck-Relation Abstand zu nehmen und gleichrangige Zähler und Nenner gegenüberzustellen. Die hergestellte Beziehung sagt

Elemente der Bilanzanalyse

dann etwas über das Verhältnis beider zueinander aus und bietet meist Rückschlüsse auf übergeordnete Fragestellungen. Die folgende Kennzahl gibt etwa über Fristigkeiten von Finanzierungen und damit über die Unternehmensliquidität Auskunft (da Eigenkapital als langfristige Finanzierungsquelle zu sehen ist und Sachanlagevermögen als eine langfristige Investition zu sehen sind, betrifft die übergeordnete Frage somit die Fristenkongruenz von Investition und Finanzierung):

$$\text{Anlagendeckungsgrad 1} = \frac{\text{Eigenkapital}}{\text{Sachanlagevermögen}}$$

Ein Beispiel für eine Beziehungskennzahl im Bereich der GuV wäre etwa die Bestimmung der angesprochenen Personalintensität nicht dergestalt, dass der Gesamtaufwand im Nenner steht, sondern dass hier etwa die Umsatzerlöse herangezogen werden. Dies beantwortet dann die Frage: *„Wie viel an Umsatzerlösen wird von den Aufwendungen für das Personal aufgezehrt?"* Der für eine Gliederungskennzahl charakteristische Zusammenhang zwischen Zähler und Nenner in Form einer Teilmenge liegt diesfalls natürlich nicht mehr vor.

$$\text{Personalintensität} = \frac{\text{Personalaufwand}}{\text{Umsatzerlöse}}$$

Derartige Zusammenhänge müssen naturgemäß nicht ausschließlich zwischen Finanzgrößen hergestellt werden; insb. nicht-finanzielle Bezugsgrößen werden häufig herangezogen, da sie oftmals eine bessere Steuerbarkeit ermöglichen:

$$\text{Umsatz je Mitarbeiter} = \frac{\text{Umsatz}}{\varnothing \text{ Mitarbeiterstand}}$$

Sobald solche nicht-finanziellen (bzw. qualitativen) Komponenten in die Berechnung von Kennzahlen Eingang finden, folgt aber eine Vielzahl an weiteren Problemen zumeist definitorischer Natur. Z. B. kann für die zuvor dargestellte Kennzahl die Frage entscheidend sein, was überhaupt unter einem Mitarbeiter verstanden wird: Köpfe vs. Vollbeschäftigungsäquivalente (VBÄ)? „Regulär" angestellte Mitarbeiter vs. Leihpersonal? Darüber hinaus stellt sich gerade bei nicht-finanziellen Bezugsgrößen häufig das Problem kleiner Bezugsgrößen: Diesfalls führen bereits minimale Veränderungen in der Bezugsgröße zu massiven Auswirkungen auf die Kennzahlen. Erwirtschaftet ein Team von vier Mitarbeitern Umsatzerlöse von 100, beträgt der Umsatz je Mitarbeiter 25. Wird ein weiterer Mitarbeiter eingestellt, sinkt der Wert für die Kennzahl zunächst auf 20, was eine gravierende relative Veränderung darstellt. Sobald dieser Mitarbeiter dann selbst Umsatzerlöse erwirtschaftet, wirkt sich seine individuelle Leistung wieder besonders stark auf den ermittelten Schnitt aus.

Kein sachlogischer Zusammenhang wird demgegenüber bei folgender Kennzahl möglich sein; dies hat zur Folge, dass sich zwar ein Wert rechnerisch ermitteln und auch im Zeitablauf vergleichen lässt, sich jedoch daraus keine Ableitung von Maßnahmen ergibt:

$$\text{Sinnlose Kennzahl} = \frac{\text{EBIT}}{\varnothing \text{ Sachanlagevermögen}}$$

Im konkreten Fall wird das EBIT z. B. auch vom Umlaufvermögen oder den immateriellen Vermögensgegenständen des Anlagevermögens mit beeinflusst; die Kennzahl würde jedoch eine ausschließliche Beeinflussung durch das Sachanlagevermögen unterstellen. Auch handelt es sich nicht um gleichrangige Größen, aus deren Verhältnis zueinander man Erkenntnisse gewinnen könnte.

Beziehungskennzahlen sind besonders aussagekräftige und daher häufig angewandte Kennzahlen. Problematisch an diesen ist jedoch, dass bei der Interpretation der Ergebnisse oft unklar ist, was die Gründe für die Veränderung sind. Im obigen Beispiel der Gesamtkapitalrentabilität kann diese z. B. sinken, wenn entweder der Zähler sinkt, der Nenner steigt, der Zähler sinkt und der Nenner gleichzeitig steigt oder aber auch bei in unterschiedlichem Maße gleichläufigen Bewegungen. Eine Steigerung des Nenners (Gesamtkapital) kann demgegenüber ebenso einer Vielzahl an weiteren Gründen (Bilanzposten) geschuldet sein. Dies erschwert die Interpretation und damit die Ableitung von Maßnahmen.

Indexkennzahlen sind letztlich eine Form der Darstellung, die insb. für Zeitreihenvergleiche eine hohe Rolle spielt. Hierbei soll die Entwicklung ausgehend von einem (historischen) Basiswert dargestellt werden:

- *Beispiel*

Jahr	2013	2012	2011	2010
Umsatz	100	90	84	80
Indexkennzahl	125,0 %	112,5 %	105,0 %	100,0 %

Möglich, wenn auch unüblich wäre es, das aktuelle Jahr als Basiswert heranzuziehen und die Vergangenheitswerte zu indexieren. Abseits der Bilanzanalyse werden Indexkennzahlen insb. für die Darstellung der Entwicklung von Aktienkursen und -indizes (etwa des ATX) herangezogen. Für Zwecke der Bilanzanalyse kommt der Wahl einer geeigneten Basisgröße entscheidende Bedeutung zu – dieses stellt für Indexkennzahlen in Folge einen zentralen Beurteilungsmaßstab dar (quasi als *„Messlatte"*). Im Jahresvergleich ist es hier wichtig, ein repräsentatives Jahr zu wählen, das möglichst wenig von Sondereinflüssen verzerrt ist, oder aber entsprechende Bereinigungen vorzunehmen, um diese Sondereinflüsse zu neutralisieren. Andernfalls werden laufende Schwankungen bzw. Entwicklungen mitunter irreführend abgebildet werden – man darf insb. nicht den diesbezüglichen psychologischen Effekt beim Adressaten der Auswertungen unterschätzen, den Indexkennzahlen bewirken.

4.2.4. Kombinationen von Kennzahlen

Eine einzelne Kennzahl vermag es grds. nicht, alle im Rahmen einer Bilanzanalyse relevanten Fragestellungen abzubilden; für verschiedene Leitfragen haben sich andere Zugänge – und damit ein anderes Analyseinstrumentarium, also andere Kennzahlen – entwickelt (siehe Kap. 7.1.). D. h., es sind zumeist mehrere Kennzahlen zu ermitteln und gegenüberzustellen. Manchmal ergibt sich so über alle Kennzahlen hinweg ein konsistentes Bild, sehr häufig zeigen sich aber tlw. widersprüchliche Entwicklungen. Von Bedeutung sind dann u. a. die folgenden Fragen:

- Welche Kennzahlen sind für die Adressaten „wichtiger" als andere?
- Wie können verschiedene Kennzahlen zu einem Gesamturteil verdichtet werden?
- Welche Vergleichsmaßstäbe sind für dieses Gesamturteil heranzuziehen?

Insb. das geschilderte Problem i. V. m. Beziehungskennzahlen, dass nämlich häufig nicht klar ist, welche Einflussfaktoren sich auf diese in welcher Form auswirken, führte zur Entwicklung von **Kennzahlensystemen** wie jenem des Du-Pont-Schemas (siehe Kap. 7.6.2.). In diesem erfolgt eine Aufgliederung der Kennzahl Gesamtkapitalrentabilität nach ihren Einflussfaktoren, die in einen logischen (hierarchisch angeordneten!) Gesamtzusammenhang gebracht werden und so eine gezielte Steuerung ermöglichen sollen. Die Spitzenkennzahl in diesem Kennzahlensystem beansprucht so für sich, die für

Elemente der Bilanzanalyse

die Analyse wichtigste zu sein; ihre Wahl obliegt somit wieder dem Bilanzanalysten und hat mit großer Sorgfalt zu erfolgen.

Eine hierarchisch grds. gleichgestellte Gegenüberstellung und Auswertung von Kennzahlen erlauben demgegenüber sog. **Bonitäts- und Ratingmodelle** (siehe Kap. 7.7.). In diesen werden verschiedene Kennzahlen gewichtet und zu einem Gesamtwert – der dann eine neue Kennzahl (quasi eine „*Kennzahl über Kennzahlen*") für sich darstellt – zusammengefasst. Dieser Gesamtwert beansprucht für sich, alle ihm zugrunde liegenden Kennzahlen ihrer Bedeutung gemäß zu gewichten und dann gleichermaßen zu berücksichtigen. Die hierfür dann gesondert zu bestimmenden Vergleichsmaßstäbe stammen anschließend häufig aus Erfahrungswerten oder weitergefassten empirischen (wissenschaftlichen) Untersuchungen.

Wird von diesen grundlegenden Fragen, die sich insb. mit der Ableitung von Gesamturteilen befassen, abgesehen, können Kennzahlenkombinationen insb. zur Verfeinerung von Kennzahlen (zumeist für Analysezwecke) und weitgehend nach eigenem Ermessen eingesetzt werden. Diesfalls orientieren sich die Möglichkeiten an folgenden Grundmustern:

- **Aufgliederung von Kennzahlen:** Diesem Muster folgten bereits die zuvor darstellten Kennzahlensysteme. Ein einfaches Beispiel für eine solche Aufgliederung ist das folgende:

    Abschreibungsaufwand
    = Abschreibungen auf das Sachanlagevermögen
    + Abschreibungen auf immaterielle Vermögensgegenstände des Anlagevermögens
    + Abschreibungen auf das Finanzanlagevermögen
    + Abschreibungen auf das Umlaufvermögen

    Alternativ könnte z. B. auch eine Aufgliederung nach planmäßigem und außerplanmäßigem Abschreibungsaufwand erfolgen. Dies ermöglicht dem Bilanzanalysten, ein tiefergehendes Verständnis für die Zusammensetzung der Kennzahl zu gewinnen und etwa Ableitungen hinsichtlich möglicher Ausreißer zu tätigen.

- **Substitution von Kennzahlen:** Eine (i. d. R. absolute) Kennzahl wird durch andere (tlw.) ersetzt, die zwar zum wertmäßig selben Ergebnis führen, aber eine aussagekräftigere Perspektive auf dessen Zustandekommen ermöglichen und damit wieder besser geeignet sind, als Grundlage für Handlungsempfehlungen zu dienen:

    Personalaufwand = Anzahl der Mitarbeiter x durchschnittlicher Personalaufwand

    Auch wenn derartige Analysen oft von groben Vereinfachungen ausgehen (hier z. B.: dass alle Mitarbeiter im Schnitt dasselbe verdienen, vom Lagerarbeiter bis zum Vorstand), sind sie doch als grobe Richtwerte praktisch bewährt. Im gegenständlichen Beispiel könnten so etwa erste Rückschlüsse darauf gezogen werden, wie sich eine Personalaufstockung bzw. ein Personalabbau auf den Gesamtaufwand auswirken könnten. Weitere Genauigkeit gewinnen die Analysen, wenn statt des gesamten Personalaufwands z. B. nur auf den Aufwand für (Arbeiter-)Löhne oder für gewisse andere Mitarbeiterkategorien abgestellt wird.

- **Erweiterung von Kennzahlen:** Ähnlich wie bei einer Substitution erfolgt auch hier eine Umformulierung der betrachteten Kennzahl. Hierbei treten i. d. R. an die Stelle einer relativen Kennzahl zwei oder mehrere neue relative Kennzahlen:

$$\text{Gesamtkapitalrentabilität} = \frac{\text{EBIT}}{\varnothing \text{ Gesamtkapital}} = \frac{\text{Umsatzerlöse}}{\varnothing \text{ Gesamtkapital}} \times \frac{\text{EBIT}}{\text{Umsatzerlöse}}$$

Die hier dargestellte Formel entspricht wiederum der ersten Aufgliederungsebene im Du-Pont-Schema (siehe Kap. 7.6.2.). Der erste Bruch auf der rechten Seite stellt die Kennzahl Kapitalumschlagshäufigkeit, der zweite Bruch die Umsatzrentabilität dar.

4.3. Auswahl und Einsatz von Kennzahlen

4.3.1. Ansätze zur Auswahl von Kennzahlen

Auf Basis der zuvor dargestellten grundlegenden Spielregeln sind der Fantasie keine Grenzen gesetzt, was die Ermittlung bestehender und die Schaffung neuer Kennzahlen betrifft. Auch wenn sich die Darstellungen in den späteren Teilen dieses SWK-Spezials nur auf die heute wichtigsten Kennzahlen beziehen (siehe Kap. 7.), ist deren Zahl bereits eine große. Für den Bilanzanalysten stellt sich somit grundlegend die Frage, wie er mit dieser Vielzahl an (möglichen) Kennzahlen umgeht.

Der Bilanzanalyst könnte es sich einerseits einfach machen und alle Kennzahlen für das Analyseobjekt ermitteln. Wenn einmal entsprechende Auswertungs-Tools (mittels EDV-Unterstützung) zur Verfügung stehen, ist dies sogar mit sehr überschaubarem Aufwand verbunden. Diese ließen sich dann wohl auf ein paar Seiten darstellen und an den Adressaten der Bilanzanalyse weiterleiten. Dieser könnte sich so ein umfassendes Bild von der Lage machen und insb. für sich selbst entscheiden, welche Kennzahlen ihm wichtig sind.

In der Praxis ist demgegenüber von einem solchen Vorgehen dezidiert abzuraten – schon vor dem Hintergrund wichtiger aktueller Schlagwörter wie *„Empfängerorientierung"* einerseits und *„Kennzahlenflut"* andererseits. **Empfängerorientierung** bedeutet, dass sich der Bilanzanalyst stets seiner Rolle als Dienstleister bewusst zu sein hat. Seine Rolle umfasst ein Vorfiltern der umfangreichen Datenmassen und insb. eine damit verbundene Priorisierung der enthaltenen Informationen; oftmals fehlt den eigentlichen Adressaten das Fachwissen oder zumindest (regelmäßig) die Zeit, sich selbst durch Litaneien von Kennzahlen zu kämpfen. Womit sich auch der Kreis schließt zur **Kennzahlenflut** – zu viel an Informationen ist genauso schädlich wie zu wenig, da hierdurch Wichtiges von Unwichtigem nicht mehr unterschieden werden kann und die Adressaten mitunter freiwillig darauf verzichten, die erstellten Kennzahlenberichte heranzuziehen (oder sogar „ernst zu nehmen").

Der Bilanzanalyst muss die zu ermittelnden bzw. zumindest die anschließend an die Adressaten der Bilanzanalyse weiterzuleitenden Kennzahlen vorfiltern. Hierfür haben sich mehrere verschiedene Möglichkeiten entwickeln, die allesamt spezifische Schwerpunkte setzen und sich für bestimmte Analysesituationen besonders eignen. Gemeinsam ist ihnen, dass sie darauf abstellen, **das für die jeweiligen Adressaten Wesentliche** abzubilden. Häufig können auch verschiedene Ansätze kombiniert werden:

- **Auswahl auf Grundlage der Spezifika des Analyseobjekts:** Hier bietet sich insb. ein Abstellen auf die Tätigkeitsbranche des Unternehmens an bzw. auf die Art der Aktivitäten, die entfaltet werden. Für ein Produktionsunternehmen sind andere Kennzahlen relevant als für ein Dienstleistungs- oder ein Handelsunternehmen:
    - **Produktionsunternehmen:** Spannend ist insb. eine umfassende Auswertung der Bilanz (Anlagevermögen und Vorratsvermögen; Working Capital); eine besondere Rolle spielen die Bestandsveränderungen in der GuV.
    - **Dienstleistungsunternehmen:** Für diese ist die Bilanz vergleichsweise aussagelos, der Analysefokus liegt auf der GuV. Besondere Relevanz hat dafür die Berücksichtigung weiterer, nicht primär finanzieller Informationen, etwa zu den Mitarbeitern und deren Wertschöpfung.

Elemente der Bilanzanalyse

- **Handelsunternehmen:** Entscheidende Bedeutung kommt hier dem Rohertrag in der GuV zu. In der Bilanz liegt ein Analyseschwerpunkt auf dem Vorratsvermögen bzw. dem Working Capital. Umschlagshäufigkeiten sind üblicherweise zentrale Steuerungs- und Beurteilungsgrößen. Inwieweit Anlagevermögen von Bedeutung ist, hängt z. B. davon ab, ob das Unternehmen gleichzeitig ein Filialgeschäft betreibt.

- **Auswahl auf Grundlage von Kostenbereichen und Geschäftsprozessen:** Eine Analyse nach Kostenbereichen fokussiert auf die Auswertung nach Beschaffung, Produktion, Vertrieb und Verwaltung. Für eine Bilanzanalyse, die von Unternehmensexternen durchgeführt wird, setzt dies i. d. R. eine GuV-Darstellung nach dem Umsatzkostenverfahren voraus (siehe Kap. 3.3.). Bei einer internen Analyse stehen demgegenüber zumeist entsprechend aussagekräftige Daten aus der Kostenrechnung zur Verfügung. Beispiele hierfür sind:
    - **Beschaffung:** durchschnittliche Einstandspreise.
    - **Produktion:** Herstellungskosten.
    - **Vertrieb:** Kosten der Werbung bzw. Deckungsbeiträge.
    - **Verwaltung:** Anteil der Verwaltungskosten an den Gesamtkosten („Overhead").

  Bei einer Analyse nach Geschäftsprozessen würde diese Einteilung noch weiter auf Ebene von Einzelprozessen untergliedert werden. Diese sind zumeist kostenstellenübergreifend. z. B. kann nach Produktentwicklung, Produkterstellung und Produktvermarktung differenziert werden. Derartige Analysen sind aufgrund ihrer Komplexität ausschließlich intern möglich, folgen aber ansonsten grds. derselben Logik wie die zuvor dargestellten Analysen nach Kostenbereichen.

- **Auswahl auf Grundlage von Entscheidungs- bzw. Verantwortungsbereichen:** Die Bilanzanalyse soll der Aufbereitung von Entscheidungsgrundlagen dienen. Hieraus sollen Maßnahmen folgen, die von den Adressaten der Bilanzanalyse verantwortet werden. D. h., für Adressaten auf unterschiedlichen Ebenen in der Unternehmenshierarchie werden auch unterschiedliche Informationen relevant sein, z. B.:
    - **Topmanagement:** Kennzahlen zur finanziellen Stabilität und zum wirtschaftlichen Erfolg auf Ebene des gesamten Unternehmens, z. B. Eigenkapitalquoten und Eigen-/Gesamtkapitalrentabilitäten.
    - **Bereichsverantwortliche:** Kennzahlen zum wirtschaftlichen Erfolg des jeweils verantworteten Bereiches, z. B. Gesamtkapitalrentabilitäten. Insb. die Zuordnung von Eigenkapital und Schulden wird demgegenüber häufig nicht möglich bzw. sinnvoll sein (wenn etwa die Finanzierung für das Unternehmen zentral gesteuert wird).
    - **Produktgruppenverantwortliche:** Umsatz, Deckungsbeiträge, Vertriebskosten.
    - **Produktverantwortliche:** Herstellungskosten, Umsatz, Deckungsbeiträge, Vertriebskosten.

- **Auswahl auf Grundlage von Themenbereichen:** Kennzahlen können grds. Antworten auf bestimmte (inhaltliche) Fragestellungen geben. Auch wenn sich über die genaue Abgrenzung streiten lässt, lassen sich dabei doch zwei grundlegende Themen identifizieren: einerseits die Frage nach der finanziellen Stabilität eines Unternehmens, andererseits jene nach dem wirtschaftlichen Erfolg. Je nachdem, was für die konkrete Analysesituation im Vordergrund steht, d. h. was die Adressaten im Konkreten mehr interessiert, können hierdurch unterschiedliche Kennzahlen aus diesen beiden „Töpfen" von Bedeutung sein. Darüber hinaus bietet sich eine Vielzahl an weiteren Themenabgrenzungen an, um die Kennzahlen noch feingliedriger zu kategorisieren.

Die Darstellung der Kennzahlen in diesem SWK-Spezial (siehe Kap. 7.) orientiert sich an einer solchen Auswahl, da sie sich in der Praxis gerade für externe Bilanzanalysen bewährt hat und die hierfür i. d. R. zentralen Grundsatzfragen abdeckt.

- **Auswahl auf Grundlage von Zielgrößen:** Kennzahlen können letztlich auch dahingehend ausgewählt werden, in welcher Beziehung sie zu einer bestimmten Zielgröße – zumeist wieder in Form ein Kennzahl – stehen. Wird z. B. einer Kennzahl wie der Gesamtkapitalrentabilität für das Controlling Priorität eingeräumt, können in weiterer Folge Kennzahlen ausgewählt werden, die unmittelbar die Höhe dieser Gesamtkapitalrentabilität beeinflussen. Darauf fußt die Logik von Kennzahlensystemen, wie sie z. B. im Du-Pont-Schema abgebildet ist (siehe Kap. 7.6.2.). Bewährt hat sich dieser Zugang insb., um eine Spitzenkennzahl zu operationalisieren, d. h. die untergeordneten Kennzahlen anschließend nach Entscheidungs- und Verantwortungsbereichen auf Mitarbeiter aufzuteilen, bzw. um bessere Einblicke in die Treiber hinter der Entwicklung von besonders wichtigen Kennzahlen zu gewinnen. Die Bedeutung dieses Auswahlkriteriums ist daher gerade für die interne Bilanzanalyse gegeben.

Auf Grundlage dieser Überlegungen empfiehlt sich in der Praxis die **Auswahl von rund fünf bis zehn Kennzahlen**, die in weiterer Folge berichtet werden. Für über diese Zahl hinausgehende Kennzahlen zeigt sich i. d. R. ein deutlich sinkender Zusatznutzen. Jedenfalls sollte – auch bei komplexeren Berichten – als Obergrenze eine Faustregel beherzigt werden, die sich im Kontext der Balanced Scorecard entwickelt hat (für die Kennzahlen ebenso eine große Rolle spielen): *„Twenty is plenty"*; d. h., bei 20 Kennzahlen sollte (spätestens!) Schluss sein.

Um in diesem – eher überschaubaren – Rahmen zu bleiben, ist es besonders hilfreich, bei den gewählten Kennzahlen **auf Redundanzen zu verzichten**. Viele der zur Wahl stehendenden Kennzahlen sagen letztlich dasselbe aus, nur bringen sie es in einer anderen Verpackung. Ein häufig in der Praxis anzutreffendes Beispiel betrifft etwa die Bestimmung von Eigenkapital- und Fremdkapitalquoten:

$$\text{Eigenkapitalquote} = \frac{\text{Eigenkapital}}{\text{Bilanzsumme}}$$

$$\text{Fremdkapitalquote} = \frac{\text{Fremdkapital}}{\text{Bilanzsumme}}$$

Beide Kennzahlen verhalten sich komplementär: Da auf der Passivseite der Bilanz hinsichtlich der Mittelherkunft nur zwischen Eigen- und Fremdkapital unterschieden wird (passive Rechnungsabgrenzungsposten sind hierbei aus bilanzanalytischer Sicht als Teil des Fremdkapitals zu sehen; siehe Kap. 6.3.3.1.), ist es wenig überraschend, dass beide Kennzahlen zwar unterschiedliche Werte liefern, diese addiert aber 100 % ergeben. Man kann somit also die Kennzahlen wie folgt umformulieren:

Eigenkapitalquote = 1 – Fremdkapitalquote

Fremdkapitalquote = 1 – Eigenkapitalquote

Sollte dem hingegen nicht so sein – d. h. wenn sich beide Kennzahlen addiert nicht auf 100 % ausgehen –, dann wäre es ratsam, die Kennzahlendefinitionen und durchgeführten Rechenschritte nochmals aufmerksam zu studieren (in der Praxis soll aber auch dies gelegentlich vorkommen). Sobald man also eine der beiden Kennzahlen ermittelt hat, ergibt sich die andere automatisch, und die zusätzliche Kennzahl hat eigentlich keinen Mehrwert.

Dieses Beispiel lässt sich auch noch erweitern. Z. B. gilt selbiges hinsichtlich Kennzahlen wie jener des Verschuldungsgrades:

$$\text{Verschuldungsgrad} = \frac{\text{Fremdkapital}}{\text{Eigenkapital}}$$

Hier ist dann die Überleitung zur Eigen- bzw. Fremdkapitalquote, welcher der Verschuldungsgrad weitgehend entspricht, nicht mehr ganz so leicht (im Kopf) möglich, aber die Aussage bleibt unverändert die gleiche. Wenn man die Wahl zwischen mehreren Kennzahlen wie den hier behandelten hat, so empfiehlt es sich, die gängigste bzw. für die Adressaten der Bilanzanalyse verständlichste zu wählen. Im Regelfall wird dies im hier skizzierten Fall die Eigenkapitalquote sein, auch wenn natürlich alle dargestellten Kennzahlen wenig komplex sind.

Sind zwei oder mehrere Kennzahlen zwar nicht deckungsgleich, aber doch sehr eng verwandt, sind gleichsam Überlegungen dahingehend angebracht, welche Kennzahl als aussagekräftiger zu bevorzugen ist. Den vorigen Ausführungen folgend wäre dies z. B. hinsichtlich der sog. Gearing Ratio zu erwägen:

$$\text{Gearing Ratio} = \frac{\text{verzinsliches Fremdkapital} - \text{liquide Mittel}}{\text{Eigenkapital}}$$

Diese unterscheidet sich von den vorherigen durch die ausschließliche Berücksichtigung von verzinslichem Fremdkapital sowie den Abzug der liquiden Mittel – eine Maßnahme, deren Sinnhaftigkeit an späterer Stelle noch diskutiert wird (siehe Kap. 6.3.3.2. und Kap. 7.2.2.). Werden diese beiden Modifikationen als aussagekräftig für den konkreten Kontext der durchzuführenden Bilanzanalyse erachtet, so spricht vieles dafür, diese Kennzahl heranzuziehen, wobei sich diesbezüglich dann auch ein inhaltlicher Mehrwert zu den zuvor behandelten Kennzahlen ergibt. Anderenfalls erscheint die Nutzung der Kennzahl wenig ratsam, da sie typischerweise als sperriger empfunden und damit für viele Adressaten der Bilanzanalyse mitunter intransparent – also von eingeschränktem Nutzen – ist.

4.3.2. Erfolgsfaktoren für den Einsatz von Kennzahlen

Sind in einem ersten Schritt die relevanten Kennzahlen identifiziert, sollten darüber hinaus noch einige Erfolgsfaktoren für deren Einsatz beachtet werden, die sich in der Praxis bewährt haben. Diese betreffen einerseits Fragen der Ermittlung der Kennzahlen, andererseits aber auch deren Umsetzung in der Praxis und die daraus resultierenden Folgen.

Kennzahlen müssen aktuell sein

Qualität und Geschwindigkeit stehen nicht nur im Rahmen der Bilanzanalyse in einem Spannungsverhältnis. Ein qualitativer Prozess benötigt zweifellos seine Zeit und ist unbedingt zu gewährleisten, um valide Ergebnisse aus diesem zu erhalten. Allerdings zeigt sich, dass Reaktionsgeschwindigkeit ein ebenso wesentlicher Erfolgsfaktor ist und dass es mitunter besser sein kann, eine Entscheidung auf einer nicht völlig perfektionierten Entscheidungsgrundlage zu treffen, als auf eine solche zu warten, dann aber bereits keinen Handlungsspielraum mehr zu haben. Dieses Spannungsverhältnis abwägend, sollte auch stets mit den aktuellsten verfügbaren Daten gearbeitet werden – und dies zeitnah sowie in effizientester Art und Weise. Dies unterstreicht weiter, dass es sich bei der Bilanzanalyse i. d. R. um einen laufenden Prozess handeln muss.

Kennzahlen müssen konsistent ermittelt werden

Diese Anforderung umfasst mehrere, allesamt entscheidende Punkte, nämlich:

- **Beachtung und Wahrung des Entsprechungsprinzips** (siehe Kap. 4.2.3.)!
- **Festhalten an einmal gewählten Definitionen!** Kennzahlen sind für den Betriebsvergleich für alle analysierten Unternehmen auf die gleiche Art und Weise zu ermitteln. Aber auch im Zeitablauf hat diese Ermittlung gleichzubleiben, um aussagekräftige Zeitreihenvergleiche zu erfolgen. Jede Änderung in der Definition einer Kennzahl erfordert die neue Ermittlung der Kennzahl für vergangene Perioden – andernfalls würde man des Vergleichsmaßstabs verlustig gehen; auf unterschiedlichen Grundlagen ermittelte Kennzahlen können nicht sinnvoll als Basis für Ableitungen herangezogen werden. Das Problem einer laufenden Neuermittlung der Kennzahlen liegt jedoch darin, dass ein solches Vorgehen häufig für die Adressaten der Abschlussanalyse wenig nachvollziehbar ist – bei diesen bleibt der Eindruck einer gewissen Beliebigkeit hängen, was zulasten der Glaubwürdigkeit und damit der Akzeptanz dieser Kennzahlen geht. Zugleich muss aber trotzdem Raum für eine „Evolution" bzw. Weiterentwicklung der verwendeten Kennzahlen bleiben (dazu in Folge mehr).
- **Beachtung des Unterschieds zwischen Perioden- und Stichtagsgrößen!** Probleme können sich bei relativen Kennzahlen ergeben, und zwar dann, wenn etwa im Zähler („oben") eine Größe aus der GuV (z. B. EBIT) und im Nenner („unten") eine Größe aus der Bilanz (z. B. Gesamtkapital) gegenübergestellt werden. Diese unterscheiden sich nämlich grds. nach ihrer zeitlichen Aussagekraft:
  - Von **Periodengrößen** spricht man, wenn eine Größe einen Zeitraum repräsentiert. Dies trifft insb. auf Größen aus der GuV und aus der Geldflussrechnung vor; die Umsatzerlöse geben z. B. jenen Betrag wieder, der in einem Geschäftsjahr – häufig vom 1. 1. bis zum 31. 12. eines Jahres – erwirtschaftet wurden. Mit dem ersten Tag des Folgejahres werden diese Größen für den nächsten Jahresabschluss wieder „auf null gesetzt" und von Neuem ermittelt.
  - Von **Stichtagsgrößen** spricht man demgegenüber, wenn eine Größe nur zu einem bestimmten Moment Gültigkeit besitzt. Dies trifft auf alle Größen, die in der Bilanz abgebildet werden, zu. Eine Bilanz wird zu einem bestimmten Stichtag aufgestellt. Der ausgewiesene Wert z. B. für das Eigenkapital hat nur für diesen Stichtag seine Gültigkeit; noch am Tag davor kann er höher oder niedriger gewesen sein, und bereits am Tag danach wird er wieder ein anderer sein. Es liegt somit keine Kumulation vor, wie es für Periodengrößen der Fall ist, die Werte werden aber nicht wieder „auf null gesetzt".

Die unmittelbare Gegenüberstellung ausschließlich von Perioden- und Stichtagsgrößen im Rahmen von relativen Kennzahlen bereitet keine Probleme. Dies trifft auf Kennzahlen wie die folgenden zu:

$$\text{Eigenkapitalquote} = \frac{\text{Eigenkapital}}{\text{Gesamtkapital}}$$

$$\text{Personalintensität} = \frac{\text{Personalaufwand}}{\text{Betriebsleistung}}$$

Sobald es aber zu einer Mischung kommt, müssen die beiden Arten von Größen vergleichbar gemacht werden; dies geschieht, indem man die Stichtagsgrößen zu Periodengrößen überleitet, und zwar durch die Bildung des **Durchschnitts**:

$$\text{Gesamtkapitalrentabilität} = \frac{\text{EBIT}}{\varnothing \text{ Gesamtkapital}}$$

Elemente der Bilanzanalyse

Dieser Durchschnitt wird – vereinfacht – wie folgt berechnet:

$$\varnothing \text{ Gesamtkapital} = \frac{(\text{Gesamtkapital per 1. 1.} + \text{Gesamtkapital per 31. 12.})}{2}$$

In dieser Kennzahl repräsentiert das EBIT somit eine Erfolgsgröße, die über 365 Tage hinweg erwirtschaftet wurde, und das Gesamtkapital wird zu jenem durchschnittlichen Wert abgebildet, den es an denselben 365 Tagen hatte. Die Bezugnahme auf Ausgangs- und Endpunkt bei der Durchschnittsbildung ist natürlich eine Vereinfachung, die streng genommen nur dann gilt, wenn das Gesamtkapital relativ wenig schwankt (d. h. Anfangs- und Endwert weitgehend ident sind und auch dazwischen kaum Veränderungen eintraten) oder wenn es eine weitgehend lineare Entwicklung (Steigerung oder Gefälle) im Geschäftsjahr gab. In der Praxis wird beides aber äußerst selten sein; der typischerweise gewählte Stichtag des 31. 12. für die Bilanzaufstellung liefert für die wenigsten Unternehmen wirklich aussagekräftige Werte (wobei die anderen vorzufindenden Stichtage nicht besser sind, da noch immer letztlich willkürlich gewählt und eben nur eine reine Stichtagsbetrachtung unabhängig von jeder Zyklizität/Saisonalität der Geschäftsentwicklung).

Verfeinerungen wären dahingehend möglich, mit Quartals- oder Monatswerten den Durchschnitt zu bilden. Eine Berechnung auf Tagesbasis wäre überhaupt die theoretisch korrekte(ste) Vorgehensweise. Für eine externe Bilanzanalyse wird dies aber typischerweise nicht möglich sein, da entsprechende Daten fehlen, und selbst im Zuge einer internen Analyse werden die notwendigen Daten häufig nicht vorhanden sein, bzw. wird eine solche Vorgehensweise aus Gründen einer Kosten-Nutzen-Betrachtung ausscheiden, da in den Unternehmen selbst die Bilanzen nicht auf Tagesbasis mitgeführt werden (was u. a. weitgehende Bilanzierungs- und Bewertungsmaßnahmen wie im Rahmen des Jahresabschlusses erfordern würde). Daher empfiehlt sich aus pragmatischen Gründen die geschilderte Vorgehensweise. (Werden z. B. Quartals- oder Halbjahresberichte ausgewertet, so wird natürlich der Durchschnitt für die Werte am Beginn und am Ende des Quartals/Halbjahres herangezogen.)

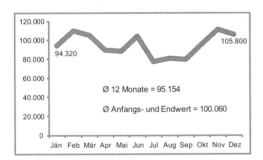 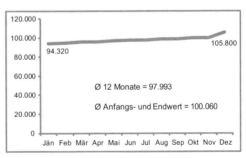

Abbildung 18: Beispielhafte Entwicklungen von Bilanzposten und deren Konsequenzen für die Durchschnittsbildung

Folgt man dieser Empfehlung zur Durchschnittsbildung nicht, so wird damit implizit der Fall unterstellt, dass Anfangs- und Endwert ident sind. Dies führt z. B. in Wachstumsphasen zu einem zu hohen Wertansatz und in gegenläufigen Phasen entsprechend zu einem zu niedrigen Wertansatz. Im obigen Beispiel der Gesamtkapitalrentabilität bedeutet dies konkret: In Phasen des Unternehmenswachstums (steigende Bilanzsumme) wird bei Verzicht auf die Durchschnittsbildung z. B. die Kennzahl Gesamtkapitalrentabilität zu niedrig bestimmt, da der Nenner zu hoch angesetzt ist (und umgekehrt).

- **Definitionen von Kennzahlen und der Prozess deren Ermittlung gehören dokumentiert!** In der Praxis geschieht dies i. d. R. in Form von Handbüchern oder Richtlinien. Diese sind einerseits laufend zu warten und aktuell zu halten, andererseits müssen sie den Bilanzanalysen und Berichtsadressaten bekannt und jederzeit zugänglich sein. Die schönste Dokumentation bringt wenig, wenn niemand von deren Existenz weiß (was leider häufig der Fall ist). Dies hat auch den Vorteil, dass eine im Zeitablauf einheitliche Ermittlung und Handhabung der Kennzahlen gewährleistet werden kann – auch bei Wechseln der hierfür verantwortlichen Mitarbeiter.

Bei der Ermittlung und Interpretation von Kennzahlen ist insb. bei bestimmten Analyseobjekten **generelle Vorsicht geboten**. Davon betroffen sind insb.

- kleine Unternehmen;
- Unternehmen, die einer starken Saisonalität im Geschäftsmodell unterliegen;
- Unternehmen, die stark projektbezogen sind;
- Unternehmen mit ungewöhnlichen Geschäftsaktivitäten.

Für diese treten die bereits beschriebenen Probleme i. d. R. gehäuft auf (etwa eine besonders geringe Aussagekraft von Stichtagswerten; kleine Nenner bei relativen Kennzahlen; hohe Schwankungen der Kennzahlen bzw. von deren Bestandteilen etc.).

Kennzahlen müssen laufend überdacht werden

Trotz der Wichtigkeit, an den einmal festgelegten Kennzahlen über eine gewisse Zeit festzuhalten, ist dies kein Freibrief dafür, diese nicht laufend kritisch hinsichtlich Weiterentwicklungen zu überdenken. Eine differenzierte Auseinandersetzung mit Kennzahlen fördert jedenfalls die Qualität ihrer Umsetzung in konkrete Maßnahmen und trägt zur langfristigen Weiterentwicklung der Bilanzanalyse bei.

Kennzahlen müssen verständlich sein

Das beginnt bei ihrer Definition und endet bei der Bezeichnung, die ihnen gegeben wird. Letztere sind zunehmend von Anglizismen geprägt, was für sich natürlich nicht zu beanstanden ist. Und eine *„Gesamtkapitalrentabilität"* ist letztlich nicht besser oder schlechter verständlich als ein *„Return on Investment"*. Diese Begriffe sind jedoch einheitlich zu wählen (entweder – oder) und beizubehalten. Darüber hinaus muss allen Adressaten auch klar sein, wie diese Kennzahl berechnet wird und welche Aussagen auf ihrer Grundlage getroffen werden können. Besonders hilfreich ist weiterhin die (professionelle) Visualisierung von Kennzahlen und deren Entwicklungen in Berichten.

Kennzahlen müssen akzeptiert werden

Mit den Kennzahlen und den daraus zu ziehenden Ableitungen müssen letztlich Menschen – die Adressaten der Bilanzanalyse – arbeiten. D. h., diese müssen den Prozess ihrer Entstehung und ihre Aussagekraft nachvollziehen können sowie die Kompetenzen haben, Folgen aus dem Ergebnis abzuleiten und zu verantworten. Dies unterstreicht die zuvor behandelte Notwendigkeit einer zielgruppengerechten Auswahl der Kennzahlen. Im Führungsprozess sollten Kennzahlen ebenso Berücksichtigung finden, etwa in Form von Mitarbeiter-Zielvorgaben (sog. *„Management by Objectives"*), die laufend in Zielerreichungsgesprächen thematisiert und evaluiert werden. Hier muss insb. das oberste Management in den Unternehmen entsprechendes Commitment zu den Zahlen zeigen. Dies trifft gleichermaßen für eine interne Analyse zu – etwa wenn es Bereichsleiter zu beurteilen gilt – wie für eine externe Analyse: Wenn etwa im Rahmen eines Kreditvergabeprozesses Kennzahlen als Entscheidungsgrundlage ermittelt werden, müssen sie

Elemente der Bilanzanalyse

von den Entscheidern anschließend auch tatsächlich berücksichtigt werden (das in der Praxis mitunter beobachtbare „overrulen" – wie man neudeutsch zu sagen pflegt – auf Basis des Bauchgefühls ist hier natürlich Gift). Die Bedeutung von Transparenz in allen Phasen des Bilanzanalyseprozesses kann abschließend in diesem Zusammenhang nur nochmals betont werden.

Kennzahlen müssen in Maßnahmen umgesetzt werden

In enger Verbindung mit dem zuvor Gesagten muss allen Beteiligten stets bewusst sein: Kennzahlen sind kein Selbstzweck (auch wenn lange Kennzahlenberichte das ästhetische Empfinden so manches Bilanzanalysten anzusprechen scheinen) – sie sind nur dann nützlich und sinnvoll, wenn sie anschließend in konkrete Maßnahmen umgesetzt werden, die zu Handlungen i. S. d. Ziele der Adressaten der Bilanzanalyse führen. Idealerweise hat der Bilanzanalyst bereits Empfehlungen für solche Maßnahmen mit vorbereitet.

4.4. Von der Kennzahl zum Gesamturteil

Auch wenn den hier unterbreiteten Vorschlägen hinsichtlich des maßvollen Kennzahleneinsatzes gefolgt wird: I. d. R. gelangt der Bilanzanalyst sehr bald an den Punkt, an dem es gilt, mithilfe einer weiteren Verdichtung aus seinen fünf bis zehn (bis …) ermittelten Kennzahlen ein Gesamturteil abzuleiten. Natürlich ist es sinnvoll und notwendig, zu differenzieren und verschiedene Aspekte zu berücksichtigen; dennoch sind – in Abhängigkeit vom jeweils konkreten Analysezweck – grundlegende Antworten notwendig auf Fragen wie: *„Ist es wahrscheinlich, dass es das Unternehmen noch in einem Jahr gibt?" „Welches der analysierten Unternehmen ist unter dem Strich das erfolgreichste?"* Und manchmal läuft es auch schlicht auf eine Ja/Nein-Entscheidung hinaus, die zu begründen ist: *„Soll/kann dem Unternehmen ein weiterer Kredit gewährt werden?"*

Die Herausforderung liegt dann darin, die ermittelten Kennzahlen entsprechend zu verdichten, sodass eine fundierte Antwort auf Fragen wie diese gegeben werden kann. Und auch wenn bereits mehrfach festgehalten wurde, dass die Bilanzanalyse ein höchst subjektives Verfahren ist, in dem individuelle Vorgaben und Erwartungen alleine den Maßstab darstellen können, ist dies kein Freibrief für ein willkürliches Vorgehen. Die angewandten Verfahren selbst haben sich um ein höchstes Maß an Transparenz zu bemühen, um aufzuzeigen, wie ein Urteil zustande kam. Daraus folgen abschließend drei Anforderungen für die Bildung von Gesamturteilen, welche die zuvor angeführten Kriterien für die Auswahl von Kennzahlen ergänzen:

- **Grundsatz der Neutralisierung:** Bereits vor Ermittlung der Kennzahlen ist zu gewährleisten, dass die Datenbasis möglichst unverzerrt ist. Dies erfordert entsprechend Aufbereitungen der auszuwertenden Finanzberichte; dadurch soll u. a. bilanzpolitischen Maßnahmen entgegengewirkt werden, die auf eine Beeinflussung des Prozesses der Urteilsbildung durch die Adressaten der Finanzberichte zielen (siehe Kap. 6.).

- **Grundsatz der Ganzheitlichkeit:** Die für die Entscheidungsfindung herangezogenen Kennzahlen müssen die für das angestrebte Gesamturteil relevanten Aspekte gesamthaft abdecken; d. h., zu allen damit verbundenen Fragen müssen Kennzahlen berücksichtigt sein. Insb. sind auch Zusammenhänge zwischen diesen Kennzahlen zu beachten (z. B. Gegensätze, wie sie im Rahmen des sog. Leverage-Effekts abgebildet werden [siehe Kap. 7.4.4.], zur Gegenläufigkeit von Rentabilität und Risiko) und in der Urteilsfindung zu würdigen (zumeist durch eine Klarstellung, welche Prioritäten gesetzt werden). Der Bilanzanalyst hat sich weiterhin um möglichst umfassende und ausgewogene Informationen zu bemühen, die in sein Urteil eingehen, was auch die Berücksichtigung verbaler Inhalte der Finanzberichte umfasst.

- **Grundsatz der Objektivierung:** I. e. S. für die Gesamturteilsbildung gefordert wäre, dass Auswahl, Gewichtung und Zusammenfassung der Urteilskriterien unabhängig von subjektiven Empfindungen und Erfahrungen des Bilanzanalytikers erfolgen; dies kann primär auf einer breiten empirischen Basis und mit mathematisch-statistischen Methoden geschehen. Die in weiterer Folge dargestellten Kennzahlensysteme (auf Basis von logischen Schlussfolgerungen; siehe Kap. 7.6.) bzw. insb. die dargestellten Bonitätsmodelle (siehe Kap. 7.7.) entsprechen dem weitestgehend. Sie sind jedoch nur für wenige ausgewählte Fragestellungen sinnvoll heranzuziehen. I. w. S. scheint es daher auch hier ausreichend, die Annahmen und Verfahrensschritte transparent auszugestalten und offenzulegen und die Gesamturteilsbildung auf Grundlage einer klaren Argumentation zu fällen. Subjektive Annahmen sind hier zulässig (da ohnedies auch unumgänglich), so sie die Interessen und Erwartungshaltungen der Adressaten der Bilanzanalyse abbilden und entsprechend vom Bilanzanalysten erhoben werden.

4.5. Entwicklungen in Richtung einer qualitativen Bilanzanalyse

Nicht zuletzt aufgrund der Kritik an den Grenzen, die mit der Auswertung rein finanzieller Informationen verbunden sind (siehe Kap. 2.7.), werden international zunehmend Bemühungen unternommen, diese durch qualitative Informationen zu ergänzen, die in Auswertung und (Gesamt-)Urteilsbindung Einfluss finden. Die folglich als *„qualitative Bilanzanalyse"* bezeichnete Form der Bilanzanalyse bemüht sich um eine Ergänzung der *„Hard Facts"* primär aus Bilanz und GuV durch ergänzende Auswertung der verbalen Berichterstattung (*„Soft Facts"*). Im Fokus stehen Anhang und Lagebericht, ergänzend werden aber auch weitere qualitative Aspekte betrachtet.

Bzgl. der Durchführung einer qualitativen Bilanzanalyse werden zwei mögliche Stoßrichtungen unterschieden:

- **Analyse des bilanzpolitischen Instrumentariums:** Bezugnehmend auf Bilanz und GuV kann untersucht werden, ob gewährte Wahlrechte und Ermessensspielräume den üblichen Praktiken folgen oder eher ergebnisgestaltend (erhöhend bzw. vermindernd) eingesetzt werden. Auf diese Analyse wird an späterer Stelle noch vertieft eingegangen (siehe Kap. 7.7.4.).

- **Semiotische** (d. h. auf den Gebrauch von Sprache und Zeichen fokussierende) **Bilanzanalyse:** Hier steht viel stärker die eigentliche verbale Berichterstattung in den analysierten Finanzberichten im Vordergrund. Dabei werden drei Ansatzpunkte unterschieden:

    - Informationsgewinnung aus dem **Präzisionsgrad der getätigten Aussagen**: Dem liegt die Annahme zugrunde, dass, je präziser die Berichterstattung erfolgt, umso eher mit einer Darstellung in den Finanzberichten zu rechnen ist, die der tatsächlichen wirtschaftlichen Lage des Unternehmens entspricht. Z. B. sind in dieser Hinsicht Punktaussagen (*„Das Umsatzvolumen mit Produkt A hat sich um 10.000 Euro erhöht."*) gegenüber weicheren Aussagen (*„Das Umsatzvolumen einzelner Produkte konnte erheblich gesteigert werden."*) höher einzustufen. Dabei ist aber zu beachten, dass sich unpräzise Aussagen oftmals nicht vermeiden lassen werden – insb. aus Haftungsüberlegungen bzw. i. V. m. Prognosewerten und Schätzungen.

    - Informationsgewinnung aus dem **Umfang der freiwilligen Berichterstattung**: Diese basiert auf einer sehr ähnlichen Annahme – je mehr an freiwilligen Angaben im Rahmen der Berichterstattung getätigt wird (z. B. freiwillige Veröffentlichungen von Kapitalflussrechnungen oder Wertschöpfungsrechnungen, erweiterte Rückstellungsdarstellungen etc.), umso eher dürfte die tatsächliche Situation des Unternehmens der in den Finanzberichten dargestellten entsprechen. Wobei allerdings wieder zu beachten ist, dass ein bloßes Mehr an Informationen nicht automatisch bedeuten muss, dass der Informationsadressat tatsächlich besser informiert wird (nicht zuletzt wieder vor dem Hintergrund des Problems der Informationsüberflutung; siehe Kap. 4.3.1.).

- Informationswahl auf Grundlage der **Wortwahl**: Diese untersucht die rein verbalen Darstellungen in den Finanzberichten nach den enthaltenen positiven oder negativen Wertungen. Wie häufig werden also z. B. Sachverhalte positiv (*„erfolgreich"*, *„verbessern"* etc.) und wie häufig negativ (*„zurückgehen"*, *„einschränken"* etc.) beurteilt? Besonders interessant ist dies insb. im Vergleich über mehrere Geschäftsjahre hinweg, also ob derselbe Sachverhalt im Zeitablauf unterschiedlich beurteilt wird. Aus der Gegenüberstellung verbaler Wertungen für ausgewählte Tatbestände mit Kennzahlen zu deren Abbildung kann letztlich abgeleitet werden, ob hier eine Übereinstimmung vorliegt bzw. ob das Unternehmen sich um ein *„Schönfärben"* bzw. *„Schlechtreden"* bemüht. Gerade für die Gesamturteilsbildung am Ende des Bilanzanalyseprozesses kann beides wichtige, ergänzende Beurteilungsgrundlagen liefern.

Die qualitative Bilanzanalyse kann und soll die „klassische" quantitative Bilanzanalyse nicht ersetzten, sondern sinnvoll ergänzen, indem es ihre „blinden Flecken" aufhellt. Eine eigenständige Bedeutung kommt schon alleine aufgrund des sehr hohen Analyseaufwands und der eher abstrakten Ergebnisse gegenwärtig nicht in Betracht. Erst wenige Tools sind für eine konkrete Unterstützung entwickelt. Daher ist sie in der Praxis noch von vergleichsweise geringer Bedeutung.

Konkreter Nutzen kann zumindest schon mit dem Teil zur Analyse des bilanzpolitischen Instrumentariums verbunden sein. Diese ist einerseits fester Bestandteil des sog. Saarbrücker Modells (siehe Kap. 7.7.4.), andererseits kann sie im Zuge einer Bilanzanalyse im Rahmen der Aufbereitungsmaßnahmen wertvolle Dienste erweisen (insb. hinsichtlich einer Ableitung, mit welchen Verzerrungen durch bilanzpolitische Maßnahmen gerechnet werden kann und welche Aufbereitungsmaßnahmen daher angebracht sein könnten; siehe Kap. 6.2.3.).

Die Überlegungen hinter der semiotischen Bilanzanalyse eigenen sich demgegenüber gut als grds. „Gedankenhaltung" für den Bilanzanalysten, wie er die verbalen Informationen, die er im Zuge seiner Analysen unweigerlich aufnimmt, grob einordnen kann. Eine umfassende und systematische Auswertung in dieser Richtung wird aber i. d. R. in den meisten Fällen aufgrund der (technischen) Möglichkeiten bzw. aufgrund einer Kosten-Nutzen-Betrachtung ausscheiden.

5. „First Things Come First": Umfeld- und Unternehmensanalysen

5.1. Überblick

Bevor der Bilanzanalyst zur Aufbereitung der Finanzberichte und in weiterer Folge zur Ermittlung von Kennzahlen auf dieser Basis schreitet, ist es zunächst erforderlich, dass er sich ein fundiertes Verständnis über das Analyseobjekt verschafft (siehe Kap. 2.3.). Hierdurch gewinnt er einen Überblick darüber, welche Aspekte von besonderem Interesse für seine folgenden Analysen sind; darüber hinaus sind diese grundlegenden Erkenntnisse von Relevanz für seine Gesamturteilsbildung und dessen Plausibilisierung.

Wie dieses Verständnis erworben wird, dazu steht dem Bilanzanalysten eine unübersehbare Vielfalt am Möglichkeiten offen; entscheidend ist auch hier, dass seine Handlungen zielgerichtet und ausgewogen erfolgen, das Wesentliche ins Auge fassen und wie der gesamte Prozess der Bilanzanalyse eine angemessene Kosten-Nutzen-Relation aufweisen – aufgrund der Weitgefasstheit dieses Analyseschrittes ließen sich fast beliebig viele Ressourcen in ihn investieren. Um dies zu unterstützen, hat sich in der BWL ein Instrumentarium entwickelt, dessen sich der Bilanzanalyst bedienen kann; dieses teilt sich in Instrumente zur Umfeld- und Instrumente zur Unternehmensanalyse:

- **Umfeldanalyse:** Hier werden Faktoren betrachtet, die das Unternehmen von außen (d. h. aus seinem Umfeld) beeinflussen; Beispiele umfassen eine Analyse des generellen Umfeldes (insb. politische, soziale, volkswirtschaftliche etc. Aspekte) sowie im Besonderen der konkreten Anspruchsgruppen eines Unternehmens (Kunden, Lieferanten etc.) und deren Beziehungen zu diesem. Gerade fundiertes Branchenwissen erweist sich als unumgänglich, um ein Unternehmen verstehen zu können.

- **Unternehmensanalyse:** Hier wird demgegenüber stärker eine „Innenperspektive" eingenommen; im Fokus steht besonders die Analyse der Strategie des Unternehmens, seine Wertkette und sein Geschäftsmodell, die relative Positionierung des Unternehmens gegenüber Wettbewerbern sowie dessen Stärken und Schwächen.

Im einfachsten Fall kann sich der Bilanzanalyst hierfür ausgearbeiteter Checklisten bedienen, die für die konkreten Betrachtungen relevanten Fragestellungen umfassen. Derartige Checklisten können vom Analysten selbst entwickelt werden, er kann sich aber auch zahlreicher Vorlagen aus der Literatur bedienen. Darüber hinaus finden sich weiterentwickelte Instrumente in der Literatur, denen oft ein geschlossenes Konzept oder eine Theorie zugrunde liegt; dies ist dann ein Vorteil gegenüber Checklisten, die oftmals eher willkürlich entstehen und einen geringeren Zusammenhang zwischen den betrachteten Fragestellungen aufweisen. Außerdem können Checklisten einen mitunter etwas ausufernden Umfang annehmen, was mitunter ebenso nur bedingt zweckmäßig ist.

Nachfolgend sollen hier nun sowohl Beispiele für Checklisten als auch für weiterentwickelte Instrumente der Umfeld- und Unternehmensanalyse vorgestellt werden, die sich in der Praxis bewährt haben. Diese sind tlw. sehr formalisiert und weitreichend. Der Bilanzanalyst muss diese keinesfalls vollständig und in vorgesehener Form anwenden; er kann sie modifizieren und auf seine Bedürfnisse anpassen oder im einfachsten Falle nur als „Gedankenanstöße" nützen, wie er sein Verständnis über das Analyseobjekt auf eigenem Wege entwickeln will. Auch hier ist er letztlich selbst für die Durchführung – und damit wesentlich für die Qualität der Ergebnisse – des Prozessschrittes verantwortlich. In der Folge kann selbstverständlich nur ein kleiner Überblick über wichtige Instrumente gegeben werden.

Ziel der dargestellten Analysen ist es, nicht nur das Verständnis des Bilanzanalysten für die Besonderheiten des Analyseobjektes zu schärfen, sondern auch Erwartungen zu entwickeln. Scheint z. B. ein positives oder ein negatives Gesamturteil am Ende des Analyseprozesses wahrscheinlicher? Diese Erwartungen sind mit den anschließend erzielten Ergebnissen zu vergleichen und sind so die Grundlage für den für den Prozess der Bilanzanalyse maßgeblichen Feedback-Schleifen: Werden die Erwartungen bestätigt, oder findet der Bilanzanalyst Überraschungen vor (siehe Kap. 2.3.)?

5.2. Instrumente für die Umfeldanalyse

Die Umfeldanalyse wird oftmals auch als „Umweltanalyse" bezeichnet – von dieser alternativen Bezeichnung wird hier aber Abstand genommen; bei dem Begriff *„Umwelt"*

„First Things Come First": Umfeld- und Unternehmensanalysen

denkt man heute zunehmend an ökologische Aspekte. Diese sind auch für die Umfeldanalyse von großer Bedeutung – jedoch beschränkt sich die Analyse nicht ausschließlich auf solche, sondern geht wesentlich weiter. Ein Unternehmen existiert insb. deswegen, weil es verschiedenste Ressourcen von seinen Anspruchsgruppen zur Verfügung gestellt erhält und an diese wieder absetzen kann. Daher ist es bedeutsam, die vielfältigen und nicht immer leicht durchschaubaren Beziehungen zwischen dem Unternehmen und seinen Anspruchsgruppen näher zu betrachten. Die Umfeldanalyse stellt dabei weiterhin auf Entwicklungstendenzen in diesem Umfeld ab, zumeist mit einem Fokus zwischen fünf und zehn Jahren.

Umfassende **Checklisten** für die Durchführung von Umfeldanalysen sind in der Literatur weit verbreitet. Im Folgenden wird der umfassende Vorschlag von *Pümpin*[12] vorgestellt, der eine Dreiteilung in Analyse des allgemeinen Umfeldes – Marktanalyse – Branchenanalyse vornimmt:

	Analyse des allgemeinen Umfelds

Ökologische Umwelt	• Verfügbarkeit von Energie,
	• Verfügbarkeit von Rohstoffen,
	• Strömungen im Umweltschutz:
	  – Umweltbewusstsein,
	  – Umweltbelastung,
	  – Umweltschutzgesetzgebung,
	• Recycling:
	  – Verfügbarkeit/Verwendbarkeit von Recycling-Material,
	  – Recyclingkosten.

Technologie	• Produktionstechnologie:
	  – Entwicklungstendenzen in der Verfahrenstechnologie.
	  – Innovationspotenzial.
	  – Automation/Prozesssteuerung/Informationstechnologie/CIM/CAM,
	• Produktionsinnovation:
	  – Entwicklungstendenzen in der Produkttechnologie (Hardware, Software),
	  – Innovationspotenzial,
	• Substitutionstechnologien:
	  – mögliche Innovationen,
	  – Kostenentwicklung,
	• Informatik und Telekommunikation.

Wirtschaft	• Entwicklungstendenzen des Volkseinkommens in den relevanten Ländern, • Entwicklung des internationalen Handels (Wirtschaftsintegration, Protektionismus), • Entwicklungstendenzen der Zahlungsbilanzen und Wechselkurse, • erwartete Inflation, • Entwicklung der Kapitalmärkte, • Entwicklung der Beschäftigung (Arbeitsmarkt), • zu erwartende Investitionsneigung, • zu erwartende Konjunkturschwankungen, • Entwicklung spezifischer relevanter Wirtschaftssektoren.

---

[12] *Pümpin*, Strategische Erfolgs-Positionen (1992); tlw. auch nach *Thommen/Achleitner*, Allgemeine Betriebswirtschaftslehre[7] (2012).

SWK-Spezial: Bilanzanalyse

Demografische und sozialpsychologische Entwicklungstendenzen	• Bevölkerungsentwicklung in den relevanten Ländern, • sozialpsychologische Strömungen (z. B. Arbeitsmentalität, Sparneigung, Freizeitverhalten, Einstellung gegenüber der Wirtschaft, unternehmerische Grundhaltungen).
Politik und Recht	• Globalpolitische Entwicklungstendenzen, • parteipolitische Entwicklung in den relevanten Ländern, • Entwicklungstendenzen in der Wirtschaftspolitik,
Politik und Recht	• Entwicklungstendenzen in der Sozialgesetzgebung und im Arbeitsrecht, • Bedeutung und Einfluss der Gewerkschaften, • Handlungsfreiheit der Unternehmen.
Marktanalyse	
Quantitative Marktdaten	• Marktvolumen, • Stellung des Marktes im Marktlebenszyklus, • Marktsättigung, • Marktwachstum (mengenmäßig und relativ), • Marktanteile, • Stabilität des Bedarfs.
Qualitative Marktdaten	• Kundenstruktur, • Bedürfnisstruktur der Kunden, • Kaufmotive, • Kaufprozesse/Informationsverhalten, • Marktmacht des Kunden.
Branchenanalyse	
Branchenstruktur	• Anzahl der Anbieter, • Heterogenität der Anbieter, • Typen der Anbieterfirmen, • Organisation der Branche (Verbände, Absprachen etc.).
Beschäftigungslage und Wettbewerbssituation	• Auslastung der Kapazität, • Konkurrenzkampf.
Wichtigste Wettbewerbsinstrumente/ Erfolgsfaktoren	• Qualität, • Sortiment, • Beratung, • Preis, • Lieferfristen • etc.
Distributionsstruktur	• Geografische Präsenz, • Absatzkanäle.
Branchenausrichtung	• Allgemeine Branchenausrichtung (Werkstoffe, Technologie, Kundenprobleme etc.), • Innovationstendenzen (Produkte, Verfahren etc.).
Sicherheit	• Eintrittsbarrieren für neue Konkurrenten, • Substituierbarkeit der Leistungen.

Tabelle 8: Beispielhafte Checkliste für die Umfeldanalyse

Eine Fokussierung erfahren Checklisten wie die obige durch das Modell der sog. *„PEST-Analyse"*. Diese etwas unfreundlich klingenden Bezeichnung steht als Abkürzung (Akronym) für *„Political, Economic, Social and Technological Change"* (zu

Deutsch: politisch, ökonomisch, soziokulturell und technologisch). Hierbei wird insb. auf erwartete Entwicklungen abgestellt. Gelegentlich findet auch die Bezeichnung „*STEP-Analyse*" Anwendung, wobei diesfalls einfach die Buchstabenreihenfolge etwas umgeändert (und damit freundlicher klingend) wird.

P – Political	E – Economic
Auswirkungen politischer Entwicklungen auf das Unternehmen	Auswirkungen (insb. volks-)wirtschaftlicher Entwicklungen auf regionaler, nationaler und internationaler Ebene
S – Social	T – Technological
Auswirkungen von gesellschaftlichen Entwicklungen	Auswirkungen insb. der Entwicklung neuer Technologien

Abbildung 19: Beispielhafte Darstellung der PEST-Analyse

Für die einzelnen Beurteilungsfaktoren können u. a. folgende Beispiele genannt werden:

- **Politische Faktoren:** Gesetzgebung, politische Stabilität, Handelshemmnisse, Sicherheitsvorgaben oder Subventionen etc.
- **Ökonomische Faktoren:** Wirtschaftswachstum, Zinsen, Wechselkurse, Besteuerung, Arbeitslosigkeit, Konjunkturzyklen oder Ressourcenverfügbarkeit etc.
- **Soziokulturelle Faktoren:** Werte, Lebensstil, demografische Einflüsse, Einkommensverteilung, Bildung oder Bevölkerungswachstum etc.
- **Technologische Faktoren:** Forschung, Produkt- und Prozessinnovationen, Produktlebenszyklen etc.

Häufig findet auch eine Erweiterung zu einer **PESTE- bzw. PESTEL-Analyse** Anwendung:

- **Ökologische Faktoren (E – Environmental):** Müllentsorgung, Emissionsregelungen, Beseitigung von Altlasten oder die Auswirkungen der Erderwärmung. Diese Faktoren sind in engem Zusammenhang mit gesellschaftlichen Werten zu sehen (soziokulturellen Faktoren), werden jedoch auch von den drei weiteren Faktoren wesentlich mitgeprägt und sind insb. in manchen Branchen von zentraler Bedeutung (z. B. Energieversorgung).
- **Rechtliche Faktoren (L – Legal):** allgemeine Gesetzgebung, Steuerrichtlinien oder Wettbewerbsregelungen. Hierbei handelt es sich grds. um eine Aufgliederung der politischen Faktoren, die aufgrund ihrer unmittelbaren Bedeutung für Unternehmen herausgelöst werden. Dies kann insb. in stark regulierten Branchen von nützlich sein (z. B. Banken und Versicherungen).

Großer Beliebtheit als Analyseinstrument, das auf die Branche des Analyseobjekts fokussiert, erfreut sich weiterhin das sog. *„Five-Forces-Modell"* nach *Porter*.[13] Dieses beruht auf der Annahme, dass gerade die Branche entscheidend dafür ist, wie hoch die

---

[13] *Porter*, Wettbewerbsstrategien[10] (1999).

Rentabilität eines Unternehmens sein kann; entsprechend konzentriert sich die Umfeldanalyse auf fünf Faktoren, die für die Darstellung der Rahmenbedingungen in einer Branche von besonderem Interesse sind.

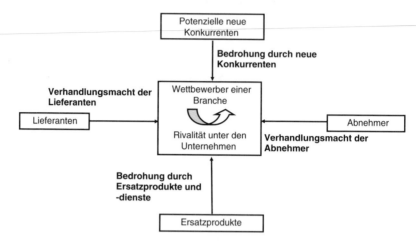

Abbildung 20: Beispielhafte Darstellung des Five-Forces-Modells

Im Modell werden fünf Einflussfaktoren unterschieden, die in weiterer Folge zu analysieren sind:

- **Verhandlungsmacht der Abnehmer:** Verhältnis von Abnehmern zu Anbietern; Substituierbarkeit der angebotenen Produkte und Dienstleistungen; Gefahr der Rückwärtsintegration etc.
- **Verhandlungsmacht der Lieferanten:** Verhältnis von Lieferanten zu Anbietern; Substituierbarkeit der bezogenen Produkte und Dienstleistungen; Bedeutung der bezogenen Produkte für den Leistungsprozess etc.
- **Bedrohung durch neue Konkurrenten:** Eintrittsbarrieren in die Branche (z. B. Höhe der erforderlichen Investitionen); zu erwartende Reaktionen seitens der bestehenden Branchenteilnehmer etc.
- **Bedrohung durch Ersatzprodukte und -dienste:** Einmaligkeit der Produkt- bzw. Dienstleistungseigenschaften; Produktinnovationen; gesellschaftliche Normen etc.
- **Rivalität unter den bestehenden Unternehmen:** Anzahl der Konkurrenten; Kostenstruktur (fixe vs. variable Kosten) etc.

Die Erkenntnisse aus diesen Analysen ermöglichen es insb., die Spezifika gesamter Branchen – im Vergleich zu anderen Branchen – herauszuarbeiten. Vor diesem Hintergrund können anschließend die Ergebnisse einer folgenden Unternehmensanalyse für konkrete Analyseobjekte einer Branche besser verortet und interpretiert werden.

Abschließend können auch System- bzw. **Anspruchsgruppenanalysen** den Umfeldanalysen zugeordnet werden. Bei diesen geht es um die Identifikation konkreter Anspruchsgruppen, die für das Analyseobjekt von Bedeutung sind. Anschließend wird die Beziehung zwischen Analyseobjekt und seinen Anspruchsgruppen beurteilt:

„First Things Come First": Umfeld- und Unternehmensanalysen

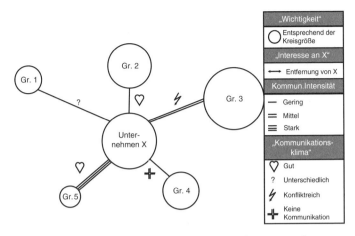

Abbildung 21: Beispielhafte Darstellung einer Anspruchsgruppenanalyse

Da der Begriff der Anspruchsgruppen sehr weit gefasst ist, ist es ratsam, nur auf die wichtigsten Anspruchsgruppen abzustellen. Hierunter fallen jene, die einem Unternehmen entscheidende Ressourcen zur Verfügung stellen bzw. von sonstiger hoher Bedeutung für die Art und Weise, wie ein Unternehmen geführt wird, sind. Diese Analyse ist aber auch dann noch immer sehr allgemein und oftmals mit wenig konkreten Ableitungen verbunden; sie ist daher insb. im Kontext von Analyseobjekten ratsam, die in besonderem Maße von ihren Anspruchsgruppen abhängig sind (für deren Geschäftstätigkeit z. B. politische Entscheidungen oder Interessenvertretungen besonders entscheidend sind; häufig werden solche Analysen auch im Kontext von NPOs angewandt).

5.3. Instrumente für die Unternehmensanalyse

In weiterer Folge ist auch das Analyseobjekt selbst zu untersuchen, um ein Verständnis über seine spezifische Ausgangslage zu gewinnen. Anders als die Umfeldanalyse erfordert eine Unternehmensanalyse jedoch sehr häufig detaillierte Einblicke in das konkrete Unternehmensgeschehen. Das wird für interne Bilanzanalysten eher möglich sein als für externe; Ersteren bleiben hier umfassende Analysehandlungen meist vorbehalten. Für Letztere bieten sich jedoch oftmals Möglichkeiten für Einblicke im Rahmen der Lageberichterstattung bzw. weiterer Bestandteile der Finanzberichte des Analyseobjekts (siehe Kap. 3.7. und 3.8.). Darüber hinaus sind zumeist auch allgemein zugängliche Informationsquellen wie Zeitungsberichte, Unternehmenshomepages etc. ergiebig.

Hier soll zunächst wieder ein Vorschlag für eine umfassende Checkliste von *Pümpin* gemeinsam mit *Geilinger*[14] vorgestellt werden:

Allgemeine Unternehmensentwicklung	<ul><li>Umsatzentwicklung,</li><li>Cashflow-Entwicklung bzw. Gewinnentwicklung,</li><li>Entwicklung des Personalbestands,</li><li>Entwicklung der Kosten und der Kostenstruktur:
	   – fixe Kosten,
	   – variable Kosten.</li></ul>

---

[14] *Pümpin/Geilinger*, Strategische Führung[2] (1988); tlw. auch nach *Thommen/Achleitner*, Allgemeine Betriebswirtschaftslehre[7] (2012).

Marketing	• Marktleistung (Sortiment):
	  − Breite und Tiefe des Sortiments,
	  − Bedürfniskonformität des Sortiments,
	• Marktleistung (Qualität):
	  − Qualität der Hardware-Leistungen (Dauerhaftigkeit, Konstanz der Leistung, Fehlerraten, Zuverlässigkeit, Individualität etc.),
	  − Qualität der Software-Leistungen (Nebenleistungen, Anwendungsberatung, Garantieleistungen, Lieferservice, individuelle Betreuung der Kunden etc.),
	  − Qualitätsimage,
	• Preis:
	  − allgemeine Preislage,
	  − Rabatte, Angebote etc.,
	  − Zahlungskonditionen,
	• Marktbearbeitung:
	  − Verkauf,
	  − Verkaufsförderung,
	  − Werbung,
	  − Öffentlichkeitsarbeit,
	  − Markenpolitik,
	  − Image (ggf. differenziert nach Produktgruppen etc.),
	• Distribution:
	  − inländische Absatzorganisation,
	  − Exportorganisation,
	  − Lagerbewirtschaftung und Lagerwesen,
	  − Lieferbereitschaft,
	  − Transportwesen.

Produktion	• Produktionsprogramm,
	• vertikale Integration,
	• Produktionstechnologie:
	  − Zweckmäßigkeit und Modernität der Anlagen,
	  − Automationsgrad,
	• Produktionskapazitäten,
	• Produktivität,
	• Produktionskosten,
	• Einkauf und Versorgungssicherheit.

Forschung und Entwicklung	• Forschungsaktivitäten und -investitionen,
	• Entwicklungsaktivitäten und -investitionen,
	• Leistungsfähigkeit der Forschung,
	• Leistungsfähigkeit der Entwicklung:
	  − Verfahrensentwicklung,
	  − Produktentwicklung,
	  − Softwareentwicklung,
	• Forschungs- und Entwicklungs-Know-how,
	• Patente und Lizenzen.

Finanzen	• Kapitalvolumen und Kapitalstruktur,
	• stille Reserven,
	• Finanzierungspotenzial,
	• Working Capital,
	• Liquidität,
	• Kapitalumschlag:
	  − Gesamtkapitalumschlag,
	  − Lagerumschlag,
	  − Debitoren-/Kreditorenumschlag,
	• Investitionsintensität.

„First Things Come First": Umfeld- und Unternehmensanalysen

Personal	• Qualitative Leistungsfähigkeit der Mitarbeiter, • Arbeitseinsatz, • Gehaltspolitik/Sozialleistungen, • Betriebsklima, • Teamgeist, • Unternehmenskultur.

Führung und Organisation	• Stand der Planung,
	• Geschwindigkeit der Entscheidungen,
	• Kontrolle,
	• Qualität und Leistungsfähigkeit der Führungskräfte,
	• Zweckmäßigkeit der Organisationsstruktur bzw. organisatorische Friktionen,
	• innerbetriebliche Information, Informationspolitik:
	   – Rechnungswesen,
	   – Marktinformation.

Innovationsfähigkeit	• Einführung neuer Marktleistungen, • Erschließung neuer Märkte, • Erschließung neuer Absatzkanäle.
Know-how in Bezug auf	• Kooperationen, • Beteiligungen, • Akquisitionen.
Synergiepotenziale	• Marketing, Produktion, Technologie etc.

Tabelle 9: Beispielhafte Checkliste für die Unternehmensanalyse

Eine besonders große Zahl an Instrumenten widmet sich der Fokussierung dieser Ansatzpunkte für die Unternehmensanalyse. Zu nennen ist hier zunächst das sog. **BCG-(Boston-Consulting-Group-)Portfolio**.

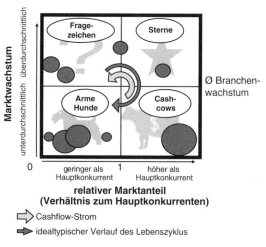

Abbildung 22: Beispielhafte Darstellung des BCG-Portfolios

Die in das Portfolio eingetragenen Kreise repräsentieren entweder die Produkte eines Unternehmens oder aber (wie es sich für die Bilanzanalyse besonders anbietet) z. B. einzelne Geschäftsbereiche. Der Durchmesser der einzelnen Kreise entspricht dann dem Umsatz des Produkts bzw. des Geschäftsbereichs. Aus Sicht des analysierten Unternehmens lässt sich für jeden platzierten Kreis eine sog. Normstrategie ableiten, d. h. eine Empfehlung bzgl. der weiteren Handhabung.

- **Fragezeichen:** Typischerweise junge Produkte/Geschäftsbereiche. Der Markt für diese hat hohes Wachstumspotenzial, die Produkte/Geschäftsbereiche haben selbst aber erst geringe relative Marktanteile. Entscheidungen können in Richtung Ausbau oder Aufgabe gehen. Im Fall eines Ausbaus müssen weitere Mittel investiert werden, die zumeist von anderen Produkten/Geschäftsbereichen „abzuzweigen" sind.
- **Stars:** Die vielversprechendsten Produkte/Geschäftsbereiche. Sie haben einen hohen relativen Marktanteil in einem Wachstumsmarkt. Der Investitionsbedarf, der sich aus dem hohen Marktwachstum ergibt, zehrt jedoch zumeist die bereits erwirtschafteten Mittel auf. Unternehmen zielen hier typischerweise auf eine Erhöhung der erzielten Deckungsbeiträge, ohne den Marktanteil dabei zu gefährden.
- **Cashcows:** Produkte/Geschäftsbereiche mit hohem relativem Marktanteil in einem nur (mehr) geringfügig wachsenden oder stagnierenden Markt. Sie produzieren stabile hohe Mittelrückflüsse, die dem Unternehmen zur Verfügung stehen, da ein deutlich geringerer Investitionsbedarf besteht. Unternehmen agieren in diesen zumeist über Preiswettbewerbsstrategien.
- **Arme Hunde:** Sind die Auslaufprodukte oder absterbenden Geschäftsfelder eines Unternehmens. Sie kennzeichnet ein kaum vorhandenes, manchmal sogar negatives Marktwachstum. I. d. R. sind sie über kurz oder lang abzubauen.

An dieser Analyse bietet nicht nur die Betrachtung einzelner Produkte oder Geschäftsbereiche wertvolle Aufschlüsse, auch die Betrachtung des **Gesamtportfolios** ist bedeutsam. So sollte ein Unternehmen typischerweise in allen der ersten drei Felder vertreten sein, um seine bestehenden Erfolgspotenziale auszuschöpfen bzw. in neue zu investieren.

Eine Weiterentwicklung hiervon stellt das sog. **McKinsey-Portfolio** (auch Marktattraktivitäts-Wettbewerbsstärken-Portfolio oder Neun-Felder-Portfolio genannt) dar. Dieses ermöglicht die Berücksichtigung sowohl quantitativer als auch qualitativer Faktoren (die dafür aber mehr an Ermessensspielraum bei der Beurteilung übrig lassen). Außerdem können mehr als nur zwei vorgegebene Erfolgsfaktoren abgebildet werden, da die Achsen ersetzt werden können.

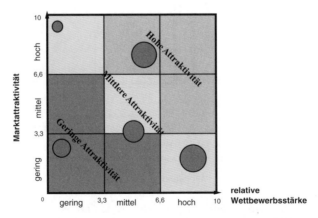

Abbildung 23: Beispielhafte Darstellung des McKinsey-Portfolios

„First Things Come First": Umfeld- und Unternehmensanalysen

Als Beispiele für die Einschätzung der Marktattraktivität können z. B. Marktwachstum und Marktgröße eingesetzt werden; für die relative Wettbewerbsstärke können z. B. wiederum Marktanteile bzw. die (relative) Finanzkraft eines Unternehmens herangezogen werden. Die sich aus der Positionierung der Produkte oder Geschäftsbereich ergebenden Konsequenzen sind gleichsam aus dem Portfolio ablesbar.

Ebenso aus dem Hause *McKinsey* stammt das sog. **7-S-Modell**. Dieses unterscheidet sieben Kernvariablen, die für ein Unternehmen als gleichsam relevant eingeschätzt werden (und allesamt mit einem „S" beginnen). Für ein stabiles, gut funktionierendes Unternehmen muss eine Balance zwischen diesen Faktoren sichergestellt sein.

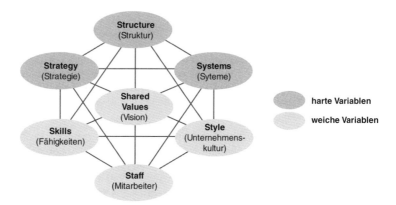

Abbildung 24: Beispielhafte Darstellung des 7-S-Modells

Die angeführten drei harten Variablen sind leicht zu erfassen und zu beurteilen. Im Gegensatz dazu sind ist die vier weichen Variablen deutlich schwieriger fassbar; allerdings kommt ihnen eine gleichsam hohe Bedeutung für das angesprochene Gleichgewicht wie den harten Variablen – manchmal sogar eine noch höhere – zu:

- **Strategie:** Alle Maßnahmen, die gesetzt werden, um einen nachhaltigen Wettbewerbsvorteil zu generieren.
- **Struktur:** Die Aufbauorganisation (d. h. das Organigramm) eines Unternehmens und ihre Zweckmäßigkeit.
- **Systeme:** Die Routineprozesse, die im Unternehmen ablaufen, z. B. Informationssysteme, Budgetierung etc.
- **Fähigkeiten:** Die Kernkompetenzen, über die das Unternehmen verfügt – als Grundlage für die zu erzielenden Wettbewerbsvorteile.
- **Mitarbeiter:** Die Zusammensetzung der Mitarbeiter eines Unternehmens (Qualifikationen, Alter etc.) und deren Steuerung im Rahmen des Personalmanagements.
- **Unternehmenskultur:** Sowohl die vom Management definierten als auch die historisch entwickelten Elemente der Werte, die im Unternehmen bestehen.
- **Vision:** Die im Unternehmensleitbild und der Unternehmensmission/-vision vertretenen Werte und deren Umsetzung in konkrete Zielvereinbarungen. Diese müssen von möglichst vielen Mitarbeitern vertreten werden.

An weiteren, jedoch tlw. noch stärker ins Detail gehenden Analyseinstrumenten können Analysen des **Produktlebenszyklus** oder des **Wertschöpfungsprozesses** genannt werden. Aber auch eine ganze Vielzahl weiterer Instrumente füllt die (A)BWL-Lehrbücher. Die Herausforderung im Rahmen der Bilanzanalyse liegt natürlich nicht darin,

SWK-Spezial: Bilanzanalyse

möglichst viele Instrumente, sondern im Zweifelsfall weniger anzuwenden, dies aber dafür umso gründlicher. Insb. sollen dabei nicht die grundlegenden Fragen im Hintergrund aus den Augen verloren werden: Die Ergebnisse aus diesem Schritt des Bilanzanalyseprozesses sollen die weiteren vorbereiten und insb. der abschließenden Plausibilisierung dienen.

Während es bei Umfeldanalysen vergleichsweise einfacher möglich ist, zwischen Status quo und zukünftigen Entwicklungen zu unterscheiden (und insb. beide abzudecken), gestaltet sich dies für Unternehmensanalysen herausfordernder. Diese stellen nämlich primär auf **Momentaufnahmen** ab. Daher hat der Bilanzanalyst hierbei besonderes Augenmerk auf die zeitliche Komponente und damit Entwicklungen wie Entwicklungsmöglichkeiten zu legen.

An den konkret vorgestellten Checklisten und Instrumenten erkennt man weiterhin sehr gut, dass zumindest tlw. die Ergebnisse von Bilanzanalysen und im Rahmen dieser berechneten Kennzahlen Eingang finden. Dies unterstreicht wieder den Charakter des **Kreislaufs**, den die Bilanzanalyse hat: Ihre konkreten Ergebnisse am Ende gehen in die allgemeineren Analysen vom Anfang wieder ein, ergänzen diese, plausibilisieren sie und führen so auch zu einer laufenden kritischen Reflexion über die ursprünglichen Entscheidungsgrundlagen.

Dies illustriert weiterhin, warum die Bilanzanalyse nur ein (selbständiger) **Teil der breiteren Unternehmensanalyse** ist (siehe Kap. 2.1.). Beide gehören eng zusammen, und die Bilanzanalyse hat – in ihrem eigenen Sinne – möglichst viele Aspekte dieser breiteren Analyse zu berücksichtigen. Zwar scheint es dann mitunter, als würde ein Zirkelschluss vorliegen (die Bilanzanalyse als Teil der Unternehmensanalyse, aber die Unternehmensanalyse als vorgelagerter Schritt im Rahmen der Bilanzanalyse); jedoch hebt sich dieser auf, wenn nochmals ins Bewusstsein gerufen wird, dass die Unternehmensanalyse, wie sie hier behandelt wurde, nur Mittel zum Zweck sein soll und sich daher an den konkreten Bedürfnissen der durchzuführenden Bilanzanalyse orientiert (schon vor dem Hintergrund der mehrfach angesprochenen Kosten-Nutzen-Betrachtung); d. h., sie läuft in der Praxis viel zweckgerichteter ab, als es bei einer *„Unternehmensanalyse als Selbstzweck"* der Fall ist. „Fokussiert" darf aber auch diesfalls nicht mit „beliebig" oder „unachtsam" gleichgesetzt werden – und keinesfalls darf auf diese Analysen vergessen werden.

5.4. Die SWOT-Analyse

Man kann die **SWOT-Analyse** (*Strengths, Weaknesses, Opportunities, Threats*) wohl zu Recht als *„Dauerbrenner"* auf dem Feld der Umfeld- und Unternehmensanalysen bzw. als deren ***„Königsdisziplin"*** bezeichnen; kaum ein Analyseprozess, der ohne sie auskommt. Dies liegt einerseits in ihrer (vermeintlichen) Einfachheit begründet, andererseits in dem breiten Spektrum an Aussagen, die sie ermöglicht. Die Erfahrung zeigt aber auch, dass die SWOT-Analyse in den meisten Fällen falsch bzw. nicht vollständig angewandt wird, weswegen es sich auszahlt, hier nochmals besonders grundlegend die Funktionsweise des Instruments zu betrachten.

„First Things Come First": Umfeld- und Unternehmensanalysen

	Stärken - Stärke 1 - Stärke 2 - Stärke 3	Schwächen - Schwäche 1 - Schwäche 2 - Schwäche 3
Chancen - Chance 1 - Chance 2 - Chance 3 - Chance 4	*Erfolgspotenziale* - Erfolgspotenzial 1 - Erfolgspotenzial 2 - Erfolgspotenzial 3 - Erfolgspotenzial 4	*Positive/negative Entwicklungsmöglichkeiten* - Entwicklungsmöglichkeit 1 - Entwicklungsmöglichkeit 2 - Entwicklungsmöglichkeit 3 - Entwicklungsmöglichkeit 4
Risiken - Risiko 1 - Risiko 2 - Risiko 3 - Risiko 4	*Positive/negative Entwicklungsmöglichkeiten* - Entwicklungsmöglichkeit 5 - Entwicklungsmöglichkeit 6 - Entwicklungsmöglichkeit 7 - Entwicklungsmöglichkeit 8	*Gefährdungspotenziale* - Gefährdungspotenzial 1 - Gefährdungspotenzial 2 - Gefährdungspotenzial 3 - Gefährdungspotenzial 4

Abbildung 25: Beispielhafte Darstellung einer SWOT-Analyse

Die SWOT-Analyse vereint die Ergebnisse aus der Umfeld- und Unternehmensanalyse; für sich genommen ist sie daher kein Instrument dieser beiden Analysen, da sie sozusagen *„über diesen steht"*. Dies gelingt ihr durch die zwei Betrachtungsdimensionen, die in ihr enthalten sind:

- **Chancen und Risiken:** Diese folgen aus der Umfeldanalyse und zeigen bereits schlagend gewordene oder vorherzusehende Entwicklungen auf, die sich auf positive oder negative Art und Weise auf das Unternehmen auswirken können. Chancen und Risiken liegen somit i. d. R. „außerhalb des Unternehmens" begründet.

- **Stärken und Schwächen:** Diese folgen aus der Unternehmensanalyse und kennzeichnen Dinge, die diese Unternehmen besonders gut oder schlecht können. Stärken und Schwächen liegen somit i. d. R. „im Unternehmen" begründet.

Wichtiges Unterscheidungsmerkmal ist hierbei die **Beeinflussbarkeit** der analysierten Tatbestände durch das Unternehmen selbst; bei Chancen und Risiken ist sie nicht gegeben, bei Stärken und Schwächen demgegenüber schon. Zeitliche Aspekte spielen demgegenüber keine Rolle für die Unterscheidung.

Die **Erfolgspotenziale**, um die es eigentlich im Zuge aller Analysehandlungen geht, kann man anschließend besonders gut ablesen – sie entstehen an der Schnittmenge zwischen Stärken und Chancen. D. h., es handelt sich dabei um die Grundlagen für positive zukünftige Entwicklungen, die ein Unternehmen für sich nützen kann. Dem gegenüber stehen die gleichsam interessanten Gefährdungspotenziale, oft auch *„tödliche Schwächen"* genannt – eine Schwächen-Risiken-Kombination (*„Was könnte das Unternehmen umbringen?"*).

- *Beispiel*

    Produzenten von Alternativenergie (z. B. Wind- und Solarstrom) verdienen im Moment hauptsächlich an staatlich geförderten Einspeisetarifen, die zumeist für eine gewisse Laufzeit gewährt werden (die aber kürzer als etwa die erwartete Lebensdauer eines Windrads oder Solarkraftwerks ist). Danach müssen sie mit dem gewöhnlichen Marktpreis ihr Auslangen finden. Wenn dieser Marktpreis (wie gegenwärtig) deutlich unter dem geförderten Tarif liegt, stellt dies ein Risiko dar; dieses trifft alle Akteure der Branche gleichermaßen und liegt in Umständen begründet, für die sie regelmäßig wenig können. Eine Schwäche eines konkreten Unternehmens liegt demgegenüber dann vor, wenn dieses eine große Anzahl an Kraftwerken hätte, die am Ende der vereinbarten Förderlaufzeit angelangt wären und somit bald aus dem gestützten System fallen. An der Schnittmenge zwischen dieser Schwäche und dem geschilderten Risiko läge z. B. als Gefährdungspotenzial, dass das Unternehmen in absehbarer Zeit nicht mehr in der Lage sein könnte, kostendeckend zu wirtschaften, sobald seine Kraftwerke aus dem Fördertarif fallen.

Wird eine SWOT-Analyse sorgfältig durchgeführt, ist sie ein besonders wirkmächtiges Instrument; häufig erfolgt jedoch eine Vermischung zwischen Stärken/Chancen und Schwächen/Risiken; bzw. es wird auf die Ableitung von Erfolgs- und Gefährdungspotenzialen verzichtet, und die SWOT-Analyse wird somit „nur" zu einer Visualisierung der Ergebnisse aus Umfeld- und Unternehmensanalyse.

5.5. Konsequenzen der Umfeld- und Unternehmensanalyse für den weiteren Bilanzanalyseprozess

Auf den Hauptnutzen hinter der Berücksichtigung der Erkenntnisse der Umfeld- und Unternehmensanalyse für die weiteren Schritte der Bilanzanalyse wurde bereits mehrfach hingewiesen: Es kann ein breites Verständnis für das Analyseobjekt gewonnen werden, und die in Folge erzielten Ergebnisse sind plausibilisierbar (Erwartungen vs. Überraschungen; siehe Kap. 5.1.). Wem das vielleicht etwas zu abstrakt klingt, der lässt sich hoffentlich durch folgende konkreten Nutzenpotenziale von der Sinnhaftigkeit dieses Unterfangens überzeugen:

- Tlw. können die Ergebnisse der durchgeführten Analysen herangezogen werden, um etwa die Peer Group für den **Betriebsvergleich** bzw. die einzubeziehenden Jahre für einen **Zeitreihenvergleich** – und in weiterer Folge auch **Sollwerte** – abzuleiten (siehe Kap. 4.1.).

- Im Rahmen von **Bonitäts- und Ratingmodellen** können qualitative Faktoren zur Ableitung eines Gesamturteils integriert werden (siehe Kap. 7.6.7.). Hiermit kann also auch ein formaler Rahmen für die Abbildung der Erkenntnisse geschaffen werden.

Praktische Herausforderungen stellen sich zumeist hinsichtlich der **Übertragung dieser Instrumente in den Kontext konkreter Analyseobjekte** – insb. dann, wenn diese etwas „ausgefallener" sind. Soll etwa eine Bierbrauerei analysiert werden, wird man mit dem dargestellten Instrumentarium bei nur geringem Anpassungsbedarf sein Auslangen finden; wird demgegenüber eine Hochschule oder ein Krankenhaus analysiert, stellen sich i. d. R. gleich am Beginn grundlegende Fragen viel stärker: Wer ist etwa der Kunde? Was sind die wertschöpfenden Prozesse? Diese sind mitunter „harte Nüsse"; umgekehrt ist aber diesfalls ein ganz besonders großer Nutzen mit einer sorgfältig durchgeführten Analyse von Umfeld und Unternehmen verbunden: So ist es schließlich undenkbar, sinnvoll weitere Analyseschritte zu setzen, etwa Kennzahlen zu rechnen und diese zu interpretieren, ehe die hier auftretenden Grundsatzfragen geklärt sind.

Wovor nochmals besonders zu warnen ist: Der externe Bilanzanalyst wird in besonderem Maße auf Informationen aus dritten Quellen angewiesen sein; der interne Bilanzanalyst wird zwar selbst mehr Informationsquellen offenstehen haben, aber letztlich ebenso etwa auf Auskünfte von Geschäftsbereichsleitern, Produktgruppenverantwortlichen, Controllern etc. angewiesen sein. In Ermangelung dieser Quellen hat der externe Bilanzanalyst demgegenüber im hohen Maße die (oftmals verbalen) Ausführungen in den Finanzberichten, aus Presseaussendungen etc. mit in seine Würdigung einzubeziehen. Hierbei sei warnend nur auf eine alte Volksweisheit verwiesen: *„Jeder Händler preist seine eigene Ware an."* D. h., allen Selbstdarstellungen ist entsprechend kritisch (wenngleich nicht gleich von Haus aus schon negativ eingestellt) gegenüberzutreten. Sie müssen hinterfragt werden und auch **mit konkreten Zahlen, Daten und Fakten belegt** werden können; dies ist von jenem **„Transparenzgebot"** mitumfasst, das für die Bilanzanalyse bedingungslos zu gelten hat. Der Bilanzanalyst darf nur Meinungen vertreten, die er für sich selbst gebildet und plausibilisiert hat – und dies auch dann, wenn er sie zunächst aus einer für ihn verlässlich erscheinenden dritten Quelle bezogen hat.

Ansonsten ist es etwa (im Extremfall) wenig verwunderlich, wenn als Ergebnis der Umfeld- und Unternehmensanalysen herauskommt, dass unter zehn betrachteten Unternehmen neun Branchenführer und ein knapper Zweiter (vermutlich aufgrund widriger Außenumstände im betreffenden Geschäftsjahr) sind. Diesfalls hätte man sich die Analysearbeit auch gleich sparen können.

6. Von den Rohdaten zum aufbereiteten Abschluss
6.1. Überblick

An dieser Stelle im Prozess der Bilanzanalyse beginnt sie nun – das, was viele vielleicht als die *„eigentliche (Rechen-)Arbeit"* (oder zumindest die Vorbereitung für diese) bezeichnen würden. Im Hinblick auf das in diesem SWK-Spezial vertretene ganzheitlichere Verständnis der Bilanzanalyse als Prozess ist die damit verbundene Abwertung der vorhergehenden Schritte jedoch nicht angebracht – wie sich auch in der Folge zeigen wird, ist das bereits erworbene Verständnis vom Analyseobjekt und den weiteren Rahmenbedingungen der Analyse absolut zentral für alles, was nun kommt.

Ebenso wurde bereits mehrfach betont, dass die Ermittlung von Kennzahlen als traditioneller Schlusspunkt einer Bilanzanalyse eigentlich einem sehr einfachen Input-Output-Prinzip folgt (bzw. eben *„garbage in – garbage out"*). Den Input erhält der Analyst vergleichsweise einfach aus den verfügbaren Finanzberichten; der interne Analyst hat darüber hinaus noch den Vorteil, dass er auf weitere interne Quellen zurückgreifen kann bzw. auch die Möglichkeit hat, zu offenen Punkten direkt nachzufragen. Die Frage, die sich nun unmittelbar stellt, ist jene nach der Qualität dieser Daten für die weitere Analyse (also inwieweit es sich dabei wirklich um *„garbage"* handelt). Sollte es hier Beanstandungen geben – und die gibt es sehr schnell –, so hat der Analyst im Rahmen seiner (bescheidenen) Möglichkeiten hier Abhilfe zu leisten. Dies geschieht in Form der sog. **Aufbereitung der Finanzberichte**. Damit ist letztlich ein *„Umrechnen"* bzw. *„Umbuchen"* gemeint.

Diese Aufbereitung hängt primär vom Rahmen der vorgefundenen Finanzberichte ab. Unternehmen haben die Möglichkeit, die Inhalte ihrer Finanzberichte zu gestalten – bewusst oder unbewusst. Dies nennt sich **Bilanzpolitik** und ist damit als der *„natürliche Widersacher"* der Bilanzanalyse zu sehen, da es eben zu Verzerrungen in den verfügbaren Daten und allen daraus abgeleiteten Schlüssen führt. Was typische Zielsetzungen hinter einer solchen Bilanzpolitik sind und wie sie vom Analysten erkannt werden kann, das behandelt das unmittelbar folgende Kap. 6.2.. Nicht zuletzt hieraus leitet sich anschließend der konkrete Bedarf an Aufbereitungsmaßnahmen für den Bilanzanalysten ab (siehe Kap. 6.3.); deshalb soll der diesbezügliche Rahmen auch gleich im Anschluss behandelt werden (getreu dem Motto *„Kenne deinen Feind!"* und bei weiterer Auslegung *„Sapere aude!"*). Weiters kommt den eigenen Zielsetzungen hinter der Bilanzanalyse zentrale Bedeutung zu.

6.2. Bilanzpolitische Gestaltungen in den analysierten Finanzberichten
6.2.1. Definition und Ziele der Bilanzpolitik

Eine typische **Lehrbuchdefinition**, was Bilanzpolitik genau ist und bezweckt, lautet in etwa wie folgt: Es handelt sich dabei um eine zweckgerichtete Einflussnahme auf Darstellung, Inhalt und Art der Berichterstattung im Rahmen eines Jahres- oder Konzernabschlusses, unter Beachtung der durch die gesetzlichen Regelungen gezogenen Grenzen, mit der Absicht, die Rechtsfolgen des Abschlusses und das Urteil der Abschlussadressaten zu beeinflussen. Im Einzelnen lassen sich die davon umfassten Aspekte wie folgt konkretisieren:

- Bilanzpolitik beschäftigt sich primär mit dem **Jahresabschluss** oder dem **Konzernabschluss**. Jedoch auch darüber hinausgehende Berichtsbestandteile kommen aufgrund der Zielsetzung der Bilanzpolitik als Anwendungsgebiet in Frage, etwa der Lagebericht, ein Corporate-Governance-Bericht etc. Dies ist ganz spiegelbildlich zu der eingangs vorgenommenen Abgrenzung zum Begriff der Bilanzanalyse und unterstreicht, dass Bilanzanalyse und -politik in einem ständigen Spannungsverhältnis zueinander stehen – das eine bedingt das andere (siehe Kap. 2.7.).

- Ziel ist die Beeinflussung entweder von **Rechtsfolgen** oder von **Urteilen**, die an den Jahresabschluss (oder ähnliche Finanzberichte) knüpfen. Rechtsfolgen könnte etwa die Einschätzung betreffen, ob ein Reorganisationsbedarf besteht (siehe Kap. 7.4.1.). Mit Urteil der Adressaten ist demgegenüber das Endergebnis einer Bilanzanalyse gemeint, wie es auch im Zentrum dieses SWK-Spezials (am Ende des Prozesses) steht.

- Die Einflussnahme durch den Bilanzpolitiker hat **zweckgerichtet** zu erfolgen: Wie auch der Bilanzanalyst wissen muss, was genau er analysieren will, muss dem Bilanzpolitiker klar sein, was für ein Bild er wovon genau zeichnen möchte. Dabei sind z. B. Trade-offs zu berücksichtigen, dass etwa die Vermittlung einer besonders stabilen finanziellen Lage mitunter zulasten der vermittelten Rentabilität gehen kann (wie es gerade der sog. Leverage-Effekt verdeutlicht; siehe Kap. 7.4.4.). Entsprechend braucht es einerseits klare Ziele, andererseits den zielgerichteten Einsatz eines korrespondierenden Instrumentariums, das Darstellung, Inhalt und Art der Berichterstattung beeinflussen kann.

- Letztlich sind die **Grenzen zwischen (legaler) Bilanzpolitik und (strafbarer) Bilanzmanipulation** zu beachten. Diese sind mitunter fließend und stellen somit einen schmalen Grat dar, entlang dessen sich der Bilanzpolitiker bewegen muss: Wenn er es übertreibt, ist er bereits „mit einem Bein im Kriminal". Dabei ist er grds. so lange auf der legalen Seite, als er sich am Wortlaut der Gesetze, der ergänzenden Materialien, weiterer Normen und der Literatur orientiert. Häufig sind jedoch individuelle Auslegungen unumgänglich, und diese können mehr oder weniger „frei" erfolgen. Und auch Rechnungslegungsstandards und die Literatur dazu können einander widersprechen, sodass die Grenze nicht immer klar ist. Mit einer Bilanzmanipulation sind in Österreich – neben zivilrechtlichen Folgen – mitunter weitrechende strafrechtliche Konsequenzen verbunden, die aber ebenso grds. rechtsformspezifisch geregelt sind (z. B. in § 255 AktG).

- Daneben sind natürlich auch bloße **Fehler** möglich, die ähnlich wie Bilanzmanipulationen Verstöße gegen einschlägige Normen darstellen, jedoch nicht absichtlich und damit nicht zweckgerichtet erfolgen. Ihre Auswirkungen sind aber für die Bilanzanalyse i. d. R. gleich bedeutend, und auch für die Unternehmen selbst kann damit die Notwendigkeit verbunden sein, einen Richter zu überzeugen, dass hier wirklich keine (versteckte) Absicht mit im Spiel war.

Dass es so etwas wie Bilanzpolitik überhaupt gibt, ist natürlich für Sinn und Zweck von Finanzberichten schon einmal problematisch und erschwert die Bilanzanalyse ungemein. Das bedeutet aber nicht, dass sie für sich selbst genommen von Haus aus schlecht wäre. So wurde aus der obigen Aufzählung bereits ersichtlich, dass es tlw. **unumgänglich ist, bilanzpolitische Entscheidungen zu treffen** – viele Bestimmungen sind unklar und können auf zwei oder mehrere verschiedene Weisen gelöst werden. Der CFO oder Rechnungswesenleiter, der nicht jene Lösung wählt, die im besten Interesse des Unternehmens ist, hat seinen Beruf eigentlich verfehlt. Sie tragen damit

Von den Rohdaten zum aufbereiteten Abschluss

zur Wettbewerbsfähigkeit des Unternehmens bei, etwa zur Gewinnung neuen Kapitals auf den Kapitalmärken – und dies ist dann ironischerweise wohl letztlich wieder im Interesse der Investoren, die vielleicht am Anfang durch bilanzpolitische Maßnahmen beeinflusst werden sollen (siehe Kap. 2.7.). Eigennützigere Motive betreffen demgegenüber z. B. Mitglieder des Vorstands, die erfolgsbasierte Vergütungselemente erhalten, die an buchhalterische Erfolgsgrößen anknüpfen – natürlich ist hier ein entsprechender Anreiz geschaffen, diesen Erfolg möglichst hoch auszuweisen (zumindest über die Laufzeit des Vorstandsvertrags hinweg). In beiden Fällen gibt es die dargestellten rechtlichen – und nicht zuletzt auch moralischen – Grenzen. Ein Rechnungslegungssystem, das lückenlos alle möglichen Fragestellungen regeln kann, ist (leider) undenkbar.

Bzgl. der möglichen **Zielsetzungen** hinter bilanzpolitischen Maßnahmen können vier sehr unterschiedliche Grundmuster identifiziert werden, wobei diese manchmal auch in Kombinationen auftreten:

- **Maximierung des ausgewiesenen Erfolgs:** Der „Klassiker", an dem man zumeist gleich denkt, wenn der Begriff „Bilanzpolitik" fällt. Ein Unternehmen soll als möglichst wirtschaftlich erfolgreich dargestellt werden. Diese Zielsetzung ist insb. in folgenden Zusammenhängen zu erwarten: Ein Unternehmensverkauf oder -zusammenschluss wird vorbereitet; eine Aufnahme von Eigenkapital über den Kapitalmarkt wird angestrebt etc. Besonders hoch ist die Wahrscheinlichkeit auch dann, wenn entsprechende Anreize für das Management geschaffen wurden (etwa hieran anknüpfende Karrierechancen; erfolgsbasierte Vergütungselemente; die Möglichkeit für das Management, sich selbst vor einem Abgang noch ein „Denkmal" zu setzen etc.).

- **Minimierung des ausgewiesenen Erfolgs:** Diese mögliche Zielsetzung verhält sich genau spiegelbildlich zur zuvor geschilderten und mag auf den ersten Blick etwas überraschend wirken. Auf den in der Praxis wohl wichtigsten Grund für ein solches Verhalten wurde jedoch bereits im Rahmen der Darstellung der Funktionen von Finanzberichten hingewiesen; da an den ausgewiesenen Erfolg auch die Bemessung von Steuerlast (Maßgeblichkeitsprinzip) und ausschüttbaren Gewinnen knüpft, kann sich hier ein bilanzpolitisches Handlungsfeld ergeben (siehe Kap. 3.1.3.). Z. B. soll die Steuerlast minimiert werden, was gerade für KMU ein ganz zentrales Motiv ist. Größere Unternehmen, gerade in der Rechtsform der AG, versuchen demgegenüber häufiger, den Gewinn gering zu halten, um weniger an Dividenden ausschütten zu müssen – da so wichtiges Kapital im Unternehmen bleiben kann, um es anschließend zu reinvestieren (häufig fällt hier die Metapher vom *„gierigen Aktionär"*, vor dem das Unternehmen zu schützen ist – über die Sinnhaftigkeit dieser Aussage soll hier aber nicht weiter diskutiert werden, hat sie doch ihr Für und Wider). Weitere Anreize können bestehen, wenn das Unternehmen etwa aus verschiedenen Gründen einen Aktienrückkauf plant und hierfür *„den Preis drücken"* möchte.

Letztlich können für das Management entsprechende Anreize gesetzt sein, im eigenen Interesse den ausgewiesenen Erfolg zu minimieren. Besonders trifft dies in den folgenden Fällen zu:

  - **Management-Buy-out:** Das Management kann das Eigentum über das von ihm geführte Unternehmen erwerben – und möchte hierfür in besagter Weise *„den Preis drücken"*.
  - **Stock-Options:** Auch ohne gleich das Eigentum über das Unternehmen vollständig zu übernehmen, können vergleichbare Anreize i. V. m. eingeräumten Bezugsrechten für einzelne Anteile an diesem bestehen – idealerweise mit der Zielsetzung, diese günstig zu beziehen und teuer weiterzuverkaufen.

- **„Big-Bath-Accounting":** Ein weiterer Klassiker – ein alter Vorstand verlässt das Unternehmen (und hat sich zuvor ggf. mithilfe bilanzpolitischer Maßnahmen ein *„Denkmal"* gesetzt), und ein neuer kommt. Dessen Mitglieder haben dann natürlich ein besonderes Interesse daran, die Vergangenheit einmal gründlich aufzurollen und so manche „Leiche aus dem Keller" hervorzuholen. Dadurch wird typischerweise das erste Geschäftsjahr ein desaströses (so man nicht gleich so weit geht, den bereits festgestellten und veröffentlichten Vorjahresabschluss – den letzten des alten Vorstands – neu aufzurollen und zu ändern). Die Argumentation lautet dann: *„Die Vorgänger waren doch nicht so toll bzw. haben uns zahlreiche Altlasten überlassen."* Damit wird die Messlatte für die eigene Amtsperiode schon einmal möglichst niedrig gelegt; man kann dann, von einem bescheidenen Ausgangsniveau startend, eigentlich nur positiv überraschen und sich selbst als *„Sanierer"*, *„Turnaround-Manager"* und dgl. feiern.

- **„Cookie-Jar-Accounting":** Dieser Begriff ist eng mit dem vorigen verbunden und bezeichnet das Verhalten, sich Reserven durch ein bewusstes Schlechtrechnen zu verschaffen, von denen man in den Folgeperioden zehrt. Das kann etwa eine interessante Option sein, wenn man – ganz ohne Vorstandswechsel – einmal ein schlechtes Jahr durchmacht; dann kann man mitunter gleich ganze Sachen machen und aus dem schlechten Jahr ein sehr schlechtes machen (*„auch schon egal"*), indem man z. B. noch ein paar Rückstellungen mehr bildet, als unbedingt notwendig wäre. Diese stellen aber solche Reserven dar, die man in den Folgejahren auflösen kann, um anschließend von den Erträgen aus dieser Auflösung zu profitieren – d. h. auf ein wirklich schlechtes Jahr können mehrere bessere folgen. Daher auch der Name dieser Praktik, die, wörtlich übersetzt, *„Keksdosen-Rechnungslegung"* bedeuten würde: Diese Dose wird einmal (mit den Reserven, den metaphorischen Keksen) bis zum Rand gefüllt, und so kann man Proviant für die weitere Reise mitnehmen.

- **Glättung des ausgewiesenen Erfolgs:** Diese Praktik versucht, unabhängig von der absoluten Höhe des ausgewiesenen Erfolgs, diesen im Zeitreihenvergleich möglichst konstant zu halten, d. h. Schwankungen zu vermeiden. Gründe hierfür können vielfältig sein und nehmen i. d. R. Bezug auf Kreditkonditionen, Erwartungen von Investoren, Steuereffekte etc. Ein möglichst wenig schwankender Erfolg hat darüber hinaus den grundlegenden Vorteil, Sicherheit, Stabilität, Vorhersehbarkeit zu signalisieren – dafür sind Kapitalgeber natürlich besonders dankbar, nicht zuletzt in turbulenten Zeiten wie den heutigen (siehe Kap. 4.1.3.).

- **Erreichen von Zielgrößen:** Wieder unabhängig von der absoluten Höhe des Erfolgs, aber auch von seiner Entwicklung im Zeitverlauf sind gerade bestehende Zielgrößen für den Erfolg eines Unternehmens ein Treiber der Bilanzpolitik. Auch hier spielen Analystenprognosen (für börsenotierte Unternehmen) bzw. Konditionen in Kreditverträgen (Covenants) eine zentrale Rolle – und nicht zuletzt Anreize für das Management, etwa bestimmte Erfolgsvorgaben (z. B. ein EBIT von X oder einen EVA von Y) zu erreichen (an die wiederum erfolgsbasierte Vergütungselemente knüpfen mögen).

Diese Aufzählung zeigt, dass insb. der berichtete Erfolg, d. h. letztlich besonders die GuV, im Blickpunkt bilanzanalytischer Maßnahmen steht. Aber diese hat einerseits entsprechende Wechselwirkungen mit der Bilanz, der Geldflussrechnung und den anderen Teilen der Finanzberichterstattung, und darüber hinaus ist andererseits gerade für die zentrale Erfolgsdimension der „Rentabilität" auch die Bilanz ein unmittelbarer Ansatzpunkt.

6.2.2. Instrumente der Bilanzpolitik

Zur Umsetzung dieser bilanzpolitischen Ziele steht den Akteuren ein breites Instrumentarium zur Verfügung. Dieses umfasst alle Maßnahmen, die gesetzt werden können, um ihre Ziele zu erreichen. Abbildung 26 stellt eine grundlegende Klassifizierung dieser möglichen Maßnahmen dar:[15]

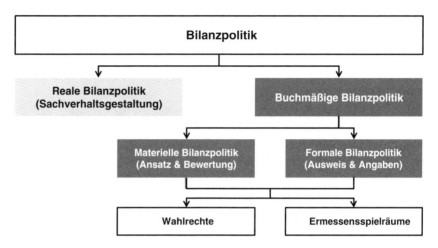

Abbildung 26: Instrumente der Bilanzpolitik

Die **reale Bilanzpolitik** umfasst i. w. S. alle Maßnahmen der Geschäftspolitik. D. h., man beschäftigt sich nicht erst mit Frage, wie Geschäftsfälle im Rechnungswesen und in weiterer Folge in den Finanzberichten abgebildet werden, sondern man gestaltet bereits diese „realen" Geschäftsfälle. Derartigen Maßnahmen sind u. a. zuzurechnen:

- **Kurzfristige Sachverhaltsgestaltung:** Erhöhung oder Reduzierung von Auszahlungen, die sofort GuV-wirksam sind (etwa Personalaufwendungen, GWG etc.); Veräußerung oder Erwerb von (Anlage- bzw. Umlauf-)Vermögen; Beeinflussung des Lieferzeitpunkts von Waren etc.

- **Langfristige Sachverhaltsgestaltung:** insb. unterschiedliche Vertragsgestaltungen im Hinblick auf deren jeweiligen Auswirkungen auf die Finanzberichte, z. B.: Sale-and-lease-back, Operate- vs. Finance-Leasing etc.; Maßnahmen zur Umstrukturierung im rechtlichen Aufbau des Unternehmens: z. B. Gründung von Joint Ventures, Ausgliederungen von Teilbetrieben etc.

Die reale Bilanzpolitik ist die gefährlichste von allen. Sie geht wirklich „ans Eingemachte", nämlich an das, was ein Unternehmen tut oder nicht tut. Damit kann für dieses Unternehmen **ein gravierender Schaden die Folge sein**. Soll etwa als bilanzpolitisches Ziel ein geringer Gewinn ausgewiesen werden, kann auf dieser Ebene einfach den Kunden ein großzügiger Rabatt gewährt werden; dieses Geld sieht das Unternehmen aber i. d. R. nie wieder. Im Rahmen der (gleich diskutierten) buchmäßigen Bilanzpolitik würden Teile des Umsatzes z. B. nur in die nächste Periode „verschoben werden". Außerdem hat die reale Bilanzpolitik den unangenehmen Nachteil, dass sie für den Bilanzanalysten nur sehr schwer oder gar nicht identifizierbar ist. Manche der gesetzten Maßnahmen sind für das Unternehmen selbst umkehrbar – etwa wenn es eine Rech-

---

[15] Die nachfolgende Abbildung basiert auf den Überlegungen von *Wagenhofer/Ewert*, Externe Unternehmensrechnung[2] (2007).

nung nicht im alten Geschäftsjahr, sondern erst im neuen ausstellt –, manche allerdings nicht – etwa wenn eine Unternehmenseinheit verkauft wird, um einen einmaligen Veräußerungsertrag zu lukrieren.

Vergleichsweise „angenehmer" aus Sicht der Bilanzanalyse sind demgegenüber Maßnahmen der **buchmäßigen Bilanzpolitik**. Diese müssen mit den beschränkten Möglichkeiten der Rechnungslegung arbeiten, um ihre Wirkungen zu entfalten. Sie umfassen zunächst die vier grundlegenden Gestaltungsdimensionen, die es im Kontext von Finanzberichten gibt (mehr sind es nicht):

- **Ansatz:** Was muss bzw. darf in Bilanz/GuV/Geldflussrechnung aufgenommen, d. h. angesetzt werden?
- **Bewertung:** Mit welchem konkreten (Euro-)Betrag ist dieser Posten dann zu bewerten?
- **Ausweis:** Wie bzw. in welcher Form muss der Posten in Bilanz/GuV/Geldflussrechnung dargestellt werden? Z. B. wie muss seine Bezeichnung lauten? Muss er alleine oder mit anderen Posten zusammengefasst ausgewiesen werden?
- **Angaben:** Welche erläuternden Angaben sind zu dem Posten primär im Anhang bzw. im Lagebericht erforderlich?

Fragen i. V. m. Ansatz und Bewertung werden zur **materiellen Bilanzpolitik** zusammengefasst – diese betreffen unmittelbar die Zahlen in den Finanzberichten und alle daraus abgeleiteten Kennzahlen. Ausweis und Angaben adressieren demgegenüber die weitaus „softere" **formale Bilanzpolitik**, die aber für die Bilanzanalyse letztlich genauso relevant ist; hängt das, was konkret gerechnet und analysiert werden kann, doch letztlich davon ab, was man als Grundlage in den Finanzberichten vorfindet. Wird ein an sich analyserelevanter Posten in keinem Bericht ausgewiesen und finden sich auch keine Angaben dazu, kommt insb. der externe Bilanzanalyst ganz schnell an die Grenzen seiner Möglichkeiten.

Solange sich der Bilanzpolitiker an den gesetzlichen Rahmen hält, stehen ihm in all diesen Punkten insb. zwei konkrete Ansatzpunkte für seine Maßnahmen offen: **Wahlrechte** und **Ermessensspielräume**. Diese Begriffe werden zwar mitunter in abweichender Bedeutung (bzw. mit abweichenden Formulierungen) von der Literatur verwendet, meinen aber folgende grundlegende Unterscheidung:

- **Wahlrechte:** Dem rechnungslegenden Unternehmen stehen mind. zwei Optionen offen, die einer „Entweder-oder-Logik" folgen und eine Auswahl zwischen konkret definierten Alternativen erfordern. Wahlrechte umfassen grds. Ansatz- oder Bewertungswahlrechte, aber ebenso Wahlrechte bzgl. des Ausweises und der Angaben.
- **Ermessensspielräume:** Hier steht dem Unternehmen zunächst keine Wahl offen, sondern es gibt eine konkrete Vorgabe, wie es vorzugehen hat. Diese Vorgabe ist aber so formuliert, dass nicht eindeutig ableitbar ist, welche konkrete Folge nun wirklich die „richtige" ist. Diese Konkretisierung liegt im eigenverantwortlichen Ermessen des rechnungslegenden Unternehmens. Ermessensspielräume umfassen grds. Individual- (zu jedem Stichtag vom Bilanzierenden neu zu treffende Entscheidungen, z. B. betreffend die konkrete Bewertung einzelner Bilanzposten) und Verfahrensspielräume (einmalig zu treffende Entscheidungen, z. B. hinsichtlich der Wahl von Abschreibungsverfahren).

Ermessensspielräume gehen sehr oft mit unbestimmten (Rechts-)Begriffen einher, die mit ein Grund für viele der Gestaltungsmöglichkeiten sind. Um UGB ist dies etwa der Fall, wenn Aufwandsrückstellungen nur dann zu bilden sind, *„soweit dies den Grundsätzen ordnungsmäßiger Buchführung entspricht"* (§ 198 Abs. 8 Z 2 UGB;

Von den Rohdaten zum aufbereiteten Abschluss

wobei niemand weiß, wann dies der Fall ist). Ähnlich wird u. a. von einer *„vernünftigen unternehmerischen Beurteilung"* oder einer *„verlässlichen Kostenrechnung"* gesprochen.

Wahlrechte haben den angenehmen Effekt, dass sie zumeist gut den jeweiligen Rechnungslegungsstandards entnehmbar sind, d. h. dem Bilanzanalysten leichter bewusst sein können; außerdem fordert die Ausübung von Wahlrechten i. d. R. das Tätigen von entsprechenden Angaben im Anhang. Ermessensentscheidungen sind demgegenüber wesentlich subtiler, d. h., ihre Ausübung ist oftmals besser versteckt und weniger bewusst – und ein Nachvollziehen der Vorgehensweise aufgrund häufig nur weniger (oder der Komplexität der zugrunde liegenden Fragestellung nicht gerecht werdender) Angaben dazu schwierig. Aus diesen Gründen können Wahlrechte tendenziell besser im Zuge der Aufbereitungsmaßnahmen berücksichtigt werden, Ermessensspielräume hingegen viel schwerer bis gar nicht (insb. für externe Bilanzanalysten). Im Vergleich der Bestimmungen des UGB und der IFRS zeigt sich, dass:

- das **UGB** tendenziell eine Vielzahl von Wahlrechten vorsieht, dafür aber eine geringere Zahl von Ermessensspielräumen zulässt,
- während es in den **IFRS** kaum Wahlrechte gibt, dafür aber eine wesentlich größere Zahl an Ermessensspielräumen.

Tabelle 10 listet die – zum gegenwärtigen Zeitpunkt – wichtigsten Wahlrechte und Ermessensspielräume in beiden Rechnungslegungssystemen auf. Diese Aufzählung ist naturgemäß nicht abschließend. Um die Übersichtlichkeit zu wahren, wird dabei ausschließlich auf die Themengebiete Ansatz und Bewertung eingegangen (materielle Bilanzpolitik). Hierbei ist wieder die hohe Dynamik in der IFRS-Regelwelt zu beachten: Alte Wahlrechte und Ermessensspielräume schwinden, und neue entstehen in einer hohen Frequenz. Das erschwert insb. den Zeitreihenvergleich und stellt hohe Anforderungen an den Bilanzanalysten, der entsprechende Kenntnisse über die grundlegenden Normen aufweisen muss.

	UGB		IFRS
Wahlrechte	Ansatzwahlrecht für Disagios	**Wahlrechte**	Bewertungswahlrecht für Sachanlagen zum Fair Value
	Ansatzwahlrecht für aktive latente Steuern		Bewertungswahlrecht für immaterielle Vermögenswerte zum Fair Value
	Ansatzwahlrecht für Rückstellungen von untergeordneter Bedeutung		Bewertungswahlrecht für *Investment Properties* zum Fair Value
	Ansatzwahlrecht für Aufwandsrückstellungen		Bewertungswahlrecht für nicht-monetäre Zuwendungen der öffentlichen Hand
	Ansatzwahlrecht für Buchverluste, die durch Umgründungen entstanden sind		Ansatzwahlrecht für den *„Full Goodwill"* nach IFRS 3
	Abschreibungswahlrecht bei nicht dauerhafter Wertminderung von Finanzanlagen		Wahlrecht zur Aktivierung von Fremdkapitalzinsen als Teil der Herstellungskosten
	Zuschreibungswahlrecht für eine frühere außerplanmäßige Abschreibung		

	UGB		IFRS
Wahlrechte	Anwendung von Bewertungsvereinfachungsverfahren	**Wahlrechte**	
	Sofortabschreibung von GWG		
	Wahlrecht zur Aktivierung der angemessenen Teile der Material- und Fertigungsgemeinkosten bei der Ermittlung der Herstellungskosten		
	Wahlrecht zur Aktivierung der Fremdkapitalzinsen bei der Ermittlung der Herstellungskosten		
	Wahlrecht zur Aktivierung eines angemessenen Teils der Verwaltungs- und Vertriebskosten bei Aufträgen, deren Ausführung sich über zwölf Monate erstreckt		
	Wahlrechte zum Verzicht auf die Einbeziehung von Tochtergesellschaften (Konzernabschluss)		
	Wahlrecht zwischen Buchwert- und Neubewertungsmethode für die Kapitalkonsolidierung (Konzernabschluss)		
	Wahlrecht zwischen Quotenkonsolidierung und At-Equity-Bewertung für Gemeinschaftsunternehmen (Konzernabschluss)		
	Abgrenzung von aktivierungspflichtigem Herstellungsaufwand und voll absetzbarem Erhaltungsaufwand		Beurteilung der Wahrscheinlichkeit zukünftigen Zu- bzw. Abflusses für den Bilanzansatz einzelner Posten (u. a. latente Steuern auf Verlustvorträge)
Ermessensspielräume	Gemeinkostenschlüsselung bei der Ermittlung der Herstellungskosten	**Ermessensspielräume**	Klassifizierung und Bewertung von Finanzinstrumenten nach IAS 39 bzw. IFRS 9
	Bestimmung der Nutzungsdauer von Anlagevermögen sowie die Wahl des Verfahrens für die planmäßige Abschreibung		Bestimmung der Nutzungsdauer von Anlagevermögen sowie Wahl des Verfahrens für die planmäßige Abschreibung
	Beurteilung, ob eine dauerhafte Wertminderung vorliegt, und Ermittlung des beizulegenden Werts für die außerplanmäßige Abschreibung		Aufgliederung der Vermögenswerte des Sachanlagevermögens i. S. d. Komponentenansatzes nach IAS 16
	Beurteilung des Eintritts bzw. des Wegfalls von rückstellungspflichtigen Risiken		Bildung von *Cash-Generating Units* für den Impairment-Test (und dessen Durchführung)

Von den Rohdaten zum aufbereiteten Abschluss

UGB		IFRS	
Ermessensspielräume	Ermittlung der rückzustellenden Beträge	Ermessensspielräume	Aufstellung von Prognosen i. V. m. der Bestimmung des Fair Value quer durch die verschiedensten Standards hindurch
	Wahl der Verbrauchsfolgeverfahren für die Bewertung von Vorräten		Festlegung der Bewertungsparameter für die Abzinsung langfristiger Schulden
	Umfang der Abwertung von Vorräten aufgrund des Niederstwertprinzips		Wahl der Verbrauchsfolgeverfahren für die Bewertung von Vorräten
	Bemessung der Pauschal- und Einzelwertberichtigung für Forderungen		Ermittlung des Fertigstellungsgrades für langfristige Fertigungsaufträge nach IAS 11
	Verteilung des Unterschiedsbetrags im Rahmen der Kaufpreisverteilung		Abgrenzung zwischen Forschungs- und Entwicklungsphase für die Aktivierung von Entwicklungsausgaben
	Durchführung der Währungsumrechnung (Konzernabschluss)		Verteilung des Unterschiedsbetrags im Rahmen der Kaufpreisverteilung
	Beurteilung der Notwendigkeit einzelner Konsolidierungsmaßnahmen (z. B. Schuldenkonsolidierung) (Konzernabschluss)		Klassifikation von Vermögenswerten oder Geschäftsbereichen als zur Veräußerung gehalten (IFRS 5)
			Beurteilung einer vorliegenden (Un-)Wesentlichkeit etwa für die Anwendung von Vereinfachungsverfahren (Sofortabschreibung GWG etc.)
			Beurteilung der Wesentlichkeit hinsichtlich anderer Aspekte, etwa der Einbeziehung von Tochtergesellschaften in den Konzernabschluss

Tabelle 10: Wahlrechte und Ermessensspielräume nach UGB und IFRS

Der Unterschied im Hinblick auf die Wahlrechte wird aus der Gegenüberstellung schnell ersichtlich. Bei den Ermessensspielräumen erscheint die angeführte Zahl an Fällen weniger offensichtlich, jedoch ist im Kontext der IFRS zu erwägen, dass sich viele dieser Spielräume quer durch Bilanz und GuV ziehen – etwa die Vorgehensweise zur Bestimmung des Fair Value, der von Finanzinstrumenten bis hin zu Bestimmung außerplanmäßiger Abschreibungen auf Sachanlagen eine Rolle spielt.

Als besondere Ausprägung der Wahlrechte und Ermessensspielräume ließen sich noch die sog. *„Nachweiswahlrechte"* ergänzen. Diese sind besonders in den IFRS ausgeprägt und meinen Regelungen, die an sich als Pflichtbestimmungen formuliert sind, aber verhältnismäßig leicht umgangen werden können. D. h., aus einer Pflichtbestimmung wird so ein relativ frei auslegbares Wahlrecht. Ein wichtiges Beispiel betrifft die Aktivierung von Entwicklungsausgaben: Dies wäre nach IAS 38 verpflichten vorgeschrieben, während Forschungsausgaben davor von einer Aktivierung ausgeschlossen sind. D. h., der Übergang zwischen beiden Phasen wird zum Kriterium – wann dieser Übergang aber stattfindet, das hat das Unternehmen zu dokumentieren und nachzuweisen. Wenn es ein Interesse an einer Aktivierung hat, wird es eher „fleißiger" hierbei sein; wenn nicht, werden einfach keine Nachweise erbracht, und die Ausgaben sind sofort aufwandswirksam. Ähnliche Gestaltungsspielräume über Nachweise sind insb. für die Abbildung von Sicherungsbeziehungen (*„Hedge Accounting"*) in den Finanzberichten relevant.

Ähnlich umfangreich ließen sich auch die Wahlrechte und Ermessensspielräume zu **Ausweis** und **Angaben** anführen. Z. B. steht Unternehmen die Wahl der Darstellungsform ihrer GuV offen (Umsatz- vs. Gesamtkostenverfahren, sowohl nach UGB als auch nach IFRS); darüber hinaus ist insb. im Rahmen der IFRS die Mindestgliederung nach dem Unternehmensermessen entsprechend zu erweitern. Nach den IFRS dürfen weiterhin Bilanz wie GuV in Konten- oder Staffelform aufgestellt werden. Auch hier sind die IFRS aus den geschilderten Gründen „flexibler", d. h., sie ermöglichen mehr an Gestaltungsraum, was die Bilanzanalyse entsprechend erschwert (siehe Kap. 3.2.3. und 3.3.3.). Außerdem wurde bereits zuvor das Ausweiswahlrecht bzgl. der Brutto- bzw. Nettomethode i. V. m. Subventionen angesprochen.

An dieser Stelle zeigt sich nun auch ein weiterer Vorteil, der sich aus der Einbeziehung der **Geldflussrechnung** in die Bilanzanalyse ergibt: Auf diese haben Gestaltungen hinsichtlich Ansatz und Bewertung grds. geringe Auswirkung, da nur auf die tatsächlichen Zahlungen abgestellt wird (auf das dennoch relevante Folgeproblem, etwa i. V. m. der Aktivierung oder Nichtaktivierung von immateriellen Vermögenswerten, wurde bereits hingewiesen; siehe Kap. 3.4.). Die Geldflussrechnung gilt somit als besonders „robust" gegenüber einer Vielzahl von bilanzpolitischen Gestaltungen. Dennoch kann auch sie von solchen getroffen werden; allerdings handelt es sich bei der für sie relevanten Bilanzpolitik stets um eine Ausweispolitik, d. h. die Frage, wie gewisse Zahlungen den drei Teil-Cashflows zugeordnet werden. Darüber hinaus kann sich Gestaltungsspielraum hinsichtlich der konkreten Abgrenzung des Fonds liquider Mittel ergeben. Darauf hat der Bilanzanalyst folglich sein Augenmerk zu legen und insb. im Zuge der Aufbereitungsmaßnahmen ggf. Umgliederungen vorzunehmen.

Darüber hinaus ist nach österreichischem Recht für den Konzernabschluss die Problematik zu beachten, dass hier den Unternehmen eine eigenständige **Konzernbilanzpolitik** offensteht, die sich mitunter sehr weit von der Bilanzpolitik aus den Jahresabschlüssen unterscheiden kann. Wird der Konzernabschluss nach den Bestimmungen des UGB aufgestellt, können für die Vereinheitlichung der zu konsolidierenden Finanzberichte de facto alle Wahlrechte und auch weite Teile der Ermessensspielräume neu ausgeübt werden. Wird der Konzernabschluss demgegenüber nach den IFRS aufgestellt, so ist ohnedies von Neuem ein eigenständiges Rechenwerk nach den internationalen Standards abzuleiten. Dies bedeutet bspw., dass es den in einen Konzernabschluss einbezogenen Unternehmen offensteht, im Rahmen ihrer Jahresabschlüsse eine Bilanzpolitik zu verfolgen, die auf die Minimierung des ausgewiesenen Erfolges ausgerichtet ist (z. B. zur Minimierung der folgenden Steuerlast), und im Konzernabschluss entgegengesetzt eine Maximierung des ausgewiesenen Erfolges anzustreben (z. B. um Investoren besser anzusprechen). Darüber hinaus ergeben sich auch gänzlich exklusive Gestaltungsmöglichkeiten etwa in Hinblick auf die in den Konzernabschluss konkret einzubeziehenden Unternehmen bzw. auf den Zeitpunkt der erstmaligen Einbeziehung. Diese zusätzliche Dimension der Bilanzpolitik im Kontext von Konzernen ist jedenfalls mit zu beachten.

Reale und buchmäßige Bilanzpolitik stehen in einem **Wechselspiel**. Wenn etwa für das Management oder andere Personen in einem Unternehmen Anreize zu einer Gestaltung der Finanzberichte bestehen, kann davon ausgegangen werden, dass auch entsprechende Instrumente gesucht und gefunden werden. D. h., je mehr Spielraum die

Von den Rohdaten zum aufbereiteten Abschluss

Normen des relevanten Rechnungslegungssystems bieten, desto eher wird wohl das Instrumentarium der buchmäßigen Bilanzpolitik angewandt – und umgekehrt. Dieser Aspekt ist insb. für die Abwägungen der Standardsetzer von Bedeutung.

Die **Grenzen der Bilanzpolitik** sind, wie bereits angesprochen, primär rechtlicher Natur. Hier greifen neben den konkreten Vorgaben etwa zu Ansatz und Bewertung in den Rechnungslegungssystemen allg. Grundsätze wie insb. jene der GoB. Zu nennen sind jene der Bilanzwahrheit und -klarheit, aber auch das Vorsichts- und Vollständigkeitsgebot. Diese sind allerdings reichlich schwammig und für weitere Interpretationen offen. Konkreter wird demgegenüber das (Bewertungs-)Stetigkeitsgebot, das besagt, dass

- Wahlrechte und Ermessensspielräume im Hinblick auf Bewertungsverfahren grds. beibehalten werden und auch einheitlich auf andere Sachverhalte angewandt werden müssen;
- Wahlrechte (insb. zum Ansatz) und Ermessensspielräume, die sich nicht auf Bewertungsverfahren beziehen (insb. Individualspielräume), demgegenüber für jeden Einzelfall erneut ausgeübt werden können. Diesfalls ist allerdings z. B. das Willkürverbot noch immer einschränkend zu beachten.

Hinsichtlich des Ausweises und der Angaben ist weiterhin die Darstellungsstetigkeit zu beachten und ein Abweichen nur in begründeten Ausnahmefällen zulässig. In diesen Punkten unterscheiden sich die Bestimmungen des UGB und der IFRS wenig. Anhand der Ausführungen in diesem Kap. zeigt sich, dass dem rechnungslegenden Unternehmen eine Vielzahl an Möglichkeiten für seine Bilanzpolitik offensteht. Der Analyst kann hierfür nur sensibilisiert sein und dies für die folgenden Aufbereitungsschritte wie für seine Interpretationen berücksichtigen. Jedenfalls benötigt er aber einen **Überblick über die Bestimmungen im betrachteten Rechnungslegungssystem**, um die konkreten Gefahren einschätzen zu können.

Sensibel sollte er weiterhin für die Kriterien sein, nach denen Unternehmen die **Auswahl des angewandten bilanzpolitischen Instrumentariums** vornehmen. Diese erfolgt regelmäßig nach Kriterien wie

- den Kosten, die mit der bilanzpolitischen Maßnahme verbunden sind,
- Schnelligkeit und Dauer der entfalteten Wirkungen,
- den Folgewirkungen in späteren Perioden,
- den Folgewirkungen auf andere Geschäftsfälle und
- der Erkennbarkeit der gesetzten Maßnahmen für die Adressaten der Finanzberichte.

Besonders wichtig ist dabei der Hinweis auf die Folgewirkungen auf andere Perioden. Solange sich der Bilanzpolitiker nämlich im Rahmen der Rechnungslegung, d. h. der buchmäßigen Bilanzpolitik, bewegt, kann er mit seinen Maßnahmen immer nur zu einer zeitlichen Verzerrung der Darstellung führen. Irgendwann jedoch holen ihn seine Taten ein. Dies liegt im sog. „**Grundsatz der Pagatorik**" bzw. im „**Kongruenzprinzip**" begründet, also dem Prinzip, dass alle quantitativen Werte in Bilanz und GuV letztlich auf realen Ein- und Auszahlungen basieren – sie werden nur zeitlich anders verteilt. Zahlt ein Unternehmen einmal 100 für eine Maschine, kann es mithilfe des bilanzpolitischen Instrumentariums z. B. bemüht sein, diese 100 sofort als Aufwand zu zeigen, auf drei oder fünf Jahre zu verteilen oder überhaupt erst bei Ausscheiden der Maschinen aus dem Unternehmen in der GuV anzusetzen. Aber irgendwann werden sich die 100 in der GuV mit einem Minus davor wiederfinden. Wenn ein Unternehmen also heute seinen Erfolg maximiert, wird dies auf zukünftige Jahre den gegenteiligen Effekt haben – und umgekehrt. Dies ist ein weiterer Vorteil langer Zeitreihen in der Bilanzanalyse und ein Damoklesschwert, das über den Bilanzpolitikern hängt und diese in besonderem Maße einschränkt. Allerdings ist anzumerken, dass dieser Grundsatz in den IFRS leider nur eingeschränkt Gültigkeit hat, nicht zuletzt aufgrund der Möglichkeit erfolgsneutraler retrospektiver Fehlerkorrekturen.

6.2.3. Möglichkeiten der Bilanzpolitikanalyse

Neben der zuvor angesprochenen Notwendigkeit, dass sich der Bilanzanalytiker des grundlegenden bilanzpolitischen Potenzials bewusst ist und hierauf auch die analysierten Finanzberichte untersucht (insb. im Anhang wird er fündig werden), gibt es einige konkrete Empfehlungen, die weiterführende Hilfestellungen geben sollen. Diese werden nachfolgend kurz dargestellt.

Aufgrund der engen Verbindung zwischen Ein- und Auszahlungen sowie Erträgen und Aufwendungen wird die Ermittlung von **Cashflow-basierten Kennzahlen** für die Plausibilisierung der ausgewiesenen Erfolge vorgeschlagen. Die Idee dahinter: Kurzfristig mag es eben große Unterschiede geben, langfristig muss dann doch einen Ausgleich stattfinden. Beliebte Kennzahlen sind dafür die im nächsten Kap. vorgestellte Gewinn- bzw. Umsatzqualität (siehe Kap. 7.4.2.). Aber bereits bei Gegenüberstellung von GuV und Geldflussrechnung muss ein Zusammenhang sofort ersichtlich werden. Der offensichtlichste Indikator für eine gestaltete bis sogar manipulierte Finanzberichterstattung wäre, wenn durchgehend negative Cashflows (insb. aus laufender Geschäftstätigkeit) durchgehend (wachsenden) Gewinnen gegenüberstünden.

Die **Bildung und Auflösung stiller Reserven** ist ein weiterer Ansatzpunkt für die Analyse. Dies folgt unmittelbar aus der gewählten Zielrichtung für die gesetzten bilanzpolitischen Maßnahmen. Eine Minimierung des ausgewiesenen Erfolgs wird so automatisch zu steigenden stillen Reserven führen und umgekehrt – von dieser Idee lebt ja auch das angesprochene „Cookie-Jar-Accounting". Entsprechend kann mithilfe von Kennzahlen versucht werden, die im Unternehmen enthaltenen stillen Reserven (und deren Entwicklung) aufzuzeigen. Die sich hierfür anbietende Kennzahl ist die Market-to-Book-Ratio (siehe Kap. 7.3.4.3.).

Bewährt ist weiterhin die besondere Untersuchung der Rückstellungen – mithilfe des (insb. in den IFRS verpflichtenden, in UGB-Abschlüssen nicht unüblichen) **Rückstellungsspiegels** aus dem Anhang – nach deren Entwicklung. Für diese sind gesondert Bildung, Verbrauch (wenn das rückgestellte Ereignis eintritt, d. h. die Rückstellung berechtigterweise hinsichtlich Grund und Höhe gebildet wurde) und Auflösung (wenn das rückgestellte Ereignis nicht eintritt, d. h. die Rückstellung in Vorperioden unnötigerweise gebildet wurde) für jedes Geschäftsjahr von Bedeutung – was wiederum im Zeitreihenvergleich ausgeglichen sein sollte. Natürlich werden die (tlw. sehr langfristigen) Schätzungen, auf denen Rückstellungen passieren, selten punktgenau zutreffen. Umfassendere nicht nachvollziehbare Entwicklungen gerade hinsichtlich der Auflösungen können jedoch ein besonders guter Indikator für ausgeübte Gestaltungen sein. Wie an früherer Stelle bereits angemerkt, bieten sich insb. die sonstigen Rückstellungen für bilanzpolitische Maßnahmen an (siehe Kap. 3.2.1.).

Da die Auflösung von Rückstellungen in der GuV unter den **sonstigen betrieblichen Erträgen** ausgewiesen wird, bietet sich auch deren Analyse besonders an. Eine Vielzahl an ertragsseitigen Gestaltungsmöglichkeiten, die einem Analyseobjekt zur Verfügung stehen, schlagen sich ergebniswirksam in diesen nieder; man denke etwa weiter an Erträge aus dem Abgang von Anlagevermögen oder aus der Herabsetzung von Einzel- oder Pauschalwertberichtigungen für Forderungen. Also Dinge, die eben nicht aus der typischen Geschäftstätigkeit resultieren und daher von Haus aus schon einmal spannend sind (siehe Kap. 3.3.1.).

Als letzter wichtiger Ansatzpunkt ist noch die sog. *„qualitative Bilanzanalyse"* zu nennen (siehe Kap. 4.5.). Diese versteht sich als Erweiterung der traditionellen, (finanz)zahlenorientierten Bilanzanalyse und versucht, verbale Informationen primär in Anhang, Lagebericht und weiteren Veröffentlichungen auszuwerten. Aufgrund der generellen Schwierigkeit dieses Unterfangens und auch des damit verbundenen Aufwands hat sie bisher noch wenig Verbreitung gefunden, wenngleich sie fixer Bestandteil des später vorgestellten Saarbrücker Modells ist (siehe Kap. 7.7.4.). Teile der hierfür vorgeschlagenen Vorgehensweise können jedoch gewinnbringend herangezogen werden, um eine Einschätzung darüber zu treffen, wie wahrscheinlich eine bilanzpolitische Gestaltung der ausgewerteten Finanzberichte erscheint.

6.3. Aufbereitung der Einzelposten in der Bilanz

6.3.1. Ziele und Instrumente für die Aufbereitung der Bilanz

Ausgangspunkt für alle weiterführenden Analysen, insb. aber für die Berechnung von Kennzahlen zur Unterstützung der Entscheidungsfindung und für die Ableitung von konkreten Maßnahmen, ist das Zahlenwerk des Analyseobjekts. Aus den bereits hinlänglich geschilderten Gründen ist dieses jedoch häufig problematisch und sollte daher nicht in der vorgefundenen Form übernommen werden. Konkrete Probleme aus der Praxis sind etwa:

- Ein Unternehmen hat seine Bilanzierungspraxis im Zeitablauf geändert (erschwert den Zeitreihenvergleich).
- Mehrere Unternehmen sollen verglichen werden, diese nützen jedoch einzelne Wahlrechte in anderer Weise aus (erschwert den Betriebsvergleich).
- Der Bilanzanalyst beurteilt – bereits ohne Hinzuziehen eines Vergleichsmaßstabs – einzelne Wertansätze in den Finanzberichten des Analyseobjekts als wenig aussagekräftig bzw. verzerrend für seine weiteren Analysen (und die diesen zugrunde liegende Interessenlage der Adressaten).

In all diesen Fällen sollte der Analyst bestrebt sein, in das Zahlenmaterial einzugreifen und dieses in eine Form zu bringen, die – seiner Meinung nach – eine bessere Entscheidungsgrundlage darstellen. Dies meint man mit *„Aufbereitung"* von Finanzberichten. Einen objektiv richtigen Maßstab, was genau hierbei zu tun ist, gibt es nicht; er orientiert sich primär an drei (altbekannten) Fragen:

- **Was ist der Analysezweck?** Unterschiedliche Zielsetzungen werden eine unterschiedliche Relevanz von Aufbereitungsmaßnahmen bedingen. Eine zukunftsorientierte Analyse wird tendenziell stärkere Aufbereitungsmaßnahmen erfordern als eine Analyse, die sich bloß auf das Verständnis vergangener Geschäftsjahre bezieht. Für eine Analyse, deren Adressaten etwa eine Hausbank ist, werden verschiedene Sachverhalte unterschiedlich zu bewerten sein, als sie es z. B. für einen Hedge-Fonds sind – Erstere wird eher an einem vorsichtig bewerteten Zahlenmaterial interessiert sein und tendenziell riskantere Posten wie den Firmenwert kritischer behandeln bzw. ggf. „rausstreichen", während Zweiterer dem enthaltenen Chancenpotenzial in den Finanzberichten und damit etwa Fair-Value-Bewertungen und Firmenwerten wesentlich „offener" gegenüber eingestellt sein wird.
- **Was ist das Analyseobjekt?** Ein KMU, für das generell nur wenig komplexe Geschäftsfälle relevant sind, kann anders behandelt werden als ein börsenotiertes Unternehmen. Für ein Analyseobjekt, das nach IFRS Rechnung legt, sind andere Aufbereitungsmaßnahmen notwendig, als sie die UGB-Bilanzierung erfordert (wobei hier noch weiter zwischen Jahres- und Konzernabschluss unterschieden werden muss).

- **Welcher Vergleichsmaßstab soll herangezogen werden?** Für einen Zeitreihenvergleich werden Aufbereitungen eine vergleichsweise geringere Rolle spielen, als sie es für einen Betriebsvergleich tun. Im Zeitablauf stehen nämlich insb. relative Veränderungen im Vordergrund, während das Stetigkeitsgebot für ein Mindestmaß an Vergleichbarkeit der einzelnen Jahre sorgt – egal, wie z. B. einzelne Ermessensspielräume ausgeübt wurden. Bei dem Betriebsvergleich kommt es demgegenüber auf den Unterschied zwischen verschiedenen Unternehmen an, die dafür zunächst vergleichbar gemacht werden müssen. Im Fall eines Soll-Ist-Vergleichs hängt die Sinnhaftigkeit von Aufbereitungsmaßnahmen primär davon ab, auf welcher Basis die Sollwerte abgeleitet wurden und ob für die Herstellung einer diesbezüglichen Vergleichbarkeit eine Aufbereitung angebracht ist.

In der Folge werden die gängigsten Aufbereitungsmaßnahmen dargestellt und illustriert. Die Liste ließe sich beliebig erweitern – die theoretische Grenze liegt darin, was man in den Finanzberichten bzw. weiteren (internen) Quellen als Grundlage für die Aufbereitung vorfindet. Wenn man zu einem einzelnen Tatbestand nicht ausreichend Informationen hat, kann man auch nichts aufbereiten (oder sich allenfalls in Form von groben Bandbreiten dem Tatbestand annähern). Dennoch verbleibt so noch immer mehr als genug an weiteren Tatbeständen, die sich aufbereiten ließen. Daher gewinnt als praktisch wichtigster Begrenzungsfaktor wieder die **Kosten-Nutzen-Betrachtung** Bedeutung: Man soll nur so viel (an Ressourcen, insb. Zeit) in die Bereinigung investieren, als man dadurch mit einer tatsächlichen Verbesserung der Entscheidungsgrundlagen rechnet. Letztlich kommt auch hier die unvermeidliche Subjektivität des ganzen Bilanzanalyseprozesses zum Tragen.

Die technische/prozessuale **Vorgehensweise des Bilanzanalysten** lässt sich wie folgt schematisieren:

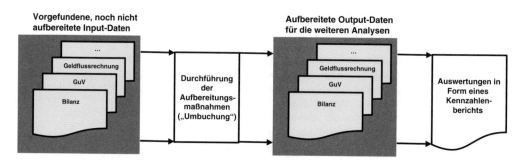

Abbildung 27: Vorgehensweise für die Aufbereitung von Finanzberichten

Insb. hinsichtlich der Umsetzung der Vorgehensweise in den **unterstützenden EDV-Programmen** empfiehlt sich eine Vorgehensweise Schritt für Schritt im Sinne der obigen Abbildung – unabhängig davon, ob dies in „selbstgestrickten" *MS-Excel-* oder *MS-Access*-Tools oder in eigens für bilanzanalytische Zwecke programmierter Software passiert. Für jeden der vier Schritte sollten eigene Eingabe- bzw. Ausgabemasken vorgesehen sein, um so einen übersichtlichen Aufbau des Programmes und insb. die Transparenz der Vorgehensweise zu gewährleisten.

- Inputseitig sind die Originalfinanzberichte in das Programm zu importieren – sei es mittels automatisierter Schnittstelle, sei es mittels Handarbeit. Jedenfalls sollten dabei Sicherheitschecks eingebaut sein, um sicherzustellen, dass etwa nicht einzelne Posten bei der Übertragung „verloren gehen".

Von den Rohdaten zum aufbereiteten Abschluss

- Alle anschließenden Eingriffe in das Zahlenmaterial sind sensibel und sollten daher in einer eigenen Maske erfolgen. Keinesfalls sollte direkt in den Originaldaten „gewütet" werden, da dies i. d. R die Nachvollziehbarkeit (und ggf. die nachträgliche Anpassung der Aufbereitungsmaßnahmen) wesentlich erschwert.

- Als Ergebnis sollten automatisiert Originalfinanzberichte und durchgeführte Aufbereitungsmaßnahmen zusammengeführt werden. In *MS Excel* kann dies z. B. vergleichsweise einfach mithilfe von SVERWEIS-/WVERWEIS-/SUMMEWENN-Formeln geschehen.

- Erst in einem finalen Schritt sollten dann die Kennzahlen berechnet und ausgegeben werden. Die Form dieser Ausgabe hat sich, insb. hinsichtlich Formatierungen, Visualisierungen etc., an den heute üblichen Standards für das Berichtswesen zu orientieren. Außerdem ist hier nochmals auf die Kriterien für Auswahl und Einsatz von Kennzahlen hinzuweisen (siehe Kap. 4.3.).

Aufbereitungsmaßnahmen erfordern somit de facto eine „**Umbuchung**" in den vorgefundenen Finanzberichten. Hier ist es wichtig, sich als zentrales Prinzip vor Augen zu führen: Auch nach diesen Eingriffen in das Zahlenmaterial müssen die grundlegenden Spielregeln der doppelten Buchführung gewahrt bleiben. D. h., noch immer ist eine Bilanzsummengleichheit (Aktiva = Passiva) erforderlich, und noch immer müssen Bilanz, GuV und Geldflussrechnung ein integriertes System abgeben, d. h. zusammenpassen (siehe Kap. 3.1.2.). Jede einzelne Bereinigungsmaßnahme ist damit auf seine Auswirkungen auf alle drei Jahresrechnungen hin zu durchdenken.

Zumindest die Wahrung des Zusammenhangs zwischen Bilanz und GuV kann man dann sicherstellen, wenn man eine weitere grundlegende Spielregel beherzigt: Auch die Umbuchungen, die im Rahmen der Aufbereitungsmaßnahmen zu erfolgen haben, müssen sich an die Grundmuster von Buchungssätzen halten; es gibt nämlich nur zwei mal vier = acht verschiedene Möglichkeiten:

- **Erfolgsneutrale (bestandsverändernde) Buchungen:**
    - Aktivtausch (z. B. Materialeinkauf bar),
    - Passivtausch (z. B. Begleichung der Verbindlichkeiten aus Lieferungen und Leistungen durch Aufnahme eines Bankkredits),
    - Bilanzverlängerung (z. B. Materialeinkauf gegen Lieferantenziel),
    - Bilanzverkürzung (z. B. Barzahlung der Lieferverbindlichkeit).

- **Erfolgswirksame Buchungen:**
    - Vermögensvermehrender Ertrag (z. B. Barverkauf von Ware),
    - schuldenmindernder Ertrag (z. B. Mietertrag i. V. m. einer Überweisung auf das Bankverbindlichkeitenkonto durch den Mieter),
    - vermögensmindernder Aufwand (z. B. Barkauf von Büromaterial),
    - schuldenerhöhender Aufwand (z. B. Belastung von Bankzinsen auf dem Kreditkonto).

Dieses Grundschema wird Buchhaltungsadepten bereits in den ersten Stunden ihrer Ausbildung vermittelt (man möchte sagen: eingehämmert). Auch der Bilanzanalytiker – intern wie extern – sollte dies beherzigen. Wird nämlich gegen die angesprochenen Spielregeln der doppelten Buchführung verstoßen, wird dadurch das gesamte Zahlenmaterial beschädigt, und der Analyst hätte sich gleich die ganze Arbeit sparen können. Er muss somit zunächst fragen, wie der Buchungssatz aussieht, der zu dem problematischen Sachverhalt in den auszuwertenden Finanzberichten führte, und diesen anschließend rückgängig machen, d. h. „umdrehen".

Erschwerend ist der **richtige Zeitbezug der Buchungen** zu beachten. Erfolgt im Zuge der Aufbereitungsmaßnahmen z. B. das Ausscheiden eines Vermögensgegenstands, stellt sich die Frage, ob die laufende Periode oder vorhergehende Perioden davon betroffen sind. Je nachdem ist etwa ein Abschreibungsaufwand in der GuV des laufenden Geschäftsjahres oder direkt in den Gewinnrücklagen zu erfassen. Dies entspricht einer Vorgehensweise, wie sie im Rahmen von Fehlerkorrekturen bzw. der Konsolidierungsmaßnahmen bei Aufstellung des Konzernabschlusses bekannt sind. Dies soll anhand des folgenden Beispiels illustriert werden:

- *Beispiel*

  Aktivierung eines (erworbenen) Vermögensgegenstands um 100, planmäßige Abschreibung über fünf Jahre (d. h. 20 p. a.). Dieser soll nun aus der Bilanz ausgeschieden werden, wobei die planmäßige Abschreibung für das analysierte Jahr bereits in der GuV erfasst wurde.

  – Erfolgte die Aktivierung im laufenden Jahr, lautet der Buchungssatz:

  Aufwand 80 an Vermögensgegenstand 80,

  – Erfolgte die Aktivierung z. B. in der Vorperiode, lautet der Buchungssatz:

  Gewinnrücklagen 80 an Vermögensgegenstand 60

  Aufwand 20

  Dadurch wird gewährleistet, dass der Aufwand in voller Höhe der richtigen Periode zugeordnet ist (nämlich über Reduktion der Gewinnrücklagen), der Vermögensgegenstand ausgebucht ist (der ja nach den beiden Abschreibungen nur noch mit 60 in der Bilanz stand) und auch der Erfolg für die analysierte Periode richtiggestellt ist (die 20 an in der laufenden Periode erfasstem Aufwand gehören ja richtigerweise in die Vorperiode).

Sofern solche Aufbereitungen erfolgen, welche die Jahre vor dem analysierten Geschäftsjahr betreffen, ist dabei zu bedenken, dass für einen Zeitreihenvergleich dann auch die entsprechenden **Berichte der Vorjahre** aufbereitet werden müssen. D. h., eine Aufbereitungsbuchung, die in dem laufenden Geschäftsjahr (tlw.) in die Gewinnrücklagen gebucht wird, muss dann für die Aufbereitung der Vorjahreswerte mitunter (tlw.). die dortige GuV-Rechnung betreffen. Dies trägt weiter zum Komplexität bei, ist jedoch als notwendige Anforderung an eine konsistente Aufbereitung der Finanzberichte unumgänglich.

Nicht immer werden – gerade für den externen Bilanzanalysten – **exakte, „richtige" Lösungen** für die in der Folge geschilderten Probleme zu finden sein. Häufig muss man sogar mit Schätzungen oder Annäherungen arbeiten. Dennoch ist vom Bilanzanalysten hier Mut einzufordern – eine schlechte Schätzung kann manchmal besser sein, als gar nichts zu tun, wenn man davon ausgeht, sich damit zumindest tlw. einer besseren Analysegrundlage annähern und einige Verzerrungen neutralisieren zu können. Umgekehrt dürfen die Aufbereitungsmaßnahmen auch nicht Selbstzweck sein und können bei wenig durchdachter Anwendung wiederum mehr schaden, als sie bringen mögen.

Es ist keinesfalls so, dass Finanzberichte immer aufbereitet werden müssen. Häufig wird hierauf verzichtet, und es kommen dennoch valide Interpretationen zustande. Die Frage, ob eine Aufbereitung im konkreten Analysefall sinnvoll sein kann, sollte jedoch stets präsent sein; der Bilanzanalyst, der sich darüber nicht zumindest Gedanken macht, handelt fahrlässig! Denn bereits ein Bewusstsein über die Möglichkeiten von Verzerrungen hilft schon ganz wesentlich für alle weiteren zu setzenden Schritte. Bereits die mit dieser Betrachtung verbundenen Erkenntnisse können mindestens genauso wertvoll sein wie alle weiteren, die an die anschließende Kennzahlenberechnung anknüpfen. Ratsam ist es, dass man sich auf die (vermuteterweise) wichtigsten Sachverhalte im konkreten Analysekontext konzentriert, bei diesen aber umso tiefer nachbohrt.

6.3.2. Materielle Aufbereitungsmaßnahmen

Materielle Aufbereitungsmaßnahmen befassen sich mit Aufbereitungen hinsichtlich Ansatz und Bewertung von Finanzberichten – ganz i. S. d. begrifflichen Abgrenzungen im Hinblick auf das bilanzpolitische Gestaltungspotenzial (siehe Kap. 6.2.2.). Was wie aufbereitet wird, das bestimmt natürlich der Bilanzanalyst selbst. Im Sinne einer Checkliste zur Unterstützung seiner Abwägungen bieten sich jedoch gewisse Posten in besonderem Maße an, die nachfolgend behandelt werden:

- Diese sind **aktivseitig** die Aufwendungen für das Ingangsetzen und Erweitern eines Betriebs, ein Disagio, selbsterstellte immaterielle Vermögensgegenstände des Anlagevermögens sowie Firmenwerte.

- **Passivseitig** sind gebildete Aufwandsrückstellungen von besonderem Interesse.

- Als **„Sonderthemen"** ist insb. auf die latenten Steuern, das Leasing und bestimmte IFRS-spezifische Fragestellungen Augenmerk zu legen.

Generell könnte es für eine Vielzahl von verschiedenen Analysezwecken darüber hinaus interessant sein, im analysierten Unternehmen umfassend vorhandene **stille Reserven oder Lasten** aufzudecken und ggf. im Zuge der Aufbereitungen anzusetzen. Beispiele könnten (zu) niedrig bewertete Sachanlagen sein, die aber tatsächlich einen wesentlich höheren Marktwert aufweisen, oder Rückstellungen, die zu niedrig (stille Lasten) oder zu hoch (stille Reserven) bewertet wären. Hier würde eine Berücksichtigung natürlich näher zu einem Bild der *„tatsächlichen wirtschaftlichen Lage"* führen können. Das kann für Investoren relevant sein, die das ggf. zu erwerbende Vermögen eines Unternehmens verlässlicher bewertet wissen wollen, aber auch für Banken, für die eine Einschätzung der tatsächlichen Sicherheiten, die ein Unternehmen zu bieten hat, wichtig ist.

Gerade bei vom Vorsichtsprinzip stark geprägten UGB-Finanzberichten ist regelmäßig insb. mit dem Vorhandensein stiller Reserven zu rechnen, während stille Lasten aufgrund des Niederst- bzw. Höchstwertprinzips eher selten sein werden. Bei IFRS-Finanzberichten ist demgegenüber vergleichsweise mit weniger vorhandenen stillen Reserven und dafür mit eher vorhandenen stillen Lasten zu rechnen. Im Extremfall könnte im Zuge der Aufbereitungsmaßnahmen eine umfassende Neubewertung der einzelnen Vermögensgegenstände und Schulden eines Analyseobjekts erfolgen. Tatsächlich werden diese Aufbereitungsmaßnahmen aber i. d. R. den internen Bilanzanalysten vorbehalten und auch für diese nur sehr punktuell relevant sein; eine sinnvolle Behandlung der stillen Reserven oder Lasten erfordert umfassende Einblicke, die allenfalls diesen (zum Teil) zur Verfügung stehen. Für externe Bilanzanalysten sind die Möglichkeiten demgegenüber sehr beschränkt (siehe Kap. 6.2.3.); eine wichtige wird i. V. m. selbsterstellten immateriellen Vermögensgegenständen des Anlagevermögens in der Folge diskutiert. Andernfalls bieten sich am ehesten noch für stille Reserven im Grundstücksvermögen Ansatzpunkte, da für solches z. B. verhältnismäßig leicht zu validen Wertschätzungen zu kommen ist.

Nun der Reihe nach zu den zuvor angesprochenen Posten, die typischerweise für Aufbereitungsmaßnahmen besonders in Frage kommen:

Anforderungen für das Ingangsetzen und Erweitern eines Betriebs

Diese Bilanzposten verstehen sich heute allenfalls als bedeutungsmäßig geringfügige „Ausläufer" eines bis 2009 geltenden Aktivierungswahlrechts (siehe Kap. 3.2.1.). Aus diesem Grund bietet sich heute ihr Ausscheiden aus der Bilanz an (auch damals war dies bereits zur Sicherung der Vergleichbarkeit von Unternehmen im Betriebsvergleich anzuraten):

- *Beispiel*

> Gewinnrücklagen an Aufwendungen für das Ingangsetzen und Erweitern eines Betriebs
> Planmäßige Abschreibung

Führt der Zeitreihenvergleich den Bilanzanalysten so weit in die Vergangenheit zurück, dass ein Jahr analysiert wird, in dem ein solcher Bilanzposten noch aktiviert wurde, so hat die Sollbuchung gegen die aktivierten Eigenleistungen zu erfolgen. Da eine Aktivierung und Abschreibung dieses Posten steuerlich anerkannt waren, sind diesfalls auch latente Steuern mitzuberücksichtigen (zu deren Sinnhaftigkeit aber später unter der entsprechenden Überschrift mehr).

- *Beispiel*

> Aktive latente Steuern an Steuerertrag

Disagio

Ein Disagio stellt nach herrschender Auffassung keinen Vermögensgegenstand bzw. -wert dar, da insb. auch ein Nutzenpotenzial aus diesem fehlt. Bereits i. S. einer an der wirtschaftlichen Lage orientierten Darstellungsweise wird stattdessen eine **sofortige aufwandswirksame Erfassung** gefordert, die dem Finanzierungserfolg zuzuordnen ist. Da steuerrechtlich eine Abschreibung des Disagios vorgesehen ist, wären auch diesfalls latente Steuern mitzuberücksichtigen.

- *Beispiel*

> Abschreibung Disagio an Disagio
> Aktive latente Steuern an Steuerertrag

Umgekehrt könnte ein aufwandswirksam erfasstes Disagio im Zuge der Aufbereitungsmaßnahmen auch aktiviert werden. Dem externen Analysten wird aber i. d. R. die Möglichkeit fehlen, eine genauere Verteilung über die Laufzeit die konkret zugeordnete Verbindlichkeit vorzunehmen; dem internen Analysten stünde dies allenfalls offen, so die Kosten-Nutzen-Relation hierfür spricht. Da in den IFRS eine Aktivierung des Disagios nicht vorgesehen ist und die Aufwendungen über die Laufzeit der Verbindlichkeit verteilt werden, entfällt hier ein Aufbereitungsbedarf.

Ein ähnliches Ergebnis, wie es so in den IFRS erzielt wird, ließe sich durch den Bilanzanalysten übrigens durch einfache Saldierung des Disagios mit der zugehörigen Verbindlichkeit in UGB-Finanzberichten erzielen:

- *Beispiel*

> Verbindlichkeit an Disagio

Selbsterstellte immaterielle Vermögensgegenstände des Anlagevermögens

Im UGB unterliegen diese einem Aktivierungsverbot; aus betriebswirtschaftlicher Sicht ist dieses aber häufig wenig sinnvoll. Wird z. B. ein Patent teuer zugekauft, so muss es aktiviert und abgeschrieben werden. Wird es demgegenüber in identer Form selbst entwickelt, geht es unmittelbar in den Periodenaufwand ein. Somit wäre es geboten, eine

Aktivierung nachzuholen und anschließend eine Abschreibung über die planmäßige Nutzungsdauer vorzunehmen:

- *Beispiel*

> **Immaterieller Vermögensgegenstand** an **Aktivierte Eigenleistungen**
> und damit verbunden: **Steueraufwand** an **Passive latente Steuern**
>
> **Planmäßige Abschreibungen** an **immateriellen Vermögensgegenstand**
> sowie damit verbunden: **Passive latente Steuern** an **Steuerertrag**

Im Umsatzkostenverfahren wird anstelle der aktivierten Eigenleistungen regelmäßig der sonstige betriebliche Aufwand bzw. ein ausgewiesener Aufwand für Forschung und Entwicklung zu reduzieren sein. Diese Vorgehensweise wird fast ausschließlich dem internen Bilanzanalysten vorbehalten, diesfalls aber ebenso mit einigen Mühen für ihn verbunden sein. Der externe Analyst könnte allenfalls bei „Insiderwissen" oder auf Grundlage von Informationen, die er aus dem Lagebericht (insb. aus dem Teil zu Forschung und Entwicklung) entnehmen kann, näherungsweise Rückschlüsse dazu ziehen. Ansonsten wird es aber i. d. R. dabei bleiben, dass immaterielle Vermögensgegenstände des Anlagevermögens in UGB-Abschlüssen keine Berücksichtigung finden können.

Etwas anders gestaltet sich demgegenüber die Sach- und Problemlage in einem IFRS-Abschluss. Hier besteht ja grds. die Pflicht zur Aktivierung von Entwicklungsausgaben, wobei es sich dabei de facto um ein zuvor beschriebenes Nachweiswahlrecht handelt. In der Praxis zeigt sich, dass dem Unternehmen ein und derselben Branche in sehr unterschiedlichem Maße nachkommen. Dies kann für den Analysten verschiedenes bedeuten:

- Kommt er zur Einschätzung, dass das Analyseobjekt der Vorgabe ausreichend – soweit für ihn nachvollziehbar – nachkommt, ergibt sich kein Handlungsbedarf.
- Alternativ kann er bestrebt sein, Teile nachzuaktivieren oder aber i. S. d. *„tabula rasa"* die aktivierten Teile zu stornieren.

In besonderem Maße wird sich das Problem im Rahmen eines Betriebsvergleichs (aufgrund der großen Vielfalt an verschiedenen Unternehmenspraktiken) stellen. Hier wird es letztlich (mangels konkreter Informationen für den externen Bilanzanalysten) umgekehrt häufig geboten sein, zur Wahrung der Vergleichbarkeit die selbsterstellten immateriellen Vermögenswerte auszubuchen, z. B. wie folgt:

- *Beispiel*

> **Aufwand für Forschung und Entwicklung** an **Immateriellen Vermögensgegenstand**
> sowie damit verbunden: **Passive latente Steuern** an **Steuerertrag**

Alternativ wäre es z. B. denkbar, derart in die Finanzberichte einzugreifen, dass z. B. für alle betrachteten Unternehmen einheitliche Prozentsätze der ausgewiesenen Aufwendungen für Forschung und Entwicklung aktiviert werden.

Firmenwerte

Auf deren besondere Natur wurde bereits mehrfach eingegangen, einerseits betreffend die Vagheit dessen, woraus sie resultieren, andererseits betreffend die Schwierigkeiten in der (Folge-)Bewertung und die Wertbeträge, die sie heute insb. in Konzernabschlüssen einnehmen. Der Bilanzanalyst hat daher ihre Werthaltigkeit einzuschätzen und entsprechende Konsequenzen daraus zu ziehen; d. h., er kann sich z. B. fragen, ob er den gezahlten Kaufpreis als angemessen einschätzt, insb. ob er an die zukünftigen Entwicklungsmöglichkeiten i. V. m. dem erworbenen Unternehmen bzw. an das Synergiepotenzial hinter dem Erwerb glaubt:

- Zweifelt er diese an bzw. möchte er lieber „auf der sicheren Seite sein", so hat er die Firmenwerte und die dafür im laufenden Jahr erfassten Abschreibungen auszubuchen.

- *Beispiel*

| Gewinnrücklagen an Firmenwert |
| Abschreibung Firmenwert |

Hierbei handelt es sich natürlich um einen sehr „drastischen" Buchungssatz, der mitunter eine verheerende Auswirkung auf das Bilanzbild ausüben wird. Allerdings soll ihm dies nicht entgegenstehen, so er tatsächlich im besten Interesse des Analysten und seiner Adressaten ist.

Ob darüber hinaus auch steuerliche Effekte (latente Steuern) zu berücksichtigen sind, ist besonders kritisch für den Einzelfall zu prüfen. Es hängt u. a. davon ab, ob diese Aufbereitungsmaßnahme in einem Jahres- oder Konzernabschluss auf Grundlage des UGB bzw. der IFRS durchgeführt wird.

- Hegt er hingegen keine Zweifel bzw. möchte er stärker den Chancenaspekt des Analyseobjekts gewichten, wird i. d. R. keine Anpassung erforderlich sein.

Sollte der Bilanzanalyst auf Finanzberichte stoßen, in denen der bis 2009 im Konzernabschluss zulässigen offenen Verrechnung des Firmenwerts mit den Kapital- oder Gewinnrücklagen gefolgt wird, kann es für einen Zeitreihen- bzw. Betriebsvergleich sinnvoll sein, hier eine rückwirkende „Nachaktivierung" vorzunehmen und den verrechneten Firmenwert über z. B. 15 Jahre abzuschreiben. Ähnlich kann es sich für die Analyse eines Jahresabschlusses verhalten, für den bis 2009 ein bloßes Wahlrecht zur Aktivierung des Firmenwerts bestand.

- *Beispiel*

| Firmenwert an   Kapital- oder Gewinnrücklagen |
| Abschreibung Firmenwert |

Sollte dies aufgrund der zugänglichen Informationen nicht möglich oder sinnvoll sein, ist es für Zwecke des Betriebsvergleichs eine Alternative, einheitlich alle Firmenwerte für die durch die unterschiedliche Wahlrechtsausübung verzerrten Zeiträume gegen die Gewinnrücklagen auszubuchen (siehe dazu den vorhergehenden Buchungssatz).

In den IFRS werden Firmenwerte zu einem besonderen Problem, da für diese im Rahmen des Impairment-only-Approachs keine planmäßige Abschreibung mehr vorgesehen ist. D. h., hier stellt sich die Frage nach dem „Glauben" an die Werthaltigkeit im besonderen Maße. Je nachdem stehen dem Analysten die beiden grundlegenden Möglichkeiten zur Aufbereitung aus dem UGB-Kontext zur Verfügung. Zusätzlich kann er versuchen, eine planmäßige Abschreibung selbst nachzuholen. Dies setzt jedoch ein Mindestmaß an Informationen betreffend Zeitpunkt des Entstehens der Firmenwerte und die voraussichtliche Nutzungsdauer voraus, die nicht immer den Finanzberichten zu entnehmen sein werden. Somit scheint dies insb. für interne Bilanzanalysten bedeutsam. Als Buchungssatz käme diesfalls zur Anwendung:

- *Beispiel*

| Abschreibung Firmenwert an Firmenwert |

Bei Anwendung der Full-Goodwill-Methode kann weiterhin eine Ausbuchung des dadurch für die Minderheitsgesellschafter aktivierten Teils der Firmenwerte sinnvoll oder notwendig scheinen; auch hier wird aber primär der interne Bilanzanalyst die notwendigen Informationen vorfinden können:

- *Beispiel*

> Minderheiten an **Firmenwert**
>   **Abschreibung Firmenwert**

Aufwandsrückstellungen

Aufwandsrückstellungen bieten sich aufgrund des unklaren rechtlichen Rahmens und der Vielzahl an relevanten Tatbeständen besonders gut an, um Bilanzpolitik zu betreiben. Außerdem stellt ihr Ansatz ein Wahlrecht dar, was den Betriebsvergleich wiederum erschweren kann. Aus diesem Grund kann deren Ausbuchung sinnvoll sein. Da Aufwandsrückstellungen steuerlich nicht anerkannt sind, würden diesfalls auch allfällige latente Steuern aufgelöst werden können.

- *Beispiel*

> **Aufwandsrückstellungen** an **Aufwand**
> **Steueraufwand** an **Aktive latente Steuern**

Problematisch ist dabei für den externen Bilanzanalysten oftmals die Frage, mit welcher Aufwandsart die Rückstellung verbunden ist – zwar wird diese sehr häufig in den sonstigen betrieblichen Aufwendungen zu suchen sein, aber bei einer weiteren Untergliederung stößt der Analyst schnell an seine Grenzen. Bei allfälligen Auflösungen von Aufwandsrückstellungen wären diese zu stornieren; die Angaben im Anhang sind hierbei also dem Analysten wieder eine unerlässliche Informationsquelle.

- *Beispiel*

> Sonstige betriebliche Erträge an **Aufwandsrückstellungen**
> **Aktive latente Steuern** an **Steuerertrag**

In den IFRS stellt sich dieses Problem nicht, da dort der Ansatz von Aufwandsrückstellungen nicht zulässig ist.

Latente Steuern

Steuern (und die damit verbundenen Zahlungsverpflichtungen) spielen in der BWL allgemein – und damit natürlich in der Rechnungslegung – eine große Rolle. Insb. beeinflussen sie für die (Eigen-)Kapitalgeber, was an möglichen Rückflüssen etwa in Dividendenform für sie überbleibt. Daher macht man sich die Mühe, komplizierte „Konstrukte" wie latente Steuern in der Rechnungslegung auszuweisen, und aus diesen Gründen erfordert eine Bilanzanalyse zu einem Mindestmaß auch die Auseinandersetzung mit diesen.

Die für das UGB Anwendung findende Rechtslage wurde bereits geschildert (siehe Kap. 3.2.2.). Man kann es also entweder mit aktiven oder mit passiven latenten Steuern zu tun haben, wobei aktive latente Steuern überwiegen und regelmäßig nicht angesetzt werden; d. h., hier erspart sich der Analyst die weitere Auseinandersetzung; ein nachträgliches Ermitteln der anzusetzenden aktiven latenten Steuern wäre für den externen

Analysten bei entsprechenden Anhangangaben möglich, darüber hinausgehende Möglichkeiten hat einzig der interne Analyst.

Aktiven latenten Steuern wird aufgrund der mit ihnen verbundenen Prognose- und insb. Bewertungsunsicherheiten zumeist eine geringe Werthaltigkeit (also ein hohes Maß an damit verbundener Unsicherheit) zuzubilligen sein. D. h., für viele eher vorsichtsorientierte Analysezwecke würde sich eine Ausbuchung der allfällig aktivierten Beträge und allfälliger GuV-Effekte (die aus der Veränderung des Aktivpostens abzuleiten sind) anbieten:

- *Beispiel*

> Gewinnrücklagen an **Aktive latente Steuern**
> **Steueraufwand**

Eher chancen- bzw. investorenorientiert ist spiegelbildlich eine Einbuchung möglich, so diese nicht im Jahresabschluss erfolgt ist, wobei der diesfalls in der GuV anzusetzende latente Steueraufwand oder latente Steuerertrag aus der Veränderung des im Anhang angegebenen Betrags an nicht aktivierten aktiven latenten Steuern für das analysierte und das diesem vorhergehende Geschäftsjahr abzuleiten ist.

- *Beispiel*

> **Aktive latente Steuern** an **Gewinnrücklagen**
> **Steuerertrag**

Passive latente Steuern werden spiegelbildlich bei einem Interesse an einer vorsichtigen Bilanzierung i. d. R. als Teil des Fremdkapitals bestehen bleiben können; ansonsten sind sie auszubuchen:

- *Beispiel*

> **Passive latente Steuern** an **Gewinnrücklagen**
> **Steuerertrag**

Korrekterweise wären die latenten Steuern auch für alle Aufbereitungsmaßnahmen anzupassen, die der Analyst setzt. Hierfür ist dieselbe Logik anzuwenden, wie sie bei der Bilanzierung im Rahmen der Abschlusserstellung greift. Daher wurden diese – in schematisierter Form – bei den Buchungsvorschlägen in diesem SWK-Spezial gleich mitangeführt. Ihre tatsächliche Sinnhaftigkeit ist jedoch in enger Verbindung mit der grundlegenden Entscheidung zu sehen, wie mit latenten Steuern im Zuge der Analysen umgegangen werden soll. Werden sie ohnedies ausgebucht, sind sie auch für die Aufbereitungen irrelevant. Wird demgegenüber nur ein aktiver Überhang storniert, so ist dieser zunächst zu ermitteln und anschließend – nach Berücksichtigung der Effekte aus den Aufbereitungsmaßnahmen – ist zu beurteilen, ob noch immer ein aktiver Überhang vorliegt oder ein passiver Überhang folgt, der dann einzig in dieser ermittelten Höhe anzusetzen wäre.

Besondere Probleme bereitet auch die Frage, mit welcher Höhe diese latenten Steuern zu bewerten sind. Grds. wäre ein zukünftig erwarteter Steuersatz für den Zeitpunkt der „Umkehr" der abgebildeten Steuereffekte maßgeblich. Da ein solcher aber i. d. R. schwer bis nicht ermittelbar ist, wird es zweckmäßig sein, von dem Grenzsteuersatz für die Körperschaftsteuer von 25 % (bzw. bei Analysen von Unternehmen, die in anderen Steuer-

Von den Rohdaten zum aufbereiteten Abschluss

systemen als dem österreichischen aktiv sind, von dem für diese maßgeblichen Grenzsteuersatz) oder ggf. von der Konzernsteuerquote (siehe Kap. 7.4.5.) auszugehen.

Im Konzernabschluss besteht demgegenüber eine weiter gehende Pflicht zu Aktivierung bzw. Passivierung latenter Steuern. Hier ist der grds. der Anhang gleichermaßen nach allfälligen nicht aktivierten aktiven latenten Steuern (aus dem Jahresabschluss) zu durchsuchen, und als Konsequenz stehen dem Bilanzanalysten i. d. R. die zuvor angeführten Alternativen zur Verfügung. Datei ist allerdings die Ableitung eines Grenzsteuersatzes besonders problematisch, da mitunter Mischsteuersätze über die verschiedenen einbezogenen Unternehmen hinweg vorliegen. Als Alternative kann daher der Durchschnittssteuersatz des Konzerns aus den Finanzberichten ermittelt und herangezogen werden.

In den IFRS ist demgegenüber von einer vollständigen – diesfalls allerdings nicht saldierten – Aktivierung bzw. Passivierung der latenten Steuern auszugehen. Solange ausschließlich IFRS-Finanzberichte verglichen werden, wird aufgrund der Komplexität der Bestimmungen zur Bilanzierung von latenten Steuern i. d. R. empfohlen, von Aufbereitungsmaßnahmen Abstand zu nehmen. Z. B. müssten folglich die Steuererträge bzw. -aufwendungen in GuV-wirksame Bestandteile und solche, die das sonstige Gesamtergebnis betreffen, aufgeteilt werden. Darüber hinaus wären tlw. unterschiedliche Steuersätze anzuwenden. Zumindest hinsichtlich latenter Steuern mit Bezug zu den gesetzten Aufbereitungsmaßnahmen werden allerdings näherungsweise Anpassungen unumgänglich sein. Hierbei ist auf ein Vorgehen zurückzugreifen, wie es für das UGB skizziert wurde.

Sowohl nach den Bestimmungen des UGB als auch nach jenen der IFRS sind die latenten Steuern stets mit ihrem vollen Rückzahlungsbetrag anzusetzen. In der Literatur wird letztlich die Auffassung vertreten, dass richtigerweise die Barwerte (aufgrund der Langfristigkeit, die üblicherweise mit den entsprechenden Zahlungen verbunden ist) relevanter wären. Hier wäre eine korrekte Lösung für den externen Analysten unmöglich und selbst für den internen allenfalls unter größten Anstrengungen zu bewerkstelligen. Als Näherungsvorschlag wird deshalb empfohlen, pauschal die Bilanzposten zu halbieren, was in etwa einer Kapitalisierung mit 8 % über eine Laufzeit von zehn Jahren entspräche. Es erscheint aber aus Sicht der Bilanzanalyse fragwürdig, ob mit einer solchen Vorgehensweise nicht mehr an Verzerrungen geschaffen wird, als Nutzen daraus folgt. Daher wird eine solche Vorgehensweise in diesem SWK-Spezial nicht empfohlen.

Leasing

Da sich im UGB keine klare Regelung zum Umgang mit geleasten Vermögensgegenständen findet, erfolgt typischerweise eine Übertragung der steuerrechtlichen Handhabung. Nach dieser ist anhand verschiedener Kriterien zu unterscheiden, ob aufgrund der konkreten Vertragsgestaltung dem Leasingnehmer oder dem Leasinggeber das wirtschaftliche Eigentum zuzurechnen ist. Je nach Ergebnis der Beurteilung hat der eine oder der andere den Vermögensgegenstand in seiner Bilanz auszuweisen, und man spricht von operativem (Vermögensgegenstand nicht in der Bilanz des Leasingnehmers) bzw. finanziellem (Vermögensgegenstand in der Bilanz des Leasingnehmers) Leasing. So weit, so gut – würde diese Kategorisierung in allen Fällen zu aus betriebswirtschaftlicher Sicht stimmigen Lösungen führen, gäbe es auch für die Bilanzanalyse hier keine Probleme. Aber leider ist die Praxis von großen Spielräumen, wie Leasingverträge zu gestalten sind, gekennzeichnet, und in den meisten Fällen erfolgt die Zuordnung nicht ganz so, wie sie eigentlich sollte. Operatives Leasing ist nämlich mit dem Vorteil verbunden, dass der Leasingnehmer weniger Fremdkapital in seiner Bilanz ausweisen muss oder so manch weitere Kennzahl beschönigen kann. Aus diesem Grund sind Aufbereitungsmaßnahmen sinnvoll.

Bzgl. nicht in der Bilanz ausgewiesener Sachanlagen besteht eine Angabepflicht im Anhang nach § 237 Z 8b (bzw. § 266 Z 2) UGB. Hier sind die Summen der finanziellen Verpflichtungen für das nächste Jahr sowie für die nächsten fünf Jahre anzuführen; Tabelle 11 illustriert eine solche Angabe:

Verpflichtungen aus der Nutzung von in der Bilanz nicht ausgewiesenen Sachanlagen		
	31. 12. 2013	31. 12. 2012
des folgenden Geschäftsjahres	297.235	290.483
der folgenden fünf Geschäftsjahre	1.486.175	1.452.415

Tabelle 11: Beispielhafte Darstellung der Angaben zu nicht in der Bilanz ausgewiesenen Sachanlagen

Unter der Setzung folgender Annahmen lässt sich hieraus ein Näherungswert ableiten, mit welcher Höhe ein Vermögensgegenstand aktiviert werden kann:

- **Nutzungsdauer des Vermögensgegenstands bzw. Vertragslaufzeit:** Allerdings ist hier der externe Analyst ohnedies auf die Berücksichtigung des Zeitraumes beschränkt, für den er Angaben im Anhang vorfindet.

- **Annahme eines Zinssatzes für die Finanzierung (und damit Diskontierung):** Diesbezügliche Infos sind i. d. R. dem Anhang nicht zu entnehmen. Annäherungsweise kann der für das Analyseobjekt maßgebliche Zinssatz für langfristiges Fremdkapital herangezogen werden.

- **Annahmen zu den vereinbarten Zahlungsmodalitäten:** Relevant wäre weiterhin, ob auf etwa Monats- oder Jahresbasis bzw. vor- oder nachschüssig Zahlungen zu leisten sind. Aus pragmatisch-rechnerischen Gründen wird hierbei für (insb. externe) Analysezwecke zumeist auf eine nachschüssige Zahlung zum Jahresende abgestellt. Außerdem wird i. d. R. eine (konstant bleibende) Annuitätenzahlung zu unterstellen sein.

So kann eine Rechnung aufgestellt werden, auf deren Basis der Barwert für den Vermögensgegenstand resultiert, der in die Bilanz aufzunehmen ist. Wird im Anhang, wie gelegentlich vorzufinden, etwa nach Leasing- und Mietverpflichtungen unterschieden, ist im Einzelfall zu entscheiden, ob nur die Leasing- oder auch die Mietverpflichtungen aktiviert werden. Grds. würde die Sinnhaftigkeit einer solchen Aufbereitung insb. hinsichtlich des Leasings bestehen. Allerdings werden langfristige Mietverträge mitunter sehr vergleichbar ausgestaltet und eine Aktivierung kann außerdem im Einzelfall wieder dem Betriebsvergleich zuträglich sein.

Der so ermittelte Vermögensgegenstand ist in weiterer Folge abzuschreiben. Korrespondierend sind eine Verbindlichkeit auf der Passivseite der Bilanz sowie Zinsaufwand für diese in der GuV auszuweisen (um so die Finanzierungskomponente der Verträge abzubilden). In Summe führt dies zu den beiden folgenden Buchungssätzen (im Gesamtkostenverfahren; im Umsatzkostenverfahren würden vereinfachend statt des sonstigen betrieblichen Aufwands i. d. R. die Herstellungskosten mit der Haben-Buchung reduziert werden):

- *Beispiel*

> **Sachanlagevermögen** an **Verbindlichkeit**
>
> **Abschreibungen** an **Sonstiger betrieblicher Aufwand**
> **Zinsaufwand**

Von den Rohdaten zum aufbereiteten Abschluss

Aufgrund der Komplexität dieser Aufbereitungsmaßnahme wird später noch ein konkretes Beispiel dazu gegeben. Die Bereinigung ist insb. im Rahmen von Betriebsvergleichen sinnvoll, bei denen Unternehmen mit unterschiedlichen Investitions- bzw. Finanzierungsstrategien in anlagenintensiven Branchen verglichen werden (der eine least, der andere nimmt selbst den Kredit auf und kauft). Aber auch innerhalb von Branchen, die bekannt dafür sind, fast ausschließlich auf Leasing in ihren Geschäftsmodellen zu setzen, kann eine solche Bereinigung zu einer realistischeren Basis hinsichtlich der Abbildung des investierten Kapitals (und dessen Rendtabilität) führen.

Eine Bereinigung des Anlagespiegels wäre für die weitere Analyse grds. ebenso geboten. Praktisch wird dies aber zumindest für den externen Bilanzanalysten nicht möglich sein, da ihm etwa die (tatsächlichen) historischen Anschaffungskosten für die Vermögensgegenstände nicht zugänglich sind.

In den IFRS sind die Regelungen zur Unterscheidung zwischen operativem und finanziellem Leasing noch weitaus umfassender, aber letztlich auf denselben Zweck ausgerichtet. Dennoch bestehen auch hier große Spielräume, sodass einerseits die Vorgehensweise, wie für den UGB-Rahmen geschildert, übertragbar ist. Andererseits sind vor diesem Hintergrund immer wieder geäußerte Überlegungen zu Reformen in den IFRS zu sehen, für beide Arten von Leasing fortan einen verpflichtenden Bilanzansatz vorzuschreiben, sodass diese Spielräume ihre Bedeutung verlieren (was natürlich entsprechend große Proteste seitens der hiervon betroffenen Unternehmen – und insb. der Leasingindustrie, deren Geschäftsmodell nicht zuletzt auf den geschilderten Rechnungslegungsnormen basiert – zur Folge hat). Üblicherweise sind die Anhangangaben zum operativen Leasing in IFRS-Abschlüssen aber etwas ausführlicher als in UGB-Abschlüssen, sodass sich im Einzelfall eine etwas verfeinerte Vorgehensweise im Rahmen der Aufbereitungsmaßnahmen anbieten kann.

- *Beispiel*

    Auf Basis der Angaben aus Tabelle 11 soll nun der Buchungssatz für die Aufbereitungen zum 31. 12. 2013 ermittelt werden. Hierfür sind zunächst die Zahlungen für die kommenden fünf Jahre aufzustellen; anschließend ist ihr Barwert zu ermitteln. Angenommen werden ein maßgeblicher Zinssatz r von 6 %, eine gleichbleibende Annuität sowie eine Zahlung jeweils zum Jahresende (Beträge in TEUR):

Jahr	1	2	3	4	5	Σ
Annuität	297	297*	297	297	297	
r	1,06	1,06	1,06	1,06	1,06	
r^n	1,060	1,124	1,191	1,262	1,338	
Barwert	280,19	264,33	249,37	235,25	221,94	1.251,08

* 297 = (1.486 [Verpflichtung über fünf Jahre] – 297 [Verpflichtung nächstes Jahr]): 4 (Jahre).

In aufbereiteten Jahresabschluss sind so per 31. 12. 2013 auszuweisen:
- Vermögensgegenstand i. H. v. 1.251,08 TEUR (Anlagevermögen, d. h. langfristig);
- Verbindlichkeit in selber Höhe (davon 280,19 TEUR kurzfristig – der Wert aus Spalte 1, da binnen eines Jahres fällig – und 970,89 TEUR langfristig);
- Umgliederung der aktuellen Leasingzahlung. Als Basis sind die Vorjahreszahlen (für die die gleiche Rechnung wie oben anzustellen ist) heranzuziehen: in einem Jahr fällig = 290 TEUR; Barwert Zahlungen = 1.224,85 TEUR; d. h. Zinsen (73,49 TEUR = 1.224,85 TEUR x 6 %) und Abschreibung (216,51 TEUR, der „Rest" auf die 290 TEUR). In dieser Höhe wird folglich der sonstige betriebliche Aufwand verringert.

Es zeigt sich, dass einiges an Annahmen und an Rechenaufwand hinter dieser dargestellten Aufbereitung steckt. Es ist daher stark auf die Rahmenbedingungen der Analyse abzustellen, ob sich diese Mühen lohnen. Neben den bereits angeführten Faktoren macht es z. B. schon aus Wesentlichkeitsüberlegungen heraus einen Unterschied, ob die Bilanzsumme dieses Analyseobjekts 10 Mio. Euro oder 10 Mrd. Euro vor Durchführung der Aufbereitungen beträgt.

IFRS-spezifische Fragestellungen

Hierfür kommen insb. drei Punkte in Betracht, für die aber eine Aufbereitung tlw. einzig den internen Analysten bzw. den externen bei entsprechenden (freiwilligen) Anhangangaben möglich sein wird. D. h., dem externen Analysten sind hier sehr enge Grenzen für seine Aufbereitungsmaßnahmen gesetzt.

- **Korrektur der Neubewertung von Sachanlagen:** Sollen diese bereinigt werden – etwa weil das dazu bestehende Wahlrecht nicht von allen Unternehmen, die verglichen werden sollen, ausgeübt wird oder aber vor dem Hintergrund einer vorsichtigen Vermögensbasis für die weiteren Analysen –, ist insb. auf Informationen aus der Eigenkapitalveränderungsrechnung und dem Anhang zurückzugreifen. Aus der Eigenkapitalveränderungsrechnung lässt sich leicht der Stand der Neubewertungsrücklagen ermitteln, der gegen die Sachanlagen aufzurechnen ist. Darüber hinaus ist der Anhang nach Informationen zur Zusammensetzung der passiven latenten Steuern zu durchforsten, ob dahingehende Angaben für eine Ausbuchung enthalten sind. Ist dem nicht so, ist der maßgebliche Betrag wieder annäherungsweise durch den Analysten zu bestimmen.

- *Beispiel*

Neubewertungsrücklage an Sachanlagen
Passive latente Steuern

Problematisch, da auch in Theorie und Praxis umstritten, ist die Möglichkeit der Stornierungen der Abschreibungen, die folglich zu hoch angesetzt wurden und nach der vorherrschenden erfolgswirksamen Methode direkt in die GuV-Abschreibungen eingingen. Hier ist der Eigenkapitalspiegel auf einen Übertrag *„Neubewertungsrücklage an Gewinnrücklage"* zu durchsuchen; sollte ein solcher vorliegen, wäre dies ein Hinweis darauf, dass folgender Buchungssatz in selbiger Höhe angebracht ist:

- *Beispiel*

Gewinnrücklagen an Abschreibungen

- **Korrektur der Anwendung der Teilgewinnrealisierung (Percentage-of-Completion-Methode) bei der Bilanzierung langfristiger Fertigungsaufträge:** Diese Vorgehensweise, die nach den Bestimmungen des UGB nicht zulässig ist, kann auf Basis der vorgeschriebenen Anhangangaben nicht rückgängig gemacht werden. Diese fordern nur die Angabe der Summe der angefallenen Kosten und ausgewiesenen Gewinne als einen Gesamtbetrag. Für eine Ausbuchung wären demgegenüber beide Beträge gesondert erforderlich. Diesfalls können die Gewinne rückgängig gemacht und nur die angefallenen Kosten aktiviert werden:

- *Beispiel*

Umsatzerlöse an Unfertige Erzeugnisse
Unfertige Erzeugnisse an Bestandsveränderung
Passive latente Steuern an Steuerertrag

- **Korrektur des Unterschiedsbetrags zwischen dem Fair Value und den Anschaffungs- bzw. Herstellungskosten bei *Investment Properties*:** Ähnlich verhält es sich, soll die ausgeübte Neubewertungsoption i. V. m. *Investment Properties* gegengerechnet werden. Praktisch kommt diese Alternative jedoch einzig für den internen Bilanzanalysten in Frage, da der externe Analyst alle veröffentlichten IFRS-Abschlüsse durchforsten müsste, um die i. d. R. dem Anhang entnehmbaren Anschaffungs- oder Herstellungskosten zu ermitteln und anschließend über die weiteren Angaben die Zu- und Abgänge für jedes der folgenden Jahre abzuleiten. Anschließend wäre noch die planmäßige Abschreibung auf Basis der historischen Kostenbasis zu ergänzen. Dem internen Analysten sollte dies demgegenüber weitgehend über die Anlagenbuchhaltung des Unternehmens zugänglich sein.

- *Beispiel*

> **Neubewertungsergebnis** an **Investment Properties**
> **Sachanlagen**
> **Neubewertungsrücklagen**
>
> **Abschreibungen** an **Sachanlagen**
>
> **Passive latente Steuern** an **Steuerertrag**

6.3.3. Formale Aufbereitungsmaßnahmen
6.3.3.1. Umgliederungen

Bei Umgliederungen geht es darum, einen Bilanzposten entweder einem oder mehreren anderen zuzuordnen bzw. dessen Zuordnung zwischen Eigen- und Fremdkapital zu verändern. Die wichtigsten Fragestellungen hierzu betreffen die folgenden Posten, die nachfolgend dargestellt werden:

- Bilanzgewinn,
- unversteuerte Rücklagen,
- nicht rückzahlbare Investitionszuschüsse bzw. Subventionen,
- Rechnungsabgrenzungsposten,
- Fehlbetrag der Pensionsrückstellung.

Bilanzgewinn

Wie dargestellt, stellt der am Ende der (UGB-)GuV ausgewiesene Bilanzgewinn jenen Betrag dar, der zur Ausschüttung zur Verfügung steht. Ein entsprechender Entschluss wird anschließend im Rahmen der Jahreshauptversammlung und auf Basis des maßgeblichen Jahresabschlusses gefasst und im Anschluss durchgeführt. Der hierfür an Ausschüttungen vorgeschlagene Betrag steht i. d. R. schon im Vorfeld fest und wird auch in den Finanzberichten genannt.

Da somit zumindest ein Teil dieses Bilanzgewinns schon den Aktionären zuzurechnen ist, ist hierfür eine Umgliederung zu den kurzfristigen (sonstigen) Verbindlichkeiten vorzunehmen:

- *Beispiel*

> **Bilanzgewinn** an **Sonstige Verbindlichkeiten**

Hierbei ist insb. im Lagebericht des Analyseobjekts nach Aussagen zu den geplanten Ausschüttungen zu suchen. Diese können typischerweise wie folgt lauten: *„Dementsprechend wird der Vorstand dem Aufsichtsrat und in der Folge der Hauptversammlung eine Dividende von X Eurocent je Aktie für das Geschäftsjahr 2012/13 vorschlagen."* Falsch wäre es demgegenüber, im Anhang nach diesen Ausschüttungen zu suchen. Zwar finden sich dort zumeist auch ähnliche Ausführungen wie: *„In der Hauptversammlung am XX. YY. 2012 wurde für das Geschäftsjahr 2011/12 die Ausschüttung einer Dividende in Höhe von Y Eurocent je Aktie beschlossen."* Der Unterschied steckt in den Details, ist aber nicht von der Hand zu weisen; diese Aussagen beziehen sich diesfalls

– da der Anhang ja ein vergangenheitsorientierter Bericht ist – auf Bilanzgewinne, die dem Vorjahr zuzuordnen sind und im analysierten Geschäftsjahr bereits ausgeschüttet wurden. D. h., sie haben für die Analyse keine Relevanz mehr, und es ist daher nicht zulässig, diese für die Umgliederung heranzuziehen.

Wird die Bilanzanalyse erst in größerem zeitlichem Abstand zur Veröffentlichung der Finanzberichte durchgeführt, wird i. d. R. bereits feststehen, welcher Betrag tatsächlich für das zur Rede stehende Geschäftsjahr ausgeschüttet wurde. Dies lässt sich dann z. B. leicht der Homepage des Analyseobjekts (etwa im Bereich „Investor Relations") oder folgenden Finanzberichten (Quartalsberichte, Halbjahresberichte etc.) entnehmen. Im Zweifelsfall, wenn ihm alle diskutierten Anknüpfungspunkte fehlen, kann der Bilanzanalyst aber auch eine Annahme treffen und sich z. B. an der bisherigen Ausschüttungspolitik des Analyseobjekts orientieren.

In den IFRS stellt sich dieses Problem für die Aufbereitung des Abschlusses grds. in gleichem Maße, jedoch wird dort kein Bilanzgewinn ausgewiesen. Tlw. umzugliedern ist somit die letzte Erfolgsgröße aus der Gesamtergebnisrechnung (die GuV sowie sonstiges Gesamtergebnis umfasst). Statt des Bilanzgewinns ist entweder ein Posten wie *„Jahresergebnis"* oder *„(Sonstige) Gewinnrücklagen"* für den angeführten Buchungssatz einzusetzen – in den genau das Analyseobjekt in der Bilanz den Erfolg aus seiner Gesamtergebnisrechnung einstellt, das kann von Fall zu Fall variieren. Für den Einzelfall lässt es sich aber verhältnismäßig leicht dem Eigenkapitalspiegel entnehmen.

Unversteuerte Rücklagen

Diese sind, wie bereits dargelegt, grds. dem Eigenkapital zuzuordnen, umfassen jedoch zugleich einen Fremdkapitalteil, nämlich die zukünftige Steuerlast, die mit ihrer Auflösung signalisiert wird. Diese Auflösung der Rücklagen wäre richtigerweise korrespondierend tlw. als latenter Steuerertrag anzusetzen. Somit ist der Teil für diese herauszurechnen und der Restbetrag ist in die Gewinnrücklagen einzustellen.

- *Beispiel*

> Unversteuerte Rücklagen an **Gewinnrücklagen**
> **Passive latente Steuern**
> **Auflösung unversteuerte Rücklage** an **Gewinnrücklagen**
> **Steuerertrag**

Da unversteuerte Rücklagen ein Spezifikum der Rechnungslegungssysteme insb. in Österreich und Deutschland sind, kennen die IFRS nichts Derartiges. Dies hat den aus bilanzanalytischer Sicht angenehmen Nebeneffekt, dass kein Aufbereitungsbedarf hieraus für IFRS-Finanzberichte erforderlich ist.

Nicht rückzahlbare Investitionszuschüsse bzw. Subventionen

Mit diesen verhält es sich sehr ähnlich wie mit den vorhergehenden Posten – aus analytischer Sicht sind sie in ihre Eigen- und ggf. Fremdkapitalkomponente aufzuteilen und entsprechend auszuweisen:

- **Steuerpflichtige Subventionen** sind wieder auf eine Eigenkapitalkomponente, die am besten als gesonderter Posten in diesem ausgewiesen wird, und die (passiven) latenten Steuern aufzuteilen.

- *Beispiel*

> **Subventionen** an **Passive latente Steuern**

- **Nicht steuerpflichtige Subventionen** können demgegenüber in voller Höhe dem Eigenkapital zuzuordnen.

Dies wird jedoch primär bei Anwendung der Bruttomethode möglich sein, da bei der Nettomethode Informationen zur Höhe der Subventionen i. d. R. nicht zugänglich sein werden. Dies erschwert weiterhin insb. den Betriebsvergleich zwischen Unternehmen, die dieses Wahlrecht unterschiedlich ausüben. In diesem Fall wäre für die Vergleichsobjekte, welche von der Bruttomethode Gebrauch machen, bei entsprechender Zuordenbarkeit der Subventionen eine nachträgliche Saldierung des Passivpostens mit den korrespondierenden Aktivposten denkbar, etwa im Fall von Subventionen für die Errichtung eines Gebäudes:

- *Beispiel*

Subventionen an Gebäude

Diesfalls dürfte aber auch nicht auf eine entsprechende Saldierung in der GuV vergessen werden (in der die Auflösung des Passivpostens erfasst wird):

- *Beispiel*

Sonstige betriebliche Erträge an Abschreibungen

Aufgrund weitgehend gleichlautender Regelungen lässt sich das Gesagte auch auf den Kontext von IFRS-Finanzberichten übertragen.

Rechnungsabgrenzungsposten

Für Analysezwecke ist typischerweise einzig die Unterscheidung in Anlage- und Umlaufvermögen bzw. Eigen- und Fremdkapital relevant. In der Standardgliederung des UGB nehmen demgegenüber die Rechnungsabgrenzungsposten (aktive wie passive) eine Sonderstellung ein, die daher für Analysezwecke zu bereinigen sein wird:

- **Aktive Rechnungsabgrenzungsposten** sind dem sonstigen Umlaufvermögen zuzuordnen.
- **Passive Rechnungsabgrenzungsposten** den sonstigen (kurzfristigen) Verbindlichkeiten. Alternativ wird aber (vereinzelt) auch eine Umgliederung ins Eigenkapital vorgeschlagen, da sie letztlich zukünftige Erträge widerspiegeln. Welche Vorgehensweise präferiert wird, ist wiederum in Abhängigkeit vom Analysezweck zu sehen.

Da die IFRS keine Rechnungsabgrenzungsposten in der dargestellten Form kennen (siehe Kap. 3.2.3.), wie sie im UGB ausgewiesen werden, entfällt hier der Handlungsbedarf.

Fehlbetrag der Pensionsrückstellung

Auf diese – insb. in der Vergangenheit relevante – Besonderheit wurde bereits hingewiesen (siehe Kap. 3.2.1.). Aus betriebswirtschaftlicher Sicht geboten wäre jedenfalls ein Ausweis dieser Verpflichtungen in der Bilanz. Im Fall einer Ausübung des Wahlrechts zur Tätigung einer „Unter-dem-Strich-Angabe" lässt sich jedoch bei Vorliegen solcher Altzusagen relativ einfach eine Aufbereitung vornehmen. Korrespondierend sind auch die GuV-Effekte für das analysierte Geschäftsjahr den Gewinnrücklagen zuzuordnen, um so Verzerrungen durch unterschiedliche zeitliche Verteilungen etc. entgegenzutreten. Hierfür bietet die Entwicklung des Fehlbetrags zwischen dem analysierten Geschäftsjahr und der Vorperiode Anhaltspunkte; weiterhin lauten die erforderlichen Buchungssätze wie folgt:

- *Beispiel*

> Gewinnrücklagen an **Rückstellung für Pensionszusagen**
> **Aktive latente Steuern**
>
> Gewinnrücklagen an **Personalaufwand**
> Steueraufwand an **Aktive latente Steuern**

Wurde demgegenüber dereinst die Rückstellung in voller Höhe angesetzt und dafür ein korrespondierender Aktivosten in das Umlaufvermögen aufgenommen, ist dieses mit den Gewinnrücklagen zu saldieren, um den gleichen Effekt zu erzielen; diesfalls sind die Beträge aus der Auflösung des Aktivpostens von der GuV in die Gewinnrücklagen umzugliedern.

- *Beispiel*

> Gewinnrücklagen an **Fehlbetrag der Pensionsrückstellung (Umlaufvermögen)**
> **Aktive latente Steuern**
>
> Gewinnrücklagen an **Personalaufwand**
> Steueraufwand an **Aktive latente Steuern**

Da es sich bei diesem Wahlrecht um eine rein UGB-spezifische Übergangsbestimmung handelte, spielt es für die Aufbereitung von IFRS-Finanzberichten keine Rolle.

6.3.3.2. Saldierungen

Im Fall von Saldierungen werden zumeist zwei Bilanzposten gegeneinander verrechnet und so tlw. eliminiert. Dies ist insb. für die folgenden Posten relevant:

- Umsatz- bzw. Vorsteuerteile in den Forderungen und Verbindlichkeiten aus Lieferungen und Leistungen,
- liquide Mittel,
- erhaltene Anzahlungen,
- Wertpapiere zur Deckung der Pensionsrückstellungen,
- ausstehende Einlagen auf das gezeichnete Eigenkapital,
- eigene Anteile und Anteile an einem herrschenden oder mit Mehrheit beteiligten Unternehmen.

Umsatz- bzw. Vorsteuerteile in den Forderungen und Verbindlichkeiten aus Lieferungen und Leistungen

Die in der Bilanz ausgewiesenen Forderungen und Verbindlichkeiten enthalten einerseits einen Teil, der unmittelbar in Bezug zu den Leistungen des Unternehmens steht (und etwa als Umsatzerlöse oder Materialaufwand in die GuV einging), aber darüber hinaus i. d. R. auch einen Umsatzsteuer- bzw. Vorsteuerteil, der als „Durchläufer" mit dem Finanzamt verrechnet werden muss. Für die Analyse kann es daher sinnvoll sein, diese dem Unternehmen nicht zurechenbaren Teile auszuscheiden. Typischerweise wird dabei – sowohl in UGB- als auch in IFRS-Bilanzen – die Vorsteuer als Teil der sonstigen Forderungen und die Umsatzsteuer als Teil der sonstigen Verbindlichkeiten ausgewiesen.

- *Beispiel*

> Sonstige Verbindlichkeiten an **Forderungen aus Lieferungen und Leistungen**
>
> Verbindlichkeiten aus Lieferungen und Leistungen an **Sonstige Forderungen**

Große Probleme bereitet dabei allerdings die Bestimmung des Teils der Forderungen und Verbindlichkeiten, der nun wirklich zu saldieren ist. Unterstellt man vereinfachend ein Unternehmen, dessen Umsätze allesamt einer Umsatzsteuerpflicht i. H. v. 20 % unterliegen, könnte wie folgt rückgerechnet werden:

$$\text{Zu saldierender Betrag} = \text{Verbindlichkeiten LuL} - \frac{\text{Verbindlichkeiten LuL}}{1{,}2}$$

Die Feststellung der richtigen Höhe der Umsatzsteuer wird zumeist pauschal erfolgen müssen; allerdings ist hier in besonderem Maße Rücksicht auf das Analyseobjekt und seine Geschäftstätigkeit(en) zu nehmen. In manchen Branchen ist etwa ein Umsatzsteuersatz von 10 % die Regel, in manchen sogar eine Befreiung von der Umsatzsteuerpflicht. Erbringt ein Unternehmen verschiedenartige Leistungen (z. B. in verschiedenen Geschäftssegmenten), die auch abweichenden Umsatzsteuersätzen unterliegen, so müsste diesbezüglich von einem Mischsteuersatz ausgegangen werden.

Für die Saldierung der Vorsteuer ist dieselbe Vorgehensweise denkbar; dort wird man sich aber schwerer tun, mit derart pauschalen Annahmen bzgl. der Höhe der Vorsteuer zu arbeiten – sind doch die typischerweise von einem Unternehmen beanspruchten (Dienst-)Leistungen noch heterogener als die von diesem erbrachten Leistungen selbst (man denke etwa an Fachliteratur, Bewertungen etc.). Außerdem ist es in manchen Branchen üblich, dass aufgrund der nicht bestehenden Umsatzsteuerpflicht auch kein Abzug der Vorsteuer zulässig ist, d. h., diesfalls entfällt ein Saldierungsbedarf.

De facto wird es also unmöglich sein, zu dem „richtigen" Umsatz- oder Vorsteuersatz zu gelangen. Daher bleiben dem Bilanzanalysten i. d. R. nur vereinfachende Annahmen wie die zuvor dargestellten übrig – was insb. für den externen Bilanzanalysten gilt, aber dem internen Bilanzanalysten zumindest ebenso große Probleme bereiten und daher zur Sinnhaftigkeit von entsprechenden Vereinfachungen führen wird. Häufig wird gerade aus diesen Gründen von diesen Aufbereitungen Abstand genommen. Diesfalls ist das Problem der enthaltenen Umsatz- und Vorsteuerteile aber für die in weiterer Folge ermittelten Kennzahlen zu beachten und dort ggf. in Abzug zu bringen (etwa bei der Ermittlung der Debitoren-/Kreditorenumschlagshäufigkeit; siehe Kap. 7.2.1. und 7.2.2.).

Liquide Mittel

Die Höhe insb. des Bilanzpostens für das Kassa- und Bankguthaben hat typischerweise zufälligen Charakter zum Bilanzstichtag. Mitunter sind gerade erst eingetroffene Gelder noch nicht veranlagt bzw. wird eine Tilgung von Fremdkapitalmittel mit Beginn des folgenden Geschäftsjahres geplant. Daher wird eine Saldierung dieser liquiden Mittel mit den täglich fälligen Bankverbindlichkeiten (z. B. Kontokorrentkrediten) – die ja jederzeit zurückgezahlt werden könnten – vorgeschlagen. Dies wäre jedoch nur so lange möglich, als die liquiden Mittel nicht die Höhe dieser Verbindlichkeiten überschreiten. Da dies aber typischerweise aus den Finanzberichten nicht detailliert ersichtlich ist, hat sich insb. für die externe Bilanzanalyse eine Saldierung mit den gesamten kurzfristigen Bankverbindlichkeiten bewährt; übersteigen die liquiden Mittel demgegenüber auch die kurzfristigen Bankverbindlichkeiten, kommt allenfalls noch eine Saldierung mit weiteren kurzfristigen Verbindlichkeiten (etwa aus Lieferungen und Leistungen oder auch erhaltenen Anzahlungen) bzw. mit langfristigen Verbindlichkeiten in Betracht:

- *Beispiel*

Bankverbindlichkeiten an **Kassa/Bank**

Diese Vorgehensweise ist uneingeschränkt für alle UGB- und IFRS-Finanzberichte anwendbar. Zu bedenken ist aber ein grundlegender Punkt hinsichtlich der Frage, ob wirklich die liquiden Mittel in voller Höhe saldiert werden sollten: Typischerweise gibt es einen Mindestbestand an liquiden Mitteln (i. S. einer *„eisernen Reserve"*), der dem Unternehmen stets zur Verfügung stehen sollte und für den eine Nutzung, wie sie im Rahmen der dargestellten Saldierung unterstellt wird, somit de facto nicht möglich ist. Außerdem sollte geprüft werden, ob das Unternehmen z. B. Liquidität für unmittelbar anstehende Großinvestitionen anspart.

Dem internen Bilanzanalysten werden hierzu zumeist nähere Informationen vorliegen. Der externe Bilanzanalyst könnte dahingehende Einblicke aus einem Zeitreihenvergleich gewinnen, der sich die Entwicklung und z. B. den durchschnittlichen Bestand an liquiden Mittel ansieht und hieraus Ableitungen trifft. Eine dergestalt differenzierte Betrachtung ist jedenfalls einem pauschalen Abzug aller liquiden Mittel gegenüber auch zu bevorzugen, da sich hieraus gerade bei größeren Beständen manchmal wesentliche Verzerrungen auf die ermittelten Kennzahlen ergeben können.

Erhaltene Anzahlungen

Hierbei ist darauf abzustellen, ob sie bereits für erbrachte Leistungen anfielen (als Abschlagszahlungen, insb. i. V. m. Langfristfertigungen und dgl.) oder aber ob sie Vorauszahlungen repräsentieren, denen noch nicht (hinlängliche) Leistungen seitens des Unternehmens gegenüberstehen. Im ersten Fall scheint eine Saldierung mit den Vorräten angebracht, um so abzubilden, dass diese de facto bereits dem Abnehmer der Leistung zuzurechnen sind. Im zweiten Fall erscheint demgegenüber der gesonderte Ausweis als Passivposten unter den Verbindlichkeiten sachgerechter.

Dem rechnungslegenden Unternehmen steht zum Ausweis der erhaltenen Anzahlungen ein Wahlrecht offen. Dessen Ausübung ist vom Bilanzanalysten zu überprüfen; ggf. sind entsprechend Anpassungen in die eine oder in die andere Richtung durchzuführen. Als Buchungssätze kommen hierfür i. d. R.

- *Beispiel*

Erhaltene Anzahlungen an Vorräte

bzw. spiegelbildlich bei bereits saldiertem Ausweis

- *Beispiel*

Vorräte an Erhaltene Anzahlungen

in Betracht. Selbiges gilt auch für die Aufbereitung eines IFRS-Abschlusses, wobei dort vom Regelfall eines gesonderten Ausweises auf der Passivseite in den analysierten Finanzberichten auszugehen ist.

Wertpapiere zur Deckung der Pensionsrückstellungen

Lange Zeit bestand eine Verpflichtung, Abfertigungs- und Pensionsrückstellungen mit Wertpapieren zu decken. Beide waren getrennt auszuweisen, jedoch wirtschaftlich eng miteinander verbunden. Nach Wegfall der Verpflichtung für Abfertigungsrückstellungen kommt dieser Bestimmung nur mehr für Pensionsrückstellungen und somit zwar geringere, aber dennoch noch immer Bedeutung zu. Ähnlich verhält es sich mit Rückdeckungsversicherungen, die aus ähnlichen Überlegungen von Unternehmen abgeschlossen werden können. Informationen dazu finden sich i. d. R. im Anhang des Analyseobjekts.

In solchen Fällen ist eine Saldierung mitunter angebracht, da die Vermögensgegenstände zweckbestimmt sind und mit Wegfall der Verpflichtung ebenso abgebaut werden können:

- *Beispiel*

Pensionsrückstellung an Wertpapiere (des Anlagevermögens)

Nach den Bestimmungen der IFRS ist demgegenüber ohnedies eine Saldierung grds. vorgesehen, wodurch kein weiterer Anpassungsbedarf besteht.

Ausstehende Einlagen auf das gezeichnete Eigenkapital

Fragen stellen sich hier bei bereits eingeforderten, d. h. als Forderungen ausgewiesenen ausstehenden Einlagen. Diesbezüglich ist vom Analysten einzuschätzen, wie wahrscheinlich die tatsächliche Einzahlung durch die Anteilseigner scheint. Bestehen keine Bedenken, so sind keine Aufbereitungsmaßnahmen erforderlich. Anderenfalls ist auch hier eine Saldierung mit dem Eigenkapital (konkret: mit dem gezeichneten Kapital) vorzunehmen, etwa im Fall einer AG wie folgt:

- *Beispiel*

Stammkapital an Forderung bzgl. ausstehender Einlagen auf das gezeichnete Kapital

Dabei ist aber darauf Bedacht zu nehmen, inwieweit bereits vom Unternehmen selbst eine außerplanmäßige Abschreibung auf die ausgewiesenen Forderungen vorgenommen wurde. Diese wäre zuerst rückgängig zu machen, und erst im zweiten Schritt sollte dann die obige Aufbereitungsmaßnahme erfolgen.

Da sich zu dem dargestellten Thema die Bestimmungen der IFRS mit jenen des UGB weitgehend decken, können die Ausführungen hier entsprechend übertragen werden.

Eigene Anteile und Anteile an einem herrschenden oder mit Mehrheit beteiligten Unternehmen

Eigene Anteile können aus zwei Perspektiven betrachtet werden: Das Halten eigener Anteile ist aus betriebswirtschaftlicher Sicht zunächst grds. einer Kapitalrückzahlung gleichzusetzen, da das Unternehmen ja wenig Nutzen aus dem Erwerb seiner eigenen Anteile zieht. Entsprechend ist der aktivseitig ausgewiesene Posten (egal, ob Anlage- oder Umlaufvermögen) mit der dafür ausgewiesenen passivseitigen Rücklage zu saldieren:

- *Beispiel*

Rücklage für eigene Anteile an Eigene Anteile

Werden sie aber gehalten, um Arbeitnehmern z. B. aktienbasierte Vergütungselemente auszubezahlen oder Anteilsinhaber abzufinden, kann ihnen diesfalls ein Vermögenscharakter zugebilligt werden und die Saldierung daher unterbleiben. Für den (externen) Bilanzanalysten bedeutet dies, dass er sich auf die Suche nach diesbezüglichen Informationen etwa im Anhang oder ggf. im Lagebericht/Corporate-Governance-Bericht machen muss. Sollte er dazu nicht fündig werden, empfiehlt sich im Zweifelsfall die zuerst angesprochene Saldierung.

Anteile an einem herrschenden oder mit Mehrheit beteiligten Unternehmen werden demgegenüber zwar nicht am eigenen Unternehmen, aber dennoch an dem Konzern gehalten, dem das Analyseobjekt angehört. Zumindest aus Konzernsicht – und damit, in Anbetracht der hohen wirtschaftlichen Abhängigkeiten in einem solchen Konzern, letztlich wieder aus betriebswirtschaftlicher Sicht – sind derartige Anteile also trotzdem de facto wie eigene Anteile im ersten Sinne zu behandeln und zu saldieren.

In den IFRS stellt sich dieses Problem nicht, da hier bereits ein saldierter Ausweis vorgeschrieben wird.

6.4. Aufbereitung der Gesamtdarstellung der Bilanz
6.4.1. Strukturbilanz

Nach der materiellen und formalen Aufbereitung der Einzelposten in der Bilanz kann in einem nächsten Schritt die formale Aufbereitung der Gesamtdarstellung der Bilanz erfolgen. Diese bezweckt, die Darstellung der analyserelevanten Inhalte der Bilanz empfängergerecht zu fokussieren und für die anschließende Ermittlung von Kennzahlen vorzubereiten. Das wichtigste Element dieser formalen Aufbereitungen ist die sog. **Strukturbilanz**. In deren Rahmen werden die zuvor aufbereiteten Inhalte der Bilanz neu gegliedert. Dabei liegt für UGB-Finanzberichte das Hauptaugenmerk der Maßnahmen auf der Passivseite der Bilanz, die nach den Kriterien der Verzinslichkeit und Fristigkeit zu strukturieren ist. Die auf der Aktivseite vorzunehmende Unterscheidung nach Fristigkeit wird allenfalls für einen geringen Teil des Umlaufvermögens (insb. Forderungen), der als langfristig zu klassifizieren ist, mit Aufbereitungsaufwand verbunden sein.

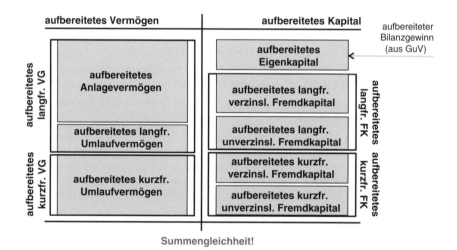

Abbildung 28: Grundstruktur der Strukturbilanz

In Abhängigkeit vom konkreten Analysezweck kann es auch sinnvoll sein, **weitere Strukturierungsebenen** vorzusehen. Ein Beispiel bei der Analyse des Jahresabschlusses eines Unternehmens, das in einen Konzernverbund integriert ist, wäre die Aufgliederung wesentlicher Posten (Forderungen, Verbindlichkeiten etc.) dahingehend, ob diese gegenüber anderen Unternehmen aus demselben Konzern oder aber gegenüber Dritten bestehen. Dies kann etwa in Form eines „Davon"-Vermerks oder einer gesonderten Spalte in der Darstellung erfolgen.

Von den Rohdaten zum aufbereiteten Abschluss

Weiters wird es nur in wenigen Fällen sinnvoll sein, auf der groben Darstellungsebene wie *„langfristiges vs. kurzfristiges Vermögen"* zu bleiben. Vielmehr sprechen einige Kennzahlen **Bilanzposten auf unterer Ebene** an, die darum nicht verloren gehen dürfen. So wird sich anbieten, die in den ursprünglichen Finanzberichten vorgefundene Gliederungstiefe beizubehalten und sozusagen „im Hintergrund mitlaufen zu lassen". Die Aufbereitung kann sich hier einer *„Drill-down-Logik"* bedienen, die in *MS Excel* gut mithilfe von Gruppierungen umsetzbar ist.

Für eine **IFRS-Strukturbilanz** unterscheiden sich zwar die Bezeichnungen der Posten wie auch der diesen zugrunde liegenden Ansatz- und Bewertungslogiken. Das oben skizzierte Schema, das für die weitere Kennzahlenberechnung erforderlich ist, kann aber dessen ungeachtet in seiner Grundlogik übertragen werden. Es wird allerdings i. d. R. nicht möglich sein, mit ein und demselben Schema für die Strukturbilanz die Besonderheiten von IFRS- und UGB-Bilanzen zugleich abzudecken; somit sind hierfür in den Details die Schemata gesondert weiterzuentwickeln.

Strukturierung nach Verzinslichkeit

Viele der in Folge zu berechnenden Kennzahlen setzen Teile der Bilanz in Beziehung zueinander oder zu Größen aus der GuV. Dabei kommt dem Aspekt der **Verzinslichkeit bzw. Unverzinslichkeit** des analysierten Kapitals Bedeutung zu. Manche Mittel werden dem Unternehmen kostenlos zur Verfügung gestellt (z. B. Lieferantenkredite als Teil der Außenfinanzierung oder viele Rückstellungen als Teil der Innenfinanzierung); umgekehrt muss es aber auch für manche Mittel Zinsen zahlen – quasi als „Nutzungsüberlassungsentgelt"; das wichtigste Beispiel hierfür sind Bankkredite und Unternehmensanleihen. Aber auch langfristige Rückstellungen haben regelmäßig eine Zinskomponente, wobei hier als wichtigstes Beispiel die Pensionsrückstellungen zu nennen sind. Jedoch wird für diese die Zinskomponente nicht immer als solche im GuV-Finanzerfolg ausgewiesen, sondern mitunter nur vereinfachend als Teil des Personalaufwands.

Aus Sicht der Bilanzanalyse kann man die Sachlage auf folgenden vereinfachenden Nenner bringen: Verzinslich ist, was mit Zinsaufwand einhergeht, der in der GuV im Finanzierungserfolg erfasst ist. Wird also etwa für eine Pensionsrückstellung der Zinsaufwand als Teil des Personalaufwands ausgewiesen, muss die Rückstellung aus analytischen Zwecken als nichtverzinslich gelten. Natürlich können auch andere Verbindlichkeiten oder Rückstellungen grds. eine Zinskomponente haben, dies ist jedoch von Fall zu Fall zu untersuchen (über die Anhangangaben, insb. zum Zinsaufwand und zu den Grundsätzen der angewandten Bilanzierungs- und Bewertungsmethoden). Für die meisten Fälle wird das folgende Schema für die Ermittlung des verzinslichen Fremdkapitales gute Dienste erweisen:

+ Anleihen und Verbindlichkeiten gegenüber Kreditinstituten
+ Rückstellungen für Abfertigungen, Pensionen und Jubiläumsgelder (nur wenn Zinsaufwand dem Finanzerfolg zugeordnet wurde)
+ Verbindlichkeiten aus Lieferungen und Leistungen (nur wenn Verzinsung erkennbar)
+ Wechselverbindlichkeiten (nur wenn Verzinsung erkennbar)
+ Verbindlichkeiten gegenüber verbundenen Unternehmen und Beteiligungsunternehmen (nur wenn Verzinsung erkennbar)
+ Sonstige Verbindlichkeiten (nur wenn Verzinsung erkennbar)

Tabelle 12: Schema für die Ermittlung des verzinslichen Fremdkapitals

Zu beachten ist, dass seit einiger Zeit in Österreich eine Ausweitung der Verpflichtung im UGB diskutiert wird, langfristige Schulden abzuzinsen – betreffen würde dies insb.

Rückstellungen. Sollten hier in absehbarer Zeit Taten folgen, wäre das obige Schema natürlich zu erweitern, allerdings erst beginnend mit dem Jahr der erstmaligen Verzinsung der betroffenen Posten.

Darüber hinaus sind in dem obigen Rechenschema auch **Effekte aus den zuvor durchgeführten Aufbereitungsmaßnahmen** mitzuberücksichtigen (siehe Kap. 6.3.). Wird etwa die dargestellte Bereinigung für Leasingvermögen umgesetzt, so ist die daraus resultierende Verbindlichkeit jedenfalls verzinslich. Außerdem sind hier die Effekte von allfälligen Saldierungen (etwa der liquiden Mittel mit kurzfristigen Bankverbindlichkeiten) zu beachten. Im buchhalterischen Sinne ist das Eigenkapital nicht verzinslich; im kostenrechnerischen bzw. unternehmenswertorientierten Sinne kann es demgegenüber in Abhängigkeit vom Analysezweck als verzinsliches Kapital geführt werden (siehe dazu etwa die Darstellung zu den wertorientierten Kennzahlen in Kap. 7.3.4.).

In den **IFRS** sind – neben den für das UGB genannten Posten – tendenziell mehr Posten dem verzinslichen Fremdkapital zuzuordnen; dies liegt insb. darin begründet, dass langfristige Schulden zumeist abzuzinsen sind. Entsprechende Informationen dazu – die der Bilanzanalyst im Zuge seiner Aufbereitungsmaßnahmen zu sichten hat – finden sich ebenso im Anhang, typischerweise bei den Angaben zu den Bilanzierungs- und Bewertungsmethoden, zum Zinsaufwand oder zu den betreffenden Schuldenposten.

Strukturierung nach Fristigkeit

Hinsichtlich der **Einteilung nach Fristigkeit** profitiert der Bilanzanalyst im Kontext von IFRS-Finanzberichten davon, dass diese auch auf der Passivseite der Bilanz bereits nach Fristigkeit strukturiert sind. Zwar gibt es davon einige Ausnahmen, für die eine festgelegte Zuordnung zum langfristigen oder kurzfristigen Fremdkapital vorgesehen ist, allerdings betreffen diese i. d. R. nur Ausnahmen, mit denen es sich gut leben lässt. Für den Kontext eines UGB-Abschlusses ist demgegenüber mehr an „Handarbeit" gefordert. Hierbei kann ihm folgende grobe Schematisierung (die aber für den Einzelfall stets zu überprüfen ist) helfen:

Bilanzposten	langfristig	kurzfristig
Eigenkapital	x	
Zur Ausschüttung bestimmter Teils des Bilanzgewinns		x
Rückstellungen für Abfertigungen und Pensionen	x	
Jubiläumsrückstellungen	x	
Steuerrückstellungen exkl. latente Steuern		x
Rückstellungen für latente Steuern	x	
Sonstige Rückstellungen	(ausnahmsweise)	x
Verbindlichkeiten	x	x
Rechnungsabgrenzungsposten	(ausnahmsweise)	x

Tabelle 13: Schema für die Ermittlung des langfristigen und kurzfristigen gebundenen Kapitals

Bzgl. der **Laufzeit von Verbindlichkeiten** findet man entsprechende Angaben zur Fristigkeit im Anhang. In den meisten anderen Punkten wird demgegenüber gerade der externe Analyst nicht um das Setzen von Annahmen herumkommen. Insb. fehlen im Anhang i. d. R. Informationen zu der Fristigkeit der Rückstellungen. Sollten z. B. Investitionszuschüsse nicht im Zuge der Aufbereitungsmaßnahmen entfernt werden, sind sie i. S. d. vorigen Ausführungen ebenso dem langfristigen Kapital zuzuordnen. Unversteuerte Rücklagen sind gleich wie das Eigenkapital zuzuordnen.

Auf der **Aktivseite** stellen sich ähnliche Fragen nicht oder nur sehr eingeschränkt: Hier wird das Anlagevermögen dem langfristigen und das Umlaufvermögen dem kurzfristigen Vermögen zuzuordnen sein (so der Bilanzanalyst im Zuge seiner Untersuchungen und Einschätzungen nicht überzeugend zu einer besseren Zuordnung gelangt). Einen Problemfall kann man jedoch regelmäßig vorfinden: Durch die starre Zuordnung z. B. der Forderungen zum Umlaufvermögen ist für diese näher zu untersuchen, ob Forderungen enthalten sind, deren Laufzeit eine Einordnung als langfristig erfordert. Entsprechende Informationen müssen entweder bereits in der Bilanz ausgewiesen werden oder lassen sich im Anhang finden. Ähnliche Probleme können i. V. m. Vorräten oder Wertpapieren bzw. Anteilen des Umlaufvermögens bestehen.

Die Handhabung der Posten des obigen Schemas, die auch für eine IFRS-Bilanz grds. nicht automatisch aus der Bilanzgliederung abzulesen sind (etwa Eigenkapital oder der umgegliederte Teil des Gesamtergebnisses), lässt sich auf diese übertragen. Darüber hinaus stellen sich, besonders auf der Aktivseite der IFRS-Bilanz, hinsichtlich Forderungen zumindest tlw. dieselben Themen wie für UGB-Bilanzen.

Kurzfristig meint dabei häufig „*bis zu einem Jahr*", langfristig ist damit jede längere Laufzeit. In manchen Fällen (siehe Kap. 3.2.1. und 3.2.3.) können die grundlegenden Anforderungen aus dem UGB (Aktivseite) bzw. den IFRS (Aktiv- und Passivseite) auf andere Zeithorizonte abstellen, dies ist in der Praxis eher als Ausnahme zu sehen. Der Bilanzanalyst sollte sich aber stets vor Augen führen, dass dies eine sehr grobe und mitunter auch fehlleitende Unterteilung sein kann: Kurzfristig umfasst alle Zeiträume von „*morgen*" bis „*in 365 Tagen*"; langfristig von „*in etwas mehr als einem Jahr*" bis (nicht selten) hin zu „*in zwanzig oder mehr Jahren*". Daher ist stets Vorsicht geboten hinsichtlich der Interpretation solcher Fristigkeiten (und insb. ihrer Gegenüberstellungen).

6.4.2. Prozent- und Indexbilanz

Darüber hinaus hat es sich bewährt, für Analysezwecke nicht bloß Eurobeträge zu übernehmen, sondern die Bilanzposten bereits vor der Bestimmung weiterer Kennzahlen in Relation zu setzen, d. h. de facto bereits im Rahmen der Darstellung, die als Grundlage für die weiteren Analysen dient, erste Kennzahlen mitzuermitteln. Wie dies gemeint ist, das illustriert bereits ein einfacher Anwendungsfall: die sog. **Prozentbilanz**. In dieser werden die einzelnen ausgewiesenen Posten der Strukturbilanz im Bezug zur Bilanzsumme gesetzt (was bereits einfachen Intensitätskennzahlen gleichkommt; siehe Kap. 7.2.1. und 7.2.2.).

	TEUR	Prozent		TEUR	Prozent
Anlagevermögen	80.450	65,5 %	Eigenkapital	37.500	30,5 %
Umlaufvermögen	42.300	34,5 %	Fremdkapital	85.250	69,5 %
	122.750	100 %		122.750	100 %

Tabelle 14: Beispielhafte Darstellung einer Prozentbilanz

Ein mögliches Problem hierbei: Ist ein Bilanzposten überproportional groß (etwa ein Firmenwert, der 50 % der Bilanzsumme ausmacht), verzerrt dies die Darstellung entsprechend, und alle anderen Bilanzposten werden mit einem entsprechend geringen Prozentsatz ausgewiesen. Dies hat der Bilanzanalyst bei der Festlegung seiner Wesentlichkeitsgrenzen für die weiteren Analysehandlungen zu berücksichtigen.

Für Zeitreihenvergleiche besonders geeignet sind Indexbilanzen; diese basieren auf der Logik von Indexkennzahlen (siehe Kap. 4.2.3.) und können Entwicklungen besonders gut illustrieren. Im nachfolgenden Beispiel wurde als Basisjahr das Geschäftsjahr 2013 definiert und die Höhe der einzelnen Bilanzposten im Jahr 2012 dazu in Verbindung gesetzt. Dies zeigt, in welchen Bereichen es besonders große Entwicklungen gab.

	31. 12. 2013		31.12. 2012	
	TEUR	Prozent	TEUR	Prozent
Anlagevermögen	80.450	100 %	85.600	106,4 %
Umlaufvermögen	42.300	100 %	40.000	94,6 %
	122.750	100 %	125.600	102,3 %
Eigenkapital	37.500	100 %	34.000	90,7 %
Fremdkapital	82.250	100 %	91.600	107,4 %
	122.750	100 %	125.600	102,3 %

Tabelle 15: Beispielhafte Darstellung einer Indexbilanz

Beide Arten der Aufbereitung sind einfach, aber aussagekräftig. Mit der Hilfe solcher Aufbereitungsmaßnahen werden mitunter schon erste Erkenntnisse sichtbar. Dies spart dem Analysten Zeit (und Nerven) und kann darüber hinaus seine Aufmerksamkeit auf jene Punkte lenken, die für die tiefergehenden Untersuchungen von Interesse sind.

6.4.3. Liquiditätstabelle und Bewegungsbilanz

Zwei etwas komplexere Darstellungsformen sind jene der Liquiditätstabelle (auch: „Liquiditätstableau") und der Bewegungsbilanz. Beide widmen sich einer Darstellungsweise, die Fragen der Liquiditätslage eines Unternehmens (und dessen Entwicklung) in den Vordergrund rücken.

Im einfachsten Fall geschieht dies in Form der **Liquiditätstabelle**; dieser entspricht bereits die für die Erstellung der Strukturbilanz zuvor vorgeschlagene Unterteilung der Bilanzposten nach ihrer Fristigkeit. So kann der Saldo zwischen kurzfristigem Vermögen und kurzfristigem Kapital ermittelt werden. Da Letzteres insb. bestehende Schulden umfasst, gibt diese Darstellung Aufschluss darüber, ob ausreichend liquide (bzw. kurzfristig „liquidierbare") Mittel im Unternehmen sind, um den zu erwartenden Zahlungsverpflichtungen nachkommen zu können.

Von den Rohdaten zum aufbereiteten Abschluss

	TEUR	kurzfristig	langfristig
Anlagevermögen	80.450		
immaterielle Vermögensgegenstände	15.250		15.250
Sachanlagevermögen	34.800		34.800
Finanzanlagevermögen	30.400		30.400
Umlaufvermögen	42.300		
Vorräte	18.680	18.680	
Forderungen LuL	15.700	12.000	3.700
Kassa	7.920	7.920	
	122.750	38.600	84.150
Eigenkapital	37.500		37.500
Rückstellungen	25.000		
Pensionsrückstellungen	15.000		15.000
sonstige Rückstellungen	10.000	10.000	
Verbindlichkeiten	60.250		
Bankverbindlichkeiten	50.250	10.250	40.000
Verbindlichkeiten LuL	10.000	10.000	
	122.750	30.250	92.500
Liquiditätssaldo (Aktiva – Passiva)	0	8.350	–8.350

Tabelle 16: Beispielhafte Darstellung einer Liquiditätstabelle

Auch bei dieser Darstellungsform sind bereits erste Kennzahlen integriert, die dem Analysten und den Adressaten zur Verfügung stehen – nämlich solche zur statischen Liquiditätslage (siehe Kap. 7.2.3.1.). Es muss natürlich nicht dabei bleiben, dass nur ein Gesamtsaldo bestimmt wird; z. B. können auch mehrere Zwischensaldos gebildet werden (etwa i. S. d. Anlagendeckungsgrade).

Eine **Bewegungsbilanz** stellt wiederum zwei (oder mehrere) Perioden gegenüber und trennt die Veränderung in den Werten für die einzelnen Bilanzposten weitergehend in Mittelherkunft und Mittelverwendung.

- Hat sich ein **Aktivposten erhöht**, so führt dies zu einer Mittelverwendung, da liquide Mittel zur Schaffung dieses Postens gebunden wurden.

- Hat sich demgegenüber ein **Aktivposten verringert**, so führt dies zu einer Mittelfreisetzung (Mittelherkunft), da dadurch liquide Mittel verfügbar wurden.

- Hat sich ein **Fremdkapitalposten erhöht**, so führt dies zu einer Mittelfreisetzung: Durch das eingehen etwa einer Verbindlichkeit hat sich das Unternehmen eine konkrete Zahlung zumindest vorübergehend gespart.

- Hat sich ein **Fremdkapitalposten verringert**, bedeutet dies demgegenüber, dass eine Mittelverwendung stattgefunden hat, z. B. durch die Begleichung einer Verbindlichkeit.

- Die **Veränderung des Eigenkapitals** ist wie die Veränderung eines Fremdkapitalpostens zu beurteilen.

Das Ergebnis dieser Berechnung ist der Gesamtsaldo zwischen Mittelherkunfts- und Mittelverwendungsaktivitäten. Dieser muss der **Veränderung der liquiden Mittel** in dem betrachteten Geschäftsjahr entsprechen. Somit zeigt sich, dass es sich bei der Bewegungsbilanz praktisch um eine Form der vereinfachten Aufstellung einer Geldflussrechnung nach der indirekten Methode handelt (siehe Kap. 3.4.). Bei dieser ist eine weitere Aufteilung in die einzelnen Teil-Cashflows nicht möglich; dafür wird ersichtlich bereits, mit welchen Entwicklungen in der Vermögens- bzw. Kapitalstruktur des Unternehmens die Veränderung der liquiden Mittel im Zusammenhang steht.

TEUR	31. 12. 2013	1. 1. 2013	Mittel-herkunft	Mittel-verwendung
Anlagevermögen	**80.450**	**85.600**		
immaterielle Vermögensgegenstände	15.250	17.500	2.250	
Sachanlagevermögen	34.800	38.500	6.200	2.500
Finanzanlagevermögen	30.400	29.600		800
Umlaufvermögen	**42.300**	**40.000**		
Vorräte	18.680	19.600	920	
Forderungen LuL	15.700	10.400		5.300
Kassa	7.920	10.000		
	122.750	125.600	9.370	8.600
Eigenkapital	**37.500**	**34.000**	3.500	
Rückstellungen	**25.000**	**20.000**		
Pensionsrückstellungen	15.000	14.000	1.000	
sonstige Rückstellungen	10.000	6.000	4.000	
Verbindlichkeiten	**60.250**	**71.600**		
Bankverbindlichkeiten	50.250	55.350		5.100
Verbindlichkeiten LuL	10.000	16.250		6.250
	122.750	125.600	8.500	11.350
Mittelsaldo (Aktiva + Passiva)			17.870	19.950
Saldo Mittelherkunft/Mittelverwendung				–2.080

Tabelle 17: Beispielhafte Darstellung einer Bewegungsbilanz

Die Herausforderung in der Aufstellung einer Bewegungsbilanz liegt insb. darin, dass sich die Veränderungen vieler Posten nicht eindeutig nur den Spalten Mittelherkunft oder Mittelverwendung zuordnen lassen. Z. B. sind die Abschreibungen auf Sachanlagen bzw. deren Reduktion durch Veräußerung der Mittelherkunft zuzurechnen; eine gleichzeitige Anschaffung neuen Sachanlagevermögens ist demgegenüber der Mittelverwendung zuzurechnen. Beides geht aber in den Saldo des sich verändernden Bilanzpostens ein. Ähnlich verhält es sich z. B. mit Rückstellungen, die tlw. gebildet und tlw. verbraucht oder aufgelöst werden. Erst durch diese Aufsplittung gewinnt die Analyse einen entsprechenden Tiefgang für weiterführende Ableitungen. Hier hat der Bilanzanalyst sich entsprechend intensiv mit den verfügbaren Informationen, insb. im Anhang, auseinanderzusetzen.

6.5. Aufbereitung von GuV und Geldflussrechnung

Wie nicht häufig genug betont werden kann, stellen Bilanz, GuV und Geldflussrechnung ein **integriertes System** dar (siehe Kap. 3.1.2.). Die dargestellten Aufbereitungsmaßnahmen stellen allesamt primär auf die Bilanz ab. Dennoch sind bei ihnen auch stets die Auswirkungen auf GuV und Geldflussrechnung mitzudenken und umzusetzen.

Die Auswirkungen der materiellen Aufbereitungen auf die GuV wurden bereits weitgehend dargestellt. Wichtig ist nochmals der Hinweis darauf, die bereinigten Erträge oder Aufwendungen der richtigen Periode zuzuordnen (d. h. etwa in den Erfolg des analysierten Geschäftsjahres oder direkt in die Gewinnrücklagen; siehe Kap. 6.3.1.). Darüber hinaus kann sich für den Bilanzanalysten in manchen Fällen die Herausforderung stellen, eine GuV vom Umsatz- zum Gesamtkostenverfahren überzuleiten (bzw. in die andere Richtung, mit allen damit verbundenen Schwierigkeiten; siehe Kap. 3.3.1.).

Von den Rohdaten zum aufbereiteten Abschluss

Hinsichtlich der Aufbereitung der Gesamtdarstellung scheiden natürlich Liquiditätstabelle und Bewegungsbilanz aus. Index- bzw. Prozent-GuV sind demgegenüber üblich und besonders aussagekräftig. Bei der Darstellung einer Prozent-GuV stellt sich typischerweise die weiter gehende Frage, an welcher Referenzgröße die Aufgliederung erfolgt. Die nachfolgende Abbildung illustriert hierfür mehrere übliche Varianten.

	31. 12. 2013	Variante 1	Variante 2
Umsatzerlöse	28.500.000	100,0 %	91,9 %
sonstige betriebliche Erträge	2.500.000	8,8 %	8,1 %
(Gesamterträge)	*31.000.000*		*100,0 %*
Personalaufwand	15.400.000	54,0 %	49,7 %
Abschreibungen	4.300.000	15,1 %	13,9 %
sonstige betriebliche Aufwendungen	8.000.000	28,1 %	25,8 %
Betriebserfolg	**3.300.000**	**11,6 %**	**10,6 %**
Finanzerfolg	**2.700.000**	**9,5 %**	**8,7 %**
EGT	**600.000**	**2,1 %**	**1,9 %**
Steuern vom Einkommen	138.000	0,5 %	0,4 %
Jahresüberschuss	**462.000**	**1,6 %**	**1,5 %**

Tabelle 18: Beispielhafte Darstellung einer Prozent-GuV

Jede ist mit Vor- und Nachteilen verbunden und lenkt das Augenmerk des Bilanzanalysten wie insb. der Adressaten der Bilanzanalyse auf andere Zusammenhänge und weiterführende Fragestellungen. In beiden Fällen ist insb. die Frage zentral, wie viel von den zunächst erwirtschafteten Mittel unter dem Strich übrigbleibt und wie viel von den div. Aufwendungen „weggeknabbert" wird. Natürlich bietet sich hier ein Anknüpfen an die Umsatzerlöse an – d. h. ein Zuordnen der vollen 100 % an diese. Die sonstigen betrieblichen Erträge werden demgegenüber häufig von „Ausreißern" oder Geschäftszweckfremden (Zufalls-)Erträgen verzerrt und sind damit für eine Leistungsbeurteilung eher wenig geeignet.

Spielen demgegenüber **Bestandsveränderungen oder aktivierte Eigenleistungen** für das Analyseobjekt eine Rolle, so kann es bei Anwendung des Gesamtkostenverfahrens sehr wohl ratsamer sein, diese mit in die Prozentbasis einzubeziehen. Schließlich sind die korrespondierenden Aufwendungen diesfalls als Teil des Betriebserfolgs ausgewiesen und würden so das in der Darstellung vermittelte Bild in Richtung einer angedeuteten geringeren Effizienz des Produktionsprozesses verzerren. Dies liegt einfach darin begründet, dass die Aufwendungen durch die Produktion auf Lager oder für die Eigennutzung höher sind und nicht ausschließlich Umsatzerlöse erwirtschaftet haben, sondern gleichsam die beiden korrespondierenden GuV-Ertragsposten beeinflussten. Auch hier muss also das Entsprechungsprinzip beachtet werden (siehe Kap. 4.2.3.). Ein vollständiges Anknüpfen an die Gesamterträge ist schließlich dann sinnvoll, wenn den in diesen enthaltenen sonstigen betrieblichen Erträgen im weit überwiegenden Teil korrespondierende Aufwendungen in der GuV gegenüberstehen (etwa Versicherungsentschädigungen für eingetretene Schadensfälle oder Erlöse für untergeordnete Nebentätigkeiten, die gleichsam mit Aufwendungen verbunden sind).

Besonderes Augenmerk ist auf die Frage der Sinnhaftigkeit einer Aufbereitung der Darstellung i. S. einer **„Struktur-GuV"** zu legen. In Literatur und Praxis findet dieser Aspekt für gewöhnlich weniger Beachtung; aus denselben Gründen, wie sie im Rahmen der Darstellungen für die Strukturbilanz dargestellt wurden, kann ihr Nutzen aber ein gleichsam hoher sein.

Zunächst ist hinsichtlich der Defizite der (gesetzlich vorgegebenen) UGB-Gliederung nochmals darauf hinzuweisen, dass der Finanzerfolg keine aussagekräftige Größe ist; weiterhin wäre das außergewöhnliche Ergebnis für die Bilanzanalyse sehr wertvoll, ist aber praktisch in der vorgesehenen Form (und ihrer Umsetzung in der Praxis) nur wenig zu gebrauchen. Hier sind also jeweils Umgliederungen notwendig, und zwar

- ist einerseits der **Finanzerfolg** in seine Komponenten *„Erfolg aus Finanzinvestitionen"* und *„Finanzierungserfolg"* aufzuteilen (was relativ leicht machbar ist);
- andererseits ist ein allfällig ausgewiesenes **außerordentliches Ergebnis** in seine Bestandteile zu zergliedern und den zugehörigen Komponenten des EGT zuzuordnen. Dies wird dem internen Analysten vergleichsweise gut gelingen können, während der externe Analyst hier auf die Angaben im Anhang bzw. Lagebericht angewiesen ist. Ist das außerordentliche Ergebnis z. B. nur auf außerplanmäßige Abschreibungen zurückzuführen, wird diesem eine Umgliederung leicht fallen. Sind demgegenüber viele verschiedene Aufwandsarten betroffen, wird er diese regelmäßig nicht durchführen können;
- der Aufwand aus Steuern auf das Einkommen ist jedenfalls gesondert auszuweisen (*„Steuerergebnis"*).

Im Rahmen der konkreten Möglichkeiten ist anschließend für die neu gegliederten Posten eine Aufteilung ihrer Höhe nach in **voraussichtlich wiederkehrende und voraussichtlich nicht wiederkehrende Teile** vorzunehmen. Z. B. wäre für den planmäßigen Teil der Abschreibungen auf das Sachanlagevermögen eine Klassifikation als wiederkehrend i. d. R. angebracht, während außerplanmäßige Abschreibungen auf Sachanlagen als nicht wiederkehrend zu sehen sind. Auch ließen sich z. B. Sondereffekte im Bereich der Rückstellungen oder Abschreibungen auf Beteiligungen verhältnismäßig leicht zuordnen; wichtigste Quelle für den Bilanzanalysten sind hierbei wieder Anhang und Lagebericht, und insb. der interne Bilanzanalyst hat sehr weitgehende Möglichkeiten für eine aussagekräftige Zuordnung. Der weiterführende Nutzen dieser Unterscheidung hängt wieder vom konkreten Analysezweck ab – für eine zukunftsorientierte Analyse wird gerade der wiederkehrende Teil von größerem Interesse sein, während ein stärkerer Fokus auf der Aufarbeitung der Vergangenheit des Analyseobjekts i. d. R. eine Betrachtung der Summe aus wiederkehrenden und nicht wiederkehrenden Elementen erfordert (wobei auch hier für das Verständnis des Analysten eine Unterscheidung in beide Komponenten wertvolle Dienste erweisen wird).

Für eine **IFRS-Gesamtergebnisrechnung** gilt sinngemäß das Gleiche.[16] Hier ist insb. die Unterteilung in GuV und sonstiges Gesamtergebnis aufzuheben (siehe Kap. 3.3.3.), sodass auch hier letztlich eine angepasste Struktur-GuV verbleibt. Ein außerordentliches Ergebnis wird der Analyst nicht in der Gliederung vorfinden, dafür aber ein – für seine Analysen wertvolleres (da klarer geregeltes) – Ergebnis aufgegebener Geschäftsbereiche, das er in seine Struktur-GuV übernehmen sollte (nicht zuletzt mangels Aufbereitungsmöglichkeiten zumindest für den externen Bilanzanalysten). Dafür stellen sich dem Bilanzanalysten zwei besondere Aufgaben:

- Durch die **nicht einheitliche Gliederung** wird der Betriebsvergleich erschwert. Unterschiede können einerseits bloß begrifflicher Natur sein, andererseits aber auch gravierendere Folgen auf der Ebene von Gliederungstiefen und weiteren Ausweispraktiken haben. Der Bilanzanalyst hat die Struktur-GuV der untersuchten Unternehmen in ein einheitliches Raster zu übertragen (notwendigerweise zum Preis von zu setzenden Annahmen), das ihm erst den sinnvollen Vergleich ermöglicht.

---

[16] Siehe dazu auch die Diskussion bei *Antonakopoulos*, Erfolgsquellenanalyse nach IFRS auf Basis des Gesamterfolgs (total comprehensive income), Zeitschrift für internationale und kapitalmarktorientierte Rechnungslegung 2010, 121 (121 ff.).

Von den Rohdaten zum aufbereiteten Abschluss

- **Fair-Value-Bewertungen** spielen in den IFRS eine besondere Rolle. Aus diesem Grund sollten deren Auswirkungen auf die einzelnen Bestandteile der Struktur-GuV gesondert vermerkt werden, etwa in Form eines „Davon"-Vermerks. Dies trägt dem Umstand Rechnung, dass solche Bewertungen in verschiedenen Teilerfolgen eine Rolle spielen können (Betriebserfolg, Erfolg aus Finanzinvestitionen, Finanzierungserfolg). Außerdem wird es i. d. R. nicht sachgerecht sein, dem Erfolgsbeitrag aus der Fair-Value-Bewertung stets einen nicht wiederkehrenden Charakter zuzubilligen.

Abbildung 29 illustriert einen Vorschlag für eine solche Struktur-GuV auf Ebene der Teilerfolge, wobei die konkret relevanten Zeilen und Spalten davon abhängen, ob UGB- oder IFRS-Finanzberichte analysiert werden. Die weitere Untergliederung und deren Ausgestaltung – wie für die Strukturbilanz – sind für den Einzelfall zu erwägen, wird aber zumeist sinnvoll sein. Die insb. in der IFRS-GuV allgegenwärtigen Pro-forma-Kennzahlen (siehe Kap. 3.3.3.) vergisst man am besten gleich wieder und kommt so nicht einmal in Versuchung, sie für die Struktur-GuV zu übernehmen.

Teilerfolgsgrößen wie der *„Betriebserfolg"* etc. orientieren sich dabei an dem Begriffsverständnis, wie es im UGB üblich ist und für dieses dargestellt wurde (siehe Kap. 3.3.1.). Im Rahmen einer solchen Vorgehensweise ist es dem Bilanzanalyst zumindest zu einem gewissen Teil möglich, gewisse grundlegende Unterschiede in beiden Rechenwerken herauszufiltern und zu neutralisieren (etwa die Fair-Value-Bewertungseffekte). Allerdings kann hier nur nochmals der Appell wiederholt werden, eine solche Gegenüberstellung tunlichst zu vermeiden oder nur mit größter Vorsicht und Sorgfalt durchzuführen – die Unterschiede zwischen UGB und IFRS (sowie ggf. anderen Rechnungslegungssystemen) gehen weit über die Frage der Bezeichnung und Gliederung von GuV-Posten hinaus und sind von grundlegender Natur. Man soll durch die Aufbereitungsarbeiten schließlich keine Nähe vortäuschen, wo es sie nicht gibt.

	(davon aus Fair-Value-Bewertung)	wiederkehrend („gewöhnlich", planmäßig etc.)	nicht-wiederkehrend („ungewöhnlich", nicht planmäßig etc.)	Σ
Betriebserfolg				
Erfolg aus Finanzinvestitionen				
Finanzierungserfolg				
Steuerergebnis				
Nachsteuerergebnis aufgegebener Geschäftsbereiche bzw. außerordentliches Ergebnis				

Abbildung 29: Grundstruktur für die Aufbereitung der GuV

Das für die GuV Gesagte gilt auch für die **Geldflussrechnung**. Auf deren Aufbereitung wird in der Praxis leider regelmäßig nicht Bedacht genommen. So wie Bilanzpolitik in ihrem Kontext einzig eine Ausweispolitik sein kann, sind es formale Aufbereitungsfragen, die sich in ihrem Kontext stellen.[17]

---

[17] Siehe auch *Baumüller/Krumsiek*, Gestaltungsspielräume in der IFRS-Kapitalflussrechnung und ihre Konsequenzen für die externe Abschlussanalyse, Zeitschrift für Recht und Rechnungswesen 2014, 49 (49 ff.).

An der grundlegenden Einteilung in die drei vorgesehenen Teil-Cashflows besteht kein Änderungsbedarf. Allenfalls wäre ein gesonderter Ausweis der **Steuerzahlungen** für spätere Analysen sinnvoll; eine (theoretisch richtige) Aufsplittung der Steuerzahlungen auf die drei Teil-Cashflows nach Verursachung ist bei den gegenwärtig veröffentlichten Geldflussrechnungen die Ausnahme und im Rahmen einer Bilanzanalyse i. d. R. nicht verlässlich durchführbar. Darüber hinaus ist die wichtigste Frage, welche Zahlungen konkret in welchem der drei Teil-Cashflows abgebildet werden sollten. Dies kann von Analyse zu Analyse, aber bereits **von Kennzahl zu Kennzahl im Rahmen ein und derselben Analyse unterschiedlich handzuhaben** sein.

Betroffen sind zunächst allfällige Umgliederungen, die aus den Aufbereitungsmaßnahmen in Bilanz und GuV folgen. Dies betrifft insb. den Ausweis von Zahlungen für

- selbsterstellte immaterielle Vermögensgegenständen des Anlagevermögens bzw. generell von Forschungs- und Entwicklungsausgaben (Cashflow aus laufender Geschäftstätigkeit vs. Investitionstätigkeit),
- Subventionen bzw. Investitionszuschüssen (Cashflow aus Investitionstätigkeit vs. Finanzierungstätigkeit),
- Leasingzahlungen (bei Aktivierung auszusplitten – in Höhe der Abschreibungen in den Cashflow aus Finanzierungstätigkeit, in Höhe der Zinskomponente dieselbe Behandlung wie die weiteren vom Unternehmen gezahlten Zinsen; alternativ zur Gänze in den Cashflow aus Investitionstätigkeit; siehe Kap. 6.3.2.).

Unabhängig von diesen Folgen gesetzter Aufbereitungsmaßnahmen sind jedenfalls die **gewährten Ausweiswahlrechte** in dem Standard, welcher der erstellten Geldflussrechnung zugrunde liegt, näher zu untersuchen (siehe Kap. 3.4.). Im IAS 7, dem praktisch die größte Bedeutung zukommt, betrifft dies im besonderen Maße erhaltene und gezahlte Zinsen sowie Dividenden. Die in der Praxis üblichen Vorgehensweisen wurden bereits dargestellt; als *„betriebswirtschaftlich geboten"* (hinsichtlich der Aussagekraft der so folgenden Teil-Cashflows) gilt in der Literatur folgende Zuordnung:

- gezahlte Zinsen: Cashflow aus Finanzierungstätigkeit,
- erhaltene Zinsen und erhaltene Dividenden: Cashflow aus Investitionstätigkeit,
- gezahlte Dividenden: Cashflow aus Finanzierungstätigkeit.

Das Wichtigste ist allerdings, für den gewählten Vergleichsmaßstab eine **einheitliche Datenbasis** sicherzustellen. Dies wird insb. für den Betriebsvergleich eine Herausforderung sein. Zwar müssen im IFRS-Anhang die Zahlungen zu Zinsen und Dividenden gesondert angegeben werden; oftmals geschieht dies aber in der Praxis in einer sehr aggregierten Form, was die Durchführung einer Umgliederung verunmöglicht. Diesbezüglich kann es aus pragmatischen Gründen auch angebracht sein, jene Zuordnungskombination zu wählen, die einen möglichst großen Grad an Einheitlichkeit zwischen den betrachteten Unternehmen ermöglicht (unabhängig vom allenfalls *„betriebswirtschaftlich Gebotenen"*). Bei manchen der in der Folge behandelten Kennzahlen kann dies aber in der Tat zu größeren Verzerrungen führen, deren sich der Bilanzanalyst dann bewusst sein muss (siehe Kap. 7.2.3.2.).

6.6. Auswirkungen der Aufbereitungen auf ermittelte Kennzahlen und Fazit

Insb. die inhaltlichen, aber zum Teil auch die formalen Aufbereitungen haben **wesentliche Auswirkungen auf die** in der Folge **berechneten Kennzahlen** und die daran knüpfenden Interpretationen. Diese können nur so gut sein, wie es die Zahlengrundlage ist, an die sie knüpfen. Dies sollte sich der Bilanzanalyst bei seinen Entscheidungen zur Ausgestaltung und Umsetzung der Aufbereitungsmaßnahmen stets vor Augen führen;

Von den Rohdaten zum aufbereiteten Abschluss

es ist letztlich nichts anderes, als es auch die Finanzverantwortlichen in Unternehmen tun oder tun sollten: Man frage sich, wie sich Gestaltungsspielräume auf Kennzahlen auswirken – das aus dem Kontext der Bilanzpolitik bekannte Grundprinzip.

Beispielhaft sollen die Auswirkungen des zuvor dargestellten Beispiels zur Berücksichtigung von Leasingverträgen in der Bilanz auf fünf konkrete, in Kap. 7 detaillierter behandelte Kennzahlen dargestellt werden. Dabei handelt es sich um grds. Wirkungen; wie gravierend diese wertmäßig letztlich wirklich ausfallen, hängt von der Wesentlichkeit des aufzubereitenden Sachverhalts selbst ab. Daher ist auch nicht *per se* jede Veränderung von Kennzahlen durch die Durchführung oder Unterlassung von Aufbereitungsmaßnahmen relevant, sondern nur solche, die sich im wesentlichen Umfang auf die für die konkrete Analysesituation wesentlichen Kennzahlen auswirken. Wie schon mehrfach betont: Diese Einschätzung der Wesentlichkeit ist dabei ein Knackpunkt, und diese hat ganz alleine der Bilanzanalyst zu verantworten (siehe Kap. 6.3.1.). Entscheidend sind dabei insb. die Transparenz und Nachvollziehbarkeit der Einschätzung – und dass sich der Bilanzanalyst überhaupt dieses Umstands bewusst ist.

Nun zu den Kennzahlen, die durch die zuvor dargestellten Aufbereitungsmaßnahmen i. V. m. finanziellem Leasing beeinflusst werden:

- **EBIT** (siehe Kap. 7.3.1.): Steigt – vor der Aufbereitung wurde es durch den Leasingaufwand in voller Höhe reduziert; nach der Aufbereitung kann die neu ausgewiesene Zinskomponente aus der Ermittlung ausgeschieden werden.
- **EBITDA** (siehe Kap. 7.3.1.): Steigt, und zwar noch stärker, als es das EBIT tut – nun können nämlich sowohl die Zinskomponente als auch die ebenso umgegliederte Abschreibungskomponente aus der Kennzahl ausgeschieden werden.
- **Gesamtkapitalrentabilität** (siehe Kap. 7.3.3.): Unklar – einerseits erhöht sich der Zähler (EBIT), andererseits steigt durch die Aufbereitung aber auch der Nenner (durch das angesetzte Vermögen bzw. die angesetzten Verbindlichkeiten). Ob dies zu einer Verbesserung oder Verschlechterung der Kennzahl führt, hängt davon ab, ob das Verhältnis von Zinslast zu Verbindlichkeiten (aus der Aufbereitungsbuchung)
    - \> als die Gesamtkapitalrentabilität vor der Aufbereitung ist: Verbesserung;
    - < als die Gesamtkapitalrentabilität vor der Aufbereitung ist: Verschlechterung.
- **Eigenkapitalrentabilität** (siehe Kap. 7.3.3.): Bleibt konstant – weder ändert sich durch die Aufbereitung der Zähler (der den Eigenkapitalgebern zurechenbare Erfolg, ohne jeden Abzug) noch der Nenner (das Eigenkapital).
- **Gearing** (siehe Kap. 7.2.2.): Steigt – da im Zähler verzinsliches Fremdkapital zu addieren ist, der Nenner (Eigenkapital) aber unverändert bleibt.

Zugegebenermaßen sind diese Zusammenhänge nicht immer leicht zu durchschauen und fordern einiges an Auseinandersetzung mit der (Buchhaltungs-)Materie; wer sich dies aber erarbeitet, hat neben fortgeschrittenen Fähigkeiten im Themengebiet der Bilanzanalyse auch ein gutes Verständnis für die grundlegenden Fragen und Zusammenhänge im Rechnungswesen erworben – und mit diesem lässt sich in der Praxis sehr viel bewirken.

Ein generelles Fazit der Ausführungen des vorhergegangenen Kap. ist insb. folgendes: **Die Möglichkeiten für den Bilanzanalytiker** hinsichtlich der Erkennung bilanzpolitischer Maßnahmen und deren Neutralisierung – sowie hinsichtlich weiterer Aufbereitungsmaßnahmen – **sind sehr beschränkt**. Er ist somit i. d. R. immer einen Schritt hinter dem Bilanzpolitiker.

Im besonderen Maße gilt dies für den **externen Bilanzanalysten**, der durch den Blick von außen vieles allenfalls erahnen kann und dem weiterführende Informationsquellen zumeist fehlen. Der **interne Bilanzanalyst** hat demgegenüber deutlich mehr Möglichkeiten, jedoch sind diese ebenso nicht zu überschätzen: Einerseits setzt ihm auch die

Kosten-Nutzen-Betrachtung hinter allen seinen Maßnahmen Grenzen; andererseits lehrt die Erfahrung, dass innerhalb eins Unternehmens die Informationsflüsse nicht immer so leicht erschließbar sind, wie es wünschenswert wäre. D. h., auch der interne Bilanzanalyst muss regelmäßig mit Abteilungsgrenzen kämpfen und hat nicht vollständigen Zugriff auf alle im Unternehmen grds. vorhandenen Informationen.

Darüber hinaus sollte nicht vergessen werden: Es gibt Situationen, in denen ein Bilanzanalyst ausschließlich in der Rolle eines externen Bilanzanalysten auftreten wird. Umgekehrt sind aber die Fälle selten, dass ein Bilanzanalyst ausschließlich ein interner Bilanzanalyst sein wird; bereits aus den Ausführungen zur Relevanz und Ableitung von Vergleichsmaßstäben zeigte sich, dass zumindest mittelbar bzw. implizit zumeist ein Betriebsvergleich eine große Rolle spielt. Der Controller entkommt dem so letztlich genauso wenig wie etwa der interne Revisor.

Somit bleibt festzuhalten: Letztlich sind wir alle (auch) externe Bilanzanalysten. Dies unterstreicht nochmals die **Grenzen der Bilanzanalyse** (siehe Kap. 2.7.). Das soll nicht heißen, dass man sich deswegen nicht ihrer mächtigen Mittel bedienen sollte; jedoch erfordert es ständiges Problembewusstsein, einen sorgfältigen Einsatz dieser Mittel und einen steten Vorbehalt gegenüber voreiligen Schlüssen und Pauschalurteilen. Durchaus kann man von einer *„professionellen Skepsis"* sprechen, die den Bilanzanalysten bei all seinen Schritten leiten muss – nicht nur gegenüber dem Analyseobjekt, sondern auch gegenüber seinem eigenen Schaffen. Der beste Rat an ihn ist an dieser Stelle wieder: Transparenz und Nachvollziehbarkeit zu schaffen und über alle Schritte des Bilanzanalyseprozesses hinweg zu sichern. Eine Prise Demut schadet auch nicht; denn: Einfache Kochrezepte kann es leider nicht geben.

7. Die wichtigsten Kennzahlen (und deren Verknüpfungen) für die Praxis

7.1. Überblick

Wenn in der Folge die wichtigsten Kennzahlen für die Praxis dargestellt werden, so orientiert sich deren Kategorisierung an den zentralen Themenbereichen, mit denen sich diese Kennzahlen beschäftigen. Es sind primär zwei Fragen, um die es geht, die in einem wechselseitigen, nicht ganz spannungsfreien Verhältnis zueinander stehen:[18]

- Die Frage nach der **Sicherheit**: Wie sicher ist die Verdienstquelle beim Unternehmen?
- Die Frage nach der **Rentabilität**: Wie viel verdient das Unternehmen tatsächlich?

Bei der ersten Frage geht es primär darum, wie wahrscheinlich ein Untergang des Analyseobjekts, d. h. typischerweise dessen Insolvenz, erscheint. Hier wurde bereits dargestellt, dass Zahlungsunfähigkeit der zentrale Insolvenzgrund ist, weshalb in der BWL die Sicherung der Liquidität eines Unternehmens als Ziel besondere Bedeutung hat. Folglich befasst sich eine Bilanzanalyse, die sich mit dieser Sicherheit beschäftigt, zu einem wesentlichen Teil mit der Liquiditätslage eines Analyseobjekts. Dies wird unmittelbar etwa durch die Auswertung der Geldflussrechnung erfolgen, darüber hinaus spielt aber auch die Analyse der Bilanz (Aktiva und Passiva) hinsichtlich Struktur, Bestandteilen und sich hierbei abzeichnender Probleme für die Liquiditätssituation eine entscheidende Rolle. Analysiert wird so in einem weiteren Sinne die generelle **finanzielle Stabilität** (bzw. „Bestandfestigkeit") des Analyseobjekts.

Bei der zweiten Frage drehen sich alle Analyseansätze um den **wirtschaftlichen Erfolg** des Analyseobjekts, d. h. um seinen Gewinn. Folglich wird auch die GuV zum zentralen

---

[18] Vgl. hierzu auch die Überlegungen von *Baetge/Kirsch/Thiele*, Bilanzanalyse² (2004).

Die wichtigsten Kennzahlen (und deren Verknüpfungen) für die Praxis

Anknüpfungspunkt. Es wird eine Vielzahl an verschiedenen – absoluten wie relativen – Maßstäben herangezogen, die je nach Analysezweck unterschiedliche Aussagen ermöglichen. Der alles umklammernde Aspekt ist dabei letztlich: Wie viel wird an Mitteln erwirtschaftet, um sie den Eigenkapitalgebern wieder zurückzuführen? Für gewinnorientierte Unternehmen stellt dies ja die langfristige Aufgabe und damit Daseinsberechtigung dar.

Beide Fragen hängen in der Form zusammen, wie sie bereits eingangs ausgeführt wurde: Ausreichend Liquidität zu besitzen ist ein absolut notwendiges Kriterium zur Sicherung des Überlebens eines Unternehmens. Längerfristig steuern lässt sie sich jedoch nicht, weswegen hier auf buchhalterische Erfolgsgrößen abgestellt wird – diese können so die Rolle von „*Vorsteuerungsgrößen*" übernehmen (siehe Kap. 2.1.). Ist also der wirtschaftliche Erfolg gesichert, kann davon ausgegangen werden, dass das Unternehmen tendenziell finanziell stabiler aufgestellt sein wird. Umgekehrt gibt es aber auch einen Trade-off, d. h., beide Fragen stehen in einem Spannungsverhältnis: Bei einem gegebenen Gewinn ist der relative Rückfluss an die Eigenkapitalgeber unter bestimmten Voraussetzungen umso höher, je weniger Geld sie in das Unternehmen gesteckt haben, also desto schwächer es kapitalisiert ist. Dies wiederum geht notwendigerweise zulasten seiner finanziellen Stabilität. Dies wird im Folgenden am Beispiel des Leverage-Effekts illustriert (siehe Kap. 7.4.4.). Hier sind die Unternehmen selbst gefordert, eine langfristig sinnvolle Balance zu finden – und auch die Bilanzanalysten haben eine adressatengerechte Abwägung dieser beiden grds. Stoßrichtungen für ihre Analysen sorgfältig abzuwägen. Der Analyst selbst muss wissen, welche Fragen für ihn zentral sind; dann kann er sich entsprechend umfassenderer Kennzahlen zu dem einen oder zu dem anderen Erkenntnisgebiet bedienen.

Freilich gibt es auch Kennzahlen, die für ganz bestimmte Anlässe ermittelt werden und dabei etwas weiter entfernt von den geschilderten Fragen sind. Mitunter werden sie aufgrund gesetzlicher Vorgaben bestimmt, oder aber sie stehen „über" diesen Fragen, etwa im Fall des angesprochenen Leverage-Effekts. Diese Kennzahlen lassen sich unter der Überschrift **„Kennzahlen für weitere Analysezwecke"** pauschal zusammenfassen. I. d. R. sind aber auch für sie die Zusammenhänge zu den formulierten grundlegenden Fragestellungen herstellbar.

Abbildung 30 fasst diese Strukturierung zusammen und gibt somit einen Überblick über die im Folgenden behandelten Kennzahlen:

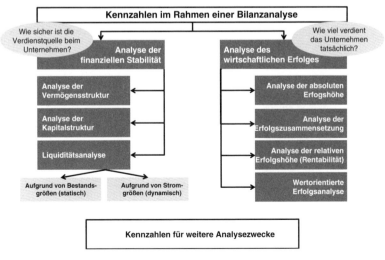

Abbildung 30: Schematische Unterteilung der Kennzahlen für eine Bilanzanalyse nach Themenbereich

Im Anschluss wird auf die wichtigsten **Kennzahlensysteme sowie weiterführende Modelle** eingegangen, die sich allesamt mehr oder weniger vieler verschiedener Einzelkennzahlen bedienen. Darüber hinaus werden diese mithilfe der dargestellten Verfahren aber in einem Zusammenhang gebracht, und es wird versucht, aus den vielen verschiedenen Einzelergebnissen bereits eine Folgerung für ein Gesamturteil abzuleiten.

Sämtliche Kennzahlen, die in Folge bestimmt werden können, sind grds. **auf Grundlage der Werte der zuvor aufbereiteten Finanzberichte** zu ermitteln. Allerdings ist dabei zu beachten, dass manche Kennzahlen bzw. Kennzahlensysteme für ihre aussagekräftige Anwendung eine bestimmte Art der Aufbereitung erfordern, die von den auf allgemeinen Erwägungen basierenden Aufbereitungsmaßnahmen für die Finanzberichte abweichen mag. Auf diese Fälle wird im Folgenden besonders hingewiesen.

Viele mehr oder weniger kluge Lehrbücher sind voll von noch viel mehr an verschiedenen Kennzahlen und tlw. unterschiedlichen Formeln, wie diese ermittelt werden können. Die im vorliegenden Buch dargestellten Formeln orientieren sich an den über die vorigen Kap. hinweg erarbeiteten Grundsätzen. Man kann die nachfolgend behandelten Kennzahlen so rechnen, aber es steht dem Bilanzanalysten natürlich frei, eigene Wege zu wählen. Wichtig ist insb. die **Einheitlichkeit der Ermittlung und ein Bewusstsein dafür, welcher Input erfolgt und wie der Output daher genützt werden kann**. Auch kompensieren gerade die Vergleichsmaßstäbe vieles: Wird eine Kennzahl falsch (z. B. Formelfehler) oder einfach aussagelos (z. B. passen Zähler und Nenner nicht wirklich zusammen) ermittelt, so ist das natürlich einmal grds. schlecht; allerdings kann dann vielleicht noch immer im Zeitreihenvergleich eine wichtige Erkenntnis aus der „richtigen" relativen Entwicklung der „falschen" Kennzahl gewonnen werden. Kennzahlen können in dieser Hinsicht also auch sehr dankbar sein.

7.2. Kennzahlen für die Analyse der finanziellen Stabilität
7.2.1. Analyse der Vermögensstruktur
7.2.1.1. Analyse der Vermögensintensität

Kennzahlen zur Analyse der Vermögensstruktur beschäftigen sich im wesentlichen Maße – allerdings nicht ausschließlich – mit der Struktur der Aktivseite der Bilanz. Der Begriff „*Struktur*" kann hier weiter gefasst bereits intuitiv als das Verhältnis verschiedener Posten auf dieser Aktivseite zueinander interpretiert werden. Aber auch darüber hinausgehende Fragen zur Zusammensetzung und dem Wesen dieser Posten werden hier mit abgedeckt.

Im ersten Fall spricht man von sog. *„Intensitätskennzahlen"*. Mit deren Hilfe kann schnell dargestellt werden, wo das Geld im Unternehmen investiert ist, d. h. welche Posten die wichtigen sind. Im einfachsten Fall wären bereits die folgenden Kennzahlen für diesen Zweck heranzuziehen:

$$\text{Intensität des Anlagevermögens} = \frac{\text{Anlagevermögen}}{\text{Gesamtvermögen}}$$

$$\text{Intensität des Umlaufvermögens} = \frac{\text{Umlaufvermögen}}{\text{Gesamtvermögen}}$$

Bei einer Aufbereitung der Bilanz i. S. d. zuvor dargestellten Vorschläge müssen beide Intensitäten zusammen einen Wert von 1 (bzw. 100 %, abhängig von der Aufbereitungsweise) ergeben; andernfalls wären noch die aktiven Rechnungsabgrenzungsposten zu berücksichtigen. Da die so gewonnenen Ergebnisse natürlich noch sehr grob sind, sind

Die wichtigsten Kennzahlen (und deren Verknüpfungen) für die Praxis

in einem nächsten Schritt die unteren Gliederungsebenen zu analysieren. Z. B. kann anstelle der Intensität des Anlagevermögens

- die Intensität des immateriellen Anlagevermögens,
- die Intensität des Sachanlagevermögens oder
- die Intensität des Finanzanlagevermögens

ermittelt werden. In manchen Fällen kann die Analyse sogar noch tiefer gehen und etwa die Intensität bestimmter Arten des Sachanlagevermögens (z. B. Grundstücke) untersuchen. Gleiches gilt für das Umlaufvermögen, wo z. B. interessieren können:

- die Intensität der Vorräte,
- die Intensität der Forderungen,
- die Intensität der Wertpapiere des Umlaufvermögens.

Diese Aufzählungen folgten zwar der Diktion der Bilanzgliederung des UGB, sind aber sinngemäß auch für eine IFRS-Bilanz übertragbar – einzig die Begrifflichkeiten bzw. ausgewiesenen Posten werden sich unterscheiden und so abweichende Schwerpunktsetzungen ermöglichen. Der Betriebsvergleich kann anschließend Unterschiede im Unternehmensvergleich aufdecken, bspw.:

- Investieren Unternehmen stärker in Anlagevermögen, oder leasen sie die benötigten Maschinen?
- Wie viele Mittel sind in Vermögensgegenständen gebunden, die nicht unmittelbar mit dem Leistungserstellungsprozess verbunden sind (z. B. Finanzanlagen)?

Besonders spannend ist der **Zeitreihenvergleich**. Hier kann eine sinkende Intensität des Sachanlagevermögens z. B. ein Indikator dafür sein, dass es in den Geschäftsprozessen Umstellungen gab (indem mehr zugekauft wird und weniger selbst gefertigt). Oder aber es können Rückschlüsse auf den stärkeren Einsatz von Leasingfinanzierungen getätigt werden. Letztlich kann eine Überalterung des Sachanlagevermögens eine Erklärung sein. Mit Einschränkungen lässt sich dies auch auf immaterielle Vermögensgegenstände des Anlagevermögens übertragen, während für Finanzanlagen demgegenüber Rückschlüsse auf die Veranlagungspolitik bzw. auf Umfang und Werthaltigkeit von Unternehmensbeteiligungen möglich sind. Im Kontext des Umlaufvermögens bieten sich demgegenüber Rückschlüsse auf das Working Capital Management des Analyseobjekts an (siehe Kap. 7.2.3.1.).

Bereits etwas weiter gehend als Intensitätskennzahlen, diesen aber sehr ähnlich ist die folgende Kennzahl. Sie wird i. d. R. nur als *„**Vermögensstruktur**"* bezeichnet und stellt das aktivseitige Gegenstück zum weitaus bekannteren Verschuldungsgrad (siehe Kap.7.2.3.1.) auf der Passivseite der Bilanz dar:

$$\text{Vermögensstruktur} = \frac{\text{Anlagevermögen}}{\text{Umlaufvermögen}}$$

Je geringer der Wert für diese Kennzahl ausfällt, desto flexibler und damit sicherer wird seine Vermögensstruktur wahrgenommen. Dies liegt darin begründet, dass das Unternehmen mit dem Umlaufvermögen flexibler arbeiten und insb. auf Marktschwankungen reagieren kann. Investitionen in das Anlagevermögen binden das Unternehmen demgegenüber durch die geschaffenen Kapazitäten und gehen mit einer hohen Gefahr hinsichtlich der Auslastbarkeit dieser Strukturen einher. Dabei ist allerdings wieder zu betonen, dass diese Kennzahl wie die zuvor dargestellten primär für den Kontext von Produktions- bzw. Handelsunternehmen sinnvoll ist. Im Kontext einer IFRS-Bilanz werden langfristiges bzw. kurzfristiges Vermögen in den Zähler bzw. Nenner der Formel treten.

Im Kontext von Konzernabschlüssen ist wieder auf den **Firmenwert** hinzuweisen: Dieser nimmt i. d. R. einen bedeutsamen Teil der Konzernbilanzsummen ein. Auf die mit ihm generell verbundenen Problematiken wurde bereits mehrfach hingewiesen, weswegen seine Werthaltigkeit besonders kritisch zu sehen ist (siehe Kap. 2.5. und 2.6.). Hier kann eine Analyse der Intensität sowie deren Entwicklung aussagekräftig sein; nicht zuletzt zur Analyse der Gefahr, die von außerplanmäßigen Abschreibungen ausgeht. Je höher die Intensität des Firmenwerts ist, desto gravierender kann sich dies auf die wirtschaftliche Lage (insb. auf die finanzielle Stabilität) des Konzerns auswirken. Darüber hinaus kann es sich auch anbieten, Firmenwerte in Relation zum Konzerneigenkapital zu setzen, um das Gefahrenpotenzial weiter zu konkretisieren.

7.2.1.2. Analyse der Investitionspolitik

Tiefere Einblicke bietet die weiterführende Analyse der **Investitionspolitik** des Analyseobjekts. Im einfachsten Fall können die Investitionen und Desinvestitionen eines Geschäftsjahres untersucht werden. Während die Bruttoinvestitionen zunächst problemlos dem Anlagenspiegel zu entnehmen sind (als Summe der Zugänge zu den Buchwerten des Anlagevermögens), ist für die Nettoinvestitionen eine Rechenoperation erforderlich:

Nettoinvestitionen = Bruttoinvestitionen – Abgänge zu den Restbuchwerten

Da die Abgänge zu Restbuchwerten nicht im Anlagespiegel ausgewiesen werden, sind sie näherungsweise wie folgt zu berechnen:

    Anfangsbestand per 1.1. zu Restbuchwerten
+ Zugänge im Geschäftsjahr
+/– Umbuchungen im Geschäftsjahr
+ Zuschreibungen im Geschäftsjahr
– Abschreibungen im Geschäftsjahr
– Endbestand per 31. 12. zu Restbuchwerten
= **Abgänge zu Restbuchwerten**

Die benötigten Informationen sind i. d. R. wiederum dem Anlagespiegel zu entnehmen, finden sich aber ansonsten tlw. auch in der Bilanz und GuV. Brutto- und Nettoinvestitionen sind dabei gesamthaft für das Anlagevermögen oder aber für dessen einzelne Teile (etwa Sachanlagen) ermittelbar. Grundlage sind stets die historischen Anschaffungs- oder Herstellungskosten (AHK). Anschließend sind die folgenden Kennzahlen ermittelbar:

$$\text{Investitionsstruktur} = \frac{\text{Nettoinvestitionen}}{\text{gesamtes Anlagevermögen zum 1. 1. zu historischen AHK}}$$

Im Nenner dieser Formel lässt sich nach den verschiedenen Arten des Anlagevermögens differenzieren (z. B. Sachanlagen oder Finanzanlagen). So lässt sich insb. im Zeitreihenvergleich eine Verschiebung der vorgenommenen Investitionsschwerpunkte feststellen – z. B. statt Maschinen wird zunehmend in Lizenzen investiert, da sich das Geschäftsfeld des Unternehmens entsprechend verändert oder erweitert hat.

$$\text{Investitionsquote} = \frac{\text{Nettoinvestitionen in das Sachanlagevermögen}}{\text{Sachanlagevermögen zum 1. 1. zu historischen AHK}}$$

Mit dieser (ebenso auf andere Bereiche übertragbaren oder weiter aufzusplittenden) Kennzahl kann abgebildet werden, inwieweit das Analyseobjekt laufend in sein Vermögen reinvestiert. Dies kann einerseits auf mögliche Überalterungen hinweisen, Wachstums- oder Schrumpfungstendenzen aufzeigen oder insb. zur Aufdeckung eines „*Investitionsstaus*" dienen. Eine häufig verwendete Variation hiervon stellen die Wachstums- bzw. Abschreibungsquoten dar:

Die wichtigsten Kennzahlen (und deren Verknüpfungen) für die Praxis

$$\text{Wachstumsquote} = \frac{\text{Nettoinvestitionen in das Sachanlagevermögen im Geschäftsjahr}}{\text{Abschreibungen auf das Sachanlagevermögen im Geschäftsjahr}}$$

$$\text{Abschreibungsquote} = \frac{\text{Abschreibungen auf das Sachanlagevermögen im Geschäftsjahr}}{\text{Sachanlagevermögen zum 1. 1. zu historischen AHK}}$$

Bei Vertauschen von Zähler und Nenner der Wachstumsquote erhält man weiterhin die in der Praxis beliebte Investitionsdeckungsquote; der Unterschied ist mehr ein die Darstellung bzw. die Vermittelbarkeit betreffender, denn ein inhaltlicher: Die Wachstumsquote ist gut geeignet, um ein tatsächliches Wachstum darzustellen; es wird mehr investiert, als an Abschreibungen anfällt, was mit Wachstum gleichzusetzen ist, z. B. bei einem Wert von 1,2 *„betrug das Wachstum 20 %"*. Die Investitionsdeckungsquote kann demgegenüber leichter bei einem negativen Wachstum, also einer Unterdeckung vermittelt werden; z. B. bei einem Wert von 1,2 *„konnten rund 20 % der Abschreibungen nicht gedeckt werden"*:

$$\text{Investitionsdeckungsquote} = \frac{\text{Abschreibungen auf das Sachanlagevermögen im Geschäftsjahr}}{\text{Nettoinvestitionen in das Sachanlagevermögen im Geschäftsjahr}}$$

Würde man die Werte aus dem angeführten Beispiel für die Unterdeckung von 20 % nicht in die Formel für die Investitionsdeckungsquote, sondern in die Wachstumsquote einsetzen, käme ein Wert von 0,83 heraus, der aber letztlich genauso unproblematisch zu interpretieren ist (und rechnerisch die Unterdeckung sogar treffender mit rd. 17 % angibt). Daher ist die Wahl, welche der beiden Kennzahlen als geeigneter empfunden wird, wohl nicht zuletzt eine Geschmackssache. Materielle Unterschiede gibt es lediglich bei der Variante der Investitionsdeckungsquote, die nicht mit Abschreibungen, sondern mit Cashflows rechnet; diese befasst sich jedoch weniger mit der Vermögensstruktur, sondern vielmehr mit dem Liquiditätsstatus (siehe Kap. 7.2.3.2.).

Auch der Anlagenabnutzungsgrad geht in diese Richtung und konzentriert sich dabei auf die Frage, wie neu oder alt das Vermögen des Unternehmens ist – wiederum, um hier insb. zukünftigen Investitionsbedarf oder eine Gefahr für die Erfolgspotenziale des Unternehmens abzuleiten (da sich veraltete Anlagen z. B. auf die Produktqualität niederschlagen können):

$$\text{Anlagenabnutzungsgrad} = \frac{\text{kumulierte Abschreibungen auf das Sachanlagevermögen}}{\text{Sachanlagevermögen zum 31. 12. zu historischen AHK}}$$

7.2.1.3. Analysen des Vermögensumschlags

Letztlich sind hier noch die sog. *„Vermögensumschlagszahlen"* anzuführen. Diese befassen sich mit der Analyse, inwieweit das gesamte Vermögen oder dessen Teile im Betrachtungszeitraum umgeschlagen haben, d. h. sich im Schnitt erneuern. Dafür werden sie im Bezug zum Umsatz oder einer anderen GuV-Größe gesetzt. Je höher diese Umschlagszahl, desto geringer die Umschlagsdauer. Bei einem gleichbleibendem Umsatz bedeutet dies z. B. einen geringeren Vermögensbestand und damit auch einen ebenso geringeren Kapitalbedarf (und damit auch das Risiko).

Die gröbste Variante der Umschlagshäufigkeit ermittelt die Umschlagshäufigkeit des Gesamtvermögens:

$$\text{Umschlagshäufigkeit des Vermögens} = \frac{\text{Umsatzerlöse}}{\varnothing \text{ Gesamtvermögen}}$$

Ein Wert von z. B. 0,5 bedeutet, dass mit dem Gesamtvermögen ein Umsatz generiert wurde, der 50 % des investierten Kapitals entspricht. Vergleicht man dies etwa mit einem Unternehmen, das einen Wert von 0,8 aufweist, lässt sich ableiten, dass

- dieses zweite Unternehmen mit dem gleichen Gesamtvermögen mehr an Umsatzerlösen erwirtschaftet hat und/oder
- für die Erzielung der gleichen Umsatzerlöse weniger Kapital benötigt hat.

In beiden Fällen wäre das zweite Unternehmen mit der höheren Umschlagshäufigkeit zunächst als das wohl stabilere und effizientere einzuschätzen. Aus der Analyse der Gründe für die ermittelten Unterschiede können anschließend z. B. Rückschlüsse auf organisatorische Abläufe wie Mahnwesen, Lagerorganisation, Vertrieb etc. gezogen werden.

Da Kennzahlenwerte wie 0,5 oder 0,8 wenig intuitiv für eine Interpretation sind, ist es üblich, eine Umrechnung vorzunehmen: von der Frage *„Wie häufig im Jahr?"* hin zu *„Binnen wie vieler Monate oder Tage?"*:

$$\text{Umschlagshäufigkeit des Vermögens in Monaten} = \frac{12}{\text{Umschlagshäufigkeit des Vermögens}}$$

bzw.

$$\text{Umschlagshäufigkeit des Vermögens in Tagen} = \frac{365}{\text{Umschlagshäufigkeit des Vermögens}}$$

Ausgehend vom Beispiel mit der ermittelten Umschlagshäufigkeit des Vermögens von 0,5, würde in Monaten umgerechnet der Wert 24 resultieren; dies bedeutet dann, dass alle zwei Jahre das Vermögen umschlägt (i. S. v. „erneuert wird"). Dies erhöht in der Praxis die Nachvollziehbarkeit des Ergebnisses gerade für die Adressaten der Bilanzanalyse wesentlich.

Besonders hinzuweisen ist auf die Bedeutung der Umschlagshäufigkeit des Gesamtvermögens für die **Gesamtkapitalrentabilität**; veranschaulicht und weiteren Analysen zugänglich gemacht wird dies im Du-Pont-Schema (siehe Kap. 7.6.2.).

Ergiebiger sind typischerweise zwei enger gefasste Umschlagshäufigkeiten, insb. i. V. m. dem Umlaufvermögen: jene des Lagers und jene der Forderungen. Zunächst soll die Umschlagshäufigkeit des Lagers bzw. der Vorräte vorgestellt werden:

$$\text{Umschlagshäufigkeit der Vorräte} = \frac{\text{Vorratsverbrauch}}{\varnothing \text{ Warenlager}}$$

Während interne Bilanzanalysten hier auf die Daten der Materialwirtschaft zugreifen können, ist für externe Bilanzanalysten nur eine näherungsweise Ermittlung möglich: Der Vorratsverbrauch lässt sich dabei im Gesamtkostenverfahren über den Materialaufwand, im Umsatzkostenverfahren über die in der GuV ausgewiesenen Herstellungskosten der zur Erzielung der Umsatzerlöse erbrachten Leistungen ermitteln. Hierbei ist jedoch zu beachten, dass beide GuV-Posten nicht deckungsgleich sind und i. d. R. jener des Umsatzkostenverfahrens bedeutsam höher ausgewiesen wird (er enthält z. B. Fertigungskosten und ist darüber hinaus zu Vollkosten bewertet). Das führt zu einer höheren ermittelten Umschlagshäufigkeit im Vergleich zum Gesamtkostenverfahren.

Für den Lagerbestand ist demgegenüber zwischen Produktions- und Handelsunternehmen zu unterscheiden:

- Für **Produktionsunternehmen** ist der Bestand an Roh-, Hilfs- und Betriebsstoffen ein Indikator, während
- für **Handelsunternehmen** die stattdessen in der Bilanz auszuweisenden Waren heranzuziehen sind.

Die wichtigsten Kennzahlen (und deren Verknüpfungen) für die Praxis

Für **Dienstleistungsunternehmen** wäre eine Ermittlung grds. möglich (auf Basis der noch nicht abrechenbaren Leistungen), macht aber i. d. R. weniger Sinn, da sich die Logik einer Lagerumschlagshäufigkeit nicht gut auf Dienstleistungen übertragen lässt.

Freilich ist es auch hier ratsam, eine Darstellung der Ergebnisse in Monaten oder Tagen vorzunehmen. Zu beachten ist weiterhin, dass die **Umsatzerlöse** hier für den Zähler ungeeignet wären, da diese u. a. die Verwaltungs- und Vertriebskosten sowie einen Gewinnanteil abdecken und somit in einem wesentlich geringeren ursächlichen Zusammenhang zum Nenner stehen.

Hier ist die **Interpretation** des ermittelten Kennzahlenwerts anschließend besonders aussagekräftig: Je höher die Umschlagshäufigkeit, desto geringer die Gefahr, auf Lagerhütern „sitzen zu bleiben", und damit umso wahrscheinlicher, dass die Produkte des Unternehmens erfolgreich sind. Je geringer die Umschlagshäufigkeit, desto höher in weiterer Folge auch die Gefahr, dass sich das Unternehmen mit der Notwendigkeit konfrontiert sieht, außerplanmäßige Abschreibungen auf seine Vorräte vorzunehmen. Einschränkend ist aber anzumerken, dass sich die Ausübung der Wahlrechte und Ermessensspielräume zur Bewertung des Vorratsvermögens besonders stark auswirken.

Ähnlich aussagekräftig und in der Praxis verbreitet ist die Umschlagshäufigkeit der Debitoren bzw. Forderungen:

$$\text{Umschlagshäufigkeit der Debitoren} = \frac{\text{Umsatzerlöse}}{\varnothing \text{ Debitorenstand exkl. Umsatzsteuer}}$$

Analysiert werden hierbei u. a. das Debitorenmanagement sowie Mahnwesen des Analyseobjekts sowie die heraus potenziell resultierenden Gefahren. Ein besonders hoher Wert kann einerseits auf Ineffizienzen in den entsprechenden Prozessen des Analyseobjekts hinweisen, andererseits womöglich auf eine Verhandlungsschwäche oder Abhängigkeit gegenüber den Kunden. Letztlich ist auch denkbar, dass die Kunden in Zahlungsschwierigkeiten stecken, was diesfalls mit Folgewirkungen für die Liquiditätssituation des Analyseobjektes verbunden sein kann.

Für die Ermittlung des **Debitorenstands** sind sämtliche Forderungen aus Lieferungen und Leistungen heranzuziehen, gegen Dritte wie z. B. gegenüber verbundenen Unternehmen. Aber auch die im Zuge der Bilanzierung vorgenommenen Pauschalwertberichtigungen wären wieder hinzuzurechnen, um zu vermeiden, dass Abschreibungen auf die Forderungen (ein negatives Signal) zu einer Verbesserung der Debitorenumschlagshäufigkeit (ein positives Signal) führen. Für vorgenommene Pauschalwertberichtigungen wird dies für UGB-Abschlüsse möglich sein, da die entsprechenden Beträge im Anhang anzugeben sind (§ 226 Abs. 5 UGB). Eine Neutralisierung der vorgenommenen Einzelwertberichtigungen ist demgegenüber zumindest für externe Bilanzanalysten nicht mehr ersichtlich. Im Kontext von IFRS-Abschlüssen gilt dies ebenfalls, wobei zu beachten ist, dass in diesen Pauschalwertberichtigungen grds. nicht zulässig sind und damit eine Anpassung dieser nicht erforderlich ist.

Zu beachten ist weiterhin der bereits im Zuge der Aufbereitungen der Finanzberichte angesprochene Umstand, dass die Umsatzerlöse stets Nettowerte sind, während die Forderungen auch die **fakturierte Umsatzsteuer** enthalten (siehe Kap. 6.3.3.2.). So das Zahlenmaterial also nicht bereits im Vorfeld der Bilanzanalyse entsprechend aufbereitet wurde, sind Anpassungen bei der Ermittlung der Kennzahl vorzunehmen. Rechnerisch erfolgt dies dergestalt:

$$\frac{\text{Forderungen LuL laut Bilanz}}{1 + \text{Umsatzsteuersatz}}$$

Also z. B.:

$$\frac{120}{1{,}2} = 100$$

Kassenumsätze, d. h. vom Kunden direkt bar bezahlte Umsätze, wären aus den Umsatzerlösen auszuscheiden, da sie sich nicht in den Forderungen aus Lieferungen und Leistungen niederschlagen. Diese Anpassung wird aber allenfalls internen Bilanzanalysten vorbehalten bleiben bzw. häufig wegen der Unwesentlichkeit dieser Kassenumsätze ganz unterbleiben können. Außerdem ist damit eine weitere Grundsatzfrage verbunden: Für die weitere Ermittlung des sog. *„Cash Conversion Cycle"* (siehe Kap. 7.2.3.1.) kann es für die Beurteilung der Liquiditätslage sogar sinnvoll sein, die Kassenumsätze aufzunehmen. Für viele Handelsunternehmen (etwa Lebensmitteleinzelhändler) stellen sie den überwiegenden Teil der Umsatzerlöse dar; hier wäre ein Ausblenden mitunter wieder verzerrend. Sobald allerdings Kassenumsätze in der Kennzahl enthalten sind, ist keine Aussage etwa hinsichtlich der Effizienz des Debitorenmanagements mehr möglich.

7.2.2. Analyse der Finanzierungsstruktur
7.2.2.1. Analyse der Finanzierungsintensität

Spiegelbildlich zur Analyse der Vermögensstruktur bieten sich entsprechende Analysen auf der Passivseite der Bilanz an. Diese sind sehr weitgehend jenen auf der Aktivseite gleich.

So wäre zunächst die **Intensitätsanalyse** anzuführen. Auch diese macht hinsichtlich der Finanzierungsstruktur Sinn, wobei die wichtigsten Analysen hier auf der obersten Gliederungsebene angesiedelt sind – in Form der Eigen- und Fremdkapitalquote:

$$\text{Eigenkapitalquote} = \frac{\text{Eigenkapital}}{\text{Gesamtkapital}}$$

$$\text{Fremdkapitalquote} = \frac{\text{Fremdkapital}}{\text{Gesamtkapital}}$$

So wenig anspruchsvoll deren Ermittlung ist, so zentral ist die Bedeutung, die beiden in der Analysepraxis zukommt. Es ist dabei nochmals darauf hinzuweisen, dass die Summe beider Quoten (ohne passive Rechnungsabgrenzungsposten) 1 ergeben muss, weswegen es nur Sinn macht, eine der beiden Kennzahlen zu ermitteln (siehe Kap. 4.3.1.). Darüber hinaus ist die Ermittlung weiterer Intensitätskennzahlen möglich, die sich mit der Aufsplittung des Eigen- und Fremdkapitals befassen.

Zur Analyse der **Struktur des Fremdkapitals** ist am einfachsten die Logik übertragbar, wie sie für die Analyse des Vermögens zutage trat. Sinnvoll kann etwa eine Rückstellungs- oder Verbindlichkeitsintensität sein. Darüber hinaus kann Augenmerk auf einzelne Posten gelegt werden, die besonders relevant und/oder problematisch sind – etwa Verbindlichkeiten gegenüber Kreditinstituten oder gegenüber verbundenen Unternehmen, Pensionsrückstellungen, Aufwandsrückstellungen etc. Aber auch eine Strukturanalyse nach Fristigkeit des Fremdkapitals (lang- vs. kurzfristig) ist denkbar.

In Bezug auf die weitere Analyse der **Struktur des Eigenkapitals** kann dessen Zusammensetzung untersucht werden. Darüber hinaus sind es zwei Kennzahlen, die weit verbreitet und besonders relevant sind:

Die wichtigsten Kennzahlen (und deren Verknüpfungen) für die Praxis

$$\text{Selbstfinanzierungsgrad} = \frac{\text{Gewinnrücklagen} + \text{Bilanzgewinn}}{\text{Eigenkapital}}$$

$$\text{Außenfinanzierungsgrad} = \frac{\text{Eigenkapital} - \text{Gewinnrücklagen} - \text{Bilanzgewinn}}{\text{Eigenkapital}}$$

Alternativ zum Eigenkapital kann für die Ermittlung des Selbst- wie des Außenfinanzierungsgrads auch auf das Gesamtkapital abgestellt werden. Für den Zähler wie für den Nenner dieser Kennzahlen ist es weiterhin wichtig, dass die diskutierten Aufbereitungsmaßnahmen, insb. hinsichtlich

- der Saldierung eigener Anteile,
- der Umgliederung des zur Ausschüttung bestimmten Teil des Bilanzgewinns und
- der Umgliederung des Eigenkapitalanteils der unversteuerten Rücklagen

bereits durchgeführt wurden (siehe Kap. 6.3.3.); ist dem nicht so, dann sind die entsprechenden Anpassungen in den Formeln für die Ermittlung der dargestellten Kennzahlen vorzunehmen. Schwierig bis gar nicht möglich ist demgegenüber die Aufsplittung der Anteile anderer Gesellschafter auf diese Komponenten des (Konzern-)Eigenkapitals.

Die Aussagekraft der Kennzahlen geht dahin, dass dargestellt wird, inwieweit das Unternehmen heute „auf eigenen Beinen steht", d. h. sich selbst durch in der Vergangenheit erwirtschaftete eigene Erfolge trägt – oder aber (noch immer) von den Mitteln abhängig ist, die ihm von außen durch die Eigenkapitalgeber zugeführt wurden. Hier wäre natürlich ein höherer Selbstfinanzierungsgrad wünschenswert. Dies ist aber dahingehend einzuschränken, dass Unternehmen, die ihre Gewinne im höheren Maße ausschütten, durch einen schlechteren Selbstfinanzierungsgrad „bestraft werden". D. h., die Analysen müssen hier jedenfalls die Ausschüttungspolitik der Vergangenheit mit in Betracht ziehen.

Schließlich ist es zur Analyse der Finanzierungsstruktur sehr verbreitet, Eigen- und Fremdkapital in Relation zueinander zu setzen. Hierfür gibt es eine Vielzahl an Kennzahlen, die allesamt in den Geschäftsberichten österreichischer Unternehmen vorzufinden sind. Zunächst ist dabei der **Verschuldungsgrad** zu nennen:

$$\text{Verschuldungsgrad} = \frac{\text{Fremdkapital}}{\text{Eigenkapital}}$$

Manchmal wird der Verschuldungsgrad nur mit den Verbindlichkeiten gegenüber Kreditinstituten im Zähler gerechnet; dem liegt wohl die konventionelle Auffassung zugrunde, dass sich Unternehmen (insb. KMU) „primär Geld von Banken ausborgen". Weder trifft dies aber auf die heutige Realität gut zu, noch passt es zur Bedeutung des Begriffs „Schuld" in „Verschuldungsgrad" (Verbindlichkeiten + Rückstellungen gesamthaft), weswegen von einer solchen Ermittlung der Kennzahl abgeraten wird. Die Aussagekraft dieser Kennzahl ist aber letztlich keine andere, als sie z. B. mit der Eigenkapitalquote verbunden ist (siehe Kap. 4.3.1.).

Anders verhält es sich demgegenüber mit der **Gearing Ratio**:

$$\text{Gearing Ratio} = \frac{\text{verzinsliches Fremdkapital} - \text{liquide Mittel}}{\text{Eigenkapital}}$$

Hier wird das Fremdkapital enger gefasst, es wird nämlich nur auf jenen Teil abgestellt, der mit Verzinsungsansprüchen verbunden ist. Damit steht diese Kennzahl z. B. einer wertorientierten Steuerungslogik wesentlich näher (weshalb sie in der Praxis immer stärker Verbreitung findet; siehe Kap. 7.3.4.). Darüber hinaus werden auch Verzerrungen durch i. d. R. stärker schwankende Verbindlichkeiten, z. B. aus Lieferungen und Leistungen, ausgeblendet.

Der Zähler der Gearing Ratio wird selbst häufig *„Effektivverschuldung"* oder *„Nettoverschuldung"* genannt. Auch hierzu finden sich in Literatur und Praxis die verschiedensten Zugänge – manchmal meinen beide Begriffe dasselbe, manchmal wird zwischen beiden noch weiter differenziert. Gerade Letzteres ist natürlich möglich, erscheint aber grds. wenig sinnvoll. Ob bzw. inwieweit liquide Mittel abgezogen werden, ist vielmehr eine Grundsatzfrage, die sich bereits im Zuge der Aufbereitungsmaßnahmen stellen sollte (siehe Kap. 6.3.3.2.). Entsprechend mag es dann beim eigentlichen Berechnen der Gearing Ratio gar nichts mehr zum Abziehen geben. Und so bleibt als Unterschied zum Verschuldungsgrad primär der erste Teil des Zählers, d. h. einmal das gesamte und einmal nur das verzinsliche Fremdkapital. Eine weitere Abstufung in diesem Übergang ist möglich, aber wohl mit mehr an Erklärungsbedarf verbunden, als an relevanten Aussagen im Rahmen der Bilanzanalyse gewonnen werden könnte.

Abschließend ist auf eine Besonderheit von **Konzernabschlüssen** hinzuweisen. Für voll- und quotenkonsolidierte Unternehmen erfolgt als erste Konsolidierungsmaßnahme die Kapitalkonsolidierung; in dieser werden Beteiligungsbuchwert und Eigenkapital saldiert (siehe Kap. 2.5.). Übrig bleiben auf der Passivseite insb. die Schulden des einbezogenen Unternehmens sowie seit dem Erwerb erworbene und einbehaltene Gewinne. Typischerweise führt dies dazu, dass im Konzern die Eigenkapitalquote unter jener der Jahresabschlüsse (zumindest jenes des Mutterunternehmens) liegt. Die Konsequenz hieraus ist ein sog. **Verschuldungseffekt**.

7.2.2.2. Analyse des Kapitalumschlags und der Schuldentilgungsdauer

Schließlich können auch für die Passivseite der Bilanz Umschlagshäufigkeiten ermittelt werden, die in der Aussagekraft jenen für die Aktivseite gleichkommen. Die sinnvolle Anwendung beschränkt sich dabei aber i. d. R. auf die Ermittlung der **Kreditorenumschlagshäufigkeit**:

$$\text{Umschlagshäufigkeit der Kreditoren} = \frac{\text{Materialzukauf}}{\varnothing \text{ Kreditorenstand inkl. Vorsteuer}}$$

Das Problem hinsichtlich der Umsatzsteuer verhält sich hier spiegelbildlich zur Umschlagshäufigkeit der Debitoren (siehe Kap. 7.2.1.3.); nun ist die **Vorsteuer** in den ausgewiesenen Verbindlichkeiten enthalten, im Zähler (der jenem der Umschlagshäufigkeit der Vorräte entspricht) aber nicht. D. h., es muss eine Anpassung vorgenommen werden:

$$\frac{\text{Verbindlichkeiten LuL laut Bilanz}}{1 + \text{Vorsteuersatz}}$$

Also z. B.:

$$\frac{120}{1{,}2} = 100$$

Der Nenner wird für den externen Bilanzanalysten einzig über die Verbindlichkeiten aus Lieferungen und Leistungen bestimmbar sein (wiederum egal, ob gegenüber Dritten oder z. B. verbundenen Unternehmen). Das Problem dabei ist aber, dass diese Bilanzposten wesentlich weiter gefasst sind, als es die korrespondierenden Forderungen sind. Es werden nicht nur bezogene Produkte und Dienstleistungen ausgewiesen, die in einem unmittelbaren Zusammenhang mit dem Materialverbrauch für den Fertigungsprozess stehen. Auch die Verbindlichkeiten i. V. m. den sonstigen betrieblichen Aufwendungen gehen hier ein (siehe Kap. 3.2.1.). Somit ist diese Kennzahl besonders stark verzerrt und entsprechend behutsam zu interpretieren.

In einem Zusammenhang mit dieser Umschlagshäufigkeit kann die fiktive **Schuldentilgungsdauer** genannt werden:

$$\text{Fiktive Schuldentilgungsdauer} = \frac{\text{Fremdkapital} - \text{liquide Mittel}}{\text{Cashflow}}$$

Die Aussagekraft der Kennzahl ist: Wie lange würde es dauern, wenn das Unternehmen alle erwirtschafteten Zahlungsüberschüsse unmittelbar zur Bedienung seiner Schulden heranzöge? Ab wann wäre es schuldenfrei? Entsprechend ist das Ergebnis dieser Formel, z. B. 7,5 oder 11, als ein Wert zu interpretieren, der eine Anzahl an Geschäftsjahren wiedergibt (*„In 7,5 Jahren wäre das Unternehmen schuldenfrei"*).

Da es eine relativ hypothetische Betrachtung ist, muss das Ergebnis mit großer Vorsicht interpretiert werden. Z. B. wäre das Unternehmen nach obiger Berechnung nach einem Zeitraum von X Jahren nicht nur schuldenfrei, sondern wahrscheinlich auch tot – da Ersatzinvestitionen in das Anlagevermögen unterblieben. Daher hat u. a. die Wahl des herangezogenen Cashflows mit Sorgfalt zu erfolgen. Sinnvoll erscheint als Ausgangspunkt der Cashflow aus dem Ergebnis (siehe Kap. 3.4.), dahingehend modifiziert, dass

- die erhaltenen Dividenden und die gezahlten Steuern jedenfalls enthalten sind,
- die gezahlten Dividenden vom Cashflow nicht enthalten sind und
- die erhaltenen Zinsen nicht im Cashflow enthalten sind (da ja die liquiden Mittel vom Zähler auch in Abzug gebracht werden und somit zumindest hierfür keine Zinseinzahlen mehr zu erwarten sind).

Strittig ist, ob die gezahlten Zinsen abgezogen werden sollten oder nicht. Ggf. könnten sie in halbierter Höhe in Ansatz gebracht werden, um so zu reflektieren, dass die auf das Fremdkapital zu zahlende Zinslast mit dessen Abbau auch abnehmen wird (da schließlich nur eine Durchschnittsbetrachtung mit dieser Kennzahl erfolgt).

In einer Umkehr von Zähler und Nenner der fiktiven Schuldentilgungsdauer lässt sich schließlich noch eine weitere gebräuchliche Kennzahl ermitteln, der **Entschuldungsgrad**. Dieser ist jedoch etwas weniger intuitiv und stellt auf einen prozentuellen Verhältniswert ab; die Aussage ist aber dieselbe:

$$\text{Entschuldungsgrad} = \frac{\text{Cashflow}}{\text{Fremdkapital} - \text{liquide Mittel}}$$

7.2.3. Analyse des Liquiditätsstatus

7.2.3.1. Analyse des statischen Liquiditätsstatus

Auf die überragende Bedeutung der Liquidität eines Unternehmens für seine finanzielle Stabilität wurde bereits mehrfach hingewiesen. Deshalb sind Kennzahlen für die Analyse des Liquiditätsstatus im Rahmen einer Bilanzanalyse zentral. Im einfachsten Fall können diese auf Grundlage der Informationen aus der Bilanz (unter tlw. Hinzuziehung der GuV) ermittelt werden – man spricht diesfalls vom statischen Liquiditätsstatus (da die Bilanz Stichtagswerte abbildet, nicht aber Veränderungen über Zeiträume hinweg).

Weit verbreitet sind hierbei **horizontale Analysen der Finanzierungsstruktur**. Für diese werden Posten der Aktiv- und Passivseite gegenübergestellt, und aus dem Verhältnis werden Rückschlüsse gezogen, inwieweit strukturelle Probleme auf mögliche Liquiditätsengpässe für die Zukunft hinweisen. Diese Analysen lassen sich weiter in

SWK-Spezial: Bilanzanalyse

langfristige (das Anlagevermögen betreffende) und kurzfristige (das Umlaufvermögen betreffende) einteilen. Auf Basis der Strukturbilanz, wie zuvor vorgeschlagen (siehe Kap. 6.4.1.), wäre es sogar noch besser, statt des Anlagevermögens gleich auf das aufbereitete langfristige und statt des Umlaufvermögens auf das aufbereitete kurzfristige Vermögen zurückzugreifen.

Die bekanntesten Kennzahlen für die Analyse der langfristigen Finanzierungsstruktur stellen die sog. Anlagedeckungsgrade dar. Zunächst ist hier der **Anlagedeckungsgrad 1** zu nennen:

$$\text{Anlagendeckungsgrad 1} = \frac{\text{Eigenkapital}}{\text{Anlagevermögen}}$$

Aussage der Kennzahl ist, dass das langfristig investierte Vermögen (d. h. das Anlagevermögen) auch mit dem langfristig dem Unternehmen zur Verfügung gestellten Kapital (d. h. Eigenkapital) finanziert werden sollte – diesfalls würde die Kennzahl einen Wert von zumindest 1 annehmen. Üblicherweise wird dies auch als *„goldene Bilanzregel"* bezeichnet.

Gerade heute trifft dies allerdings nur in Ausnahmefällen zu. Daher wird fallweise eine **Erweiterung zum Anlagendeckungsgrad 1** diskutiert; diese berücksichtigt im Zähler zusätzlich das Sozialkapital. Hierunter fallen die Personalrückstellungen (insb. für Pensionen und Abfertigungen). Da Rückstellungen dem Eigenkapital näher stehen als Verbindlichkeiten (siehe Kap. 3.2.1.), wird ihnen eine höhere Relevanz für die Finanzierung zugesprochen:

$$\text{Anlagendeckungsgrad 1'} = \frac{\text{Eigenkapital + Sozialkapital}}{\text{Anlagevermögen}}$$

Noch weiter geht der **Anlagendeckungsgrad 2**; dieser ergänzt das Eigenkapital im Zähler des Anlagendeckungsgrades 1 um das gesamte langfristige Fremdkapital (alle Arten von Rückstellungen und Verbindlichkeiten). Auch hier wird die Empfehlung mit ausgesprochen, dass die Kennzahl zumindest einen Wert von 1 annehmen soll. Dies lautet auf die Bezeichnung *„goldene Finanzierungsregel"*: Langfristiges Vermögen soll langfristig finanziert werden (hier allerdings unabhängig davon, ob mit Eigen- oder Fremdkapital).

$$\text{Anlagendeckungsgrad 2} = \frac{\text{Eigenkapital + langfristiges Fremdkapital}}{\text{Anlagevermögen}}$$

Die letzte Erweiterung finden diese Analysen zur horizontalen Finanzierungsstruktur in Form des **Anlagendeckungsgrades 3**. Dieser berücksichtigt letztlich im Nenner, dass mitunter auch Teile des Umlaufvermögens als langfristig, d. h. üblicherweise mit einer Verweildauer im Unternehmen von mehr als einem Jahr, zu beurteilen sein können. Insb. kann dies Teile der Vorräte, Wertpapiere oder Forderungen betreffen:

$$\text{Anlagendeckungsgrad 3} = \frac{\text{Eigenkapital + langfristiges Fremdkapital}}{\text{Anlagevermögen + langfristige Teile des Umlaufvermögens}}$$

In Rahmen der Analyse von IFRS-Finanzberichten würden sinnvollerweise gleich die langfristigen Vermögenswerte in den Nenner eingetragen werden, sodass die Anlagendeckungsgrade 2 und 3 zusammenfallen. (Dies gilt auch bei der Erstellung einer Strukturbilanz für die Analyse von UGB-Bilanzen, wie sie in diesem SWK-Spezial vorgeschlagen wird.)

Die wichtigsten Kennzahlen (und deren Verknüpfungen) für die Praxis

Ähnliche Analysen sind für das **kurzfristige Vermögen** – also das Umlaufvermögen – möglich. Dieses wird dem kurzfristigen Fremdkapital gegenübergestellt. In Folge muss es sich hier spiegelbildlich verhalten: Während die zuvor dargestellten Kennzahlen darauf abstellen, dass

Anlagevermögen ≤ Eigenkapital (+ langfristiges Fremdkapital)

verhält es sich hinsichtlich des Umlaufvermögens genau gegenteilig:

Umlaufvermögen ≥ kurzfristiges Fremdkapital

Voranzuschicken ist an dieser Stelle aber, dass die eine Bedingung auch automatisch die andere erfüllt: Solange eine Bilanz nur aus Anlage- und Umlaufvermögen besteht, muss z. B. ein Anlagendeckungsgrad 2 von über 1 folgerichtig ein Verhältnis von Umlaufvermögen zu kurzfristigem Fremdkapital von ebenso über 1 bedingen.

Detaillierter analysiert wird Letzteres dabei mithilfe von Kennzahlen zum Liquiditätsgrad – als Gegenstück zu den Anlagendeckungsgraden. Auch hierbei wird zwischen drei verschiedenen Liquiditätsgraden unterschieden:

- **Liquidität 1. Grades („Cash Ratio"):** Sie stellt die sofort verfügbaren liquiden Mittel (i. d. R. Kassa/Bank) eines Unternehmens seinen kurzfristigen Zahlungsverpflichtungen gegenüber.

$$\text{Liquidität 1. Grades} = \frac{\text{liquide Mittel}}{\text{kurzfristiges Fremdkapital}}$$

- **Liquidität 2. Grades („Quick Ratio"):** Sie erweitert die Liquidität 1. Grades um die kurzfristigen Forderungen in der Bilanz. D. h., hier erfolgt eine Ergänzung des Zählers um Mittel, die in Kürze dem Unternehmen zufließen werden. Vereinzelt wird darüber hinaus vorgeschlagen, die Wertpapiere des Umlaufvermögens im Zähler zu ergänzen, da auch diese jederzeit veräußert werden und damit zur Verbesserung der Liquiditätslage beitragen können.

$$\text{Liquidität 2. Grades} = \frac{\text{liquide Mittel + kurzfristige Forderungen (+ Wertpapiere des Umlaufvermögens)}}{\text{kurzfristiges Fremdkapital}}$$

- **Liquidität 3. Grades („Current Ratio"):** Diese erweitert den Zähler letztlich auf das gesamte Umlaufvermögen, also insb. um die Vorräte. Diese können zur Not auch jederzeit wieder veräußert werden, bzw. sollten sie über den gewöhnlichen Leistungserstellungsprozess des Analyseobjekts zu baldigen Rückflüssen führen.

$$\text{Liquidität 3. Grades} = \frac{\text{Umlaufvermögen}}{\text{kurzfristiges Fremdkapital}}$$

Der zuvor dargestellte Zusammenhang mit den Anlagendeckungsgraden knüpft also genau an diese Liquidität 3. Grades an. Als erstrebenswert wird folgerichtig ein Sollwert > 1 gesehen. Darüber hinaus gibt es Richtwerte wie die sog. *„banker's rule"*, die sogar Werte von 1,5 bis 2 festlegen, um über ausreichende Liquiditätsreserven zu verfügen.

Ein Vorteil, der mit der Analyse der Liquiditätsgrade gegenüber den Anlagedeckungsgraden verbunden ist, ist, dass diese **weniger durch Bilanzierungs- und Bewertungsregeln verzerrt werden können**. Je niedriger der Liquiditätsgrad (d. h. je näher bei 1) ist, desto verlässlicher ist somit seine Aussage im Vergleich. Je höher der untersuchte

SWK-Spezial: Bilanzanalyse

Liquiditätsgrad ist, desto geringer ist auch der ermittelte Sicherheitsgrad für das Analyseobjekt.

I. V. m. solchen Analysen des Umlaufvermögens fällt unweigerlich der Begriff *„Working Capital"*. Was genau damit gemeint ist, dazu gehen die Meinungen allerdings auseinander.

Seine Bezeichnung wird üblicherweise auf den Umstand zurückgeführt, dass es Teile des Umlaufvermögens meint, die nicht zur Deckung der kurzfristigen Verbindlichkeiten im Unternehmen gebunden sind und deshalb für den Leistungserstellungsprozess eingesetzt werden, also „arbeiten" können. Hieraus folgt die nachstehende Definition:

```
   Umlaufvermögen
–  kurzfristiges Fremdkapital
=  Working Capital
```

Es handelt sich dabei also wieder um einen jener englischsprachigen Begriffe, die ihren Eingang in das Fachvokabular des Bilanzanalysten fanden. Die (früher) übliche deutschsprachige Bezeichnung hierfür war *„Nettoumlaufvermögen"*. Relevant ist zunächst die absolute Höhe; ein positiver Betrag signalisiert hierbei finanzielle Stabilität, ein negativer Risiko. Dies zeigt den unmittelbaren Zusammenhang zu den zuvor angeführten Liquiditätsgraden, nämlich insofern, als

- wenn Liquidität 3. Grades > 1, dann Working Capital > 0;
- wenn Liquidität 3. Grades = 1, dann Working Capital = 0;
- wenn Liquidität 3. Grades < 1, dann Working Capital < 0.

Im Rahmen des sog. **Working Capital Management** kann aber umgekehrt auch versucht werden, das Working Capital bewusst niedrig – sogar negativ – zu halten. Dies geschieht dann im Hinblick auf die vorteilhafte Wirkung niedriger Bilanzsummen auf Kennzahlen wie etwa die Gesamtkapitalrentabilität (siehe Kap. 7.6.2.). Dies ist etwa bei Handelsunternehmen häufig anzutreffen und erfordert insb. ein optimiertes Debitoren- und Kreditorenmanagement sowie eine entsprechend ausgebaute Liquiditätssteuerung. Diesfalls kann z. B. erreicht werden, dass die Lieferanten eines Unternehmens den Umsatzprozess vorfinanzieren. In den Fokus rückt dann allerdings die Frage, ob die gewonnene Liquidität sinnvoll genützt wird, etwa um kurzfristige Verbindlichkeiten zu reduzieren oder Investitionen in (Finanz-)Anlagevermögen zu tätigen. Nicht allen Unternehmen gelingt dies gleich gut – so haben (hatten) etwa sowohl *Libro* (in den 1990er-Jahren mit der hinlänglich bekannten weiteren Entwicklung) als auch *Ikea* ein solches negatives Working Capital.

Um diesen letzten Aspekt darzustellen und von der generellen Frage nach ausreichend vorhandener Liquidität (i. S. v. Kassa/Bank-Beständen) zu abstrahieren, kann sich aber ein sinnvolles Einsatzgebiet für die absolute Kennzahl eines **Net Working Capital** anbieten:

```
   Vorräte
+  Forderungen aus LuL
–  erhaltene Anzahlungen
–  Verbindlichkeiten aus LuL
=  Net Working Capital
```

Auf Basis des Working Capital kann eine weitere relative Kennzahl ermittelt werden, die **Working Capital Ratio**. Diese gibt an, wie viel des Umlaufvermögens tatsächlich als Working Capital zur Verfügung steht; der zusätzliche Erkenntnisgewinn wird aber i. d. R. eher gering sein:

Die wichtigsten Kennzahlen (und deren Verknüpfungen) für die Praxis

$$\text{Working Capital Ratio} = \frac{\text{Working Capital}}{\text{Umlaufvermögen}}$$

Hingewiesen sei noch darauf, dass es eine **zweite übliche Verwendung** des Begriffs *„Working Capital"* gibt. Hier wird die in diesem SWK-Spezial zuvor als *Working Capital* zuvor ermittelte absolute Kennzahl bereits als *„Net Working Capital"* verstanden – und das *„Working Capital"* umfasst dann als weiterer Begriff das gesamte Umlaufvermögen (und die *Working Capital Ratio* wird zu einer Kennzahl, die das Umlaufvermögen im Zähler zum kurzfristigen Fremdkapital im Nenner in Verbindung setzt, also zur Liquidität 3. Grades, wie dargestellt). Im Sinne der begrifflichen Klarheit erscheint diese Lösung aber nicht optimal, da die sprachliche Anspielung auf das *„Arbeiten"* verloren geht und es keinen Zusatznutzen bringt, mit zwei gleichbedeutenden Begrifflichkeiten zu werken (was demgegenüber eher für Verwirrungen sorgen mag).

In Anknüpfung an die zuvor dargestellten Umschlagshäufigkeiten des Vermögens lässt sich eine letzte zentrale Kennzahl ermitteln, die ebenso hinsichtlich der Effizienz des Debitoren- und Kreditorenmanagements sehr aussagekräftig ist: der **„Cash Conversion Cycle"** (zu Deutsch, wenngleich wenig gebräuchlich: *„Geldumschlagsdauer"*):

	Umschlagshäufigkeit Vorräte
+	Umschlagshäufigkeit Debitoren
–	Umschlagshäufigkeit Kreditoren
=	**Cash Conversion Cycle**

Dieser Kennzahl kommt eine sehr ähnliche Bedeutung zu wie dem zuvor dargestellten *Net Working Capital*: Ein negativer Wert bedeutet, dass die Lieferanten den Umsatzprozess vorfinanzieren. Dies hat den Vorteil, dass es sich dabei um nichtverzinsliches Fremdkapital handelt, was entsprechend positiv auf den Unternehmenserfolg sowie z. B. Kennzahlen der wertorientierten Steuerung wirkt (siehe Kap. 7.3.4.). Dazu ein Beispiel:

- *Beispiel*

    Zwei Unternehmen (A und B) ermitteln ihren Cash Conversion Cycle (in Tagen) wie folgt:
    - Umschlagshäufigkeit Vorräte: 20 (A), 18 (B);
    - Umschlagshäufigkeit Debitoren: 15 (A), 20 (B);
    - Umschlagshäufigkeit Kreditoren: 40 (A), 30 (B).

    Somit folgt für A ein Cash Conversion Cycle von 20 + 15 – 40 = –5.
    Somit folgt für B ein Cash Conversion Cycle von 18 + 20 – 30 = 8.

    Das bedeutet, dass B im Schnitt für acht Tage eine Zwischenfinanzierung für seinen Leistungserbringungsprozess aufnehmen muss. Im Schnitt dauert es 38 Tage, bis es Cash aus seinem Leistungsprozess erhält; aber bereits früher, nämlich binnen 30 Tagen, muss es die Lieferanten zahlen, die ihm die notwendigen Vorräte für diese Leistungserbringung lieferten. Multipliziert man die acht Tage mit den Herstellungskosten für seine Produkte (gesamte Herstellungskosten im Geschäftsjahr : 365 Tage), kann man eine grobe Annäherung für die Höhe dieser „Finanzierungslücke" ableiten.

    A macht es demgegenüber geschickter: Es muss seine Lieferanten erst zahlen, nachdem die Produkte erstellt und verkauft und bezahlt wurden. D. h., es entfällt der Bedarf einer Zwischenfinanzierung (was sich u. a. auf einen besseren Finanzierungserfolg auswirken sollte).

Alle hier in der UGB-Terminologie vorgestellten Kennzahlen und Überlegungen lassen sich vollumfänglich auf die Analyse eines IFRS-Abschusses übertragen. Dort bietet die durchgehende Gliederung von Aktiv- und Passivseite der Bilanz dem Analysten sogar insofern wesentliche Hilfestellungen an, als er z. B. nicht händisch (insb. über den Anhang) die verschiedenen Fristigkeiten herauslesen muss. Allerdings ist auch hier einschränkend zu beachten, dass dieser Nutzen durch die verpflichtende Zuordnungen einzelner Posten (z. B. Forderungen aus Lieferungen und Leistungen) zu den kurzfristigen Vermögenswerten etwas eingeschränkt und eine kritische Überprüfung durch den Bilanzanalysten weiterhin erforderlich machen wird (siehe Kap. 3.2.3.).

7.2.3.2. Analyse des dynamischen Liquiditätsstatus

Zum Abschluss der Analysen zur finanziellen Stabilität eines Analyseobjekts kommen wir zu jenen liquiditätsbezogenen Analysen, die sich statt auf einen Stichtag auf einen Zeitraum beziehen. Hieraus folgt implizit bereits, dass die Geldflussrechnung zur wichtigsten Informationsquelle wird.

Nicht immer steht dem Bilanzanalysten allerdings eine solche zur Verfügung – etwa zumeist im Rahmen der Analyse eines UGB-Jahresabschlusses, da dieser keine Aufstellungspflicht hierfür vorsieht (siehe Kap. 3.4.). Diesfalls kann der Analyst selbst versuchen, eine derivative Geldflussrechnung aufzustellen, wenngleich er dann nicht um das Setzen einer mehr oder weniger großen Zahl von Annahmen herumkommen wird. Alternativ wird in der Literatur insb. die Verwendung der sog. *„Praktikermethode"* vorgeschlagen, um zu einem Cashflow zu gelangen, der sich für die weiteren Analysen nützen lässt:

	EAT (IFRS: ohne sonstiges Gesamtergebnis)
+	Abschreibungen vom Anlagevermögen
–	Zuschreibungen zum Anlagevermögen
+/–	Erhöhung bzw. Verminderung langfristiger Rückstellungen
=	**Cashflow nach der Praktikermethode**

Der dargestellte Rechenweg zeigt, dass es sich hierbei um eine Variante des **Cashflows aus dem Ergebnis** handelt. Dieser beinhaltet hier noch alle Zinsaufwendungen und -erträge, die Dividendenerträge und das Steuerergebnis. Für diese wird unterstellt, dass sie in voller Höhe zahlungswirksam sind. Für die Ermittlung konkreter Kennzahlen auf dieser Basis wären ggf. in weiterer Folge die Anpassungen auf Grundlage der Informationen in GuV und Anhang vorzunehmen.

Bei Anwendung der Praktikermethode ermöglicht zumindest die Analyse des ermittelten Cashflows als absolute Kennzahl. Steht demgegenüber eine vollständige Geldflussrechnung zur Verfügung, sind die dort ausgewiesenen Teil-Cashflows die ersten und wichtigsten Ansatzpunkte für die Analysen zum dynamischen Liquiditätsstatus, insb. (siehe Kap. 3.4.):

- Cashflow aus laufender Geschäftstätigkeit,
- Cashflow aus Investitionstätigkeit,
- Cashflow aus Finanzierungstätigkeit.

Besonders wichtig ist deren Aufbereitung zu Beginn der Analysen: einerseits um die Einheitlichkeit der Ermittlung im Betriebsvergleich sicherzustellen, andererseits um bereits für sich genommen möglichst aussagekräftige Größen zu erhalten (siehe Kap. 6.5.). Auch auf die Möglichkeit, einen Free Cashflow als Summe der Cashflows aus laufender Geschäftstätigkeit und Investitionstätigkeit zu ermitteln, wurde u. a. in Kap. 3.4. bereits hingewiesen. Gerade für diesen ist eine sorgfältige Aufbereitung der Geldflussrechnung nach den festgehaltenen Vorschlägen i. S. einer Umgliederung problematischer Zahlungsströme essenziell.

Ein weiteres Problem ist darüber hinaus grds., insb. aber bei Heranziehung des Free Cashflows, zu beachten: **Unregelmäßig anfallende Investitionsauszahlungen** können gerade den Betriebsvergleich sowie die Ableitung von Prognosen erschweren. Daher kann es ratsam sein, den Free Cashflow in solchen Fällen nicht auf Basis der tatsächlichen Investitionen, sondern unter Ersetzung der tatsächlichen Investitionen durch die Abschreibungen (als durchschnittliches bzw. *„geglättetes"* Investitionsniveau) zu ermitteln:

Die wichtigsten Kennzahlen (und deren Verknüpfungen) für die Praxis

- *Beispiel*

	2011	2012	2013	2014	Summe
Cashflow aus laufender Geschäftstätigkeit	+100	+100	+100	+100	+400
Investitionsauszahlungen	–200	0	0	0	–200
„richtiger" Free Cashflow	**–100**	**+100**	**+100**	**+100**	**+200**
Abschreibungen lt. GuV	–50	–50	–50	–50	–200
„geglätteter" Free Cashflow	**+50**	**+50**	**+50**	**+50**	**+200**

Hinzuweisen ist an dieser Stelle schließlich noch auf das sog. **„DVFA/SG-Schema"** zur Ableitung des Cashflows. Dieses wurde gemeinsam von der *Deutsche Vereinigung für Finanzanalyse und Asset Management* (DVFA) und der *Schmalenbach-Gesellschaft* (SG) zur Ermittlung vergleichbarer Cashflows konzipiert. Es richtet sich an externe Analysten und kann in der Praxis häufig vorgefunden werden (z. B. im Rahmen der Lageberichterstattung):

	Jahresüberschuss bzw. -fehlbetrag
+	Abschreibungen auf Gegenstände des Anlagevermögens
–	Zuschreibungen zu Gegenständen des Anlagevermögens
+/–	Veränderung der Rückstellungen für Pensionen bzw. anderer langfristiger Rückstellungen
+/–	Veränderung der Sonderposten mit Rücklageanteil
+/–	Andere nicht zahlungswirksame Aufwendungen und Erträge von wesentlicher Bedeutung
=	**Jahres-Cashflow**
+/–	Bereinigung ungewöhnlicher zahlungswirksamer Aufwendungen und Erträge von wesentlicher Bedeutung
=	**Cashflow nach DVFA/SG**

Kritisch angemerkt sei an dieser Stelle nur, dass viele konzeptionelle Punkte nicht unumstritten sind und gerade der externe Bilanzanalyst um das Setzen von Annahmen nicht herumkommt, so er dieses Schema selbst anwenden möchte (z. B. müsste er die Steuerzahlungen zwischen Jahres-Cashflow und den ungewöhnlichen Zahlungen aufteilen). In Summe ist der DVFA/SG-Cashflow als eine Annäherung an den Cashflow aus dem Ergebnis bzw. aus laufender Geschäftstätigkeit zu sehen, der u. a. regelmäßig Zins- und Dividendeneinzahlungen umfassen wird.

Darüber hinaus sind auch einige **relative Kennzahlen** geläufig, die auf die Informationen zu diesen Cashflows aufbauen; auf manche (z. B. die fiktive Schuldentilgungsdauer) wurde bereits an der thematisch passenden Stelle verwiesen. Im Hinblick auf den dynamischen Liquiditätsstatus sind darüber hinaus die folgenden Kennzahlen zu nennen:

$$\text{Investitionsdeckungsquote} = \frac{\text{Cashflow aus laufender Geschäftstätigkeit}}{\text{(Netto-)Investitionen}}$$

Hierbei handelt es sich um eine Variante der Kennzahl **Investitionsdeckungsquote**, die bereits in Kap. 7.2.1.2. behandelt wurde. Hier wird jedoch auf eine dynamische Betrachtung abgestellt – inwieweit nämlich die getätigten (Netto-)Investitionen aus der laufenden Geschäftstätigkeit finanziert werden konnten. Ein Wert < 1 würde hier auf entsprechenden Finanzierungsbedarf von außerhalb des Unternehmens hinweisen (wie er im Cashflow aus Finanzierungstätigkeit abgebildet wird) oder aber auf Grundlage von in den Vorjahren gebildeten Liquiditätsreserven.

Spiegelbildlich lassen sich auch **Deckungsquoten für die Zins- und Dividendenauszahlungen** ermitteln (wobei dann jeweils entscheidend ist, dass beide nicht im herangezogenen Cashflow aus laufender Geschäftstätigkeit enthalten sind):

$$\text{Zinsdeckungsquote} = \frac{\text{Cashflow aus laufender Geschäftstätigkeit}}{\text{Zinsauszahlungen}}$$

$$\text{Dividendendeckungsquote} = \frac{\text{Cashflow aus laufender Geschäftstätigkeit}}{\text{Dividendenauszahlungen}}$$

Eine sinnvolle Erweiterung der Zinsdeckungsquote wäre eine solche um die Tilgungen für das aufgenommene Fremdkapital im Nenner. Diese lassen sich für den externen Bilanzanalysten den aufgestellten Geldflussrechnungen entnehmen oder über die Veränderung der relevanten Bilanzposten annäherungsweise ermitteln (der interne Bilanzanalyst erhält die Informationen demgegenüber problemlos aus internen Quellen). Etwa bei einmalig fällig werdenden Tilgungen (z. B. für Anleihen) ist auch hier eine Glättung denkbar, wie sie für den Free Cashflow dargestellt wurde. Darüber hinaus kann im Zähler der Zinsdeckungs- wie der Dividendendeckungsquote sinnvollerweise der Free Cashflow anstelle des Cashflows aus laufender Geschäftstätigkeit eingesetzt werden.

Für Unternehmen, die negative (Gesamt-)Cashflows aufweisen, kann die sog. **„Cash Burn Rate"** (*„Geldverbrennungsrate"*) ermittelt werden:

$$\text{Cash Burn Rate} = \frac{\text{liquide Mittel}}{\text{(negativer) Cashflow}}$$

Als Cashflow heranzuziehen sind insb. der Gesamt-Cashflow (d. h. die Veränderung der Kassa/Bank zwischen zwei Geschäftsjahren) oder aber der Free Cashflow (mit entsprechenden Bedeutungsverschiebungen hinsichtlich des ermittelten Ergebnisses). Die Kennzahl ermöglicht dabei grds. eine Aussage zu der Frage, wie lange die vorhandenen liquiden Mittel noch ausreichen würden, bis sie durch den negativen Cashflow aufgezehrt wären und die Zahlungsunfähig eintritt. Gerade für junge Unternehmen (Startups), die in den ersten Jahren ihrer Geschäftstätigkeit befinden und z. B. mit hohem Investitionsbedarf für das weitere Wachstum konfrontiert sind, bietet sich diese Analyse an. Beliebt ist die Kennzahl auch in der sog. New Economy, die gerade in den letzten Jahren primär von den Zukunftsaussichten und den damit verbundenen Chancen lebten, häufig aber zumindest in den Anfangsjahren keine oder kaum Gewinne (und damit i. d. R. auch negative Cashflows) auswiesen.

Zentrale Bedeutung kommt in der Praxis schließlich noch der **Cashflow-Leistungsrate** zu. Wie ihr Name schon sagt (bzw. sagen soll), setzt sie den Cashflow (aus laufender Geschäftstätigkeit) in Bezug zur Betriebsleistung (siehe Kap. 7.3.1.) des Analyseobjekts:

$$\text{Cashflow-Leistungsrate} = \frac{\text{Cashflow aus laufender Geschäftstätigkeit}}{\text{Betriebsleistung}}$$

Die mit der Kennzahl verbundene Frage ist: In welchem Maß werden die erwirtschafteten Erträge auch tatsächlich in liquide Mittel umgesetzt (vor den Zahlungen, die Investitions- oder Finanzierungstätigkeiten betreffen)? Es handelt sich dabei also um eine Variante der Umsatzrentabilität, die stärker auf Liquiditäts- denn Erfolgsgesichtspunkte abstellt (siehe Kap. 7.3.3.). Allerdings wird sie auch selbst als ein Erfolgsindikator genützt (zur Sinnhaftigkeit dessen in Kürze mehr), da sie durch das Abstellen auf eine Cashflow-Größe im Zähler als aussagekräftiger als die „herkömmliche" Umsatzrentabilität angesehen wird. Schließlich lassen sich so die Auswirkungen von Bilanzierungs- und Bewertungsgestaltungen besser ausblenden. Vorausgesetzt muss diesfalls aber

Die wichtigsten Kennzahlen (und deren Verknüpfungen) für die Praxis

wieder eine sorgfältige Aufbereitung des vorgenommenen Ausweises einzelner Zahlungen sein.

Da die Betriebsleistung eine Größe ist, die typischerweise im Gesamtkostenverfahren eine Rolle spielt und dort die **Bestandsveränderungen sowie aktivierten Eigenleistungen** mitumfasst, sollte auch diese Größe aufbereitet werden, um eine Verzerrung der Kennzahl zu vermeiden. Beide Buchungen sind grds. nicht zahlungswirksam, während (vereinfachend) davon ausgegangen werden kann, dass die korrespondierenden Aufwendungen für den Produktionsprozess sich sehr wohl mit Auszahlungen im Cashflow aus laufender Geschäftstätigkeit niederschlagen (über die Veränderung des Working Capital). Das bedeutet hinsichtlich der Ermittlung der Cashflow-Leistungsrate,

- dass in Geschäftsjahren, in denen auf Lager produziert wird (positive Bestandsveränderung), die Kennzahl tendenziell „gedrückt" wird (kleiner Zähler, großer Nenner),
- während in Geschäftsjahren, in denen vom Lager genommen wird (negative Bestandsveränderung), die Kennzahl besonders gut ausfällt (großer Zähler, kleiner Nenner).

Diesfalls scheint es ratsam, die Bestandsveränderung nicht in der Betriebsleistung zu berücksichtigen. Selbiges gilt sinngemäß auch für aktivierte Eigenleistungen; die damit verbundenen Auszahlungen sollten grds. dem Cashflow aus Investitionstätigkeit zugeordnet sein, sodass sich nur Auswirkungen auf den Nenner der Formel ergeben (die aber gleichsam verzerrend sind). Die Betriebsleistung sollte hier also abweichend vom üblichen Umfang der Betriebsleistung einzig **Umsatzerlöse und sonstige betriebliche Erträge** umfassen. So lässt sich auch unabhängig von der Wahl des Umsatz- bzw. Gesamtkostenverfahrens eine identische Ermittlung der Kennzahl gewährleisten. Hinsichtlich des Cashflows im Zähler sollten diesem die verschiedenen weiteren Zahlungen den allgemeinen Empfehlungen gemäß (nicht) zugeordnet sein (siehe Kap. 6.5.).

Was jedenfalls noch festzuhalten ist – die dargestellten Analysen können **nicht für die Beurteilung des wirtschaftlichen Erfolgs** herangezogen werden (auch wenn dies Teile der Literatur vorschlagen). Diese Rolle ist der GuV und den dort ausgewiesenen Größen vorbehalten; der Grund hierfür liegt bereits in den fundamentalen Überlegungen, weshalb es periodengenau abgegrenzte Aufwendungen und Erträge (also überhaut eine GuV) braucht: Cashflows sind u. a. durch ihre Volatilität und den manchmal zufälligen Anfall als objektive Beurteilungsmaßstäbe für erfolgreiches, zielorientiertes Handeln wenig geeignet (siehe Kap. 2.1.). Es darf aber nicht vergessen werden, dass langfristig Cashflows einerseits sowie Aufwendungen und Erträge andererseits einander entsprechen (sollten; „Kongruenzprinzip") und daher zumindest ein mittelbarer Zusammenhang zwischen Höhe der Cashflows und Höhe des buchhalterischen Erfolgs besteht (siehe Kap. 6.2.2.). Dieser Zusammenhang sollte in der Praxis jedoch nicht überbewertet werden.

Hinzuweisen bleibt abschließend noch auf ein Problem, das sich im Kontext der Analyse von **IFRS-Finanzberichten** stellt. Grds. stellt die Geldflussrechnung ja den Teil der Finanzberichte dar, der am ehesten noch die Vergleichbarkeit zwischen UGB- und IFRS-Abschlüssen gewährleistet; zu beachten sind hier insb. die Detailunterschiede hinsichtlich Ausweiswahlrechten (siehe Kap. 3.4.). Bei Anwendung der Praktikermethode oder anderer vereinfachten Verfahren ist jedoch zu bedenken, dass bereits konzeptionell bedingt größere Unterschiede zwischen den ermittelten Cashflows auf Basis von UGB- und IFRS-Finanzberichten auftreten können. Die IFRS erlauben tendenziell eine frühere Umsatzrealisation, was bei solchen Ableitungen des Cashflows zu entsprechend höheren Cashflows führen wird (siehe Kap. 2.6.2.). Zumindest langfristig sollte sich dieser Effekt aber wieder ausgleichen, sodass primär von zeitlichen Verschiebungen auszugehen ist.

7.3. Kennzahlen für die Analyse des wirtschaftlichen Erfolgs
7.3.1. Analyse der absoluten Erfolgshöhe

In ihrer einfachsten Form beschränkt sich die Analyse des wirtschaftlichen Erfolgs darauf, absolute Erfolgsgrößen für ein Unternehmen zu ermitteln. Wichtigste Quelle ist hierfür die Analyse der GuV – deren Aufgabe schließlich genau darin liegt: die Darstellung des Periodenerfolgs eines Unternehmens für ein Geschäftsjahr (siehe Kap. 3.1.2.).

Ein solches Vorgehen ist natürlich schnell möglich, allerdings mit wesentlichen Einschränkungen verbunden. So wirken sich etwa unterschiedliche Unternehmensgrößen unmittelbar auf die absolute Erfolgshöhe aus – ist ein Unternehmen, das den zehnfachen Gewinn im Vergleich zu einem anderen Unternehmens hat, wirklich automatisch zehnmal so gut? Spannend wäre etwa die Frage, wie viel Input (z. B. investiertes Kapital) notwendig war, um diesen Erfolg zu erzielen. Darüber können absolute Kennzahlen jedoch keine Auskunft geben (siehe Kap. 4.2.2.).

Üblich ist heute eine Vielzahl an englischsprachigen Begriffen, die weitgehend gut mit den üblichen GuV-Gliederungen nach UGB und IFRS verbindbar sind. Zuerst sind die **Earnings after Taxes (EAT)** als endgültigste aller Erfolgsgrößen zu nennen:

EAT = Jahresüberschuss

Es handelt sich dabei um die letzte Erfolgsgröße aus der GuV (nie jedoch um den Bilanzgewinn!; siehe Kap. 3.3.1.). In einer IFRS-Gesamtergebnisrechnung ist korrespondierend auf das Gesamtergebnis abzustellen. Die EAT sind somit die *„All-in-Erfolgsgröße"* – das, was nach allen Erträgen und Aufwendungen übrigbleibt, um es in weiterer Folge an die Eigentümer auszuschütten oder im Unternehmen zu reinvestieren.

Aus mehreren Gründen ist es in einem ersten Schritt üblich und für weitere Analysen auch zuträglich, das Steuerergebnis zu diesem EAT wieder zu addieren und so die **Earnings before Taxes** zu ermitteln:

- Das Steuerergebnis ist buchhalterisch verzerrt (wie z. B. im Zusammenhang mit der Diskussion zu den latenten Steuern dargestellt; siehe Kap. 3.2.2.).
- Das Steuerergebnis ist u. a. aus diesem Grund wenig zuträglich für den Betriebsvergleich, da sich auf jedes Unternehmen spezifische Verzerrungen auswirken, die jedoch so gut wie gar nicht der (externen) Analyse zugänglich sind. Auch ein Vergleich über unterschiedliche (Betriebsvergleich) oder sich verändernde (Zeitreihenvergleich) Steuersysteme wird durch die Berücksichtigung des Steuerergebnisses in den Analysen erschwert.
- Das Steuerergebnis ist durch das Unternehmen – über die Höhe des ausgewiesenen Gewinns vor Steuern als Bemessungsgrundlage hinaus – letztlich selbst wenig beeinflussbar, d. h. keine Basis für die Ableitung neuer Erkenntnisse bzw. konkreter Maßnahmen.

EBT = EAT + Taxes

Die heute vielleicht wichtigste Kennzahl stellen die **Earnings before Interest and Taxes (EBIT)** dar:

EBIT = EBT + Interest (Finanzierungserfolg!)

So gerne EBIT im Rahmen von Finanzberichten als Pro-forma-Kennzahlen ausgewiesen (siehe Kap. 3.3.3.) bzw. in der Bilanzanalyse eingesetzt werden, so häufig werden sie dabei auch falsch gerechnet. Die versteckte Falle ist nämlich, dass nur der Finanzie-

Die wichtigsten Kennzahlen (und deren Verknüpfungen) für die Praxis

rungserfolg zum EAT addiert wird, nicht jedoch der Erfolg aus Finanzinvestitionen; d. h., die Adaptierung umfasst nicht den gesamten Finanzerfolg, wie er im UGB-Gliederungsschema für die GuV vorgesehen ist. Anderenfalls wäre EBIT weitgehend deckungsgleich mit dem Betriebserfolg (ggf. unter Einbezug des außerordentlichen Ergebnisses).

Durch diese Bereinigung bezweckt die Kennzahl etwas, was ihre Beliebtheit erklärt: **Sie blendet die Effekte unterschiedlicher Finanzierungsformen aus.** Wenn sich ein Unternehmen zu 80 % über Fremdkapital finanziert, ein anderes zu 4 0%, so wird dies in der GuV grds. nur den Finanzierungserfolg beeinflussen (indem das höher verschuldete Unternehmen auch höhere Zinsaufwendungen und damit einen niedrigeren absoluten Erfolg i. S. d. EGT aufweisen aufweisen wird). Das erschwert natürlich die Leistungsbeurteilung und generell den Betriebsvergleich: Nicht nur wirkt sich unterschiedlicher Erfolg in der Leistungserbringung auf den wirtschaftlichen Erfolg aus (z. B.: *„Wer hat die besseren Produkte und Dienstleistungen?"*), sondern auch verschiedene Finanzierungspolitiken. Außerdem schlagen sich im Finanzierungserfolg besonders stark Externalitäten nieder, etwa sich verändernde Zinsniveaus auf den Kapitalmärkten, für die ein Unternehmen selbst weniger kann und die daher für die Beurteilung tlw. ausgeblendet werden können. Das EBIT tut Letzteres und erlaubt eine fokussiertere Analyse der Leistungserbringung.

Mit dem EBIT beginnt nun die bereits angesprochene *„EBITanei"* (siehe Kap. 3.3.3.); d. h., der Phantasie des Bilanzanalysten sind keine Grenzen dahingehend gesetzt, was er noch alles aus den EAT herausrechnet, um eine bessere Vergleichbarkeit zwischen Unternehmen bzw. Leistungsbeurteilung vorzunehmen. Die gebräuchlichsten nun der Reihe nach:

EBITA = EBIT + Amortization

Unter *„amortization"* wird hierbei in der englischen Accounting-Fachdiktion die – planmäßige und außerplanmäßige – Abschreibung auf immaterielle Vermögensgegenstände inkl. des Firmenwerts verstanden. Letzterer nimmt dabei typischerweise gerade im Kontext von Konzernabschlüssen den weitaus höchsten Teil ein. Ein EBITA wird somit primär deshalb ermittelt, um Effekte aus der Firmenwertabschreibung zu beseitigen; dies ist besonders im Unternehmensvergleich wertvoll, da es hier eine Vielzahl an verschiedenen Praktiken zu beobachten gibt – und der Firmenwert an sich schon ein problematischer Posten ist, bzgl. dessen Berücksichtigung im Rahmen der Erfolgsanalyse sich die Geister scheiden (siehe Kap. 3.2.2. und 6.3.2.). Darüber hinaus können auch die hinlänglich besprochenen Probleme mit dem Ansatz und der Bewertung von immateriellen Vermögensgegenständen ausgeblendet werden.

So wie die Abschreibungen bei dem EBITA und den weiterhin folgenden Kennzahlen abgezogen werden, müssen sinnvollerweise allfällige Zuschreibungen ebenso neutralisiert werden. Diese spielen allerdings in der Praxis betragsmäßig eine vergleichsweise geringe Rolle.

EBITDA = EBITA + Depreciation

„Depreciation" gibt die verbleibenden Abschreibungen hinzu, d. h. jene auf Sach- und Finanzanlagen sowie ggf. auch auf das Umlaufvermögen (so diese gesondert ausgewiesen werden müssen und nicht Teil des Materialaufwands sind; siehe Kap. 3.3.1.). Diese Anpassungen sind nun sehr weitgehend und haben u. a. folgenden Nutzen:

- Bei **anlagenintensiven Betrieben** wirken sich geringfügige Gestaltungen im Bereich der Abschreibungspolitik (z. B. Wahl der Nutzungsdauer für die Abschreibung) und weiterer investitionspolitischer Aspekte mitunter stark verzerrend für den Betriebsvergleich aus. Das kann hiermit ausgeblendet werden.

- Darüber hinaus wird das EBITDA auch als eine „Abkürzung" gesehen, eine Schätzung für den **Cashflow aus laufender Geschäftstätigkeit** zu ermitteln. Dies insb. deshalb, da ja gerade Abschreibungen häufig einen großen Teil der nicht-zahlungswirksamen Aufwendungen eines Unternehmens darstellen. Genau genommen ist aber zu beachten, dass eigentlich „nur" der Cashflow aus dem Ergebnis dadurch (mehr oder weniger gut) angenähert wird.

Einschränkend ist allerdings anzumerken, dass es etwa im Kontext anlagenintensiver Betriebe einem Betriebsvergleich förderlich ist, mithilfe des EBITDA eine bessere Vergleichsgrundlage herzustellen. Allerdings wäre es diesfalls widersinnig, die Abschreibungen völlig auszublenden bei Unternehmen, deren Ergebnis letztlich wesentlich durch genau diese Posten bestimmt wird. Daher werden jedenfalls gesonderte Analysen durchzuführen sein, die sich mit diesen Abschreibungen und den ggf. zugrundeliegenden Gestaltungen auseinandersetzen.

EBITDAR = EBIT + Rentals

Die folgerichtige letzte Konsequenz aus den dargestellten Anpassungen: Diese greifen einen Kritikpunkt auf, der bereits im Zuge der Aufbereitungsmaßnahmen für Finanzberichte angesprochen wurde (siehe Kap. 6.3.2.). Wenn zwei Unternehmen den gleichen Vermögensgegenstand in ihren Betrieben nützen, inwieweit darf es dann im Rahmen einer Analyse einen Unterschied machen, ob das eine den Vermögensgegenstand gekauft und abgeschrieben und das andere gemietet oder geleast hat? Bei Ermittlung des EBITDA wären die Abschreibungsaufwendungen neutralisiert, die **Miet- oder Leasingaufwendungen** aber enthalten. Um eine einheitliche Vergleichsbasis herzustellen, können daher ebenso diese Aufwendungen neutralisiert werden.

Sollte es in dieser Hinsicht also größere Unterschiede zwischen verschiedenen Unternehmen geben, stellt die Ermittlung eines EBITDAR einen eleganten Weg dar, die Vergleichbarkeit zu erhöhen, ohne aufwendige Aufbereitungsmaßnahmen durchführen zu müssen. Aber auch bei der Analyse eines einzigen Unternehmens, z. B. im Zeitreihenvergleich, kann so dessen Gestaltungsspielraum in diesem Punkt eingeschränkt werden. Im Gegensatz zum EBITDA ist das EBITDAR aber als Annäherung an eine Cashflow-Größe nicht geeignet, da Miet- und Leasingaufwendungen typischerweise stets zahlungswirksam und daher nicht zu neutralisieren sind.

Es zeigt sich, dass die zuvor dargestellten Kennzahlen also zu einem gewissen Grad Aufbereitungsmaßnahmen für die Finanzberichte auf einfache Weise ersetzen können. Abschließend noch einige weitere dieser EB…-Kennzahlen, die sich in der Praxis wiederfinden:

- **EBET:** Earnings before Earnings-Linked Taxes (d. h. ohne latente Steuern);
- **EBDT:** Earnings before Deferred Taxes;
- **EBG:** Earnings before Goodwill (Amortization);
- **EBITSO:** Earnings before Interest, Taxes, and Stock Options;
- **EBME:** Earnings before Marketing Expenses.

Für die Analyse des absoluten Erfolgs sollte darüber hinaus auch nicht auf die altbewährten Erfolgsgrößen vergessen werden, wie sie im UGB-Gliederungsschema mittelbar oder unmittelbar vorgesehen sind (mit all ihren Vor- und Nachteilen; siehe Kap. 3.3.1.):

- **Bruttoergebnis vom Umsatz** (nur im Umsatzkostenverfahren),
- **Betriebserfolg**,
- **EGT**.

Die wichtigsten Kennzahlen (und deren Verknüpfungen) für die Praxis

Diese sind ja nicht deckungsgleich mit den zuvor angeführten Kennzahlen und können den durchgeführten Analysen eine weitere Dimension hinzufügen. Zu ergänzen wären der **Erfolg aus Finanzinvestitionen**, der **Finanzierungserfolg** und ggf. das **außerordentliche Ergebnis**; diese sind jedoch mehr eine Zusammenfassung gesonderter Posten (quasi Nebenrechnungen) denn eine „wirkliche" Größe für eine Erfolgsanalyse, da bei ihnen nicht „von oben nach unten durchgerechnet wird" (d. h. von den Umsatzerlösen bis zum EAT). Die (unsinnige) Größe des Finanzerfolgs ist hier übrigens aus den diskutierten Gründen bewusst aus der Aufzählung ausgespart worden. Entscheidendes Auswahlkriterium ist hinsichtlich der Erfolgsgrößen letztlich stets, welche konkreten Fragen der Bilanzanalyst im Detail untersuchen möchte.

Darüber hinaus werden immer wieder die **Umsatzerlöse** als ein Erfolgsmaßstab herangezogen, was jedoch mit Vorsicht erfolgen sollte; schließlich geht es bei der Erfolgsanalyse primär darum, was unter dem (bzw. unter einem) Strich übrig bleibt. Bei den Umsatzerlösen ist man aber noch fernab eines jeden Striches. Die Praktik basiert wohl auf dem buchhalterisch interpretierten *„Prinzip der Hoffnung"*, dass dort, wo mehr reinkommt, auch mehr übrigbleibt.

Was im UGB-Gliederungsschema für die GuV nicht ausdrücklich vorgesehen ist, aber in der Praxis häufig zum Einsatz kommt, das ist die **Betriebsleistung**. Diese versteht sich üblicherweise als die Summe aller Erträge nach dem Gesamtkostenverfahren:

	Umsatzerlöse
+/–	Bestandsveränderungen
+	aktivierte Eigenleistungen
+	sonstige betriebliche Erträge
=	**Betriebsleistung**

Das bedeutet aber auch, dass sie für das Umsatzkostenverfahren nicht bzw. nur annäherungsweise zu bestimmen ist, da in diesem weder Bestandsveränderungen, noch aktivierte Eigenleistungen ausgewiesen werden (siehe Kap. 3.3.1.). Das mit der Betriebsleistung generell verbundene Problem ist darüber hinaus dasselbe, wie es für die Umsatzerlöse diskutiert wurde. Außerdem unterliegt sie als Erfolgsgröße ggf. Verzerrungen – wenn viele erfolgswirksame „Ausreißer" in den sonstigen betrieblichen Erträgen enthalten sind (etwa Auflösungen von Rückstellungen). Diesfalls werden nämlich die tatsächlichen, operativen Leistungen eines Unternehmens mit Zufallserträgen vermischt. Diese müssten im Zuge der Aufbereitung der GuV herausgefiltert werden.

7.3.2. Analyse der Erfolgszusammensetzung

Nach der – vergleichsweise einfachen – Durchführung einer Analyse der absoluten Erfolgshöhe ist typischerweise die Frage von Bedeutung, wie sich dieser Erfolg detaillierter zusammensetzt. Dies soll die Einflussfaktoren herausarbeiten, die für den erwirtschafteten Erfolg am wichtigsten waren, und für diese ein tiefergehendes Verständnis ermöglichen.

Schon die zuvor dargestellten absoluten Kennzahlen sind im Prinzip miteinander verbunden und (fast) allesamt Teilmengen des zuletzt ausgewiesenen EAT. Sie zeigen, welchen Ergebnisbeitrag etwa die laufende Geschäftstätigkeit und welchen die Finanzierung erwirtschaftete. Insofern können eigentlich bereits die im vorigen Kap. dargestellten Analysen Aufschlüsse über die Zusammensetzung des Erfolgs erwirtschaftet werden. Diese könnten auch in einfachen relativen Kennzahlen abgebildet werden, z. B.:

$$\frac{\text{Finanzierungserfolg}}{\text{EBIT}}$$

um das Ausmaß der Auswirkungen der Unternehmensfinanzierung auf den Erfolg abzubilden; da der Finanzierungserfolg typischerweise negativ sein wird, kann damit dargestellt werden, wie viel der erwirtschafteten Mittel (Betriebserfolg und Erfolg aus Finanzinvestitionen) dadurch verzehrt wird. Die relativen Kennzahlen

$$\frac{\text{Betriebserfolg}}{\text{EBIT}}$$

bzw.

$$\frac{\text{Erfolg aus Finanzinvestitionen}}{\text{EBIT}}$$

bilden demgegenüber die Relevanz der beiden EBIT-Komponenten ab. D. h., war es der Betriebserfolg, als „eigentlicher" Kernleistungsbereich der meisten Unternehmen, der das EBIT trug, oder kam dieses aufgrund des Erfolgs aus Finanzinvestitionen zustande? Im letzteren Fall stellt sich insb. die Frage, ob hier ggf. einmalige Veräußerungsgewinne oder besonders hohe erhaltene Dividenden Hauptverantwortliche waren; dies hätte natürlich für die Einschätzung des zukünftig zu erwartenden Erfolges des Analyseobjektes entsprechend gravierende (negative) Folgen. Wird ein außerordentliches Ergebnis in den Finanzberichten ausgewiesen bzw. im Zuge ihrer Aufbereitungen identifiziert, kann die Kennzahl

$$\frac{\text{außerordentliches Ergebnis}}{\text{EGT}}$$

dessen Auswirkungen quantifizieren.

In Summe sind die dargestellten Kennzahlen aber allesamt als relativ trivial zu bezeichnen. Daher gehen die Analysen in weiterer Folge typischerweise noch tiefer. Hier sind es wiederum sog. **Intensitätskennzahlen**, die herangezogen werden können. Die drei „Klassiker" für das Gesamtkostenverfahren sind hierbei:

$$\text{Materialintensität} = \frac{\text{Materialaufwand}}{\text{Betriebsleistung}}$$

$$\text{Personalintensität} = \frac{\text{Personalaufwand}}{\text{Betriebsleistung}}$$

$$\text{Abschreibungsintensität} = \frac{\text{Abschreibungen}}{\text{Betriebsleistung}}$$

Diese Kennzahlen geben an, inwieweit unterschiedliche Arten von Aufwendungen die erwirtschafteten Erträge „aufknabbern". Z. B. werden für **produzierende und Handelsunternehmen** die Materialaufwendungen und Abschreibungen typischerweise relevant sein, für **Dienstleistungsunternehmen** weniger; dafür sind für Letztere die Personalaufwendungen entscheidend, was für die anderen beiden Unternehmenstypen vergleichswese weniger stark zutreffen wird. Dies zeigt auch, dass die zu berechnende Intensitätskennzahl relativ klar aus der Natur des Analyseobjekts abgeleitet werden kann.

Die Erfahrungen der Praxis lehren, dass die entsprechenden Intensitätskennzahlen zu den wichtigsten Kennzahlen für die Erfolgsbeurteilung und insb. (interne) Erfolgssteuerung zählen. Hinter ihnen verstecken sich alle operativen Ansatzpunkte, die dem Unternehmen die Steuerung des erwirtschafteten Erfolges ermöglichen, z. B.:

Die wichtigsten Kennzahlen (und deren Verknüpfungen) für die Praxis

- die Preisniveaus für die beschafften Produktionsfaktoren,
- die Effizienz der Produktionsabläufe,
- der Umfang der vorhandenen Infrastruktur.

Aber auch einnahmenseitige Veränderungen (z. B. eine Erhöhung der Verkaufspreise oder ein Nachfragerückgang nach den angebotenen Produkten und Dienstleistungen) wirken sich entsprechend gravierend aus. Ein Anstieg von ein paar Prozentpunkten kann bereits darüber entscheiden, ob ein Gewinn oder Verlust am Ende des Geschäftsjahres resultiert. Die Kennzahlen geben somit den internen Analysten vor, wie viel man sich von den jeweiligen Aufwendungen „leisten kann" auf Basis der Ertragslage, und negative Entwicklungen sind i. d. R. Anlass für mehr oder weniger drastische Gegensteuerungsmaßnahmen.

Alternativ zur Betriebsleistung kann auch der **Umsatz** herangezogen werden; die Frage ist letztlich, welche Relevanz den diesfalls ausgeblendeten weiteren Ertragsposten zukommt; wenn wesentliche Bestandsveränderungen oder aktivierte Eigenleistungen vorliegen, müssen sie im Gesamtkostenverfahren jedenfalls im Nenner berücksichtigt werden, da die korrespondierenden Aufwendungen im Zähler enthalten sind und die ermittelten Kennzahlen andernfalls stark verzerrt werden können.

Wird demgegenüber der **Gesamtaufwand** im Nenner angesetzt, ist dies unproblematischer. Diesfalls ist die Kennzahl so zu interpretieren, dass die Aufwandsstruktur dargestellt wird: Was sind die entscheidenden Aufwandsarten, die im Unternehmen anfallen? Hier können Unterschiede im Zeitreihen- bzw. Betriebsvergleich auf geänderte Leistungsspektren oder Produktionsprozesse hinweisen. Das gelingt insofern besser als bei Verwendung der Betriebsleistung, als auf Grundlage der Betriebsleistung auch Effekte der Preispolitik oder starke Umsatzentwicklungen (Stichwort: Fixkostendegression bzw. Fixkostenabbaukeit) zu (stärkeren) Veränderungen in den Kennzahlen führen können, was entsprechende Rückschlüsse für diesen Fall erschwert.

Ähnliche Kennzahlen sind auch für die Bestandteile des Finanzerfolgs (bzw. Erfolg aus Finanzinvestitionen und Finanzierungserfolg gesondert) möglich, jedoch weniger weit verbreitet. Geläufig – gerade bei Banken – ist allerdings die sog. Zinsdeckung, die den Zinsaufwand in Bezug zum Betriebserfolg setzt (*„Inwieweit kann das Kerngeschäft die für die Kapitalüberlassung verrechneten Zinsen abdecken?"*):

$$\text{Zinsdeckung} = \frac{\text{Betriebserfolg}}{\text{Zinsaufwand}}$$

Diese entspricht sehr weitgehend der Zinsdeckungsquote (siehe Kap. 7.2.3.2.), die Beurteilung erfolgt hier aber nicht auf Basis von Cashflows, sondern zieht buchhalterische Werte heran. Statt des Betriebserfolgs kann auch das EBIT herangezogen werden, wenn ein wesentlicher Erfolg aus Finanzinvestitionen vorliegt. Darüber hinaus ist es denkbar, statt nur auf den Zinsaufwand auf den gesamten Finanzierungserfolg abzustellen (wenngleich dies häufig dem Zinsaufwand entsprechen wird; siehe Kap. 3.3.1.).

Die dargestellten Intensitätskennzahlen sind natürlich nur auf Basis des Gesamtkostenverfahrens zu ermitteln – wobei bei Anwendung des **Umsatzkostenverfahrens** fast alle benötigten Größen ebenso dem Anhang zu entnehmen sind (siehe Kap. 3.3.1.). Bei Anwendung des Umsatzkostenverfahrens lassen sich daher sogar noch zusätzliche Auswertungen, i. S. einer Kostenstellenanalyse, ziehen:

$$\text{Herstellungsintensität} = \frac{\text{Herstellungskosten}}{\text{Umsatzerlöse}}$$

$$\text{Vertriebsintensität} = \frac{\text{Vertriebskosten}}{\text{Umsatzerlöse}}$$

$$\text{Verwaltungsintensität} = \frac{\text{Verwaltungskosten}}{\text{Umsatzerlöse}}$$

Diese Dreigliederung ermöglicht direkte Rückschlüsse – unter Beachtung aller Einschränkungen auf Grundlage der Rechnungslegungsbestimmungen (siehe Kap. 3.3.1.) – auf die Kostenstruktur eines Unternehmens, unterteilt in die verschiedenen Teilbereiche des innerbetrieblichen Leistungsprozesses. Sie ist somit eine sehr aussagekräftige. Man kann so leicht vergleichen, wer sich wie viel Overhead „erlaubt", wer günstiger produziert etc.

Da in vielen Branchen der Ausweis eines eigenen Postens für die Forschungs- und Entwicklungskosten üblich ist, lässt sich hier eine weitere Intensitätskennzahl ermitteln, die gerade für die Einschätzung des zukunftsorientierten Erfolgspotenzials von entscheidender Bedeutung sein kann:

$$\text{F\&E-Intensität} = \frac{\text{F\&E-Kosten}}{\text{Umsatzerlöse}}$$

Für den Zähler wären in IFRS-Finanzberichte natürlich nur Forschungskosten zu finden, da ja Entwicklungskosten einer Aktivierungspflicht unterliegen. Im Nenner wird für die dargestellten Kennzahlen des Umsatzkostenverfahrens nicht auf die Betriebsleistung abgestellt, da es diese hier auch nicht gar nicht gibt; allenfalls kann es im Einzelfall sinnvoll sein, die sonstigen betrieblichen Erträge bei Wesentlichkeit zu den Umsatzerlösen noch zu addieren (siehe Kap. 7.3.3.).

Darüber hinaus bietet das Umsatzkostenverfahren auch den Vorteil, dass ein Bruttoergebnis vom Umsatz auszuweisen ist. Dies ist für das Verständnis der Erfolgszusammensetzung eine besonders zentrale Kennzahl (siehe Kap. 3.3.1.):

	Umsatzerlöse
–	Herstellungskosten
=	**Bruttoergebnis vom Umsatz**

Diese Größe wird für Zwecke der Bilanzanalyse sehr häufig als Annäherung an den **Deckungsbeitrag** interpretiert. Das ist natürlich insofern grob vereinfachend, als auch in den anderen im Umsatzkostenverfahren ausgewiesenen „Kostenarten" variable Teile enthalten sein können und insb. die Herstellungskosten selbst zu einem nicht unwesentlichen Teil fixe Kosten sein werden. Dies folgt bereits aus den Vorgaben der Rechnungslegungsnormen, die hier einen „vollen" Ausweis erfordern. Solange dem Analysten die Vereinfachung jedoch bewusst ist, kann er von dem Nutzen dieser zusätzlichen Information unter Anwendung des Instrumentariums aus der Kostenrechnung profitieren. Z. B. sind gerade für die Abschätzung zukünftiger Entwicklungen sehr hilfreich:

$$\text{relativer Deckungsbeitrag} = \frac{\text{Bruttoergebnis vom Umsatz}}{\text{Umsatzerlöse}}$$

$$\text{Break-even-Umsatz} = \frac{\text{Gesamtaufwand} - \text{Herstellungskosten}}{\text{relativer Deckungsbeitrag}}$$

Bei beiden Kennzahlen geht es insb. um die Frage, wie sich zukünftige Schwankungen der Umsatzerlöse auf den ausgewiesenen Erfolg auswirken: Ist der Leistungsprozess

Die wichtigsten Kennzahlen (und deren Verknüpfungen) für die Praxis

eher von fixen oder von variablen Kosten geprägt? Ab wann ist mit einem Verlust zu rechnen, ab wann beginnt die „Gewinnzone"? Konkretisieren lässt sich dies durch die Kennzahl des **Operating Leverage**; diese darf nicht mit dem „bekannteren", auf die Finanzierungsstruktur eines Unternehmens abstellenden (Financial) Leverage-Effekt verwechselt werden (siehe Kap. 7.4.4.).

$$\text{Operating Leverage} = \frac{\text{Bruttoergebnis vom Umsatz}}{\text{Betriebserfolg}}$$

Bei dieser Kennzahl wird typischerweise ein Wert > 1 rauskommen. Ein Operating Leverage von 1,5 würde z. B. bedeuten, dass eine Erhöhung des Umsatzes um 10 % (bei konstantem relativem Verhältnis der Herstellungskosten zu diesem Umsatz) den Betriebserfolg – bei gleichbleibender Kostenstruktur – um 15 % erhöhen würde.

Im Fall der Analyse einer GuV nach dem **Gesamtkostenverfahren** sind solche Untersuchungen kaum möglich. Für Handelsunternehmen wäre näherungsweise folgende Ermittlung denkbar:

<u>Umsatzerlöse
– Materialaufwand und sonstige bezogene Herstellungsleistungen</u>
= **Deckungsbeitrag**

Darüber hinaus wäre bei der Unterstellung einer konstanten Kostenstruktur im Vergleich zweier Geschäftsjahre (d. h., der prozentuelle Anteil der variablen Kosten und die absolute Höhe der Fixkosten bleiben unverändert) folgende vereinfachte Rechnung im Umsatz- wie im Gesamtkostenverfahren möglich:

$$\text{relativer Deckungsbeitrag} = \frac{\text{Betriebserfolg}_t - \text{Betriebserfolg}_{t-1}}{\text{Umsatzerlöse}_t - \text{Umsatzerlöse}_{t-1}}$$

Vorausgesetzt, dass ein Unternehmen über eine entsprechend verfeinerte Kostenrechnung verfügt, steht dem internen Bilanzanalysten hinsichtlich des Deckungsbeitrags eine Vielzahl an weiteren, insb. auch genaueren Auswertungsmöglichkeiten offen. Hier kann aber getrost auf die einschlägige Literatur zur Kostenrechnung verwiesen werden, die sich seit Jahrzehnten mit diesen befasst.

7.3.3. Analyse der Rentabilität

Das eigentliche „Herzstück" der (traditionellen) Analyse des wirtschaftlichen Erfolgs ist die Analyse der Rentabilität des Analyseobjekts. Die Kritik an den absoluten Erfolgsgrößen (siehe Kap. 7.3.1.) umfasste bereits den Aspekt, dass ein Ergebnis aus betriebswirtschaftlicher Sicht stets in Relation zum Input zu setzen ist, der dafür zu leisten ist. Diese Gegenüberstellung von Output und investiertem Input wird unter dem Begriff der *„Rendite"* oder eben Rentabilität zusammengefasst.

Eigenkapitalgeber investieren Geld in das Unternehmen, an dem sie beteiligt sind; dafür haben sie Anspruch auf die erwirtschafteten Gewinne, nach Abzug von Fremdkapitalzinsen (als die Rendite für die Fremdkapitalgeber) und Steuern. Aus ihrer Perspektive stellt sich die Rentabilität – diese wird entsprechend Eigenkapitalrentabilität bzw. englisch **Return on Equity (RoE)** genannt – somit wie folgt dar:

$$\text{Eigenkapitalrentabilität i. e. S.} = \frac{\text{EAT}}{\text{Ø Eigenkapital}}$$

Aufgrund der bereits mehrfach angesprochenen Problematiken i. V. m. dem Steuerergebnis ist es allerdings üblich, eine Ergebnisgröße vor Steuern zu wählen – das EBT:

$$\text{Eigenkapitalrentabilität} = \frac{EBT}{\varnothing \text{ Eigenkapital}}$$

Vor dem Hintergrund der Überlegungen, die i. V. m. dem EBIT ausgeführt wurden (siehe Kap. 7.3.1.), ist es jedoch für Analysen regelmäßig ebenso relevant, den Aspekt der Finanzierung und dessen Auswirkungen auf den Unternehmenserfolg aus den Analysen auszublenden. Die Rentabilitätskennzahl, die dies zu leisten vermag, ist die **Gesamtkapitalrentabilität**:

$$\text{Gesamtkapitalrentabilität} = \frac{EBIT}{\varnothing \text{ Gesamtkapital}}$$

Diese ist aus mehreren Gründen besonders spannend:

- Dadurch, dass sie die Effekte unterschiedlicher Finanzierungsstrukturen ausblendet, eignet sie sich besser als die Eigenkapitalrentabilität, um den Erfolg der operativen Leistung verschiedener Unternehmen im Betriebsvergleich zu beurteilen.

- Für sich genommen gibt sie die Verzinsung des investierten Kapitals in das Unternehmen wieder, d. h., was mit jedem Euro, der im Unternehmen steckt, an Rückflüssen erwirtschaftet wird; egal, ob diese Euro das „Mascherl" Eigen- oder Fremdkapital trägt. Dadurch wird die Gesamtkapitalrentabilität auch ein Indikator dafür, wo (fiktive) die Eigenkapitalrentabilität des unverschuldeten Unternehmens läge – d. h. hätte es keine Kredite etc. aufgenommen.

- Im Zeitreihenvergleich ist die Gesamtkapitalrentabilität letztlich auch wesentlich stabiler als die Eigenkapitalrentabilität, da etwa Effekte aus veränderten Kapitalstrukturen oder Zinsniveaus ausgeblendet werden. Dies trägt wieder der (operativen) Leistungsbeurteilung zu.

Üblich ist es, die Gesamtkapitalrentabilität mit dem englischen Begriff des **Return on Investment (RoI)** gleichzusetzen. Hier lassen sich aber auch abweichende Gepflogenheiten feststellen; schließlich ist der Begriff „*Investment*" interpretationsbedürftig. Aus Sicht der Eigenkapitalgeber ist das Eigenkapital ihr Investment (und der RoI eigentlich gleich dem RoE); manchmal wird auch nicht auf das Gesamtkapital abgestellt, sondern etwa nur auf die Summe aus Eigen- und verzinslichem Fremdkapital (wodurch der RoI mit dem RoCE zusammenfällt; siehe Kap. 7.3.4.2.). Dies trägt zu einer gewissen begrifflichen Verwirrung bei, die dazu führt, dass man mit dem Begriff des RoI vorsichtig sein sollte.

Bereits aus den dargestellten Formeln für die Eigen- und Gesamtkapitalrentabilität erkennt man, dass beide sehr eng miteinander verknüpft sind. Der Zusammenhang lässt sich in einer eigenen Gleichung darstellen, die bezweckt, sich ergebende Gestaltungsmöglichkeiten aufzuzeigen. Dies erfolgt unter dem Schlagwort „*Leverage-Effekt*". Dieser wird in einem späteren Kap. ausführlich dargestellt (siehe Kap. 7.4.4.).

Ein gemeinsames Problem teilen die beiden Rentabilitätskennzahlen: die Gefahr, **Fehlanreize zulasten der Investitionspolitik** des Analyseobjekts zu setzen. Bei einem konstant bleibenden EBIT bzw. EBT steigen beide Kennzahlen automatisch im Zeitablauf, wenn auf Reinvestitionen in das Anlagevermögen verzichtet wird. Dies unterstreicht wieder die Notwendigkeit, Kennzahlen aus verschiedenen Analysebereichen zu kombinieren, um ein Verständnis dafür zu erlangen, was die Verbesserung oder Verschlechterung einzelner Kennzahlen erklärt. Einen Ansatz in Bezug auf die Gesamtkapitalrentabilität stellt das später vorgestellte Du-Pont-Schema dar (siehe Kap. 7.6.2.).

Ähnlich relevant ist die **Umsatzrentabilität,** sie nimmer aber eine etwas veränderte Perspektive ein. Hier wird wieder auf eine Input-Output-Relation abgestellt; der Input ist

Die wichtigsten Kennzahlen (und deren Verknüpfungen) für die Praxis

diesmal nicht das investierte Kapital, sondern vielmehr der erwirtschaftete Umsatz in einem Geschäftsjahr. Diese Kennzahl lässt sich wieder korrespondierend zur Eigenkapitalrentabilität

$$\text{Umsatzrentabilität} = \frac{\text{EBT}}{\text{Umsatzerlöse}}$$

bzw. korrespondierend zur Gesamtkapitalrentabilität

$$\text{Umsatzrentabilität} = \frac{\text{EBIT}}{\text{Umsatzerlöse}}$$

ermitteln. Allenfalls käme noch eine Berücksichtigung der sonstigen betrieblichen Erträge im Nenner in Betracht; die Sinnhaftigkeit davon hängt jedoch ab, wie wesentlich diese überhaupt sind bzw. was hinter diesen steckt, also ob etwa eher „Zufallserträge" (Auflösungen von Rückstellungen etc.) in den sonstigen betrieblichen Erträgen abgebildet sind oder doch auch umfassende, zielgerichtete wirtschaftliche Aktivitäten, die aus verschiedenen Gründen nicht als Teil der Umsatzerlöse ausgewiesen werden dürfen/können/sollen (siehe Kap. 3.3.1.).

Während die Ermittlung einer Eigen- oder Gesamtkapitalrentabilität für **Dienstleistungsunternehmen** typischerweise wenig bedeutsam ist (da diese kaum über für den Leistungsprozess relevantes Vermögen verfügen, das in der Bilanz ausgewiesen wird), wird hier die Umsatzrentabilität eine zentrale Rolle spielen. Aber auch für alle anderen Unternehmen ist die Aussagekraft hoch; die Erkenntnis ist, etwas salopp formuliert: „Was bleibt unter dem Strich von dem übrig, was man einnimmt?" Dies ermöglicht wertvolle Rückschlüsse etwa auf die Preispolitik bzw. auf die Angemessenheit der Aufwandsstruktur des Analyseobjekts (siehe Kap. 7.3.2.).

Das Ergebnis der Umsatzrentabilität kann man als die erwirtschaftete **(Gewinn-)Marge** interpretieren. Deren Gestaltung muss besonderes Augenmerk durch das Management geschenkt werden, was somit auch eine wichtige Grundlage für die Beurteilung seines Erfolgs herangezogen werden kann. Die Variante mit dem EBIT im Zähler hat dabei den Vorteil, wieder die tlw. wohl unverschuldeten Veränderungen im Finanzierungserfolg auszublenden. Am richtigsten wäre diesfalls aber bei einem nicht unwesentlichen Erfolg aus Finanzinvestitionen (der ja regelmäßig kaum i. V. m. dem Kernleistungsprozess und damit den Umsatzerlösen steht) die folgende Variante:

$$\text{Umsatzrentabilität} = \frac{\text{Betriebserfolg}}{\text{Umsatzerlöse}}$$

Weiterhin sind noch wichtige Renditekennzahlen anzuführen, die sich wie die Eigenkapitalrentabilität mit der Perspektive der Eigenkapitalgeber befassen, jedoch noch einen Schritt (bzw. sogar mehrere Schritte) weiter gehen. Zunächst ist hier die **Dividendenrendite** zu nennen; diese stellt nicht mehr darauf ab, was das Unternehmen erwirtschaftet, sondern darauf, was tatsächlich auch an seine Eigentümer ausgeschüttet wird:

$$\text{Dividendenrendite} = \frac{\text{ausgeschüttete Dividende je Aktie}}{\text{aktueller Aktienkurs}}$$

Zur Bestimmung des Zählers (der ausgeschütteten Dividende) ist wieder auf die diesbezüglichen Probleme i. V. m. der Bestimmung au Grundlage von Finanzberichten hinzuweisen (siehe Kap. 6.3.2.); er ist also entweder erst mit einiger Verzögerung oder auf Grundlage des Dividendenvorschlags zu ermitteln. Da typischerweise nur der Gesamtbetrag der Ausschüttungen angegeben wird, muss die **Dividende je Aktie** wie folgt ermittelt werden:

$$\text{Dividende je Aktie} = \frac{\text{gesamter Ausschüttungsbetrag}}{\text{Anzahl dividendenberechtigter Aktien}}$$

Angaben zu der Anzahl der dividendenberechtigten Aktien finden sich typischerweise in den analysierten Finanzberichten (i. d. R. im Lagebericht oder Corporate-Governance-Bericht). Eigene Anteile gehören jedenfalls nicht dazu.

Im Nenner der Dividendenrendite wird demgegenüber der aktuelle Aktienkurs dem Eigenkapital vorgezogen. Das Eigenkapital wäre u. a. deswegen keine geeignete Basis, da es den historischen Ausgabebetrag der Aktien etwa mit einbehaltenen Gewinnen (Gewinnrücklagen) etc. vermischt. Besonders aussagekräftig wäre es, auf den Aktienkurs abzustellen, zu dem die Eigentümer einst ihre Anteile erworben haben; praktisch ist dies jedoch unmöglich, da diese historischen Aktienkurse i. d. R. dem Analysten nicht zur Verfügung stehen und außerdem für jeden einzelnen Eigentümer andere sind. Durch das Heranziehen des aktuellen Aktienkurses (zumeist jener zum Bilanzstichtag des analysierten Finanzberichts, es kann aber auch jener zum Tag der Hauptversammlung sein, die über die tatsächliche Dividende bestimmt) nähert sich die Kennzahl einer opportunitätskostenorientierten Logik an, wie man sie etwa aus der Kostenrechnung (i. V. m. dem Ansatz von Wiederbeschaffungskosten) kennt. Maßstab für die Ansprüche der Eigentümer ist nicht das, was sie vor langer Zeit einmal gezahlt haben, sondern das, was sie heute jederzeit (am Kapitalmarkt) dafür bekämen.

Eine weiter gefasste Rentabilitätskennzahl aus Sicht der Eigentümer ist schließlich die sog. **Aktienrendite**:

$$\text{Aktienrendite} = \frac{(\text{Aktienendkurs} - \text{Aktienanfangskurs}) + \text{ausgeschüttete Dividende}}{\text{Aktienanfangskurs}}$$

Anstelle des Begriffs *„Aktienrendite"* wird häufig auch von dem **„Total Shareholder Return" (TSR)** gesprochen, der aber dasselbe meint. Dieser Begriff scheint sogar insofern aussagekräftiger als die deutsche Bezeichnung, als er sehr gut zum Ausdruck bringt, dass alle für die Aktionäre relevanten Rückflüsse – die tatsächlichen in Form von Dividenden und die bei Wertpapierveräußerung möglichen – berücksichtigt werden. Die letztgenannten Rückflüsse blendet ja die Dividendenrendite aus. Damit orientiert sich die Dividendenrendite stärker an Eigentümern, die keine Verkaufsansicht für ihre Anteile hegen bzw. eine besonders langfristige Investition planen, während sich die Aktienrendite stärker an solche richtet, die auch zu einer Aufgabe ihrer Anteile bereit wären.

Einschränkend ist anzumerken, dass diese zuletzt angeführten Kennzahlen allesamt typischerweise nur im Kontext von AGs zu ermitteln sind. Eine sinngemäße Übertragung etwa auf eine GmbH wird nur sehr eingeschränkt möglich sein, während sie etwa für andere Unternehmen anderer Rechtsformen (z. B. Personengesellschaften) bereits grundsätzlich ausscheiden wird.

7.3.4. Wertorientierte Erfolgsanalyse
7.3.4.1. Grundlegendes

Die wertorientierte Erfolgsanalyse setzt zwar ebenso an der Analyse der veröffentlichten Finanzberichte an, geht aber einen Schritt weiter, als es die zuvor dargestellten Kennzahlen tun. Der Begriff *„Wertorientierung"* ist hier als **„Unternehmenswertorientierung"** zu verstehen, d. h., er soll in die Betrachtungen aufgenommen werden, wodurch die Bilanzanalyse wieder ein großes Stück näher an die Unternehmensanalyse rückt

Die wichtigsten Kennzahlen (und deren Verknüpfungen) für die Praxis

(siehe Kap. 2.1.). Hierbei kann zwischen zwei Gruppen von wertorientierten Kennzahlen unterschieden werden, die für Bilanzanalysen von besonderer Bedeutung sind: solchen, die den Beitrag des in einem Geschäftsjahr erwirtschafteten Erfolges zum Unternehmenswert abbilden möchten, und solchen, die unmittelbare Rückschlüsse auf die Höhe dieses Unternehmenswertes ermöglichen wollen.

Wesentliches Charakteristikum der **ersten Gruppe** von Kennzahlen ist, dass zunächst eine repräsentative (absolute) Erfolgsgröße ermittelt wird, die Rückschlüsse auf den geschaffenen Beitrag zum Unternehmenswert für ein Unternehmen ermöglichen soll. Diese wird anschließend mit den Kapitalkosten verglichen – wie man es aus der Kostenrechnung kennt: Verbleibt ein positiver Saldo, ist eine Wertschaffung festzustellen; andernfalls spricht man von einer Wertvernichtung.

Kennzahlen der **zweiten Gruppe** sind demgegenüber besonders für den Betriebsvergleich ausgerichtet. Hier soll insb. der Unternehmenswert für ein Unternehmen Rückschlüsse auf den Wert eines anderen liefern – und diese Relation sowie deren Veränderung als Beurteilungsmaßstab dienen. Tlw. handelt es sich also bereits um Verfahren der (überschlagsmäßigen) Unternehmenswertermittlung.

Die Ermittlung von Unternehmenswerten erfolgt heute zukunftsgerichtet auf Basis von mehrjährigen Planungswerten und z. B. dem Einsatz von **Discounted-Cashflow-Verfahren**. Dafür bietet sich im Rahmen einer Bilanzanalyse keine Anwendungsmöglichkeit, nur eine Annäherung in Form der folgenden Rechnungen ist möglich. Für eine weitere Darstellung dieser hochkomplexen, aber für die Praxis zunehmend relevanten Kennzahlen sei daher an dieser Stelle auf die umfassend dazu vorhandene Literatur verwiesen.

7.3.4.2. Performance-Kennzahlen

Ausgangspunkt dieser Kennzahlen sind die (Gesamt-)Kapitalkosten eines Unternehmens, die dafür anfallen, dass Eigen- und Fremdkapitalgeber dem Unternehmen Mittel zur Verfügung stellen. Diese stellen gleichsam eine Mindestrendite dar, die in einem Geschäftsjahr erwirtschaftet werden müssen – also einen Sollwert (siehe Kap. 4.1.2.). Hierbei hat sich die Idee der Ermittlung eines gewichteten durchschnittlichen Kapitalkostensatzes – englisch **Weighted Average Cost of Capital (WACC)** – zur Berücksichtigung der Renditeforderungen der Kapitalgeber durchgesetzt:

$$WACC = r_{EK} \times \frac{EK}{GK} + (1-s) \times r_{FK} \times \frac{FK}{GK}$$

Das s steht für die Steuerquote und ist die wohl unproblematischste Variabel (siehe Kap. 7.4.5.). Die Fremdkapitalkosten (r_{FK}) lassen sich verhältnismäßig einfach mit den Mitteln der Bilanzanalyse ermitteln (siehe Kap. 7.4.5.). Das große Problem ist aber die – sinnvolle – Ableitung der Eigenkapitalkosten (r_{EK}); diese dürfen in der Buchhaltung und darauf abgeleitet z. B. im Jahresabschluss nicht abgebildet werden, wodurch sie also aus den Finanzberichten nicht direkt zu erschließen sind. Stattdessen ist die Anwendung **komplexer finanzmathematischer Modelle** erforderlich (das bekannteste ist das sog. Capital Asset Pricing Model, CAPM, das sich an den Renditen, die auf den Kapitalmärkten erzielt werden können, orientiert). Hier habt eine Vielzahl von zu setzenden Annahmen mitunter gravierende Auswirkungen auf den resultierenden Wert.

Letztlich sei noch auf das Problem hingewiesen, dass die in der obigen Formel angeführten Eigen- bzw. Fremdkapitalquoten nicht auf Buchwerten, sondern auf Marktwerten basieren. Dies führt zu einem **Zirkelschluss**: Man benötigt die WACC, um den Unternehmenswert (d. h. den Marktwert des Eigenkapitals) zu ermitteln; damit man die WACC aber ermitteln kann, braucht man bereits den Marktwert des Eigenkapitals. Dieses Thema wird in der Literatur zur Unternehmensbewertung intensiv diskutiert.

Die Ermittlung der WACC erfordert somit höchste Sorgfalt – eine zu leichtfertige Ableitung und Berücksichtigung im Zuge der Analysen kann die Ergebnisse unbrauchbar machen. So der Bilanzanalyst hier nicht umfassende Expertise hat, sollte er entsprechende interne oder externe Quellen zurate ziehen. Bzgl. Letzterer kann wieder auf das praktische Angebot verwiesen werden, das von den Professoren *Damodaran* und *Schwetzler* im Internet zur Verfügung steht und auch solche WACC (und viele weiterführende Informationen) umfasst (siehe Kap. 4.1.4.).

Das heute wohl wichtigste Konzept für die Durchführung einer wertorientierten Erfolgsanalyse ist jenes des **Economic Value Added (EVA)**. Entwickelt vom Beraterhaus *Stern & Stewart*, hat es insb. Eingang in die Controllingabteilungen großer Konzerne gefunden; es ist aber nicht nur für die interne Bilanzanalyse relevant, sondern lässt sich ebenso für externe Bilanzanalysen heranziehen. Ermittelt wird die absolute Erfolgsgröße des EVA für ein Geschäftsjahr aus der Gegenüberstellung des Net Operating Profit after Taxes (NOPaT) mit den absoluten Kapitalkosten, die auf Basis des Capital Employed (CE), d. h. des im Unternehmen investierten Kapitals, verrechnet werden:

EVA = NOPaT – WACC x CE

Es gibt eine Vielzahl an verschiedenen Auslegungen, wie die relevanten Komponenten – NOPaT und CE – zu ermitteln sind. Als bewährt sollen hier die folgenden vorgestellt werden; hinsichtlich des NOPaT zunächst:

```
    EBT
+/– außerordentliches Ergebnis
+/– Finanzierungserfolg
+/– Adaptionen (i. S. v. Aufbereitungsmaßnahmen)
 =  Net Operating Profit before Taxes
 –  adaptierte Steuern vom Net Operating Profit before Taxes
 =  Net Operating Profit before Taxes
```

Als **adaptierter Steuersatz** wird entweder die Unternehmens- bzw. Konzernsteuerquote (siehe Kap. 7.4.5.) oder aber vereinfachend ein Grenzsteuersatz (für Kapitalgesellschaften in Österreich z. B. 25 %) herangezogen.

Zentral sind im EVA-Konzept die **Adaptionen**; diese bezwecken, Verzerrungen in den Zahlen der Finanzberichte zu bereinigen und ein Bild herzustellen, das näher an der „wahren wirtschaftlichen Lage" ist. Hierzu finden sich u. a. folgende Vorschläge:

- **Nicht-betrieblich genutztes Vermögen** sowie damit verbundene Aufwendungen und Erträge auszuscheiden (sehr häufig betrifft dies Finanzanlagevermögen).
- **Aufwendungen mit Investitionscharakter** zu aktivieren und abzuschreiben (etwa für Forschung und Entwicklung, Marketingaufwendungen etc.)
- **Leasing- und Mietaufwendungen** zu aktivieren und abzuschreiben.

Insgesamt finden sich hunderte Vorschläge für solche Anpassungen. Die Zielsetzung dahinter erinnert sehr stark an die Überlegungen zur Aufbereitung der Finanzberichte im Rahmen der Bilanzanalyse (siehe Kap. 6.3.). Und in der Tat wird es so sein, dass zumindest für Zwecke der Bilanzanalyse mit der Durchführung der für sinnvoll bzw. möglich erachteten Aufbereitungsmaßnahmen die angesprochenen Adaptionen abgedeckt sein werden. Darüber hinaus gilt, dass hier gerade der interne Analyst die Möglichkeit hat, sich auszutoben, während der externe Analyst sich hier auf einige wesentliche, für ihn umsetzbare Aufbereitungen bzw. Adaptionen wird beschränken müssen. Jedenfalls die gute Nachricht dahinter: Nach dieser Durchführung der Aufbereitungen werden im

Die wichtigsten Kennzahlen (und deren Verknüpfungen) für die Praxis

Zuge einer wertorientierten Erfolgsanalyse auf Basis des EVA keine gesonderten Adaptionen mehr erforderlich sein.

Die gleiche Vielfalt an Varianten zeigt sich hinsichtlich des zweiten Bestandteils, des CE. Auch hier soll folgende einfache Variante vorgestellt werden:

    Eigenkapital
+ verzinsliches Fremdkapital
− liquide Mittel
+/− Adaptionen
= **Capital Employed**

Ausgehend von der Logik der doppelten Buchführung, wird hier auf die Passivseite der Bilanz abgestellt – was aber bedeutet, dass ebenso eine Herleitung der gesuchten Größe über die Aktivseite der Bilanz möglich sein müsste. Dem ist auch so, und dann wird von den **Net Operating Assets (NOA)** gesprochen, die alternativ anstelle des CE herangezogen werden können; dies hat den Vorteil, dass die Vermögensgegenstände i. d. R. einer besseren Steuerbarkeit unterliegen, z. B. im Rahmen von Kennzahlensystemen (siehe Kap. 7.6.3.):

    Anlagevermögen
+ Umlaufvermögen
− liquide Mittel
− nichtverzinsliches Fremdkapital
+/− Adaptionen
= **Net Operating Assets**

Ein positiver EVA bedeutet, dass in dem betrachteten Geschäftsjahr Wert geschaffen wurde, d. h., dass ein Erfolg erwirtschaftet wurde, der über den WACC lag und somit diese Mindestverzinsung übertraf. Dies impliziert auch einen entsprechend positiven Effekt auf den Unternehmenswert.

Zu beachten ist, dass hier eigentlich nicht mit den Durchschnittswerten der Vermögensgegenstände, Schulden und des Eigenkapitals zu rechnen wäre, sondern mit den Buchwerten zum Beginn des Geschäftsjahrens (sehr häufig der 1. 1.). Dies ergibt sich aus den konzeptionellen Grundlagen hinter dem EVA (Stichwort: *„Preinreich-Lücke-Theorem"*).

Da absolute Zahlen mitunter schwerer zu interpretieren sind als relative, ergänzt die relative Größe des **Return on Capital Employed (RoCE)** den EVA. Dessen Herleitung erfordert zunächst eine Adaption der obigen Formel für den EVA, die sog. *„Value-Spread-Formel"*:

$$EVA = \left(\frac{NOPaT}{CE} - WACC \right) \times CE$$

Der Bruch stellt hier den RoCE dar – liegt er über den WACC, wird Wert geschaffen, liegt er unter den WACC, Wert vernichtet:

$$RoCE = \frac{NOPaT}{CE}$$

Der NOPaT stellt, wie die bisherigen Schilderungen aufzeigen, eine Variante des EBIT dar, das CE eine solche des Gesamtkapitals. Näherungsweise, wenngleich sehr vereinfacht, lässt sich ein RoCE also gerade auch für externe Analysen wie folgt berechnen:

$$\text{RoCE} = \frac{\text{EBIT} \times (1 - s)}{\text{Gesamtkapital}}$$

Diesfalls würde der RoCE aber sehr weitgehend mit der **Gesamtkapitalrentabilität** zusammenfallen, was er im Prinzip ja auch möchte. Ratsam ist aber jedenfalls zumindest das Abstellen auf das verzinsliche (Eigen- und Fremd-)Kapital im Nenner, um die Aussagekraft der Kennzahl zu erhalten. Selbiges gilt für die vereinfachte Berechnung des EVA selbst. Stärker, als es für die Gesamtkapitalrentabilität zutrifft, richtet sich der RoCE an die Kapitalgeber, die Renditeanforderungen an das Unternehmen stellen. Gegenüber diesen kann die Kennzahl so besser Rechenschaft abgeben – während die „klassische" Gesamtkapitalrentabilität stärker auf den Leistungsprozess abstellt und die Perspektive der Kapitalgeber weniger beachtet. Deshalb ist der RoCE auch im Rahmen eines *„Value-based Management"* eine so zentrale Größe, deren sich Unternehmen gerne bedienen.

Dadurch, dass das CE mit den NOA zusammenfällt, kann man alternativ einen **Return on Net (Operating) Assets (RoNA)** ermitteln; beide Kennzahlen sind somit vor dem Hintergrund des EVA-Konzepts zu sehen. Der RoNA muss folglich zum selben Ergebnis führen wie der RoCE. Dieser Hinweis ist deswegen wichtig, weil in Literatur und Praxis oftmals eine Unterscheidung zwischen beiden Kennzahlen gemacht wird, ohne dass aber eine klare Abgrenzung ersichtlich ist; z. B. werden einmal liquide Mittel im Nenner abgezogen und einmal nicht. Die Sinnhaftigkeit einer solchen Saldierung ist eine Grundsatzfrage (siehe Kap. 6.3.3.2.); wenn diese geklärt ist, bleibt aber ohnedies nur noch ein sinnvoller Rechenweg, und die Unterscheidung zwischen zwei verschiedenen Kennzahlen dieser Ausprägung wird eigentlich sinnlos. Der Bilanzanalyst hat durch beide Möglichkeiten der Ermittlung einfach die Wahl, ob der Rechenweg (und die abgeleiteten Handlungsempfehlungen!) über die Aktiv- oder die Passivseite der Bilanz führen soll.

Eine gelegentlich vorzufindende Variante des EVA – diesmal aus dem Hause *KPMG* – stellt die wertorientierte Kennzahl **Earnings less Riskfree Interest Charge (ERIC)** dar. Diese unterscheidet sich eigentlich in einem einzigen wesentlichen Punkt vom EVA – hinsichtlich der WACC. Hiervon nimmt diese Kennzahl Abstand und setzt stattdessen den (wesentlich geringeren) risikolosen Zinssatz an (z. B. für deutsche Bundesanleihen):

ERIC = NOPaT – risikoloser Zinssatz x CE

bzw. vereinfachend, wie es für den EVA auch angesprochen wurde:

ERIC = EBIT – risikoloser Zinssatz x Gesamtkapital

Konzeptionell wird argumentiert, dass die Kennzahl ERIC für eine nachträgliche Erfolgsbeurteilung besser geeignet sein soll. In Wissenschaft und Praxis haben diese Überlegungen vergleichsweise wenig Anklang gefunden, dennoch findet sich ERIC gelegentlich im Rahmen von Analysen. Der ERIC ist zumindest mit dem (aus Sicht des analysierten Unternehmens) angenehmen Effekt verbunden, dass er i. d. R. über dem EVA liegt, da die WACC über dem risikolosen Zinssatz liegen. Außerdem ist natürlich die Ermittlung des risikolosen Zinssatzes vergleichsweise einfach und kaum mit Auslegungs- bzw. Gestaltungsspielraum verbunden,[19] was nicht zuletzt für Betriebsvergleiche ein ganz zentraler Vorteil ist.

Wesentlich bedeutsamer ist demgegenüber das Konzept des **Cashflow Return on Investment (CfRoI)**, das von der *Boston Consulting Group* entwickelt und propagiert wur-

---

[19] Man nehme etwa einfach den tagesaktuellen Wert für deutsche Bundesanleihen mit einer Laufzeit von 30 Jahren – wie in der Praxis üblich – unter http://www.bundesbank.de/Redaktion/DE/Downloads/Statistiken/Geld_Und_Kapitalmaerkte/Zinssaetze_Renditen/stat_zinsstruktur_BWP.pdf?_blob=publicationFile (Zugriff am 11. 2. 2014).

Die wichtigsten Kennzahlen (und deren Verknüpfungen) für die Praxis

de. Die Zielsetzungen sind dieselben, der Weg dorthin erfolgt jedoch über Cashflow-Größen, die als weniger anfällig für Manipulationen – und daher auch mit weniger Aufwand für Adaptionen verbunden – erachtet werden. Ermittelt wird hier ein **Cash Value Added (CVA)**:

CVA = BCf – BIB x WACC

Im Vergleich zum EVA tritt anstelle des NOPaT der Bruttocashflow (BCf), anstelle des CE die Bruttoinvestitionsbasis (BIB). Ansonsten bleibt alles beim Alten. Leider gilt dies auch hinsichtlich der Vielzahl an verschiedenen Ermittlungsvorschlägen für diese Parameter, die sich im Kontext des CfRoI-Konzepts allerdings durch besondere Komplexität kennzeichnen. Vorgeschlagen werden sollen hier praktisch erprobte Lösungswege wie etwa:

    EAT
+/– außerordentliches Ergebnis
+   Finanzierungserfolg
+   Abschreibungen
+/– Veränderung langfristiger Rückstellungen
+/– Adaptionen
= **Bruttocashflow**

Diese Größe ist wieder sehr nahe dem Cashflow aus dem Ergebnis bzw. theoretischen Cashflow; als weitere Vereinfachung wird hier häufig auf das EBITDA (nach Steuern, also eigentlich EBIDA) anstelle des BCf abgestellt.

Die Ermittlung der BIB ist demgegenüber wie folgt vorzunehmen:

    Anlagevermögen
+   Umlaufvermögen
–   liquide Mittel
–   nichtverzinsliches Fremdkapital
+   kumulierte Abschreibungen auf das Anlagevermögen
+/– Adaptionen
= **Bruttoinvestitionsbasis**

Die kumulierten Abschreibungen lassen sich relativ leicht dem Anlagenspiegel entnehmen (siehe Kap. 3.7.). In seiner „ganzen Pracht" würde das Konzept darüber hinaus **weitere Anpassungen** erfordern; etwa müsste ein Inflationsgewinn beachtet und die Vermögensgegenstände müssten zu ihren Tageswerten bewertet werden. Das ist bzgl. des verbundenen Aufwands jedoch weder für interne noch für externe Bilanzanalysen eine realistische Option.

Seinem Namen verdankt das Konzept letztlich der Möglichkeit, auch hier mithilfe einer Value-Spread-Formel den CVA zu ermitteln – als Gegenstück zum RoCE tritt so der **CfRoI** als Kennzahl in Erscheinung:

CVA = (CfRoI – WACC) x BIB

Dieser lässt sich wiederum ableiten als

$$CfRoI = \frac{BCf - \text{ökonomische Abschreibung}}{BIB}$$

Die Ableitung der ökonomischen Abschreibung (d. h. einer Abschreibung, welche die Effekte aus der Kapitalveranlagung für die Refinanzierung der Investition mitberücksichtigt) erfordert weitere Rechenschritte, um diese in die obige Gleichung einsetzen zu können. Da dieses Konzept mit zu dem State-of-the-Art der wertorientierten Erfolgsmessung gehört, sollte es auch angesprochen werden. Gerade für die Zwecke einer Bilanzanalyse spielt der CfRoI als relative Kennzahl jedoch eine sehr geringe Rolle – man ist hier schon auf dem tiefsten Terrain des *„Value-based Management"*. Für „gewöhnliche" Bilanzanalysen reicht allenfalls ein CVA, bzw. wird man es viel häufiger mit den leichter handzuhabenden EVA und RoCE zu tun haben.

7.3.4.3. Multiplikatoren

Für den weiteren Einsatz wertorientierter Erfolgsmaßstäbe haben sich sog. Multiplikatoren einen hohen Stellenwert für die Praxis erworben. Während die zuvor behandelten Kennzahlen darauf abstellen, den Unternehmenswert für ein Analyseobjekt zu ermitteln bzw. zumindest den erzielten Erfolg des Unternehmens hinsichtlich seiner Auswirkungen auf den Unternehmenswert zu beurteilen, wird nun von einem bereits vorhandenen Unternehmenswert ausgegangen. Dieser wird anschließend von einem Analyseobjekt auf ein anderes übertragen, entweder

- um aus dem Vergleich auf mögliche Unter- oder Überbewertungen zu schließen, oder
- weil für das zweite Analyseobjekt kein eigener Unternehmenswert auf anderem Wege ermittelbar ist.

Multiplikatoren können somit sehr bereits als **Verfahren im Zuge von Unternehmensbewertungen** zum Einsatz kommen. Dabei ist zwischen zwei Arten von Unternehmenswerten zu unterscheiden:

- Unternehmenswert i. e. S.: der Marktwert des Eigenkapitals, auch Nettounternehmenswert.
- Unternehmenswert i. w. S.: der Marktwert des Eigen- und des (verzinslichen) Fremdkapitals, auch Bruttounternehmenswert.

Der Zusammenhang zwischen beiden stellt die Nettoverschuldung dar (siehe Kap. 7.2.2.1.):

Bruttounternehmenswert = Nettounternehmenswert + Nettoverschuldung

Bei Multiplikatoren, die mit Nettounternehmenswerten arbeiten, wird dieser in Bezug zu einer quantitativen Größe gesetzt. Der Nettounternehmenswert kann dabei aus eigens erstellen Bewertungsgutachten, aus Informationen betreffend Vergleichstransaktionen oder – im einfachsten und üblichsten Fall – auf Basis der Marktkapitalisierung eines börsennotierten Unternehmens ermittelt werden:

Marktkapitalisierung = Anzahl der Aktien im Umlauf x Kurs je Aktie

Zu den wichtigsten Multiplikatoren i. V. m. der Ermittlung des Nettounternehmenswerts zählen die folgenden:

$$\text{Kurs-Gewinn-Verhältnis} = \frac{\text{Nettounternehmenswert}}{\text{EAT}}$$

$$\text{Kurs-Buchwert-Verhältnis} = \frac{\text{Nettounternehmenswert}}{\text{Buchwert des Eigenkapitals}}$$

Die wichtigsten Kennzahlen (und deren Verknüpfungen) für die Praxis

Besonders bekannt ist diese Kennzahl auch unter dem englischen Begriff *„Market-to-Book-Ratio"*.

$$\text{Kurs-Cashflow-Verhältnis} = \frac{\text{Nettounternehmenswert}}{\text{Cashflow}}$$

Für die Ermittlung des Kurs-Cashflow-Verhältnisses kann entweder der Cashflow aus laufender Geschäftstätigkeit oder aber der Free Cashflow herangezogen werden. Wichtig ist, dass dieser jedenfalls nach gezahlten Zinsen und vor gezahlten Dividenden herangezogen wird.

Bei den Multiplikatoren für die Ermittlung des **Bruttounternehmenswerts** ist zunächst ebenso vom Nettounternehmenswert des Analyseobjekts auszugehen. Zu diesem ist anschließend die Nettoverschuldung zu addieren. Anschließend sind insb. die folgenden Multiplikatoren üblich:

$$\text{Umsatzmultiplikator} = \frac{\text{Bruttounternehmenswert}}{\text{Umsatzerlöse}}$$

$$\text{EBIT-Multiplikator} = \frac{\text{Bruttounternehmenswert}}{\text{EBIT}}$$

$$\text{EBITDA-Multiplikator} = \frac{\text{Bruttounternehmenswert}}{\text{EBITDA}}$$

Die Funktionsweise dieser Multiplikatoren illustriert das folgende Beispiel:

- *Beispiel*

  Unternehmen A ist börsenotiert und weist folgende Kennzahlen auf:
  – Marktkapitalisierung: 1.000;
  – Nettoverschuldung: 500;
  – EAT: 200;
  – EBIT: 50.

  Auf Grundlage der Kennzahlen für A sollen zwei Multiplikatoren für das nicht-börsenotierte Unternehmen B ermittelt werden, um dessen Unternehmenswert abzuleiten. B weist dabei folgende Kennzahlen aus:
  – Nettoverschuldung: 200;
  – EAT: 100;
  – EBIT: 30.

  1. Ermittlung von Multiplikatoren für das Unternehmen A
  – Kurs-Gewinn-Verhältnis: 1.000 : 200 = 5.
  – EBIT-Multiplikator: (1.000 + 500) : 50 = 30.

  2. Übertragung der ermittelten Multiplikatoren auf das Unternehmen B
  2.1. Kurs-Gewinn-Verhältnis
  – Nettounternehmenswert = 100 x 5 = 500.

  2.2. EBIT-Multiplikator
  – Bruttounternehmenswert = 30 x 30 = 900;
  – Nettounternehmenswert = 900 – 200 = 700.

  Beide Multiplikatoren führen zu unterschiedlichen Nettounternehmenswerten, d. h., sie geben allenfalls einen Korridor an, in dem sich der Nettounternehmenswert bewegen kann. Dies kann etwa zur Preisfindung im Rahmen von Unternehmenstransaktionen Hilfestellungen geben.

  Wäre Unternehmen B demgegenüber ebenso ein börsenotiertes Unternehmen, könnte man seine Marktkapitalisierung mit dem Ergebnis der Multiplikatoren vergleichen:
  – Liegt die Marktkapitalisierung über diesem Korridor, wäre es ein Hinweis, dass B entweder überbewertet wird oder aber z. B. mit besseren Zukunftserwartungen als A aufweisen kann.
  – Umgekehrt kann eine Marktkapitalisierung unter diesem Korridor ein gegenteiliges, mitunter negatives Signal darstellen.

Einschränkend ist nochmals zu betonen, dass solche Multiplikatoren sehr stark vereinfachend arbeiten und damit eine „richtige" Unternehmensbewertung nicht ersetzen können; zur Plausibilisierung der Ergebnisse werden sie aber sehr wohl regelmäßig eingesetzt. Wichtig ist dabei, eine adäquate Peer Group zu finden und auf Basis einer breiten Datengrundlage fundierte Multiplikatoren abzuleiten.

Abschließend sei darauf hingewiesen, dass der Bilanzanalyst (bzw. angehende Unternehmensbewerter) nicht notwendigerweise die rechnerische Ermittlung von solchen Multiplikatoren durchzuführen hat. Auch hier gibt es eine Reihe von Anbietern, die bereits vorgefertigte Angebote offerieren (siehe Kap. 4.1.4.).

Eine eigenständige Bedeutung kommt darüber hinaus insb. dem **Kurs-Gewinn-Verhältnis** zu. Diese Kennzahl wird regelmäßig von Investoren als eine zentrale herangezogen, um das Risiko ihres Investments zu beurteilen, und zwar ähnlich einer Amortisationsrechnung, die auf Grundlage der obigen Formel leicht abzuleiten ist (siehe Kap. 7.4.5.).

7.4. Kennzahlen für weitere Analysezwecke
7.4.1. URG-Kennzahlen und Insolvenztatbestände der Insolvenzordnung

Im **Unternehmensreorganisationsgesetz** (URG) finden sich Bestimmungen zu einem verpflichtenden Insolvenzfrüherkennungs- und -warnsystem. Für Kapitalgesellschaften, aber auch für andere juristische Personen, die einer Abschlussprüfungspflicht unterliegen, hat der Abschlussprüfer zwei Kennzahlen zu ermitteln: die Eigenkapitalquote und die fiktive Schuldentilgungsdauer. Liegen beide über den im Gesetz vorgegebenen Grenzwerten, so hat die Unternehmensleitung eine Reorganisation einzuleiten. Andernfalls drohen ihr Haftungsfolgen, sollte später eine Insolvenz eröffnet werden. Die hierfür maßgeblichen Bestimmungen finden sich in § 22 URG: *„Wird über das Vermögen einer prüfpflichtigen juristischen Person, die ein Unternehmen betreibt, ein Insolvenzverfahren eröffnet, so haften die Mitglieder des vertretungsbefugten Organs gegenüber der juristischen Person zur ungeteilten Hand, [...] wenn sie innerhalb der letzten zwei Jahre vor dem Antrag auf Eröffnung eines Insolvenzverfahrens einen Bericht des Abschlußprüfers erhalten haben, wonach die Eigenmittelquote (§ 23) weniger als 8 % und die fiktive Schuldentilgungsdauer (§ 24) mehr als 15 Jahre beträgt (Vermutung des Reorganisationsbedarfs), und nicht unverzüglich ein Reorganisationsverfahren beantragt oder nicht gehörig fortgesetzt haben [...]."*

Besonders zu betonen ist dabei, dass die zu ermittelnden Kennzahlen nicht nur genannt, sondern auch hinsichtlich der **genauen Berechnungsweise** ausgeführt werden. Dies ist notwendig, um hier eine verbindliche, einheitliche Grundlage zu schaffen. Die grds. Freiheit, die bei der Ermittlungsweise von Kennzahlen steht, könnte hier ansonsten relativ weit (i. S. einer Vermeidung einer Überschreitung der gesetzlichen Grenzwerte) und insb. von unterschiedlichen Unternehmen auch stark abweichend ausgelegt werden; in Anbetracht der weitreichenden rechtlichen Folgen, die an die Kennzahlen knüpfen, wäre dies natürlich besonders problematisch.

Die vom URG vorgegebenen Kennzahlendefinitionen sind die folgenden:

$$\text{Eigenkapitalquote} = \frac{\text{Eigenkapital + unversteuerte Rücklagen}}{\text{Gesamtkapital - von Vorräten absetzbare Anzahlungen}} \geq 8\,\%$$

$$\text{Fiktive Schuldentilgungsdauer} = \frac{\text{korrigierte Schulden}}{\text{Mittelüberschuss aus der laufenden Geschäftstätigkeit}} \leq 15$$

Die wichtigsten Kennzahlen (und deren Verknüpfungen) für die Praxis

Hinsichtlich der Bestandteile für die Ermittlung der Eigenkapitalquote ist auf die entsprechenden Posten der UGB-Bilanzgliederung zurückzugreifen – hier besteht wenig Auslegungsspielraum. Für die Ermittlung von Zähler und Nenner der fiktiven Schuldentilgungsdauer i. S. d. URG sieht § 24 Abs. 2 URG demgegenüber weitere präzise Vorgaben vor. So ist der Nenner (**Mittelüberschuss aus der laufenden Geschäftstätigkeit**) nach folgendem Schema zu bestimmen:

	Ergebnis der gewöhnlichen Geschäftstätigkeit
–	auf die gewöhnliche Geschäftstätigkeit entfallende Steuern vom Einkommen
+	Abschreibungen auf das Anlagevermögen
–	Zuschreibungen zum Anlagevermögen
+/–	Verluste bzw. Gewinne aus dem Abgang von Anlagevermögen
+/–	Veränderung langfristiger Rückstellungen
=	**Mittelüberschuss aus der laufenden Geschäftstätigkeit**

Für die Ermittlung der **korrigierten Schulden** finden sich in § 24 Abs. 1 URG die korrespondierenden Vorgaben:

	Verbindlichkeiten (§ 224 Abs. 3 D UGB)
+	Rückstellungen (§ 224 Abs. 3 C UGB)
–	Kassenbestand, Schecks, Guthaben bei Kreditinstituten (§ 224 Abs. 2 B IV UGB)
–	sonstige Wertpapiere und Anteile (des Umlaufvermögens) (§ 224 Abs. 2 B III Z 2 UGB)
–	von Vorräten absetzbare Anzahlungen (§ 225 Abs. 6 UGB)
=	**korrigierte Schulden**

Eigentlich stellen diese URG-Kennzahlen bereits ein sehr einfaches, rechtlich normiertes Kennzahlensystem dar (siehe Kap. 7.6.). Für Analysezwecke kommt diesem allerdings – abgesehen von der dargestellten Verpflichtung, die insb. den Abschlussprüfer zur Ermittlung im Rahmen der Prüfungshandlungen adressiert – vergleichsweise wenig Bedeutung zu. Einerseits kann es vor dem Hintergrund konkreterer Analysezwecke sehr wohl sinnvoll sein, eigene Definitionen für diese Kennzahlen anzuwenden. Andererseits lässt das Schema, auf das im URG abgestellt wird, keine Aufbereitungsmaßnahmen zu (d. h., die Finanzberichte sind so zu analysieren, wie sie aufgestellt wurden). Letztlich – und das wird leider häufig übersehen – finden die dargestellten Kennzahlen einzig auf Jahresabschlüsse nach dem UGB Anwendung: Schließlich wird auf juristische Personen abgestellt; Konzerne sind demgegenüber „nur" wirtschaftliche Einheiten (siehe Kap. 2.5.). Es ist also völlig ohne Konsequenzen i. S. d. URG, wie in einem Konzernabschluss diese beiden Kennzahlen ausfallen. Selbiges gilt damit natürlich auch für IFRS-(Konzern-)Abschlüsse; eine Übertragung ist somit in beiden Fällen sinnlos bzw. im Fall der IFRS auch nicht möglich (da die erforderlichen Posten aus Bilanz und GuV in dieser Form gar nicht vorliegen werden).

In der **Insolvenzordnung** (IO) werden demgegenüber die Tatbestände geregelt, bei deren Vorliegen eine Insolvenz zu eröffnen ist. Diesfalls ist das Unternehmen bereits einen Schritt weiter als nur am Abgrund. Dazu §§ 66 und 67 IO: Insolvenztatbestände sind insb. die Zahlungsunfähigkeit (d. h. die Unmöglichkeit, ausstehende Schulden zu begleichen, da ausreichende liquide Mittel fehlen) und/oder rechnerische Überschuldung (d. h. das Vorliegen eines „negativen Eigenkapitals").

Auf die Bedeutung des Tatbestands der Zahlungsunfähigkeit (Illiquidität) wurde bereits hinlänglich hingewiesen – so wie auch darauf, dass er der für die Praxis relevantere von beiden in der IO angeführten Tatbeständen ist (siehe Kap. 2.1.). Ob negatives Eigenkapital vorliegt, ist zunächst dem UGB-Jahresabschluss zu entnehmen (wieder ohne Aufbereitungsmaßnahmen). Nach § 67 Abs. 3 IO brauchen jedoch in der Bilanz ausgewiesene Verbindlichkeiten dann nicht berücksichtigt zu werden, *"wenn der Gläubiger erklärt, dass er Befriedigung erst nach Beseitigung eines negativen Eigenkapitals (§ 225 Abs. 1 [UGB]) oder im Fall der Liquidation nach Befriedigung aller Gläubiger begehrt und dass wegen dieser Verbindlichkeiten kein Insolvenzverfahren eröffnet zu werden braucht"*. Liegt ein negatives Eigenkapital vor, so ist zunächst zu untersuchen, ob stille Reserven im Unternehmen vorhanden sind, die dieses negative Eigenkapital kompensieren. Andernfalls ist eine Fortführungsprognose zu erstellen. Wenn diese positiv ausfällt und mit der Beseitigung der bilanzmäßigen Überschuldung durch zukünftige Gewinne zu rechnen ist, ist kein Insolvenzverfahren zu eröffnen.

7.4.2. Kennzahlen zur Einschätzung der Bilanzpolitik

Bereits angesprochen wurde die Wichtigkeit, sich in den früheren Schritten des Bilanzanalyseprozesses mit den möglichen Verzerrungen in den vorgefundenen Finanzberichten auseinanderzusetzen. Hier spielen mögliche bilanzpolitische Gestaltungen durch die Ersteller dieser Berichte eine ganz wesentliche Rolle. Durch den Einsatz von Kennzahlen können auch zumindest gewisse Rückschlüsse gewonnen werden (siehe Kap. 6.2.3.).

Aufgrund des bereits angesprochenen pagatorischen Prinzips müss(t)en sich ja langfristig tatsächliche Zahlungen (Cashflows) und buchhalterische Aufwendungen und Erträge decken (siehe Kap. 6.2.2.). Cashflows haben jedoch gerade aus Sicht des externen Bilanzanalysten den Vorteil, dass sie vergleichsweise wenig durch bilanzpolitische Gestaltungsmöglichkeiten beeinflussbar sind. Somit bietet es sich an, die stärker beeinflussbaren Aufwendungen und Erträge – und damit den Gewinn lt. GuV – diesen Cashflows gegenüberzustellen; je stärker sie auseinandergehen, umso stärker wirken sich Bilanzierungs- und Bewertungsmethoden auf die Darstellung des wirtschaftlichen Erfolges in der GuV aus, die mitunter zielgerecht ausgenützt wurden.

Eine erste wichtige Kennzahl ist daher die sog. **Gewinnqualität**:

$$\text{Gewinnqualität} = \frac{\text{Cashflow aus laufender Geschäftstätigkeit}}{\text{Gewinn}}$$

Für den Gewinn sind in **UGB-Finanzberichten** verschiedene Größen aus der GuV sinnvoll einzusetzen, in Abhängigkeit davon, was genau im Cashflow aus laufender Geschäftstätigkeit enthalten ist:

- Sind z. B. Steuerzahlungen enthalten, sollte auch der Gewinn eine Größe nach Steuern sein; hier bietet sich insb. der Jahresüberschuss an.
- Diesfalls ist aber auch sicherzustellen, dass der Cashflow aus laufender Geschäftstätigkeit die Zinseinzahlungen und Zinsauszahlungen sowie die erhaltenen, nicht aber die gezahlten Dividenden enthält.
- Ein Cashflow aus laufender Geschäftstätigkeit, der weder Steuerzahlungen noch Zins- oder Dividendenzahlungen enthält, wäre demgegenüber besser mit dem Betriebserfolg aus der GuV in Bezug zu setzen.
- Als ein „Mittelweg" kann bei entsprechender Ausgestaltung des Cashflows auch das EBIT herangezogen werden. Dies erfordert wohl i. d. R. ein Ausblenden der Steuer- und Zinsauszahlungen, dafür aber eine Berücksichtigung der Zinseinzahlungen sowie der erhaltenen Dividenden. Diese Lösung scheint auch zu präferieren zu sein, da sie einerseits eine sehr weitgehende Abbildung der für bilanzpolitische Maßnahmen besonders „interessanten" Posten erlaubt, andererseits aber diesfalls nicht vermeidbare Verzerrungen, etwa i. V. m. latenten Steuern oder der Abzinsung von Passivposten, ausblendet.

Die wichtigsten Kennzahlen (und deren Verknüpfungen) für die Praxis

Selbige Logik gilt grds. auch für **IFRS-Finanzberichte**. Hier wird es i. d. R. ratsam sein, das sonstige Gesamtergebnis nicht im Nenner zu berücksichtigen und sich also der IFRS-GuV zu bedienen. Dies entspricht der Art und Weise, wie IFRS-Geldflussrechnungen derivativ aufgestellt werden (siehe Kap. 3.4.). Gerade aufgrund der zahlreichen Möglichkeiten, zum Fair Value zu bewerten (mit entsprechenden GuV-Auswirkungen), muss davon ausgegangen werden, dass IFRS-Abschlüsse eine tendenziell niedrigere bzw. volatilere Ausprägung der Kennzahl Gewinnqualität aufweisen werden, d. h., dass hier Zähler und Nenner i. d. R. weiter auseinanderfallen. Ohne größeres Unternehmenswachstum sollten sich diese Effekte aber im Zeitablauf zumindest tlw. aufheben (wobei gerade hier das Problem i. V. m. Fehlerkorrekturen zu beachten ist; siehe Kap. 4.1.3.).

Als eine weitere Kennzahl, die eigentlich eine Engerfassung der Gewinnqualität darstellt, kommt die sog. **Umsatzqualität** in Betracht:

$$\text{Umsatzqualität} = \frac{\text{Umsatzeinzahlungen}}{\text{Umsatzerlöse}}$$

Während die Umsatzerlöse einfach der GuV zu entnehmen sind, können die **Umsatzeinzahlungen** nur einer Geldflussrechnung entnommen werden, die nach der direkten Methode dargestellt wird. Dies ist allerdings die absolute Ausnahme (siehe Kap. 3.4.). Der Bilanzanalyst kann sich hier nur mit einer Näherungsrechnung weiterhelfen, die vom österreichischen Fachgutachten zur Aufstellung der Geldflussrechnung, KFS/BW2, vorgeschlagen wird:

	Umsatzerlöse
−	Abschreibungen und Wertberichtigungen auf Forderungen aus Lieferungen und Leistungen
−	unübliche Abschreibungen auf Lieferungen und Leistungen
−	Erhöhung der Forderungen aus Lieferungen und Leistungen (Bilanz)
+	Reduktion der Forderungen aus Lieferungen und Leistungen (Bilanz)
−	Erhöhung erhaltener Anzahlungen auf Bestellungen (Bilanz)
+	Reduktion erhaltener Anzahlungen auf Bestellungen (Bilanz)
=	**Umsatzeinzahlungen**

Darüber hinaus wären weiterhin Anpassungen aufgrund der Auflösung von Rückstellungen, die Veränderung der sonstigen Rückstellungen sowie der passiven Rechnungsabgrenzungsposten (beide in der Bilanz) zu berücksichtigen, sofern diese in Bezug zu den Umsatzerlösen des Analyseobjekts stehen. Gerade dem externen Bilanzanalysten wird aber der hierfür notwendige Einblick fehlen, um diese Beurteilung vornehmen zu können.

Für **UGB-Konzernabschlüsse** ist zu beachten, dass gerade die Effekte aus der Währungsumrechnung zu Verzerrungen führen werden, die sich von einem externen Bilanzanalysten nicht mehr verlässlich kompensieren lassen; aber auch ein interner Bilanzanalyst wird hier an seine Grenzen stoßen. Für **IFRS-Finanzberichte** ist das Gesagte gleichsam vollumfänglich zu übertragen; insb. ist aber auch auf die Bereinigung der Umsatzerlöse aufgrund der Forderungen bzw. Verbindlichkeiten aus Langfristfertigung bedacht zu nehmen (siehe Kap. 2.6.2.). Darüber hinaus ist nochmals auf das schon erwähnte Problem hinzuweisen, dass Umsatzerlöse nach den IFRS generell schlechter als Cashflow-Schätzer geeignet sind (siehe Kap. 7.2.3.2.).

Letztlich bietet sich noch die Nutzung der **Market-to-Book-Ratio** für die hier behandelten Zwecke an (siehe Kap. 7.3.4.3.). Eine hohe Ausprägung des ermittelten Werts kann so insb. auf das Vorliegen umfassender stiller Reserven im Analyseobjekt hinweisen.

Dies kann zumindest zum Teil mit der gewählten Bilanzierungspolitik des Unternehmens in Verbindung stehen und hier auf eine eher vorsichtsorientierte bzw. gewinnminimierende Vorgehensweise deuten.

7.4.3. Kennzahlen im Rahmen der Wertschöpfungsrechnung

Seit langer Zeit bereits diskutiert und insb. bei großen Unternehmen bzw. Unternehmen mit öffentlichem Auftrag sehr beliebt ist die Idee der **Wertschöpfungsrechnung**. Sie sollen den in einem Geschäftsjahr erwirtschafteten Wertzuwachs i. S. eines Beitrags des Unternehmens zum Sozialprodukt des jeweiligen Landes abbilden. Das ist konkret die Differenz zwischen der Gesamtleistung eines Unternehmens und dem Wert der hierfür von diesem bezogenen Vorleistungen (die wiederum auf der Wertschöpfung von Unternehmen auf vorgelagerten Stufen der Wertschöpfungskette basieren). Nach dessen Ermittlung erfolgt weiterhin eine Darstellung der Verteilung dieses Beitrags an die verschiedenen Anspruchsgruppen eines Unternehmens. Es lassen sich somit mehrere, stark volkswirtschaftlich bzw. gesellschaftlich orientierte Kennzahlen ableiten. Die hierfür benötigten Zahlen werden allesamt aus Finanzberichten ermittelt; Abbildung 31 illustriert die Vorgehensweise im Rahmen solcher Rechnungen:

Entstehungsrechnung	Verteilungsrechnung
Umsatzerlöse	Verteilung an Aktionäre (auszuschüttende Dividende, d. h. der Bilanzgewinn)
+/− Bestandsveränderungen unfertiger und fertiger Erzeugnisse bzw. noch nicht abrechenbarer Leistungen	
+ aktivierte Eigenleistungen	+ Verteilung an Mitarbeiter (Löhne, Gehälter, Sozialaufwand)
+ sonstige betriebliche Erträge	+ Verteilung an Staat (Steuern, Abgaben)
= **Gesamtleistung**	+ Verteilung an Kreditgeber (Zinsaufwand)
− Aufwendungen für Material und sonstige bezogene Herstellungsleistungen	+ Verteilung an (das eigene) Unternehmen (Dotierung Rücklagen)
− Abschreibungen	
− sonstige betriebliche Aufwendungen	
+/− Erfolg aus Finanzinvestitionen	
= **Wertschöpfung**	= **Wertschöpfung**

Abbildung 31: Grundstruktur einer Wertschöpfungsrechnung

Die Überleitung kann verhältnismäßig einfach auf Grundlage einer UGB-GuV nach dem Gesamtkostenverfahren erfolgen. Bei einer GuV nach dem Umsatzkostenverfahren wird eine Überleitung i. d. R. ebenso möglich sein (siehe Kap. 3.3.1.). Probleme kann dem externen Bilanzanalysten allenfalls das Herauslösen diverser Abgaben bereiten, die in den sonstigen betrieblichen Aufwendungen untergebracht sind, in der Entstehungsrechnung aber eigentlich auszuklammern bzw. in der Verteilungsrechnung dem Staat zuzuweisen sind. Vergütungen, die Mitgliedern des Aufsichtsrats oder installierten Beiräten ausgezahlt wurden, wären herauszurechnen und ggf. der Verteilung an Mitarbeitern zuzurechnen. Außerdem müsste auch ein ggf. ausgewiesenes außerordentliches Ergebnis entsprechend aufgeteilt werden.

Die Umsetzbarkeit in IFRS-Finanzberichten wird sich demgegenüber in Abhängigkeit davon gestalten, welche Rückschlüsse die gewählte Gliederung der GuV ermöglicht. I. d. R. sollte aber unter Hinzuziehung der Eigenkapitalveränderungsrechnung ebenso die Aufstellung einer Wertschöpfungsrechnung für interne wie für externe Bilanzanalysten auf Basis der Finanzberichterstattung möglich sein.

Die wichtigsten Kennzahlen (und deren Verknüpfungen) für die Praxis

Unterschieden wird gelegentlich zwischen einer **Bruttowertschöpfung** und einer **Nettowertschöpfung**. Diese Unterscheidung ist allerdings nur im Rahmen der Entstehungsrechnung relevant; für die Ermittlung der Bruttowertschöpfung werden Abschreibungen noch nicht abgezogen, sondern sind erst die Überleitung zwischen Brutto- und Nettowertschöpfung. Dies soll anhand der Abbildung 32 zur Wertschöpfungsrechnung dargestellt werden:

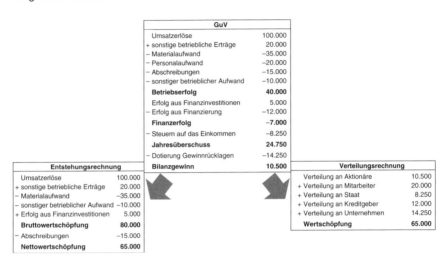

Abbildung 32: Beispiel für eine Wertschöpfungsrechnung

Wertschöpfungsrechnungen sind somit stark von CSR-Überlegungen getrieben und finden in der Praxis etwa in Sozialbilanzen oder Nachhaltigkeitsberichten bzw. -teilen von Finanzberichten Verbreitung (siehe Kap. 3.8.). Sie lassen sich darüber hinaus auch zu (z. B. lageberichttauglichen) **relativen Kennzahlen** weiterentwickeln. Als üblich zu nennen sind hier:

$$\text{Arbeitsproduktivität} = \frac{\text{Wertschöpfung}}{\varnothing \text{ Mitarbeiterzahl}}$$

Hier bietet sich insb. eine Bewertung der Mitarbeiterzahl in VBÄ – oder aber auch gleich in geleisteten Mitarbeiterstunden (besonders für Dienstleistungsunternehmen) – an. Weitere Kennzahlen in diesem Sinne (wobei der Kreativität wiederum keine Grenzen gesetzt sind):

$$\text{Personalkostenproduktivität} = \frac{\text{Wertschöpfung}}{\text{Personalaufwand}}$$

$$\text{Kapitalproduktivität} = \frac{\text{Wertschöpfung}}{\varnothing \text{ Gesamtkapital}}$$

$$\text{Wertschöpfungsquote} = \frac{\text{Wertschöpfung}}{\text{Umsatz bzw. Gesamtleistung}}$$

Potenzial bietet sich insb. i. V. m. der Verknüpfung der Wertschöpfung mit nicht-finanziellen Größen. Für einen Filialbetrieb könnte etwa die Wertschöpfung je Filiale interessant sein: Reduziert er die Wertschöpfung auf jene Teile, die an Mitarbeiter und Staat verteilt werden, kann die Kennzahl z. B. für Verhandlungen über neue Standorte mit Vertretern der Lokalpolitik herangezogen werden.

7.4.4. Kennzahlen zur Darstellung des Leverage-Effekts

Der **Leverage-Effekt** (*„Hebeleffekt"* bzw. *„Hebelwirkung"*) gehört zu den zentralen Begrifflichkeiten der BWL, insb. im Hinblick auf Fragen der Investitions- und Finanzierungspolitik. Gemeint ist die (Hebel-)Wirkung, welche die Kapitalstruktur eines Unternehmens auf die von diesem erwirtschaftete Eigenkapitalrentabilität hat. Neben dem Aufzeigen von Zusammenhängen können so auch Überlegungen hinsichtlich einer optimalen Kapitalstruktur angestellt werden.

Aus Sicht der Bilanzanalyse wird hierdurch letztlich die zentrale Abwägung zwischen finanzieller Stabilität (abgebildet über dessen Verschuldungsgrad) und wirtschaftlichem Erfolg (abgebildet über dessen Eigenkapitalrentabilität) eines Unternehmens konkret abbildbar. Die nachstehende Gleichung veranschaulicht den Zusammenhang zwischen Eigenkapitalrentabilität (EKR) und Gesamtkapitalrentabilität (GKR) sowie dem Zinssatz für das Fremdkapital (FKZ). Eigentlich handelt es sich auch dabei bereits um ein einfaches Kennzahlensystem (siehe Kap. 7.6.); in der Literatur wird es aber durchgehend nicht als solches geführt, vermutlich da es eher Zusammenhänge aufzeigt denn für die Ableitung (umfassenderer) Maßnahmen ausgerichtet ist.

$$EKR = GKR + (GKR - FKZ) \times \frac{\varnothing FK}{\varnothing EK}$$

Die Eigenkapitalrentabilität steht hier als zentrale Kennzahlen für die Eigenkapitalgeber im Fokus. D. h., die obige Analyse ist insb. für diese Adressatengruppe von besonderer Bedeutung. Die Höhe der Eigenkapitalrentabilität wird dabei über **drei Teilkomponenten** erklärt:

- **Höhe der Gesamtkapitalrentabilität:** Diese berücksichtigt bekanntermaßen keine Finanzierungseffekte (siehe Kap. 7.3.3.).
- **Differenz zwischen Gesamtkapitalrentabilität und Fremdkapitalzinssatz (GKR – FKZ):** Solange mit dem investierten Gesamtkapital mehr erwirtschaftet wird, als die Höhe der Fremdkapitalzinsen beträgt, wird hier ein positiver Wert resultieren – und umgekehrt.
- **Verschuldungsgrad:** Da dieser in Form einer Multiplikation mit der vorhergehenden Teilkomponente verbunden ist, bedeutet dies, dass der zuvor beschriebene Effekt umso stärker ausfällt, je höher der Verschuldungsgrad ist. Wichtig ist dabei allerdings, dass die dargestellte Formel einzig auf das Verhältnis des **verzinslichen Fremdkapitals** zum Eigenkapital abstellt – ein unwesentlicher Anteil an unverzinslichem Fremdkapital kann zumeist vernachlässigt werden, liegt allerdings solches in wesentlichem Umfange vor, muss sowohl für den Verschuldungsgrad als auch bereits im Nenner bei der Ermittlung der Gesamtkapitalrentabilität dieses unverzinsliche Fremdkapital ausgeschieden werden.

Kurz zusammengefasst sagt der Leverage-Effekt somit Folgendes aus: Solange die Gesamtkapitalrentabilität über den Fremdkapitalkosten liegt, erhöht sich die Eigenkapitalrentabilität, je höher der Verschuldungsgrad ist. Oder: Je weniger Eigenkapital im Unternehmen investiert ist, umso höher ist dessen Verzinsung. Dies gilt aber nur, solange GKR > FKZ in obiger Formel.

Sobald allerdings GKR < FKZ, spricht man vom **„umgekehrten Leverage-Effekt"**, da sich diesfalls die geschilderten Effekte „umkehren": Je weniger Eigenkapital im Unternehmen investiert ist, desto geringer wird dann dessen Verzinsung.

Die wichtigsten Kennzahlen (und deren Verknüpfungen) für die Praxis

Abbildung 33 illustriert beide Ausprägungen des Leverage-Effekts:

	Leverage-Effekt	umgekehrter Leverage-Effekt
GKR	5 %	
FKZ	3 %	6 %
FK/EK		
Variante 1	100 %	
Variante 2	200 %	
EKR		
Variante 1	7 % ⬆	4 % ⬇
Variante 2	9 %	3 %

Abbildung 33: Beispiele für den Leverage-Effekt

Alle benötigten Komponenten für die Aufstellung dieser Formel lassen sich im Rahmen einer Bilanzanalyse erschließen. Die Formeln für die Ermittlung der Eigen- und Gesamtkapitalrentabilität sowie des Verschuldungsgrades wurden bereits dargestellt (siehe Kap. 7.2.2. und 7.3.3.). Die **Höhe der Fremdkapitalzinsen** lässt sich demgegenüber auf zweierlei Weise ermitteln:

- Indirekt über Einsetzen aller bekannten Parameter für das analysierte Geschäftsjahr in der angeführten Formel und deren Auflösung nach „FKZ".
- Direkt über die im folgenden Kap. 7.4.5. vorgeschlagene Vorgehensweise.

Zu bedenken ist, dass beide Vorgehensweisen vergangenheitsorientiert sind. Steht demgegenüber eine zukunftsorientierte Entscheidung an (dazu gleich mehr), kann es geboten sein, das Niveau der Fremdkapitalkosten für neu aufzunehmendes Fremdkapital in der Betrachtung zu berücksichtigen, insb. wenn sich dieses wesentlich von dem Niveau der Vergangenheit unterscheidet.

Da hier die Höhe der Eigenkapitalrentabilität und deren Optimierung interessiert, kann anschließend simuliert werden, wie sich verschiedene Maßnahmen auf diese auswirken. Beispiele für konkrete Überlegungen, die der Bilanzanalyst tätigen kann, umfassen etwa:

- Was bringt es, die Wirtschaftlichkeit der Leistungserbringung (wirkt sich auf die Gesamtkapitalrentabilität aus) weiter zu optimieren?
- Welche Konsequenzen hat eine Steigerung oder Reduktion der Fremdkapitalkosten – sei es aufgrund des Verhandlungsgeschicks des Unternehmens oder aufgrund von allgemeinen Entwicklungen des Zinsniveaus?
- Inwieweit kann oder soll die Kapitalstruktur eines Unternehmens verändert werden?

Die hier vorgestellte Formel für die Darstellung des Leverage-Effekts veranschaulicht dabei aber auch jenes „Grundproblem", auf das schon mehrmals eingegangen wurde und das hier für jede Analyse zum Tragen kommt: Man sieht unmittelbar, dass wirtschaftlicher Erfolg (Eigenkapitalrentabilität) und finanzielle Stabilität (Verschuldungsgrad) in einem Spannungsverhältnis stehen:

- Soll die Eigenkapitalrentabilität erhöht werden, geht dies zulasten der finanziellen Stabilität. Eigenkapital ist schließlich ein *„Risikopuffer"*. Je weniger im Unternehmen vorhanden ist, umso größer ist die Gefahr, dass ein unerwartetes negatives Ereignis für dieses zum existenziellen Problem wird.

- Umgekehrt: Je stabiler das Unternehmen in dieser Hinsicht aufgestellt ist, umso größer die Gefahr, dass es eine im Vergleich zu den Mitbewerbern zu geringe Rendite für seine Eigenkapitalgeber abwirft.

Einen **optimalen Verschuldungsgrad**, wie er in der Literatur häufig diskutiert wird, gibt es daher nicht. Die Frage, die jeder Analyse zugrunde liegen muss, ist also wieder: Was will man eigentlich? Wie viel Risiko ist man bereit zu tragen? Je mehr Risiko, desto höhere Renditen – und umgekehrt. Dies erfordert insb. wieder eine Orientierung an den entsprechenden Bedürfnissen der Adressaten und eine transparente Offenlegung der getroffenen Annahmen sowie deren Konsequenzen.

Dabei lassen sich natürlich gewisse **Trends** beobachten: Vor den Ereignissen der sog. Finanzkrise war es eher angesagt, die Eigenkapitalrentabilität möglichst hoch zu halten und dafür den Verschuldungsgrad ebenso zu erhöhen. Dies wurde sogar als Zielsetzung von Unternehmen ausgegeben, es gab tlw. einen Wettbewerb zwischen Unternehmen um die geringste Eigenkapitalquote. Manche dieser Unternehmen haben dafür aber einen entsprechenden Preis in den Krisenjahren gezahlt, sodass heute das Pendel wieder stärker in Richtung einer Ausgewogenheit bzw. eines Bedeutungsgewinns des Aspekts der finanziellen Stabilität ausschlägt.

Bei all diesen Überlegungen sind weiterhin **zwei grundlegende Grenzen** zu beachten, wie weit der Verschuldungsgrad eines Unternehmens überhaupt zu gestalten ist:[20]

- **Relative Grenze:** Ein steigender Verschuldungsgrad erhöht das Ausfallsrisiko eines Unternehmens, was sich wiederum auf die Höhe der Fremdkapitalkosten auswirkt; die Fremdkapitalgeber wollen ein höheres übernommenes Risiko schließlich ebenso entgolten haben. Es wird somit jedenfalls der Punkt kommen (wenngleich dieser für jedes Unternehmen an einer anderen Stelle liegt), an dem GKR – FKZ = 0. Ab diesem würde eine weitere Erhöhung keinen Sinn mehr machen, da andernfalls bereits ein negativer Leverage-Effekt eintritt. Außerdem erhöht sich natürlich auch das Risiko der Eigenkapitalgeber, die somit ebenso für bereits eine höhere Eigenkapitalrentabilität einfordern. Es stellt sich so die berechtigte Frage, ob damit nicht nur ein Nullsummenspiel die Folge eines *„Drehens an der Leverage-Schraube"* ist – auf Kosten eines tatsächlich höheren Risikos für das Unternehmen.

- **Absolute Grenze:** Irgendwann wird der Punkt erreicht sein, an dem das Unternehmen über eine dermaßen riskante Finanzierungsstruktur verfügt, dass es ihm gar nicht mehr möglich sein wird, Mittel von einer Bank oder anderen Fremdkapitalgebern zu erlangen. Bzw. könnte es sogar so weit kommen, dass bereits gewährte Kredite rückgefordert werden, was dann aber i. d. R. das mehr oder weniger schnelle Ende des betroffenen Unternehmens bedeutet.

Ratsam ist es daher wohl eher, zunächst die Gesamtkapitalrentabilität zu optimieren – das mag zwar mitunter wesentlich schwerer sein, verspricht aber einen mindestens genauso großen Nutzen (wenn nicht einen noch größeren), der nicht um den zuvor dargestellten Preis erkauft werden muss. Letztlich investieren ja Eigenkapitalgeber auch in Unternehmen, damit diese mit ihren Produkten und Dienstleistungen überzeugende Renditen erwirtschaften – und nicht, damit diese als Finanzarchitekten reüssieren (was aber natürlich nicht ausschließen soll, dass hier in gewissen Grenzen Gestaltungen sinnvoll sein können; wie so oft im Leben handelt es sich also auch hier um eine Frage des Maßes).

Worauf abschließend noch hinzuweisen wäre (selbst wenn es etwas pedantisch erscheinen mag): So wie das EBIT die vielleicht am häufigsten falsch ermittelte Kennzahl

---

[20] Siehe dazu auch *Egger/Samer/Bertl*, Der Jahresabschluss nach dem Unternehmensgesetzbuch, Band 1: Der Einzelabschluss[13] (2010) 621 f.

Die wichtigsten Kennzahlen (und deren Verknüpfungen) für die Praxis

der BWL ist, ist der Leverage-Effekt der – zumindest im deutschsprachigen Raum – die am häufigsten falsch ausgesprochene Kennzahl. Die korrekte Aussprache ist in phonetischer Schreibweise: liːvəɹɪdʒ. Der springende Punkt dabei: Die erste Silbe ist im Englischen als „Li", nicht als „Lä" auszusprechen.

7.4.5. Weitere Kennzahlen

Die Liste an weiteren möglichen Kennzahlen ist natürlich lang – manche davon mögen sinnvoller sein, manche weniger. Die folgende Darstellung berücksichtigt insb. solche, die im Zusammenhang mit den zuvor dargestellten Kennzahlen wertvolle Dienste erweisen können (indem sie etwa benötigte Input-Parameter bereitstellen).

Für den zuvor dargestellten Leverage-Effekt und dessen Abbildung muss der Bilanzanalyst die Höhe der Fremdkapitalkosten kennen. Diese kann er direkt aus den analysierten Finanzberichten ablesen, die hierfür zu ermittelnde Kennzahl wird zumeist **„Fremdkapitalzinslast"** genannt:

$$\text{Fremdkapitalzinslast} = \frac{\text{Zinsaufwand}}{\varnothing \text{ verzinsliches Fremdkapital}}$$

Der Erfolg aus der Finanzierung ist unmittelbar der GuV ablesbar (siehe Kap. 3.3.1.). Wichtig ist, diesen nicht dem gesamten Fremdkapital gegenüberzustellen, sondern nur dem Teil, für den auch tatsächlich Zinsen anfallen. Eine entsprechende Unterscheidung erfolgt i. d. R. bereits im Rahmen der Aufbereitungsmaßnahmen für die Bilanzanalyse (siehe Kap. 6.4.1.).

Ähnlich bedeutsam – man denke etwa an die Aufbereitungsmaßnahmen im Zusammenhang mit den latenten Steuern (siehe Kap. 6.3.2.) – ist die Ermittlung einer **Unternehmens- bzw. Konzernsteuerquote**. Häufig unterscheidet sich ja die tatsächlich gezahlte Steuerlast von dem Grenzsteuersatz, etwa durch Frei- und Absetzbeträge, steuerliche Begünstigungen, Verlustvorträge etc.

$$\text{Steuerquote} = \frac{\text{Steueraufwand}}{\text{EBT}}$$

Das EBT kann entsprechend eine Größe aus dem Jahres- oder Konzernabschluss sein; in einem Konzernabschluss bildet die Steuerquote darüber hinaus regelmäßig einen länderübergreifenden Steuersatz ab – den Konzerndurchschnittssteuersatz –, was bei den weiteren Analysen entsprechend zu berücksichtigen ist. Die Aussagekraft der Kennzahl darf jedoch nicht überschätzt werden: Sie wird durch verschiedene Abweichungen zwischen unternehmens- und steuerrechtlichem Abschluss verzerrt, die auch durch den Ansatz von latenten Steuern nicht vollumfänglich kompensiert werden können. Sie stellt somit eine allenfalls sehr grobe Annäherung dar, eine weiterführende Aussagekraft erfordert aber jedenfalls einen mehrjährigen Zeitreihenvergleich, wodurch enthaltene Verzerrungen durch „Ausreißer" zumindest erahnbar werden.

Und wenn man schon bei diversen zu ermittelnden Quoten ist, so kommt jedenfalls noch der **Ausschüttungsquote** eine wichtige Rolle zu. Für Eigenkapitalgeber ist es zwar schön und gut, wenn ein Unternehmen, an dem sie beteiligt sind, Gewinne erwirtschaftet. So sie sich aber nicht nur an allfälligen Steigerungen des Werts der von ihnen gehaltenen Wertpapiere erfreuen (oder diese dann gewinnbringend veräußern) möchten, muss irgendwann auch „echtes Geld" in ihre Taschen kommen. Dies geschieht z. B. in Form von Dividenden bei AGs.

$$\text{Ausschüttungsquote} = \frac{\text{tatsächliche Ausschüttung}}{\text{EAT} - \text{Anteil der Minderheitsgesellschafter}}$$

Bzgl. der Bestimmung des Zählers – der tatsächlichen Ausschüttung – kann auf die diesbezüglichen Ausführungen i. V. m. der Aufbereitung des Abschlusses verwiesen werden (siehe Kap. 6.3.3.1.). Wichtig ist es also, dass die Ausschüttungen dem richtigen Geschäftsjahr, d. h. jenem, für das sie erfolgen, zugeordnet werden. Da Ausschüttungen in einem Konzern gleichzeitig nur an die Mehrheitsgesellschafter erfolgen, nicht aber an die Minderheitsgesellschafter untergeordneter Ebenen der Konzernstruktur (diese erhalten z. B. ihre Dividenden nur von dem Unternehmen, an dem sie konkret beteiligt sind), muss deren Anteil am erwirtschafteten Ergebnis abgezogen werden. Dank dessen gesonderten Ausweises in der Konzern-GuV (UGB) bzw. Konzern-Gesamtergebnisrechnung (IFRS) stellt dies aber i. d. R. kein Problem dar (wenngleich das inhaltliche Problem – unlösbar – bleibt, dass nicht ganz klar ist, wie dieser Minderheitenanteil am Ergebnis richtig ermittelt wird; allerdings ist der Bilanzanalyst schließlich auch nicht für alle Probleme auf diesem Erdenrund zuständig; siehe Kap. 3.3.2.).

Zu berücksichtigen ist hierbei wieder das Spannungsverhältnis zwischen Jahres- und Konzernabschluss hinsichtlich der Ausschüttungsbemessung. Rechtlich relevant ist ja einzig der UGB-Jahresabschluss; in der Praxis orientieren sich große Unternehmen aber insb. an den Ergebnissen, die sie in den (UGB-/IFRS-)Konzernabschlüssen ausweisen, für die Bemessung ihrer Ausschüttungen. Daher ist es auch sinnvoll, diese Kennzahl auf der Grundlage eines Konzernabschlusses zu ermitteln; dieses Widerspruchs sollte sich der Bilanzanalyst aber dennoch bewusst sein.

Die Kennzahlen, die gerade aus Sicht von Aktionären bzw. vergleichbaren Anteilsinhabern von Interesse sein können, lassen sich in diesem Zusammenhang ebenso noch ergänzen. So kann der **Dividendendeckungsgrad** aus der Umkehr von Zähler und Nenner der Ausschüttungsquote ermittelt werden:

$$\text{Dividendendeckungsrad} = \frac{\text{EAT} - \text{Anteile der Minderheitsgesellschafter}}{\text{tatsächliche Ausschüttung}}$$

Alternativ kann auch der Cashflow aus laufender Geschäftstätigkeit im Zähler eingesetzt werden. Die Aussage ist vergleichbar zu jener der Ausschüttungsquote, typischerweise wird aber hier stärker auf Sicherheitsaspekte abgestellt: Wie sehr kann das Ergebnis sinken, sodass sich das Unternehmen die gewährte Dividende noch leisten kann? D. h., besonders relevant ist die Ermittlung des Dividendendeckungsgrades für den Zeitreihenvergleich.

Als Variante des Kurs-Gewinn-Verhältnisses ist darüber hinaus die **Amortisationsdauer je Aktie** eine für Aktionäre relevante Kennzahl. Wie man die Ermittlung der Amortisationsdauer im Kontext von Investitionsrechnungen kennt, wird auch hier auf den Zeitraum abgestellt, indem das ursprüngliche Investment wieder zurückerwirtschaftet ist. Die Kennzahl ist somit primär eine Sicherheitskennzahl (je länger die Amortisationsdauer, desto riskanter), erlaubt jedoch keine Aussage über die wirtschaftliche Attraktivität eines Investments:

$$\text{Amortisationsdauer je Aktie} = \frac{\text{Aktienkurs}}{\text{ausgeschüttete Dividende je Aktie}}$$

Für den Aktienkurs wäre auch hier der tatsächlich gezahlte Kaufpreis für die Aktie relevant; aus Vereinfachungsgründen wird aber i. d. R. auf den tagesaktuellen Kurs abgestellt (siehe Kap. 7.3.3.).

Als manchmal spannende Querschnittsthemen haben sich darüber hinaus Kennzahlen zur Analyse von **Konzernverflechtungen** erwiesen. Diese sind dann relevant, wenn der Jahresabschluss eines Unternehmens analysiert wird, das mehr oder wenig weitge-

Die wichtigsten Kennzahlen (und deren Verknüpfungen) für die Praxis

hend in Konzernstrukturen integriert ist (siehe Kap. 2.5.). Als wichtigste Kennzahl wird dabei die Analyse der **Forderungen** dieses Unternehmens erachtet:

$$\text{Konzernverflechtung (Forderungen)} = \frac{\text{Forderungen gegenüber verbundenen Unternehmen}}{\text{Gesamtsumme aller Forderungen}}$$

Diese Kennzahl bildet die Intensität der Leistungsbeziehungen zwischen Unternehmen innerhalb eines Konzernes ab. Ein hoher ermittelter Wert könnte etwa darauf hinweisen, dass Absatzschwierigkeiten durch konzerninterne Geschäfte verschleiert werden sollen oder dass das Unternehmen eine Funktion, insb. innerhalb eines Konzerns, erfüllt, nicht aber gegenüber Dritten auf einem Markt – was etwa für Fragen nach den Konsequenzen relevant sein kann, wenn dieses Unternehmen aus dem Konzern herausgekauft wird, oder nach Auswirkungen möglicher wirtschaftlicher Probleme anderer Mitglieder des Konzerns auf das analysierte Unternehmen. Außerdem können konzerninterne Transaktionen z. B. über oder unter marktüblichen Preisen liegen bzw. speziellen Liefer- und Leistungskonditionen unterliegen.

Abgestellt wird hierbei auf eine oder mehrere Mutter-Tochter-Beziehung(en) in diesem Konzern (siehe Kap. 3.2.1.). Mitunter kann der Nenner auch um den Posten *„Forderungen gegenüber Unternehmen, mit denen ein Beteiligungsverhältnis besteht"*, erweitert werden. Wird der Nenner auf die gesamte Bilanzsumme erweitert, so erhält der Bilanzanalyst Auskunft darüber, wieviel des Gesamtvermögens auf die analysierten Forderungen entfällt.

Ähnliche Kennzahlen lassen sich auf Basis des UGB-Gliederungsschemas für folgende Analysebereiche rechnen, z. B.:

$$\text{Konzernverflechtung (Finanzanlagen)} = \frac{\text{Anteile an verbundenen Unternehmen}}{\text{Gesamtsumme aller Finanzanlagen}}$$

$$\text{Konzernverflechtung (Wertpapiere und Anteile des Umlaufvermögens)} = \frac{\text{Anteile an verbundenen Unternehmen (UV)}}{\text{Gesamtsumme aller Wertpapiere und Anteile des Umlaufvermögens}}$$

$$\text{Konzernverflechtung (Verbindlichkeiten)} = \frac{\text{Verbindlichkeiten gegenüber verbundenen Unternehmen}}{\text{Gesamtsumme aller Verbindlichkeiten}}$$

Auch in der GuV sind entsprechende Analysen möglich; so sind für die Komponenten des Finanzerfolgs die Teile anzugeben, die auf verbundene Unternehmen entfallen. Somit kann z. B. für die Analyse konzerninterner Finanzierungsaktivitäten bedeutsam sein:

$$\frac{\text{Zinsaufwendungen betreffend verbundene Unternehmen}}{\text{Gesamtsumme der Zinsaufwendungen}}$$

verglichen mit

$$\frac{\text{Gesamtsumme der Zinsaufwendungen} - \text{Zinsaufwendungen betreffend verbundene Unternehmen}}{\text{Gesamtsumme der Zinsaufwendungen}}$$

Für die Analyse eines UGB- oder IFRS-Konzernabschlusses fallen die behandelten Themenbereiche typischerweise weg, da bei Wesentlichkeit der Posten entsprechende

Konsolidierungsmaßnahmen zu setzen sind. Man wird also i. d. R. gewisse Posten dennoch ausgewiesen finden, die aus der Nichteinbeziehung bestimmter Unternehmen resultieren, deren Analyse wird aber vergleichsweise wenig spannend, da eben nicht mit wesentlichen Ergebnissen verbunden sein.

Letztlich kann noch auf ein Analysefeld hingewiesen werden, das umgekehrt besonders für die Analyse von Konzernabschlüssen relevant ist: die **Segmentanalyse**. Ein entsprechender Segmentbericht ist für manche Konzerne nach den IFRS-Bestimmungen vorgeschrieben, während er nach UGB-Vorgaben stets auf Freiwilligkeit basiert; im letzteren Fall stehen aber immerhin weitgehende Anhangangaben zur Verfügung (siehe Kap. 3.6.).

Aufgrund der wenig standardisierten Angaben (Stichwort: Management-Approach) hängen die konkreten Analysemöglichkeiten vom Einzelfall ab, und insb. der Betriebsvergleich wird dadurch nicht unwesentlich erschwert. Kennzahlen, die aber auch hier als „Klassiker" gesehen werden und zumeist ermittelbar sind, umfassen:

$$\text{Umsatzanteil eines Segments} = \frac{\text{Segmentumsatz}}{\text{Gesamtumsatz}}$$

Bei dieser Kennzahl ist allerdings zu beachten, dass abweichende Bilanzierungs- und Bewertungsmethoden für die einzelnen Segmente dazu führen können, dass z. B. der Gesamtumsatz lt. Konzern-GuV nicht mit der Summe der Umsätze der einzelnen Segmente übereinstimmt. Diesfalls wird es für einen Segmentvergleich untereinander ratsam sein, auf die Summe der Umsätze der einzelnen Segmente abzustellen.

$$\text{Segmentrentabilität} = \frac{\text{Segmentergebnis}}{\text{Segmentvermögen}}$$

Welche Art der Rentabilität ermittelt werden kann (Eigen- bzw. Gesamtkapitalrentabilität) und welche einzelnen Bestandteile genau herangezogen werden können (z. B. wirklich ein Segment-EBIT im Zähler der Gesamtkapitalrentabilität?), das unterliegt denselben Einschränkungen hinsichtlich des verfügbaren Zahlenmaterials. Dies schränkt aber ganz besonders den externen Bilanzanalysten ein, da der interne Bilanzanalyst über die Kostenrechnung oder ähnliche Informationssysteme wesentlich detailliertere Auswertungen durchführen wird können.

In dieser Tonart geht es schließlich mit einer Vielzahl an zusätzlich möglichen Kennzahlen weiter:

$$\text{Segmentergebnisanteil} = \frac{\text{Segmentergebnis}}{\text{Gesamtergebnis}}$$

$$\text{Segmentumsatzrendite} = \frac{\text{Segmentergebnis}}{\text{Gesamtumsatz}}$$

$$\text{Segmentumschlagshäufigkeit} = \frac{\text{Segmentumsatz}}{\text{Segmentvermögen}}$$

$$\text{Segmentinvestitionsquote} = \frac{\text{Segmentinvestitionen}}{\text{Segmentvermögen}}$$

$$\text{Segmentwachstumsquote} = \frac{\text{Segmentinvestitionen}}{\text{Segmentabschreibungen}}$$

Die wichtigsten Kennzahlen (und deren Verknüpfungen) für die Praxis

Die obigen Kennzahlen können grds. für geografische Segmente oder Geschäftsbereiche ermittelt werden. Ist ein Segmentbericht auf primärer Basis Zweiterer erstellt, ist i. d. R. darüber hinaus noch eine vergleichbare Auswertung nach geografischen Gesichtspunkten möglich. Eine hier interessante Kennzahl ist:

$$\text{Abhängigkeitsgrad von bestimmten Märkten} = \frac{\text{Umsatz in einer geografischen Region}}{\text{Gesamtumsatz}}$$

7.5. Kennzahlenmatrizen

Eine Kennzahl alleine reicht i. d. R. nicht aus, um zu einem sinnvollen Analyseergebnis zu gelangen; zumeist braucht es hierfür einige wenige, dafür sorgfältig ausgewählte Kennzahlen (siehe Kap. 4.3.). Deren Zusammenstellung stellt eine große Herausforderung für den Bilanzanalysten dar. Die in den nachfolgenden Kap. vorgestellten Kennzahlensysteme sowie Bonitäts- und Ratingmodelle adressieren genau diesen Punkt. Bevor diese komplexen Verfahren allerdings behandelt werden, soll ein einfacheres Verfahren skizziert werden, um auf Basis von zwei bis drei Kennzahlen bereits tiefer gehende Einblicke zu erlangen.

Kennzahlmatrizen basieren auf denselben Überlegungen, wie sie in Kap. 5.. zur Umfeld- bzw. Unternehmensanalyse dargestellt wurden (etwa die BCG-Matrix):[21] Zwei Kennzahlen werden in Form eines Diagrammes in Beziehung gesetzt, wobei eine Kennzahl der x-Achse und eine der y-Achse zugewiesen wird.

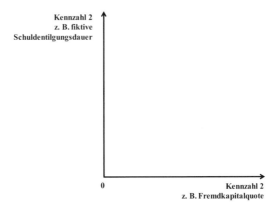

Abbildung 34: Einfache Grundstruktur einer Kennzahlenmatrix

Wichtig ist hier insb. die Auswahl der beiden Kennzahlen. Für diese ist ein – analyserelevanter – Zusammenhang entscheidend; jede Kombination führt zu anderen Auswertungsmöglichkeiten, die daraus folgen. Dieser Zusammenhang kann insb. eine der folgenden Ausprägungen annehmen:

- **Gleichartige Kennzahlen:** Z. B. Anlagenintensität in Bezug auf die Abschreibungsquote (beide analysieren die Vermögensstruktur); Gesamt- und Eigenkapitalrentabilität (beide analysieren den wirtschaftlichen Erfolg aus leicht unterschiedlicher Perspektive). Hier sollen insb. Detailfragestellungen beleuchtet werden.
- **Sich ergänzende Kennzahlen:** Z. B. Fremdkapitalquote und fiktive Schuldentilgungsdauer (eine statische und eine dynamische Kennzahl zur finanziellen Stabili-

[21] Vgl. dazu insb. die grundlegenden Gedanken bei *Haeseler/Kirchberger*, Bilanzanalyse (2003).

tät); Eigenkapitalquote und Gesamtkapitalrentabilität (eine Kennzahl zur finanziellen Stabilität und eine zum wirtschaftlichen Erfolg). Hier soll eine gesamtheitliche Sichtweise aufgezeigt bzw. Zusammenhänge hergestellt werden.

Die Vorgehensweise bietet sich insb. für den **Betriebsvergleich** an, kann aber auch für einen Zeitreihenvergleich wichtige Erkenntnisse hinsichtlich „Entwicklungspfade" bergen. Anhand der zuvor dargestellten Grundstruktur wäre etwa die folgende Aufbereitung möglich:

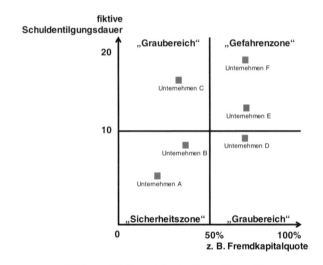

Abbildung 35: Beispiel für eine Kennzahlenmatrix

Zur Setzung der Trennlinien (als Grenzwerte), die für die Beurteilung von Bedeutung sind, bietet sich insb. eine relative Klassifizierung an, etwa der Mittelwert oder Median bei einer Matrix mit vier Feldern; verfügbare Sollwerte wären sogar noch besser geeignet (man denke etwa an die URG-Kennzahlen, für die sich eine solche Visualisierung anbieten könnte; siehe Kap. 7.4.1.). Alternativ sind auch Matrizen mit neun Feldern verbreitet und verfeinern die Analysen bei entsprechend großen Datensätzen.

Ein wesentlicher Vorteil einer solchen Darstellung liegt in der **schnellen Zugänglichkeit und adressatenorientierten Aufbereitbarkeit** der Analyseergebnisse. Zumindest eine dritte Kennzahl ließe sich problemlos noch ergänzen, indem etwa die Kreisgröße für die analysierten Unternehmen variiert wird (z. B.: je höher der Umsatz, desto größer der Durchmesser). Der Kreativität sind hier (fast) keine Grenzen gesetzt; allerdings ist der Aussagegehalt noch immer ein deutlich geringerer, als er es bei den gleich im Anschluss vorgestellten Verfahren ist. Außerdem darf der Aufwand nicht unterschätzt werden, der bereits hier für die Auswahl der „richtigen" Kennzahlen und insb. für die Interpretation des Analyseergebnisses erforderlich ist.

7.6. Kennzahlensysteme

7.6.1. Grundlegendes

Eine zentrale Herausforderung liegt für den Bilanzanalysten in der Auswahl geeigneter Kennzahlen, die mit seinem Analyseinteresse übereinstimmen (siehe Kap. 4.3.1.); darüber hinaus müssen diese auch möglichst gut operationalisierbar sein, d. h. in Maßnahmen umgesetzt werden können. An diesen beiden Problemfeldern setzen die sog.

Die wichtigsten Kennzahlen (und deren Verknüpfungen) für die Praxis

Kennzahlensysteme an: Es handelt sich dabei um eine geordnete Menge (also ein System) an Kennzahlen, die in einem festgelegten Zusammenhang stehen. Dabei soll ein mehr oder weniger umfassender Einblick in einen zu analysierenden Sachverhalt abgegeben werden – typischerweise wieder die finanzielle Stabilität und/oder der wirtschaftliche Erfolg des Analyseobjekts.

Grds. können zwei Arten von Zusammenhängen unterschieden werden, welche die Grundlage solcher Kennzahlensysteme darstellen; Kennzahlensysteme können auf einem dieser Zusammenhänge oder auf beiden basieren:

- **Sachlogische Zusammenhänge:** Die Kennzahlen widmen sich allesamt einem gemeinsamen, sie verbindenden Erkenntnisziel, z. B. der Rentabilität (*„Ordnungssysteme"*).
- **Rechnerische Zusammenhänge:** Eine oder mehrere Kennzahlen folgt bzw. folgen aus der mathematischen Zerlegung bzw. Zusammenführung einer oder mehrerer anderer Kennzahlen (*„Rechensysteme"*).

Kennzahlensysteme erfreuen sich in der Praxis **großer Beliebtheit**. Dies liegt insb. in dem für sie typischen hohen Grad an Anschaulichkeit begründet sowie an den bereits geschilderten Hilfestellungen, die sie gewähren. Ihr Haupteinsatzgebiet liegt dabei typischerweise auf dem Gebiet der Unternehmenssteuerung bzw. allgemeiner der internen Bilanzanalyse.

Kritisiert werden u. a. die folgenden Eigenschaften von Kennzahlensystemen; diese schränken den Nutzen dahinter tlw. wieder ein und müssen bei ihrer Anwendung jedenfalls bewusst sein:

- **Den meisten Kennzahlensystemen fehlt eine theoretische und empirische Fundierung:** Rechnerisch und auch logisch macht die Zusammenstellung der Kennzahlen Sinn; jedoch ist damit noch nicht gesagt, warum gerade diese oder jene Kennzahl besonders relevant sein soll oder andere ausgeblendet werden können. Damit verbunden ist also insb. die Kritik einer willkürlichen Auswahl der abgebildeten Kennzahlen. Es besteht so die Gefahr, dass Kennzahlensysteme zu einem Selbstzweck werden, der aber nur einen geringen Mehrwert für den Analysten schafft.
- **Eine Gewichtung der berücksichtigten Kennzahlen fehlt:** Alle Kennzahlen werden grds. als gleich wichtig erachtet. Dies wird aber in der Praxis kaum zutreffen. Schon alleine aus unterschiedlichen Analysezwecken wird i. d. R. folgen, dass einzelne Kennzahlen für die Gesamturteilsbildung relevanter als andere sind (siehe Kap. 4.3.).
- **Kennzahlensysteme unterliegen den Informationsmängeln von Finanzberichten:** Hier ergeht es Kennzahlensystemen nicht besser als einzelnen Kennzahlen (siehe Kap. 2.7.). Es trägt aber i. V. m. den vorher angeführten Kritikpunkten dazu bei, dass Kennzahlensysteme Gefahr laufen, zu „elaborierten Luftburgen" zu verkommen. Viele relevante Einflüsse sind letztlich auch in ihrem Rahmen nicht quantifizierbar.
- **Kennzahlensysteme sind tlw. sehr komplex ausgestaltet und daher hinsichtlich ihrer Kosten-Nutzen-Relation besonders kritisch zu betrachten:** Als oberster Maßstab der Bilanzanalyse darf gerade dieser Aspekt nicht aus den Augen verloren werden. Dies soll keinesfalls heißen, dass stets die einfacheren Kennzahlensysteme zu bevorzugen sind. Mitunter hat es sich in der Praxis bewährt, komplexere Machwerke, wie etwa das ZVEI-Kennzahlensystem, einzuführen. Jedoch braucht dies entsprechend Augenmaß. Und gerade, wenn erstmals Erfahrungen mit Kennzahlensystemen gesammelt werden, ist es ratsam, mit „kleineren Kalibern" erste Erfahrungswerte zu sammeln.
- **Kennzahlensysteme unterliegen einer hohen Fehleranfälligkeit:** Besonders bei Rechensystemen gilt, dass die (Gesamt-)Ergebnisse wesentlich eingeschränkt bis nicht mehr zu gebrauchen sind, sobald sich an einer Stelle z. B. Rechenfehler einschleichen.

Die in der Folge vorgestellten Kennzahlensysteme sind weitgehend für UGB- und IFRS-Finanzberichte in gleicher Wese anzuwenden. Unterschiede, etwa hinsichtlich der Anwendung des Umsatz- oder Gesamtkostenverfahrens, lassen sich relativ leicht in diese integrieren. Tlw. erlauben sie auch die Berücksichtigung von Branchenspezifika und können (bzw. sollen sogar!) von den Anwendern in gewissen Grenzen weiter gehend auf die Bedürfnisse ihrer Ausgangslagen angepasst werden. In der Literatur wird dabei durchgehend die Verwendung der bereits aufbereiteten Finanzberichte als Grundlagen ihrer Anwendung empfohlen.

7.6.2. Du-Pont-Kennzahlensystem („RoI-Schema")

Das wohl älteste Kennzahlensystem, das sich aber noch heute ungebrochener Beliebtheit erfreut, ist das sog. *„RoI-Schema"* bzw. *„Du Pont System of Financial Control"*. Dieses wurde bereits 1919 von dem amerikanischen Chemiekonzern *Du Pont de Nemours and Co.* entwickelt und befindet sich dort noch heute im Einsatz. Konzipiert wurde es primär als Instrument für die Unternehmenssteuerung. Ausgehend von einer klar definierten, aber abstrakten Zielgröße – der Gesamtkapitalrentabilität (Return on Investment, RoI; siehe Kap. 7.3.5.) –, sollte diese auf weitere, leichter zu beeinflussende Kennzahlen heruntergebrochen und so operationalisiert werden. D. h., es sollten so konkretere Stellhebel identifiziert und in einen Zusammenhang gebracht werden, die den Unternehmenserfolg bestimmen. Durch seine logisch schlüssige Konzeption wurde es Vorlage für die meisten der heute gebräuchlichen (und in den folgenden Kap. behandelten) Kennzahlensysteme.

Charakteristisch für das Du-Pont-Schema ist seine pyramidenförmige Darstellungsform. Ausgehend von der Spitzenkennzahl der Gesamtrentabilität wird diese in die beiden in zwei Kennzahlen aufgesplittet – die Umsatzrentabilität und den Vermögensumschlag; dadurch, dass sich bei Multiplikation beider Kennzahlen die Umsatzerlöse kürzen, bleibt so die Formel für die Gesamtkapitalrentabilität übrig. Konzeptionell bedient man sich hier also der Logik kombinierter Kennzahlen (siehe Kap. 4.2.4.):

$$\text{Gesamtkapitalrentabilität} = \frac{\text{EBIT}}{\varnothing \text{ Gesamtkapital}} = \frac{\text{Umsatzerlöse}}{\varnothing \text{ Gesamtkapital}} \times \frac{\text{EBIT}}{\text{Umsatzerlöse}}$$

Beide Kennzahlen, die so folgen, haben den Vorteil, dass sie sich gut weiter aufgliedern, analysieren und mit Handlungsempfehlungen hinterlegen lassen:

- Die **Umsatzerlöse** sind dahingehend eine der dankbarsten Größen, als sie leicht verständlich sind und für viele verschiedene Abteilungen im Unternehmen Anknüpfungspunkte bieten (Vertrieb, Produktion etc.).
- Das **EBIT** wird der GuV entnommen und lässt sich über ihre Posten entsprechend weitergehend analysieren.
- Das **Gesamtvermögen** zieht demgegenüber die Bilanz in die Betrachtung mit ein und ermöglicht hier ein Herunterbrechen auf konkrete Tatbestände.

Anstatt dass sich ein Unternehmen so abstrakt überlegen muss, wie es seine Gesamtkapitalrentabilität verbessern kann, kann es seine Überlegungen auf konkrete Posten aus Bilanz und GuV fokussieren und deren Auswirkungen auf die Gesamtkapitalrentabilität unmittelbar simulieren, z. B. in Form von Fragen wie:

- Wie wirkt sich die Erhöhung des Lagerbestands aus?
- Welche Konsequenzen hat ein Anstieg der Umsatzerlöse um 1 %?

Nicht zuletzt können auch Zusammenhänge berücksichtigt werden; z. B. ist es der Gesamtkapitalrentabilität zuträglich, wenn zwar der Lagerbestand abgebaut wird, dies aber

Die wichtigsten Kennzahlen (und deren Verknüpfungen) für die Praxis

über die gewährten Konditionen bei den Lieferanten verhandelt wird, die für ein Mehr an Flexibilität einen Preisaufschlag verrechnen (was die wiederum Materialaufwendungen erhöht)?. Auch die Auswirkungen eines Factorings wären ein gutes Beispiel dafür. So kann die Bedeutung eines jeden Postens aus Bilanz und GuV auf die Spitzenkennzahl aufgezeigt werden, und dies kann bereits mit den Auswirkungen konkreter Maßnahmen des Unternehmens auf diese Posten in Verbindung gebracht werden.

Das Kennzahlensystem spielt heute nicht nur in der (internen) Unternehmenssteuerung eine große Rolle, sondern hat ein generelles Anwendungsgebiet für die Bilanzanalyse gefunden. Diese kann schließlich aus denselben Überlegungen Erkenntnisse und damit Nutzen ziehen. Es ist allerdings davon auszugehen, dass das Nutzenpotenzial für den internen Analysten ein deutlich größeres sein wird, da dieser weiter gehende Möglichkeiten hinsichtlich der abzuleitenden Maßnahmen hat; das ist ja gerade der Reiz des Du-Pont-Schemas: die Verbindung von Maßnahmen und (finanziellen) Auswirkungen. Der externe Bilanzanalyst wird häufig dabei stehenbleiben müssen, Problembereiche bloß aufzudecken und über deren Gründe mehr oder weniger konkrete Vermutungen aufzustellen.

Externen wie internen Bilanzanalysten steht es zunächst gleichermaßen frei, sich an den Zahlen aus den Finanzberichten zu orientieren. Eine diesfalls mögliche Darstellung des Du-Pont-Schemas zeigt Abbildung 36:

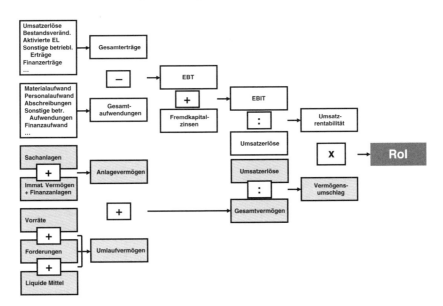

Abbildung 36: Aufbau des Du-Pont-Kennzahlensystems (Beispiel aus Sicht der externen Bilanzanalyse)

Die Abbildung orientiert sich an der Definition der Gesamtkapitalrentabilität, wie sie in diesem SWK-Spezial vertreten wird. Es finden sich aber viele verschiedene Varianten in der Literatur, die sich insb. durch andere Zähler für die Ableitung des RoI unterscheiden; häufig wird auch der Betriebserfolg oder der Jahresüberschuss herangezogen. Die Aussagen, die auf Basis der Analysen getroffen werden können, verändern sich damit entsprechend. Die hier gewählte Darstellung orientiert sich weiterhin am Gesamtkostenverfahren, lässt sich aber natürlich problemlos auf das Umsatzverfahren übertragen.

SWK-Spezial: Bilanzanalyse

Auf Grundlage des Du-Pont-Schemas hat sich als weitere Visualisierung die Ableitung einer sog. **ISO-Rentabilitätskurve** bewährt. Anhand dieser Kurve werden die möglichen Kombinationen von Ausprägungen für Umsatzrentabilität und Vermögensumschlagshäufigkeit gegenübergestellt, die allesamt zu ein und derselben angestrebten Gesamtkapitalrentabilität führen. Bei einer gegebenen Ausprägung für eine der beiden Kennzahlen lässt sich so insb. ableiten, welcher Zielwert für die andere Kennzahl erforderlich ist, um zum gesetzten Ziel zu gelangen. Das ermöglicht es den Unternehmen selbst, sich auf den Steuerungshebel zu konzentrieren, der leichter beeinflussbar ist (*„Kann die Bilanzstruktur oder der Erfolg in der GuV leichter beeinflusst werden?"*). Tabelle 19 und Abbildung 37 sollen diese Darstellungsweise visualisieren.

Umsatzrentabilität	Variante 1: Vermögensumschlag	Variante 1 RoI	Variante 2 Vermögensumschlag	Variante 2 RoI
2 %	3	6 %	6	12 %
5 %	1,2	6 %	2,4	12 %
10 %	0,6	6 %	1,2	12 %
15 %	0,4	6 %	0,8	12 %
20 %	0,3	6 %	0,6	12 %

Tabelle 19: ISO-Rentabilitätskombinationen

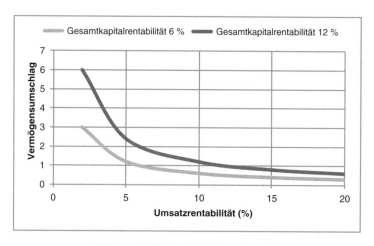

Abbildung 37: ISO-Rentabilitätskurve (grafisch)

Alle auf den beiden Kurven liegenden Punkte kennzeichnen jene Kombinationen von Umsatzrentabilität und Vermögensumschlag, die zu einer Gesamtkapitalrentabilität von 6 % bzw. 12 % führen. Die Visualisierung eignet sich auch besonders gut für die Durchführung von Sensitivitätsanalysen. Sie besitzt naturgemäß unternehmensunabhängige Gültigkeit.

Der interne Bilanzanalyst hat darüber hinaus den Vorteil, auch auf weiter gehende Daten als bloß jene aus den Finanzberichten zurückgreifen zu können. Diesfalls wird das Du-Pont-Schema mit seinen Einzel-Kennzahlen regelmäßig stärker an den Werten aus der Kostenrechnung ausgerichtet. Abbildung 38 zeigt eine mögliche Ausprägung des Du-Pont-Schemas für diesen Fall:

Die wichtigsten Kennzahlen (und deren Verknüpfungen) für die Praxis

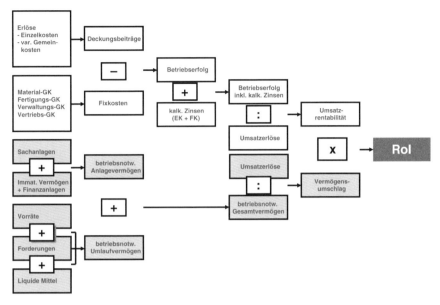

Abbildung 38: Aufbau des Du-Pont-Kennzahlensystems (Beispiel aus Sicht der internen Bilanzanalyse)

7.6.3. EVA- und RoCE-Kennzahlensysteme

Zwei sehr unmittelbar an das Du-Pont-Schema anknüpfende Kennzahlensysteme machen sich die Logik dieser Vorlage zunutze, ziehen als Spitzengrößen jedoch wertorientierte Kennzahlen heran. Hierbei handelt es sich um den **EVA** bzw. den mit diesem sehr eng verbundenen **RoCE** (siehe Kap. 7.3.4.2.).

Mit der zunehmenden Relevanz wertorientierter Steuerungs- und Analysekennzahlen insb. ab den 1990er-Jahren hat sich auch hier Notwendigkeit gegeben, diese abstrakten Größen stärker zu operationalisieren. Zwar lässt sich der EVA als absolute Größe nicht gleichsam „schön" wie die Gesamtkapitalrentabilität auf zwei relative Kennzahlen herunterbrechen; jedoch bietet sich ebenso eine Aufgliederung seiner beiden zentralen Bestandteile – der NOPaT und die von diesem abgezogenen Kapitalkosten – an; auf den unteren Gliederungsebenen sind die Bestimmungsfaktoren des EVA sogar weitgehend ident mit jenen des Du-Pont-Schemas. Was jedenfalls als besondere Herausforderung für die folgenden Analysen hinzukommt, das ist die Betrachtung der WACC in dem Modell, für die eine derartig einfache Operationalisierung nicht in Frage kommt (und deren Berücksichtigung im Rahmen einer Bilanzanalyse ohnedies problematisch ist; siehe Kap. 7.3.4.2.).

SWK-Spezial: Bilanzanalyse

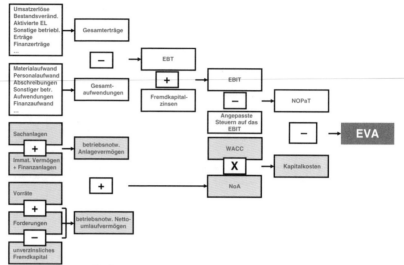

Abbildung 39: Aufbau eines EVA-Kennzahlensystems

Noch offensichtlicher wird die Nähe zum Du-Pont-Schema, wenn man anstelle des (absoluten) EVA den (relativen) RoCE als Spitzenkennzahl heranzieht. Diesfalls werden die WACC aus dem Kennzahlensystem selbst herausgehalten, was die Darstellung wie auch die Operationalisierung erleichtert; vernachlässigt können sie aber natürlich nicht werden, da sie noch immer für die Urteilsbildung dem ermittelten RoCE gegenübergestellt werden müssen.

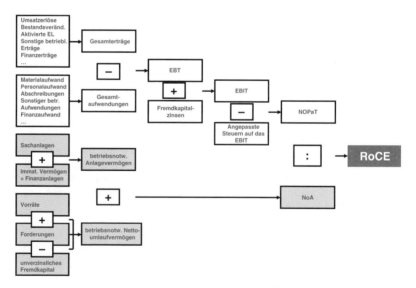

Abbildung 40: Aufbau eines RoCE-Kennzahlensystems

Zu Sinn, Unsinn und insb. Nutzen dieser beiden Kennzahlensysteme lässt sich weitgehend dasselbe wie zum Du-Pont-Schema sagen. Auch bzgl. der generellen Vorteile wie Einschränkungen, die mit der Berücksichtigung wertorientierter Kennzahlen im Rahmen

Die wichtigsten Kennzahlen (und deren Verknüpfungen) für die Praxis

einer Bilanzanalyse verbunden sind, kann auf die Ausführungen zu diesen Kennzahlen zuvor verwiesen werden (siehe Kap. 7.3.4.).

7.6.4. Pyramid-Structure-of-Ratios-Kennzahlensystem

Als weiteres Kennzahlensystem, das sich ebenso ganz unmittelbar am Du-Pont-Schema orientiert, ist letztlich noch jenes zu nennen, welches 1956 vom *British Institute of Management* vorgeschlagen wurde. Es orientiert sich ebenso an der Gesamtkapitalrentabilität als Spitzenkennzahl, bricht diese jedoch in abweichender Form herunter. Es besteht allerdings ausschließlich aus relativen Kennzahlen, bei denen der Bezug zum Umsatz die zentrale Rolle spielt. Durch diese einheitliche Normierung soll insb. das Verhältnis von GuV- und Bilanzgrößen unverändert bleiben. Die Kennzahlen stehen wie im Du-Pont-Schema in einem rechnerischen wie auch in einem sachlogischen Zusammenhang.

Abbildung 41 illustriert eine gängige Variante dieses Kennzahlensystems:

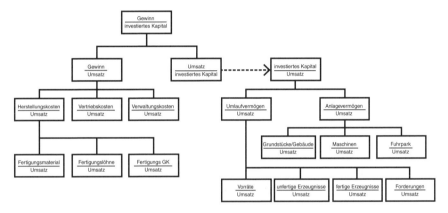

Abbildung 41: Aufbau des Pyramid-Structure-of-Ratios-Kennzahlensytems

Zu definieren ist, welche Größe als *„Gewinn"* verwendet wird; diesfalls bietet sich aber natürlich aus den hinlänglich geschilderten Gründen wieder das EBIT an. Darüber hinaus wird empfohlen, auch die absoluten Größen in Zähler und Nenner gesondert in das Kennzahlensystem aufzunehmen, um so die Verständlichkeit (insb. für die Zusammenhänge) zu erhöhen.

Die Darstellung orientiert sich am Umsatzkostenverfahren, wie es für den angelsächsischen Raum weiter verbreitet ist; es lässt sich aber ebenso unproblematisch auf das Gesamtkostenverfahren übertragen. Ein besonderer Vorteil der hier verfolgten Darstellungsweise liegt darin, dass sich in der linken Hälfte des Systems das Verhältnis von Herstellungskosten zum Umsatz abbilden lässt. Dieses kann im Zeitreihenvergleich für die Abbildung von Effekten aufgrund der Erfahrungskurve oder von Größeneffekten herangezogen werden. Auf der rechten Seite des Kennzahlensystems sind demgegenüber die bereits diskutierten Vermögensumschlagshäufigkeiten ersichtlich (siehe Kap. 7.2.1.).

Vermutlich aufgrund seiner etwas größeren Komplexität und Wurzeln im angelsächsische Raum ist dieses Kennzahlensystem hierzulande weit weniger bekannt und im Einsatz. Als Alternative zum Du-Pont-Schema kann es jedoch im vergleichbaren Rahmen genützt werden und bietet sich ebenso für eine interne Bilanzanalyse besonders an.

7.6.5. ZVEI-Kennzahlensystem

Als nächstes wichtiges Kennzahlensystem ist das ZVEI-Kennzahlensystem[22] zu nennen. Auch dieses basiert letztlich auf dem Grundgedanken des Du-Pont-Schemas, ist aber weitaus komplexer ausgestaltet. Entwickelt wurde es 1969 vom *Zentralverband der Elektrotechnik- und Elektronikindustrie* (abgekürzt ZVEI, daher der Name des Kennzahlensystems), wiederum primär als Instrument der Unternehmenssteuerung. Insb. im deutschsprachigen Raum hat es eine weite Verbreitung gefunden, die sich zwar nicht ausschließlich auf Industrieunternehmen beschränkt (aber doch auf diese fokussiert).

Zwei zentrale Unterschiede zum Du-Pont-Schema sind zunächst hervorzuheben:

- Das ZVEI-Kennzahlensystem arbeitet mit **zwei Analysestufen**: einer Wachstums- und einer Strukturanalyse, die in das Kennzahlensystem integriert sind.
- Während das Du-Pont-Schema die Gesamtkapitalrentabilität an die Spitze stellt, wird im ZVEI-Kennzahlensystem auf die **Eigenkapitalrentabilität als Spitzenkennzahl** (im Rahmen der Strukturanalyse) abgestellt.

In Summe umfasst das ZVEI-Kennzahlensystem 88 Haupt- und 122 Hilfskennzahlen. Die Hauptkennzahlen stehen im Fokus der Analyse und sind entsprechend zu interpretieren, während die Hilfskennzahlen einzig der rechnerischen Erklärung der ihnen zugeordneten Hauptkennzahlen dienen. Für jede der verwendeten Kennzahlen sind klare Definitionen bzgl. Bezeichnung, Zweck und Formel(inhalt) festgelegt.

Im Rahmen einer **Wachstumsanalyse** wird auf vier unverbundene Analysegruppen mit neun Kennzahlen abgestellt:

- Vertriebstätigkeit (Auftragsbestand und Umsatzerlöse),
- Ergebnis (umsatzbezogenes Ergebnis, Periodenergebnis, operativer Cashflow),
- Kapitalbindung (Vorräte, Sachanlagen, Personalaufwand)
- sowie Wertschöpfung und Beschäftigung.

Sie soll in einem ersten Schritt – vor Beginn der folgenden Strukturanalyse – einen Überblick über Größen geben, die für die Einschätzung des Status quo des Analyseobjekts von besonderem Interesse sind. Für die hierbei abgebildeten Kennzahlen wird ein Zeitreihenvergleich durchgeführt, der die Unternehmensentwicklung darstellen soll.

Im Rahmen einer **Strukturanalyse**, des Hauptteils des ZVEI-Kennzahlensystems, wird anschließend die Spitzenkennzahl der Eigenkapitalrentabilität in ihre Bestandteile aufgegliedert, die anschließend in einen Zusammenhang gebracht werden. Die Betrachtung ist ausschließlich auf eine Periode bezogen und basiert auf derselben grundlegenden Logik wie das Du-Pont-Schema. Die Kennzahlen werden in weiterer Folge vier Analysebereichen zugeordnet, die auf verschiedene Teilaussagen zur wirtschaftlichen Lage (und insb. der Unternehmenseffizienz) fokussieren:

- Rentabilität,
- Ergebnisbildung,
- Kapitalstruktur und
- Kapitalbindung.

Die Betrachtung erstreckt sich so gleichermaßen über die Bereiche der finanziellen Stabilität und des wirtschaftlichen Erfolgs.

---

[22] Vgl. zu diesem Kennzahlensystem *Betriebswirtschaftlicher Ausschuss des Zentralverbands der Elektrotechnik- und Elektronikindustrie e. V.*, ZVEI-Kennzahlensystem – ein Instrument zur Unternehmenssteuerung[4] (1989).

Die wichtigsten Kennzahlen (und deren Verknüpfungen) für die Praxis

Abbildung 48 illustriert den Aufbau und (schon aus Platzgründen nur) einige ausgewählte Kennzahlen des ZVEI-Kennzahlensystems:

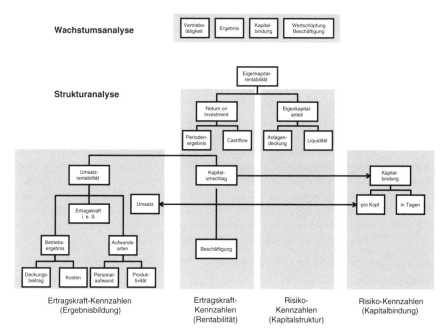

Abbildung 42: Aufbau des ZVEI-Kennzahlensystems

Das ZVEI-Kennzahlensystem kann für die Ausgangslagen verschiedener Unternehmen angepasst werden. Da es allerdings in umfassender Weise auf Daten aus der Kostenrechnung zurückgreift, bietet es sich besonders für interne Analysten an, speziell für die Unternehmenssteuerung als Instrument des Controllings; im Rahmen einer externen Bilanzanalyse wird es nur tlw. in verkürzter Form Anwendung finden können.

Im Vergleich zum Du-Pont-Schema wird dem ZVEI-Kennzahlensystem insb. der hohe Grad an Differenzierung positiv angerechnet, den es bei der Abdeckung der Analysebereiche und Auswahl der Kennzahlen an den Tag legt. Zwar ist die Spitzenkennzahl rein am wirtschaftlichen Erfolg ausgerichtet, auf den unteren Ebenen des Kennzahlensystems erfolgt jedoch eine sehr differenzierte Auseinandersetzung auch mit der finanziellen Stabilität. Darüber hinaus ermöglicht es zumindest tlw. Adaptierungen, die es in den Kontext verschiedener Unternehmen übertragbar machen. Dennoch bleibt es ein hochkomplexes System, das leicht als unübersichtlich empfunden wird und insb. mit einigem Aufwand in der Implementierung und Wartung verbunden ist. Es ist daher typischerweise erst für größere Unternehmen sinnvoll einzusetzen.

7.6.6. RL-Kennzahlensystem

Weiterhin ist als wichtiges Kennzahlensystem noch das sog. RL-Kennzahlensystem zu nennen. Das System wurde 1976 in einer Arbeit von *Reichmann* und *Lachnit* erstmalig vorgestellt;[23] die Abkürzung im Titel bezieht sich nicht auf die ersten Buchstaben ihrer

---

[23] Vgl. zu diesem Kennzahlensystem *Reichmann/Lachnit*, Planung, Steuerung und Kontrolle mit Hilfe von Kennzahlen, Zeitschrift für betriebswirtschaftliche Forschung 1976, 705 (705 ff.).

jeweiligen Nachnamen, sondern bedeutet „*Rentabilitäts-Liquiditäts-Kennzahlensystem*". Dieser Name stellt bereits auf die beiden Spitzengrößen ab, die in dem Kennzahlensystem vorgesehen sind: das ordentliche Ergebnis nach Steuern und die liquiden Mittel des Unternehmens. Diese stehen gleichrangig nebeneinander; ein komprimiertes Gesamturteil ist mithilfe des RL-Kennzahlensystems somit nicht ableitbar.

Jeder Teil wird in eine Vielzahl weiterer Kennzahlen untergliedert. Diese stehen aber nicht in einem rechnerischen, sondern in einem ausschließlich sachlogischen Zusammenhang. Für jede Kennzahl sind eine eigene Ermittlungsweise und Erhebungsfrequenz festgelegt (jährlich, vierteljährlich, monatlich oder wöchentlich). Darüber hinaus werden ein allgemeiner Teil und ein Sonderteil unterschieden.

Der **allgemeine Teil** ist unternehmensübergreifend einheitlich aufgebaut und definiert. Somit ist er für Betriebsvergleiche konzeptioniert. Unter anderem sind für die weitere Auffächerung des ordentlichen Ergebnisses die Eigenkapitalrentabilität, Gesamtkapitalrentabilität und der Return on Investment (der als eine eigene Kennzahl definiert wird) zu untersuchen.

Im **Sonderteil** sind demgegenüber unternehmensspezifische Kennzahlen zusammenzustellen und auszuwerten. Von besonderem Interesse sind hier Informationen aus der Kostenrechnung bzw. anderen internen Informationssystemen, etwa zu Umsatzanteilen einzelner Artikel oder deren Deckungsbeiträgen.

Abbildung 43 veranschaulicht die oberen Ebenen des Kennzahlensystems:

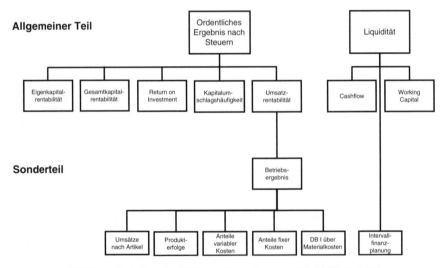

Abbildung 43: Aufbau des RL-Kennzahlensystems (vereinfachte Darstellung)

Da das RL-Kennzahlensystem primär für die Analyse von Jahresabschlüssen konzipiert wurde, fand es in jüngerer Zeit Erweiterung als **RL-Konzern-Kennzahlensystem**. Dieses kennzeichnet eine stärkere Ausrichtung an der Unternehmenswertsteigerung sowie eine Differenzierung sowie die Berücksichtigung funktionaler Teilbereiche und des Kapitalmarkts, der typischerweise für Konzerne von besonderer Relevanz ist.[24]

Wie für die anderen dargestellten Kennzahlensysteme gilt auch für das RL-Kennzahlensystem, dass sich der Hauptnutzen für interne Analysten ergibt, wurde es doch primär

---

[24] Vgl. zu diesem Kennzahlensystem *Reichmann*, Controlling mit Kennzahlen[8] (2011).

Die wichtigsten Kennzahlen (und deren Verknüpfungen) für die Praxis

als ein Controllinginstrument entwickelt. Diesen wird aber das vielleicht differenzierteste System an die Hand gegeben, da es Aussagen hinsichtlich finanzieller Stabilität und wirtschaftlichen Erfolgs ermöglicht und nicht zuletzt beide Themenbereiche gleichberechtigt gegenübergestellt. Darüber hinaus ist es von einer besonderen Flexibilität gekennzeichnet (da keine rechnerischen Verknüpfungen eingehalten werden müssen) und vergleichsweise weitaus weniger komplex als das ZVEI-Kennzahlensystem. Auch deshalb ist sein Einsatz bewährt und es findet einen größeren Anwenderkreis.

Für eine externe Bilanzanalyse verbleibt demgegenüber ein sehr überschaubares Set an Kennzahlen, das ermittelt werden kann. Der Analyst kann hier von den vorgegebenen Kennzahlendefinitionen, dem Fokus auf zwei Spitzenkennzahlen und einer Vorauswahl an weiter zu untersuchenden Kennzahlen profitieren. Darüber hinaus wird aber der Nutzen ein vergleichsweise geringerer sein; insb. die Vorschläge zur zeitlichen Frequenz der Erhebungen werden i. d. R. nicht erfüllbar sein (da die wichtigste Informationsgrundlage zumeist einmal jährlich veröffentlichte Finanzberichte sein werden).

7.6.7. Kennzahlensystem auf Basis der empirischen Bilanzforschung von Baetge

Als letztes relevantes Kennzahlensystem ist eines zu nennen, das eigentlich bereits am Übergang zu den komplexeren Bonitäts- und Ratingmodellen steht, die in der Folge behandelt werden. Ausgangspunkt stellte eine multivariate Diskriminanzanalyse dar (siehe Kap. 7.7.7.), um Unternehmen in der Krise von „gesunden" Unternehmen zu unterscheiden.[25] Auf Grundlage seiner empirischen Untersuchungen zu den Bestimmungsfaktoren, die in besonderem Maße auf nahende Unternehmenskrisen hinweisen, fand *Baetge* hierbei eine hohe Relevanz der beiden Kennzahlen Eigenkapitalquote und Cashflow-Eigenkapitalrentabilität, um „gesunde" von „kranken" Unternehmen möglichst trennscharf zu unterscheiden:

$$\text{Eigenkapitalquote} = \frac{\text{Eigenkapital}}{\text{Gesamtkapital} - \text{liquide Mittel} - \text{Immobilien}}$$

$$\text{Cashflow-Eigenkapitalrentabilität} = \frac{\text{Cashflow I}}{\text{Eigenkapital}}$$

Der Cashflow I ermittelt sich über folgende Formel:

	Betriebserfolg
+	Normalabschreibungen
−	Zuschreibungen
+	Zuführung zu Pensionsrückstellungen
−	Auflösung von Pensionsrückstellungen
=	**Cashflow I**

Abgedeckt wird so einerseits die Betrachtung der finanziellen Stabilität (Eigenkapitalquote), andererseits der wirtschaftliche Erfolg (Cashflow-Eigenkapitalrentabilität, in der Studie herangezogen als eine Variante der Eigenkapitalrentabilität). Insb. durch das Abstellen auf eine Cashflow-Größe anstelle einer GuV-Größe sind die ermittelten Kennzahlen auch (etwas) robuster gegenüber bilanzpolitischen Maßnahmen. Zur weiteren

---

[25] Vgl. zu diesem Kennzahlensystem *Baetge/Kirsch/Thiele*, Bilanzanalyse²; *Baetge*, Die Ergebnisse der empirischen Bilanzforschung als Grundlage für die Entwicklung eines kennzahlorientierten Controlling-Konzepts, in *Delfmann* (Hrsg.), Der Integrationsgedanke in der Betriebswirtschaftslehre (1989) 51 (51 ff.).

Visualisierung wurden beide Kennzahlen rechnerisch verknüpft und tlw. erweitert, um so das folgende Kennzahlensystem zu schaffen:

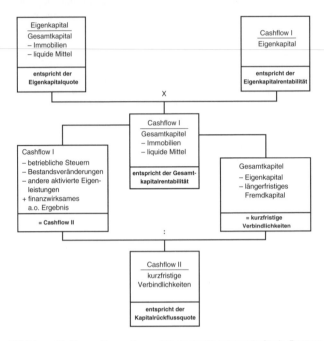

Abbildung 44: Kennzahlensystem auf Basis der Forschungsbefunde *Baetges*

Bereits vor dem Hintergrund des Projekts, aus dem heraus das Kennzahlensystem entwickelt wurde, richtet es sich insb. an **externe Bilanzanalysten**. Zu beachten ist allerdings, dass die zugrunde liegende Erhebung auf Grundlage von HGB-Jahresabschlüssen erfolgte und diese Erhebung in den 1980er-Jahren durchgeführt wurde. In der Praxis hat sich dieses Kennzahlenmodell vergleichsweise wenig durchgesetzt; dies mag auch den ungewohnten und wenig intuitiven Kennzahlen, die verwendet werden, geschuldet sein (für welche die durchgeführte Studie allerdings eine hohe empirische Relevanz aufzeigte). Es kann aber insb. als Illustration nützlich sein, wie vergleichsweise einfache Kennzahlenmodelle aus den Ergebnissen weitaus komplexerer Verfahren abgeleitet werden können.

7.7. Bonitäts- und Ratingmodelle

7.7.1. Grundlegendes

Bonitäts- bzw. Ratingmodelle (auch *„Scoring-Modelle"*) basieren grds. auf vergleichbaren Überlegungen wie Kennzahlensysteme, sind jedoch typischerweise weitaus komplexer und flexibler in ihrer Ausgestaltung. Ihr gemeinsames Ziel ist die Ableitung eines Gesamturteils auf der Grundlage verschiedener Kennzahlen oder Merkmale eines Analyseobjekts:

- Zunächst sind die relevanten Kennzahlen auszuwählen und für jede ist eine relative Gewichtung festzulegen.
- Anschließend werden die Kennzahlen bzw. Merkmalsausprägungen ermittelt und mit ihrem individuellen Gewicht multipliziert.

Die wichtigsten Kennzahlen (und deren Verknüpfungen) für die Praxis

- Die Ergebnisse werden zu einem Gesamtwert bzw. Gesamtnutzen addiert. Dies kann z. B. eine Gesamtpunktezahl oder eine (gewichtete) Schulnote sein. Hier spricht man dann von dem *„Rating"*.
- Abschließend erfolgt eine Gegenüberstellung des ermittelten Werts mit einem zu bestimmenden Vergleichsmaßstab (zumeist mittelbar oder unmittelbar auf einem Betriebsvergleich basierend).

Die **allgemeinen Vorteile** solcher Modelle liegen somit in folgenden Punkten:

- Kennzahlen können weitgehend frei und für alle analyserelevanten Themenbereiche zusammengestellt werden.
- Es ist eine unterschiedliche Gewichtung möglich, in Abhängigkeit von der Bedeutung der jeweiligen Kennzahl für den konkreten Analysezweck.
- Berücksichtigt können nicht nur finanzielle, sondern auch nicht-finanzielle Größen werden. Letztere müssen lediglich quantifiziert werden, etwa durch Schulnoten, Punkte oder über eine Prozentskala.

Häufig erfolgen die Wahl der Kennzahlen sowie deren Gewichtung auf rein subjektiver Basis durch die Bilanzanalysten. Die weiter entwickelten Bonitäts- und Ratingmodelle basieren demgegenüber bereits auf einer **empirischen Basis**; d. h., die Auswahl und Gewichtung der eingehenden Kennzahl erfolgen nicht willkürlich, sondern anhand objektiv nachvollziehbarer und insb. für einen gewissen Analysezweck belegtermaßen relevanten Kriterien. Häufig (wenngleich nicht immer) liegen daher umfangreiche wissenschaftliche Untersuchungen den in der Folge dargestellten Modellen zugrunde, was zu ihrer Fundiertheit und damit Relevanz wesentlich beiträgt. Insofern stellen diese Verfahren tlw. den heutigen *„State-of-the-Art"* dar. Manche Modelle erlauben gleichermaßen Aussagen über finanzielle Stabilität wie wirtschaftlichen Erfolg des Bewertungsobjekts; zumeist sind die verbreiteten Modelle aber auf die Überlebensfähigkeit bzw. Krisenanfälligkeit der Analyseobjekte ausgerichtet (und somit auf seine finanzielle Stabilität).

7.7.2. Quicktest

Der **Quicktest**[26] stellt ein aus der Praxis entwickeltes Verfahren dar, um schnell (daher auch der Name) zu einer ersten, einfachen Einschätzung sowohl der finanziellen Stabilität, als auch des wirtschaftlichen Erfolgs eines Analyseobjekts zu gelangen. Im Rahmen der Analysen werden vier Kennzahlen gleichgewichtet herangezogen. Hierbei handelt es sich um die folgenden:

$$\text{Eigenkapitalquote} = \frac{\text{Eigenkapital}}{\text{Gesamtkapital}}$$

$$\text{Schuldentilgungsdauer} = \frac{\text{Fremdkapital} - \text{liquide Mittel}}{\text{Cashflow}}$$

$$\text{Gesamtkapitalrentabilität} = \frac{\text{EGT} + \text{Fremdkapitalzinsen}}{\text{Gesamtkapital}}$$

$$\text{Cashflow in Prozent der Betriebsleistung} = \frac{\text{Cashflow}}{\text{Betriebsleistung}}$$

Die ersten beiden Kennzahlen sollen dabei den Themenbereich der finanziellen Stabilität abbilden, während sich weiteren beiden des wirtschaftlichen Erfolgs annehmen sol-

---

[26] Vgl. zu dem Verfahren ausführlich *Kralicek/Böhmdorfer/Kralicek*, Kennzahlen für Geschäftsführer[5] (2008). Weitere Anwendungshinweise bietet auch die Homepage www.kralicek.at (Zugriff am 11. 2. 2014).

len. Grds. sind die Werte einzutragen, wie sie in den vorgefundenen Finanzberichten enthalten sind; d. h., Aufbereitungen sind vonseiten der Autoren des Quicktests nicht vorgesehen. Sie sind aber jedenfalls möglich und auch sinnvoll. Zur weiteren Ermittlung der obigen Kennzahlen finden sich folgende notwendigen Hinweise:

- Zu den **liquiden Mitteln** zählen Kassabestand, Schecks, Guthaben bei Banken.
- Das **Eigenkapital** umfasst das bilanziell ausgewiesene Eigenkapital sowie die unversteuerten Rücklagen.
- Das **Fremdkapital** umfasst das gesamte ausgewiesene Fremdkapital (Verbindlichkeiten und Rückstellungen, zzgl. passive Rechnungsabgrenzungsposten).
- Die **Betriebsleistung** ist nach folgendem (bereits bekannten; siehe Kap. 7.3.1.) Schema zu ermitteln:

  Umsatzerlöse
+/− Bestandsveränderungen
+ aktivierte Eigenleistungen
+ sonstige betriebliche Erträge
= **Betriebsleistung**

- Der **Cashflow** versteht sich als Cashflow vor Ertragsteuern. Üblicherweise wird eine Ermittlung nach dem Praktikerschema empfohlen (siehe Kap. 7.2.3.2.); alternativ kann wohl insb. auf den Cashflow aus laufender Geschäftstätigkeit (falls verfügbar, inkl. Zinszahlungen und Dividendenerträgen) zurückgegriffen werden.

Alle weiteren Bestandteile der Formeln lassen sich unproblematisch der analysierten Bilanz bzw. GuV entnehmen. Darüber hinaus wird gelegentlich empfohlen, für die Ermittlung der Gesamtkapitalrentabilität (richtigerweise) das durchschnittlich gebundene Kapital anstelle des Stichtagswerts heranzuziehen. Nach Ermittlung der Kennzahlen wird für jede eine Beurteilung nach dem Schulnotensystem abgeleitet werden:

Beurteilungsskala	sehr gut (1)	gut (2)	mittel (3)	schlecht (4)	insolvenzgefährdet (5)
Eigenkapitalquote	> 30%	> 20%	> 10%	< 10%	negativ
Schuldentilgungsdauer	< 3 Jahre	< 5 Jahre	< 12 Jahre	< 30 Jahre	> 30 Jahre bzw. negativ
Ergebnis finanzielle Stabilität	Arithmetischer Durchschnitt der ermittelten Ergebnisse (Schulnoten) für Eigenkapitalquote und Schuldentilgungsdauer				
Gesamtkapitalrentabilität	> 15%	> 12%	> 8%	< 8%	negativ
Cashflow in % der Betriebsleistung	> 10%	> 8%	> 5%	< 5%	negativ
Ergebnis wirtschaftlicher Erfolg	Arithmetischer Durchschnitt der ermittelten Ergebnisse (Schulnoten) für Gesamtkapitalrentabilität und Cashflow in % der Betriebsleistung				
Gesamtbeurteilung	Arithmetischer Durchschnitt über die ermittelten Ergebnisse (Schulnoten) aller vier Kennzahlen				

Abbildung 45: Beurteilungsschema für den Quicktest

Der Quicktest wurde primär für die Analyse von **UGB-Finanzberichten** – insb. Jahresabschlüssen – entworfen. Entsprechend wäre eine Übertragung auf IFRS-Finanzberich-

Die wichtigsten Kennzahlen (und deren Verknüpfungen) für die Praxis

te zwar möglich, sollte aber nur mit äußerster Vorsicht unternommen werden, da mit Verzerrungen hinsichtlich der erzielten Beurteilungen zu rechnen ist (siehe Kap. 2.6.2.).

Wenn man sich dies vor Augen führt, erscheint der Quicktest als **Verfahren aus der Praxis für die Praxis** – mit allen typischen Vor- und Nachteilen. Er ist tatsächlich schnell durchzuführen und deckt gleichermaßen die zwei zentralen Fragestellungen von Bilanzanalysen ab. Ob diese allerdings wirklich gleichermaßen relevant sind für die Adressaten der Bilanzanalyse, sei dahingestellt und ist von Fall zu Fall abzuwiegen. Immerhin ist es aber auch möglich, (diesfalls überaus simple) Teilergebnisse nur für die finanzielle Stabilität oder den wirtschaftlichen Erfolg zu ermitteln. In der Praxis, insb. im Kontext von KMU, hat es sich als grobes Beurteilungsverfahren bewährt; die österreichische Wirtschaftszeitung „*Gewinn*" hat es darüber hinaus (früher) jahrelang zum Rating der 500 Topunternehmen in Österreich herangezogen. Einer Betrachtung auf Grundlage wissenschaftlicher Kriterien hält es demgegenüber offensichtlich nicht stand. Auch treffen die zuvor angeführten Kritikpunkte an derartigen Verfahren wohl im besonderen Maße auf den Quicktest zu, da er z. B. nicht zwischen verschiedenen Branchen differenziert.

7.7.3. RSW-Verfahren

Das RSW-Verfahren stellt ein Beurteilungsverfahren dar, das – basierend auf sechs Kennzahlen – eine Rangreihenfolge von analysierten Unternehmen erstellt. Entwickelt wurde es an der Universität Kiel von *Schmidt*.[27] Im Fokus standen dabei von Anfang an deutsche börsenotierte Unternehmen. Beginnend mit der Mitte der 1980er-Jahre wurde lange Jahre im „*Manager Magazin*" auf Grundlage dieses Verfahrens ein jährliches Ranking der 500 größten deutschen börsenotierten AGs durchgeführt.

Das Verfahren wurde für die Analyse der HGB-Abschlüsse von börsenotierten Unternehmen entwickelt; typischerweise handelt es sich dabei um Konzernabschlüsse. Betrachtet werden je zwei Kennzahlen zu den drei Themenbereichen Rendite, Sicherheit und Wachstum (die jeweils ersten Buchstaben dieser Themenbereiche sind auch namensgebend für das Verfahren). Jeweils eine Kennzahl pro Themenbereich ist branchenweit standardisiert, eine zweite nimmt demgegenüber auf Branchenspezifika Bedacht; die erste, standardisierte Kennzahl ist dabei doppelt so stark gewichtet wie die branchenspezifische zweite. Die Renditekennzahlen werden weiterhin für einen mehrjährigen Betrachtungszeitraum ermittelt und fließen so in das Ranking ein; die aktuelleren Werte werden zusätzlich stärker gewichtet.

Tabelle 20 skizziert den grundsätzlichen Aufbau des Verfahrens; besonders auffallend ist die starke Gewichtung des Analysebereichs zur Rendite:

Standardisiert für	Kennzahl	Gewicht	Analysebereich	Gewicht	Resultat
alle Unternehmen	Eigenkapitalrentabilität	0,444	Rendite	0,666	RSW-Score
branchenspezifisch	Betriebsrentabilität	0,222			
alle Unternehmen	Eigenkapitalquote	0,111	Sicherheit	0,167	
branchenspezifisch	Liquiditätsquote	0,056			
alle Unternehmen	Bilanzsummenwachstum	0,111	Wachstum	0,167	
branchenspezifisch	betriebliches Wachstum	0,056			

Tabelle 20: Aufbau des RSW-Verfahrens

---

[27] Vgl. zu diesem Verfahren tiefergehend z. B. *Schmidt*, Rating börsennotierter Unternehmen, in *Gerke* (Hrsg.), Anleger an die Börse (1990) 55 (55 ff.). Die nachfolgende Darstellung folgt darüber hinaus auch den Zusammenfassungen bei *Küting/Weber*, Die Bilanzanalyse[10] (2010), sowie *Baetge*, Bilanzanalyse (1998).

Mithilfe der ermittelten RSW-Score soll (auch) die Angemessenheit über den Aktienkurs eines Unternehmens zum Stichtag beurteilt werden – ob dieser angemessen, niedrig oder hoch ist. Um dies umzusetzen, wird zunächst mithilfe dieser Spitzenkennzahl abgebildet, inwieweit ein analysiertes Unternehmen vom Durchschnitt aller Unternehmen seiner Branche abweicht. Je positiver die Abweichung, desto höher die erzielte Score.

$$RSW_{i,b} = \sum_{k=1}^{6} \frac{x_{k(b),i} - \bar{x}(VG(b, k))}{s(VG(b, k))} \times g_k$$

$RSW_{i,b}$	RSW-Score des Unternehmens i, das zur Branchengruppe bzw. Branche b gehört.
k	Laufindex für Kennzahlentyp.
$x_{k(b),i}$	Wert der für die Branchengruppe bzw. Branche b definierten Kennzahl des Typs k bei dem Unternehmen i (in Prozent).
(VG(b,k))	Mittelwert für den Kennzahlentyp k
s(VG(b,k))	Wert der Standardabweichung des Kennzahlentyps k.
g_k	Gewicht der standardisierten Kennzahl des Typs k.

Einerseits wird so ein Rating abgeleitet, welches das analysierte Unternehmen relativ zu den Vergleichsunternehmen positioniert (A = beste fünf Prozent, B = beste fünf bis 25 Prozent, C = beste 25 bis 75 Prozent, D = beste 75 bis 95 Prozent, E = schlechteste fünf Prozent). Darüber hinaus erfolgt eine Rangfolge nach der erzielten RSW-Score.

In einem weiteren Schritt kann nach demselben Muster ein *„Börsen-Score"* ermittelt werden. Dieser wurde in den 1990er-Jahren im Verfahren mit dem zuvor ermittelten Wert (fortan: *„Fundamental-Score"*) verbunden. Auch hierfür sind börsenorientierte Kennzahlen in den drei Analysebereichen Rendite, Sicherheit und Wachstum zu ermitteln, zu aggregieren und entlang einer fünfstufigen Skala zu beurteilen sowie zu reihen:

- **Rendite:** Durchschnittsrendite bei sechsmonatiger Haltedauer unter Berücksichtigung von Kursgewinnen und Dividenden.
- **Sicherheit:** Volatilität der Renditen.
- **Wachstum:** Wertentwicklung der Aktien über einen definierten Gesamtzeitraum.

Der folgende **Gesamt-Score** wird schließlich als Mittelwert von beiden Teil-Scores ermittelt. Dieser Gesamt-Score wird mittels Korrelationsanalyse mit dem Börsenkurs zum Stichtag verglichen, um so Rückschlüsse auf die Angemessenheit des Aktienkurses zu ziehen.

Das Hauptaugenmerk des Verfahrens liegt auf der Definition und Ermittlung der Kennzahlen, die auf Basis der Finanzberichte ermittelt werden. Hierfür liegen klare Vorgaben zur Vorgehensweise vor. Für die branchenübergreifend einheitlich vorgegebenen **ersten Kennzahlen je Analysebereich** sind dies die folgenden (wobei sich diese im Zeitablauf auch mehrfach änderten):

$$\text{Eigenkapitalrentabilität} = \frac{\begin{array}{c}\text{Jahresüberschuss bzw. Jahresfehlbetrag} \\ + \text{ Steuern vom Einkommen und Ertrag} \\ + \text{ abgeführte Gewinne} \\ - \text{ Erträge aus Verlustübernahme}\end{array}}{\begin{array}{c}\text{bilanzielles Eigenkapital} \\ - \text{ nicht durch Eigenkapital gedeckter Fehlbetrag} \\ - \text{ ausstehende Einlagen}\end{array}}$$

Die wichtigsten Kennzahlen (und deren Verknüpfungen) für die Praxis

(Über die letzten drei Jahre zum Ende des Geschäftsjahres berechnet und mit 3:2:1 gewichtet.)

$$\text{Eigenkapitalquote} = \frac{\text{bilanzielles Eigenkapital} - \text{nicht durch Eigenkapital gedeckter Fehlbetrag} - \text{ausstehende Einlagen}}{\text{Bilanzsumme} - \text{nicht durch Eigenkapital gedeckter Fehlbetrag} - \text{ausstehende Einlagen}}$$

(Ermittelt zum Ende des letzten Geschäftsjahres.)

$$\text{Wachstumsrate Bilanzsumme} = \left(\frac{\text{Bilanzsumme}_t - \text{nicht durch Eigenkapital gedeckter Fehlbetrag}_t - \text{ausstehende Einlagen}_t}{\text{Bilanzsumme}_{t-w} - \text{nicht durch Eigenkapital gedeckter Fehlbetrag}_{t-w} - \text{ausstehende Einlagen}_{t-w}}\right)^{\frac{1}{w}} - 1$$

(Geometrische Wachstumsrate, wobei t = 2 im Geschäftsjahr t.)

Hinsichtlich des mehrmals vorkommenden Abzugspostens *„nicht durch Eigenkapital gedeckter Fehlbetrag"* ist für die österreichische Ausgangslage zu ergänzen, dass dieser hierzulande keine Relevanz hat und bei einer Anwendung des RSW-Verfahrens im Kontext von UGB-Abschlüssen nicht berücksichtigt werden müsste. Hintergrund ist, dass im HGB unter dieser Bezeichnung ein sog. *„negatives Eigenkapital"* auf der Aktivseite ausgewiesen wird (und somit bilanzverlängernd wirkt),[28] während es im UGB als negativer Betrag auf der Passivseite ausgewiesen wird (siehe Kap. 3.2.1.).

Als **branchenspezifische zweite Kennzahl** finden für die Analyse des Wachstums z. B. folgende Kennzahlen Anwendung; für diese liegen ebenso ausgearbeitete Definitionen betreffend die Ermittlung vor:

- Industrie, Handel, Verkehr: Umsatzerlöse.
- Verwaltungsgesellschaften: Anlagevermögen.
- Banken und Versicherungen: Bruttoerträge (Zins-, Provisions- und Beteiligungserträge).

Kritisiert wird an dem Modell insb., dass die Wahl der Kennzahlen und deren Gewichtung rein subjektiv erfolgt sind. Ein besonderer Kritikpunkt ist dabei die hohe Gewichtung der Renditekennzahlen. Allerdings konnte gerade für die Kennzahl der Eigenkapitalrentabilität ein hoher Zusammenhang mit der tatsächlichen Kursentwicklung eines Analyseobjekts nachgewiesen werden, was deren Berücksichtigung und Gewichtung empirisch stützt. Darüber hinaus legt das Verfahren alle Annahmen, Inputfaktoren und Vorgehensweisen transparent offen.

Mit dem Jahrtausendwechsel hat das RSW-Verfahren wesentlich an Bedeutung verloren. Das mag zu einem gewissen Maße wohl auch dem Bedeutungsgewinn und der später verpflichtenden Anwendung der IFRS für die Konzernabschlüsse börsenotierter Unternehmen geschuldet sein. Das RSW-Verfahren lässt sich wohl weder unmittelbar auf diese IFRS-Konzernabschlüsse übertragen – da die Kennzahlendefinitionen angepasst werden müssten und darüber hinaus ggf. generell stärker bei der Kennzahlenwahl

---

[28] *„Ist das Eigenkapital durch Verluste aufgebraucht und ergibt sich ein Überschuß der Passivposten über die Aktivposten, so ist dieser Betrag am Schluß der Bilanz auf der Aktivseite gesondert unter der Bezeichnung ‚Nicht durch Eigenkapital gedeckter Fehlbetrag' auszuweisen"* (§ 268 Abs. 3 HGB).

und -ermittlung auf die geschilderten Besonderheiten dieses Rechnungslegungssystems eingegangen werden müsste –, noch ist eine Übertragung auf das Anwendungsfeld nicht-börsenotierter Unternehmen problemlos (wenngleich grds. doch) möglich – da für diese z. B. regelmäßig nicht ausreichende Datensätze zur Verfügung stehen, um eine aussagekräftige Grundgesamtheit für den Vergleich aufzustellen (der Börsen-Score würde ohnedies entfallen müssen).

Dessen unbeschadet ist die Idee hinter dem RSW-Verfahren überzeugend geblieben, und die transparente Vorgehensweise, wie etwa Branchenspezifika berücksichtigt werden können und eine Gesamtbeurteilung abgeleitet wird, noch immer vorbildhaft. Zumindest in adaptierter Form kann es Anwendung für heutige Probleme im Zuge von Bilanzanalysen finden – insb. für Unternehmen, die über entsprechend große Datensätze an Vergleichsobjekten verfügen. Schließlich mag es noch immer als Ausgangspukt dienen, um ein vergleichbares Modell auf Basis von IFRS-Finanzberichten zu entwickeln.

7.7.4. Saarbrücker Modell

Während das RSW-Verfahren so inzwischen an Bedeutung verloren hat, hat demgegenüber das sog. Saarbrücker Modell[29] heute zentralen Stellenwert unter den Bonitäts- und Ratingmodellen. Dieses wurde an der Universität des Saarlandes entwickelt. Es fließt u. a. in die Firmenchecks ein, die das *„Handelsblatt"* in Deutschland regelmäßig veröffentlicht, und hat damit eine hohe Breitenwirksamkeit. Was es in einem besonderen Maße auszeichnet: Es umfasst sowohl einen quantitativen als auch einen qualitativen Teil, d. h., es berücksichtigt als einziges der heute relevanten Verfahren Aspekte der qualitativen Bilanzanalyse (siehe Kap. 4.5.).

Im **quantitativen Teil** des Saarbrücker Modells erfolgt die Beurteilung der Ertragsstärke eines Analyseobjektes, also seines wirtschaftlichen Erfolgs. Dies geschieht auf der Grundlage von vier Kennzahlen:

$$\text{Eigenkapitalquote (EQ)} = \frac{\text{korrigiertes Eigenkapital}}{\text{korrigiertes Gesamtkapital}}$$

$$\text{Return on Investment (RoI)} = \frac{\text{korrigierter Jahresüberschuss}}{\text{korrigiertes Gesamtkapital}}$$

$$\text{Operativer Cashflow zu Umsatzerlösen (CFU)} = \frac{\text{korrigierter operativer Cashflow}}{\text{Nettoumsatzerlöse}}$$

$$\text{Operativer Cashflow zu Gesamtkapital (CFK)} = \frac{\text{korrigierter operativer Cashflow}}{\text{korrigiertes Gesamtkapital}}$$

Obwohl das Saarbrücker Modell also nach eigenen Aussagen auf die Ertragsstärke (also den wirtschaftlichen Erfolg) abstellt, finden sich ebenso Aspekte der finanziellen Stabilität mitintegriert (insb. in Form der Eigenkapitalquote). Für jeden erforderlichen Bestandteil dieser Kennzahlen liegen genaue Definitionen für die Ermittlung vor. Diese sind für HGB-, UGB- wie IFRS-Abschlüsse gleichermaßen übertragbar:

    Cashflow aus laufender Geschäftstätigkeit laut Geldflussrechnung
+   ggf. darin enthaltene Zinsauszahlungen
−   ggf. darin enthaltene Zinseinzahlungen
=   **korrigierter operativer Cashflow**

---

[29] Vgl. dazu *Küting/Weber*, Bilanzanalyse[10].

Die wichtigsten Kennzahlen (und deren Verknüpfungen) für die Praxis

Sollte keine Geldflussrechnung des Analyseobjekts vorliegen (wie es in Deutschland insb. vor dem Bilanzrechtsmodernisierungsgesetz [BilMoG] der Fall sein konnte, wie es darüber hinaus für Österreich aber noch heute Relevanz hat):

    Jahresüberschuss vor Steuern von Einkommen und Ertrag
+   Abschreibungen des Geschäftsjahres
−   Zuschreibungen des Geschäftsjahres
+/− Veränderungen der Rückstellungen für Pensionen und ähnlicher Verpflichtungen
+/− Dotierung von Contractual Trust Arrangements (CTA) bzw. Pensions Trusts
+/− Veränderung des Sonderpostens für Zuwendungen (d. h. insb. Subventionen)
=   **korrigierter operativer Cashflow**

Bei IFRS-Abschlüssen wird anstelle des Jahresüberschusses auf das Jahresergebnis vor Steuern lt. GuV zurückgegriffen – jedoch ohne aufgegebene Geschäftsbereiche nach IFRS 5 und vor Berücksichtigung der Minderheitenanteile.

    Eigenkapital laut Bilanz
−   ausstehende Einlagen auf das gezeichnete Kapital
+   70 % (1 − s) des Sonderpostens für Zuwendungen
−   Dividendenausschüttungen des Mutterunternehmens
=   **korrigiertes Eigenkapital**

Die 70 % des Sonderpostens für Zuwendungen werden vereinfachend herangezogen, da der anwendbare Konzerndurchschnittssteuersatz, empirischen Erhebungen folgend, mit 30 % angenommen wird. Die Dividendenausschüttung folgt dem Vorschlag des Mutterunternehmens, wie er in den ausgewerteten Geschäftsberichten angegeben wird.

    Bilanzsumme
−   ausstehende Einlagen auf das gezeichnete Kapital
=   **korrigiertes Gesamtkapital**

    Jahresüberschuss vor Steuern vom Einkommen und Ertrag
+   Zinsaufwendungen
=   **korrigierter Jahresüberschuss**

Der letzte erforderliche Posten, die **Nettoumsatzerlöse**, werden unmittelbar und ohne Anpassungen aus der GuV des Analyseobjekts entnommen. Die in der GuV auszuweisenden Umsatzerlöse entsprechen bereits den gesuchten Nettoumsatzerlösen (siehe Kap. 3.3.1.).

Alle ermittelten Kennzahlen werden anschließend gleichgewichtet; jeder Kennzahlenausprägung wird eine Punktezahl nach der folgenden Tabelle zugeordnet.

Ausprägung Kennzahl				Punktezahl
EQ	RoI	CFU	CFK	
EQ ≤ 5	RoI ≤ 1	CFU ≤ 2	CFK ≤ 1	0
5 < EQ ≤ 12	1 < RoI ≤ 3	2 < CFU ≤ 5	1 < CFK ≤ 3	25
12 < EQ ≤ 19	3 < RoI ≤ 5	5 < CFU ≤ 8	3 < CFK ≤ 5	50
19 < EQ ≤ 26	5 < RoI ≤ 7	8 < CFU ≤ 11	5 < CFK ≤ 7	75
26 < EQ ≤ 33	7 < RoI ≤ 9	11 < CFU ≤ 14	7 < CFK ≤ 9	100
33 < EQ ≤ 40	9 < RoI ≤ 11	14 < CFU ≤ 17	9 < CFK ≤ 11	125

SWK-Spezial: Bilanzanalyse

40 < EQ ≤ 47	11 < RoI ≤ 13	17 < CFU ≤ 20	11 < CFK ≤ 13	150
47 < EQ ≤ 55	13 < RoI ≤ 15	20 < CFU ≤ 23	13 < CFK ≤ 15	175
55 < EQ ≤ 70	15 < RoI ≤ 17	23 < CFU ≤ 26	15 < CFK ≤ 17	200
70 < EQ ≤ 85	17 < RoI ≤ 19	26 < CFU ≤ 29	17 < CFK ≤ 19	225
EQ > 85	RoI > 19	CFU > 29	CFK > 19	250

Tabelle 21: Punktezahlen für die Kennzahlen des Saarbrücker Modells

Aus der Addition der erreichten Punktezahl je Kennzahl ergibt sich der erzielte **Gesamt-Score** eines Analyseobjekts. Mit diesem erfolgt auf Grundlage der Erfahrungswerte der Modellautoren eine Einstufung in eine von fünf Ertragsstärkenklassen:

Ausprägung der Gesamtpunktzahl	Ertragsstärkeklasse
Score ≤ 250	außergewöhnlich ertragsschwach
250 < Score ≤ 400	unterdurchschnittlich ertragsstark
400 < Score ≤ 600	durchschnittlich ertragsstark
600 < Score ≤ 800	überdurchschnittlich ertragsstark
800 < Score ≤ 1.000	außergewöhnlich ertragsstark

Tabelle 22: Ertragsstärkenklassen des Saarbrücker Modells

Im **qualitativen Teil** des Saarbrücker Modells erfolgt eine Analyse des bilanzpolitischen Instrumentariums, dessen sich die Analyseobjekte bedienen (siehe Kap. 4.5.). Hierfür wurde zunächst erhoben, welches typische Bilanzierungsverhalten deutsche Unternehmen kennzeichnet *("Normbilanzierung")*. Die Ergebnisse werden nachfolgend dargestellt; zur besseren Vergleichbarkeit mit dem österreichischen Rechtsrahmen wurde jene Aufstellung herangezogen, die *vor* dem BilMoG Gültigkeit hatte, da bis dahin eine höhere Vergleichbarkeit zwischen dem deutschen und dem (gegenwärtigen) österreichischen Rechnungslegungsrecht gegeben war:[30]

1.	Aufwendungen für das Ingangsetzen und Erweitern eines Betriebes werden nicht aktiviert *(in Österreich seit 2010 nicht mehr zulässig)*.
2.	Ein Firmenwert wird im Jahresabschluss sofort als Aufwand gebucht.
3.	Der Ansatz der Herstellungskosten erfolgt mit der steuerlichen Wertuntergrenze.
4.	Fremdkapitalzinsen werden nicht in die Herstellungskosten einbezogen.
5.	Die Abschreibung auf bewegliche Vermögensgegenstände des Anlagevermögens wird nach der gebrochenen Abschreibungsmethode vorgenommen (erst geometrisch degressiv, dann linear).
6.	Es werden weder außerordentlich kurze noch außerordentlich lange Nutzungsdauern bei der Abschreibungsermittlung zugrunde gelegt.
7.	Steuerliche Sonderabschreibungen übersteigen nicht 15 % des Jahresergebnisses.
8.	GWG werden sofort abgeschrieben.
9.	Abschreibungen auf den nahen Zukunftswert werden nicht durchgeführt *(in Österreich seit 2010 nicht mehr zulässig)*.

---

[30] Diese Aufstellung wurde folglich entnommen aus *Küting/Weber*, Die Bilanzanalyse[9] (2009).

Die wichtigsten Kennzahlen (und deren Verknüpfungen) für die Praxis

10.	Verzicht auf Anwendung der Lifo-Methode für die Vorratsbewertung (allerdings bei zunehmend festgestellter Tendenz zu deren Nutzung).
11.	Verzicht auf Anwendung der Festbewertung als Bewertungsvereinfachungsverfahren.
12.	Keine Vornahme von Bewertungswechseln im Zeitablauf.
13.	Im Rahmen der Langfristfertigung findet die Completed-Contract-Methode Anwendung.
14.	Im Jahresabschluss werden keine aktiven latenten Steuern angesetzt.
15.	Pensionsverpflichtungen werden in voller Höhe passiviert.
16.	Der Zinssatz für Pensionsrückstellungen beträgt 6 %.
17.	Es werden keine Aufwandsrückstellungen gebildet.
18.	Volle (einmalige) Verrechnung des aktiven Unterschiedsbetrags aus der Kapitalkonsolidierung (Firmenwert) gegen die Konzernrücklagen *(in Österreich seit 2010 nicht mehr zulässig).*

Tabelle 23: Typisches Bilanzierungsverhalten deutscher Unternehmen (HGB)

Anschließend wird untersucht, in welchen Punkten das Analyseobjekt in seiner Rechnungslegung von dieser Normbilanzierung abweicht. Hierbei wird unterschieden zwischen einer konservativen (ergebnismindernden) und einer progressiven (ergebniserhöhenden) Rechnungslegungspraxis. Nach Anzahl der Abweichungen erfolgt schließlich eine Ableitung der Bilanzierungsstrategie – in Abhängigkeit davon, ob „nie", „sehr selten", „selten", „häufiger", „oft" oder „sehr oft" von der Normbilanzierung abgewichen wird.

Während der quantitative Teil des Saarbrücker Modells für HGB(/UGB)- und IFRS-Finanzberichte gleichermaßen Anwendung finden kann, ist der qualitative Teil **auf HGB(/UGB)-Finanzberichte beschränkt**. Durch die Besonderheiten der IFRS-Rechnungslegungsstandards (insb. hinsichtlich der geringen Zahl an Wahlrechten; siehe Kap. 6.2.2.) konnte hierfür noch keine Normbilanzierung abgeleitet werden.

Als **Ergebnis** dieser Beurteilung wird gefolgert, wie die im quantitativen Teil des Saarbrücker Modells ermittelten Kennzahlen zu beurteilen sind. Bei einer konservativen Rechnungslegungspraxis kann so davon ausgegangen werden, dass die tatsächliche wirtschaftliche Lage tendenziell besser ist, als sie in den Finanzberichten abgebildet wird. Bei progressiver Rechnungslegungspraxis wird demgegenüber die tatsächliche wirtschaftliche Lage kritischer zu beurteilen sein.

Das Saarbrücker Modell bietet sich so für die Bilanzanalyse als ein modernes Verfahren an, dessen Beurteilungsschema zwar letztlich auch subjektiv von den Modellautoren entwickelt wurde, aber auf eine lange Vergangenheit des bewährten Einsatzes zurückblicken kann. Es ist für die verschiedensten Arten von Finanzberichten einsetzbar – zumindest in seinem quantitativen Teil; bewusstseinsbildend kann der qualitative Teil aber ebenso für die Analyse von IFRS-Finanzberichten Nutzen bringen. Gerade durch seinen qualitativen Teil ist es auch zukunftsweisend, da es konkrete Richtlinien für eine qualitative Ergänzung der traditionell quantitativ ausgerichteten Bilanzanalyse an die Hand gibt. Allerdings ist kritisch anzumerken, dass die letztendliche Beurteilung gerade im quantitativen Teil auf Erfahrungswerten beruht; diese können sich ändern, und man kann ihnen glauben oder nicht. Hier überzeugen Lösungen wie für das RSW-Verfahren dargestellt natürlich mehr, alleine wegen der mit diesem Verfahren verbundenen Transparenz.

7.7.5. Typische Ratingmodelle von Banken

In der Praxis sind Verfahren wie die bereits behandelten insb. für Banken von großer Bedeutung. Hierbei haben die verschiedenen Institute i. d. R. eigene Verfahren entwickelt, um primär die Bonität bestehender und potenzieller Kreditnehmer einzuschätzen. Das Ergebnis dieser Verfahren hat einerseits Auswirkungen auf die Frage der grds. Kreditvergabe, andererseits auf die Ausgestaltung der Kreditverträge (etwa Besicherungen, Höhe des Zinssatzes etc.).

Typischerweise stehen hierbei ebenso **quantitative und qualitative Aspekte** im Fokus. Diese werden gesondert ermittelt, gewichtet und zu einem Gesamturteil verdichtet – was dann als Ratingergebnis ausgedrückt wird. Solche sind etwa auch von den großen Ratingagenturen wie *Moody's* (Aaa bis C) oder *Standard & Poor's* (AAA bis C) bekannt; diese greifen dabei aber inzwischen auf weiterentwickelte Verfahren als die hier beschriebenen zurück, da ihnen i. d. R. andere Möglichkeiten aufgrund ihrer Größe und ihrer Klientel offenstehen (häufig fließen jedoch die Ratings dieser großen Ratingagenturen für entsprechend große Unternehmen ganz wesentlich in die in Folge dargestellten Ratingmodelle, z. B. von Banken, ein).

Die konkrete Ausgestaltung ihrer Ratingmodelle gehört mitunter zu den größten Geheimnissen, die Banken gerne wahren; sie unterscheiden sich sowohl hinsichtlich analysierter Kennzahlen bzw. „Soft Facts" als auch hinsichtlich deren Gewichtung. Dadurch, dass sie nicht bekannt sind, wird es potenziellen Kreditnehmern erschwert, sich auf diese Beurteilung ihrer wirtschaftlichen Lage einzustellen und ggf. entsprechende Bilanzpolitik zu betreiben. Das ist wohl auch der Hintergrund für die Geheimniskrämerei. Abbildung 46 skizziert beispielhaft das Grundmuster, nach dem Ratingmodelle von Banken typischerweise aufgebaut sind:

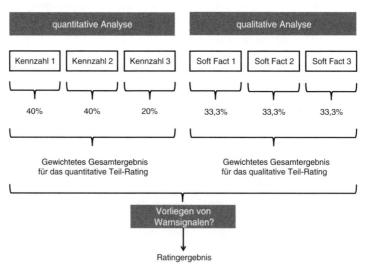

Abbildung 46: Beispielhafter Aufbau eines Ratingmodells

Im Rahmen der quantitativen Analysen werden zunächst in gewohnter Manier Kennzahlen ermittelt. Sehr häufig sind es dabei folgende Kennzahlen, die sich in den Ratingmodellen wiederfinden:

- Eigenkapitalquote (siehe Kap. 7.2.2.);
- Verbindlichkeitsstruktur (z. B. Bankverbindlichkeiten in Prozent der gesamten Verbindlichkeiten) (siehe Kap. 7.2.2.);

Die wichtigsten Kennzahlen (und deren Verknüpfungen) für die Praxis

- Entschuldungsdauer bzw. fiktive Schuldentilgungsdauer (siehe Kap. 7.2.2.);
- Umsatzerlöse bzw. Betriebsleistung (siehe Kap. 7.3.1.);
- Cashflow in Prozent der Betriebsleistung (siehe Kap. 7.2.3.2.);
- Zinsdeckung (siehe Kap. 7.3.2.);
- Gesamtkapitalrentabilität (siehe Kap. 7.3.3.).

Zumeist erfolgt auch eine Aufbereitung der analysierten Abschlüsse i. S. d. vorgestellten Überlegungen (siehe Kap. 6.). Insb. größere Kreditinstitute investieren hierin beträchtliche Ressourcen. Die Ergebnisse werden weiterhin i. d. R. differenziert nach Branche und Unternehmensgröße mithilfe von Sollwerten beurteilt (siehe Kap. 4.1.). Eine besondere Rolle spielt auch die Qualität der vorliegenden Finanzinformationen: Wurden sie z. B. von einem (renommierten?) Abschlussprüfer geprüft, kommt den Finanzinformationen mehr Gewicht zu, als wenn sie von einem Unternehmen, das nicht zur doppelten Buchführung verpflichtet ist, extra für den Kreditantrag erstellt wurden.

Eine Differenzierung der Analyse nach Vorliegen von UGB- und IFRS-Finanzberichten ist für viele Kreditinstitute irrelevant, da die typische Klientel gerade im ländlichen Raum ausschließlich nach UGB Rechnung legt (falls überhaupt). Wo dennoch IFRS-Finanzberichte eine Rolle spielen, lassen sich zwei Vorgehensweisen beobachten:

- Gerade Kreditinstitute, bei denen dies eher die Ausnahme darstellt, „pressen" die Informationen aus den IFRS-Finanzberichten in die auf das UGB ausgerichteten Analysetools und versuchen, bei der Interpretation der Ergebnisse die Besonderheiten der IFRS zu berücksichtigen.
- Größere Kreditinstitute mit ebenso größeren Unternehmen in ihrer Klientel haben demgegenüber auch eigene Analysetools, die auf die IFRS-Rechnungslegung ausgerichtet sind und von der Dateneingabe bis zur Auswertung differenziert berücksichtigen. Das ist natürlich die zu bevorzugende Lösung.

Im Rahmen der qualitativen Analysen sollen schließlich Faktoren ergänzt werden, die für den Prozess der Kreditvergabe ebenso entscheidend sind, aber in den Finanzberichten nicht abgebildet werden können. Insb. sollen sie stärker gegenwarts- bzw. zukunftsgerichtet sein, als es die Finanzzahlen sein können. Häufig wird hier mit mehr oder weniger umfangreichen Checklisten gearbeitet. Ein anschauliches Beispiel für eine solche bietet *Auer*.[31]

Analysebereich	Beurteilungskriterien
Qualität des Managements	- Ausbildung und beruflicher Werdegang. - Führungsstil, Mitarbeitermotivation, Kommunikationsfähigkeit, Belastbarkeit, Entscheidungsfreude, Verantwortungsbewusstsein, Kreativität, Zielsetzungen, Planungen, Einsatz von Controllinginstrumenten, Stellvertreterregelungen. - Inwieweit kann ein Einzelunternehmer die unterschiedlichen Anforderungen an sich vereinen? - Gibt es eine Nachfolgeregelung?
Produktions- und Dienstleistungsprogramm	- Betriebsgröße. - Struktur des Produktions- und Dienstleistungsprogramm. - Qualität der Produkte und Dienstleistungen. - Abgrenzung zu Konkurrenten: Betreibt das Unternehmen eine individuelle Marken- bzw. Nischenpolitik?

---

[31] Vgl. *Auer*, Kennzahlen für die Praxis, SWK-Sonderheft (2004).

Produktions- und Dienstleistungsprogramm	• Fähigkeit zur Neu- und Weiterentwicklung des Produktprogramms. • In welcher Stufe befinden sich die Produkte bzw. Dienstleistungen im jeweiligen Lebenszyklus? • Preispolitik. • Kundenstruktur; insb. Abhängigkeit von Großkunden. • Exportabhängigkeit (und damit verbunden z. B. Absicherung von Wechselkursschwankungen). • Auftragslage, Auftragsentwicklung.
Beschaffung und Produktion	• Struktur der Lieferanten und Abhängigkeit von einzelnen Lieferanten. • Art der Fertigung. • Kapazitätsauslastung. • Lagerpolitik (Optimierung der Lagerbestände). • Beschaffungspolitik. • Alter der Produktionsanlagen. • Investitionspolitik (Ersatzinvestitionen, Erweiterungsinvestitionen, Investitionsstopp).
Qualität des Rechnungswesens	• Ordnungsmäßigkeit. • Aktualität: Wie zeitnah zum Bilanzstichtag liegt der Finanzbericht vor? • Erfolgt eine Zwischenberichterstattung während des Geschäftsjahres? • Art des Abschlusses. • Verwendete Rechnungslegungsstandards (UGB, IFRS etc.). • Liegen von einem Abschlussprüfer geprüfte Finanzberichte vor? • Erfolgen Planungsrechnungen bzw. Vorschaurechnungen – und werden diese vorgelegt? • Gibt es ein zweckmäßiges Mahnwesen?
Qualität des Controllings	• Gibt es eine aussagekräftige Kostenrechnung? • Werden Vor- und Nachkalkulationen durchgeführt? • Gibt es Planungsrechnungen, einschließlich einer Finanzplanung? • Werden Soll-Ist-Vergleiche durchgeführt? • Welche weiteren Controllinginstrumente werden eingesetzt?
Wirtschaftliches und rechtliches Umfeld	• Branche: Struktur, Wettbewerbsintensität, Marktposition des Unternehmens, zukünftig erwartete Branchenentwicklung. • Konjunktur: Inwieweit besteht z. B. eine Abhängigkeit von konjunkturellen Schwankungen und von Rohstoffen? • Regulatorisches Umfeld: Inwieweit können sich gesetzliche Änderungen (Steuergesetze, Umweltschutzgesetze etc.) auf das Unternehmen auswirken? Sind Betriebsanlagegenehmigungen oder Umweltschutzauflagen zu beachten?
Kundenbeziehung bzw. Kontenentwicklung	• Informationspolitik: Informationsbereitschaft des Unternehmens gegenüber der Bank, Aktualität der bereitgestellten Informationen. • Geschäftsbeziehung: Intensität der Beziehung zwischen Unternehmen und Bank (Hauptverbindung, etwa bei einer Hausbank, oder Nebenverbindung), Produktnutzung, Entwicklung der Habenumsätze, ertragsmäßige Beurteilung der Geschäftsbeziehung. • Kontoführung: aktueller Status, Überziehungen (wie oft, weit wann, durchschnittliche Höhe, durchschnittliche Dauer), allfällige Mahnungen.

Tabelle 24: Beispielhafte Checkliste für qualitative Analysen

Die wichtigsten Kennzahlen (und deren Verknüpfungen) für die Praxis

Die **Sinnhaftigkeit der konkreten Beurteilungskriterien** wird wieder für jede Analysesituation individuell einzuschätzen sein. Eine regional verankerte Hausbank wird z. B. gegenüber langjährigen Kunden stärker die bisherigen Erfahrungen gewichten und die aufgebaute persönliche Beziehung zum Firmengründer einfließen lassen können. Ein österreichweit tätiges Spitzeninstitut, das sich auf größere Transaktionen beschränkt, könnte demgegenüber eher auf das Geschäftsmodell und das wirtschaftliche Umfeld des Analyseobjekts fokussieren.

Es zeigt sich in diesem Punkt eine **große Nähe zur Umfeld- und Unternehmensanalyse**, die bereits an früherer Stelle behandelt wurde (siehe Kap. 5.) und häufig im Rahmen von Ratingmodellen fester Bestandteil der Analysehandlungen ist. Über die Wichtigkeit derartiger Analysen wurde schon hinlänglich viel gesagt; es zeigt sich nur leider in der Praxis, dass der qualitative Teil weniger ernst genommen wird als der quantitative Teil – und manchmal bloß als Stellschraube gesehen wird, um zu dem Gesamtergebnis zu gelangen, das von den Analysten (oder auch den Adressaten) gewünscht wird. Dies ist dann natürlich schade, weil einerseits das Potenzial der qualitativen Analyse nicht genützt wird und man sich andererseits – ehrlicherweise – gleich den ganzen Aufwand hätte sparen können (je nachdem, wie viel im Vorhinein schon klar ist: der qualitativen Analysen oder gleich des gesamten Ratings: Ein ernstzunehmendes Rating darf nicht zum bloßen Alibi verkommen).

Die Teilratings für die quantitative und für die qualitative Analyse können anschließend wieder **gewichtet** werden (z. B. 50/50 oder 70/30 zugunsten des quantitativen Teils, der i. d. R. schwerer wiegt). Alternativ wird das Ergebnis der qualitativen Analysen oftmals als *„Upgrade-"* oder *„Downgrade-Möglichkeit"* berücksichtigt. D. h., ausgehend vom Ergebnis der quantitativen Analysen, wird dieses lediglich in einem gewissen Umfang herauf- oder herabgestuft (z. B. um einen Grad im Rating).

Vor der Formulierung des Gesamtergebnisses für das Rating werden i. d. R. noch bestimmte **Warnsignale** beachtet, die in den quantitativen bzw. qualitativen Teilratings nicht berücksichtigt wurden, aber noch zu einer Abänderung des letztendlichen Ratings führen können. Diese sollen insb. mögliche Entwicklungstendenzen in Richtung einer Verschlechterung der Bonität aufzeigen. Diese sind natürlich tlw. bereits von den qualitativen Analysen abgedeckt; sollten darüber hinaus aber wesentliche Informationen für den Rating- bzw. daran anknüpfenden Kreditvergabeprozess auftauchen, so können sie an dieser abschließenden Stelle berücksichtigt werden.

Das Gesamtergebnis ist dann das Rating i. e. S. Dieses hat typischerweise einen einzigen Zweck: Die **Ausfallswahrscheinlichkeit** des Unternehmens abzubilden, also primär seine finanzielle Stabilität. Die bestbeurteilten Unternehmen sind also nicht zwangsläufig jene, deren Eigentümer am reichsten werden; mitunter verhält es sich sogar gegenteilig, wie der Leverage-Effekt zeigt (siehe Kap. 7.4.4.). Natürlich hängt der wirtschaftliche Erfolg ebenso mit dieser finanziellen Stabilität untrennbar zusammen (siehe Kap. 7.1.); allerdings basiert das Geschäftsmodell eines typischen Kreditinstituts nicht auf einer Partizipation an den Chancen und Risiken des Kreditnehmers. Die Verdienstmöglichkeiten werden bei Kreditvergabe in Form der Kreditkonditionen festgehalten, und anschließend muss die Sorge des Kreditinstituts dem Umstand gelten, dass das Unternehmen nicht mehr in der Lage sein könnte, seinen Verpflichtungen nachzukommen. Dies erklärt auch, warum sich die zuvor als typisch für Ratingmodelle angeführten Kennzahlen klar überwiegend mit der finanziellen Stabilität beschäftigen.

Ähnliche Ratingmodelle wie die hier behandelten werden auch in anderen Branchen verwendet – etwa im Bereich der (öffentlichen) Wirtschaftsförderung. Sie eignen sich besonders gut, um **qualitative Entscheidungsgrundlagen** mit in die Beurteilung einfließen zu lassen. Es sind sogar Ratingmodelle denkbar, die einzig mit einer qualitativen

Analyse und entsprechenden Soft Facts arbeiten (etwa im Bereich der Start-ups, bei denen Finanzinformationen allenfalls in Form von Businessplänen eine Rolle spielen können). Typischerweise erfolgt ihre Zusammenstellung im höchsten Maße nach subjektiven Kriterien – was mit entsprechenden Anforderungen an die Sorgfalt bei dieser Zusammenstellung und die Transparenz bei der Konzeption und Nutzung verbunden ist; dies betrifft hier insb. die Auswahl und Gewichtung der Kennzahlen und der analysierten Soft Facts.

7.7.6. KWT-Leitfaden zur Früherkennung von Unternehmenskrisen (und Bill Mackey's Impending Insolvency Indicators)

Als Beispiel für ein Bonitäts- bzw. Ratingmodell, das ausschließlich mit qualitativen Kriterien arbeitet, soll der *"Leitfaden zum Erkennen von Unternehmenskrisen"* dargestellt werden. Dieser wurde wieder von der *Kammer der Wirtschaftstreuhänder (KWT)* als Stellungnahme KFS/BW5[32] erarbeitet und ist online frei zugänglich. Es soll insb. Wirtschaftstreuhändern bei dem frühzeitigen Erkennen solcher Krisen helfen, sodass diese einerseits Beratungsbedarf aufzeigen können, andererseits aber auch schon auf mögliche Haftungsrisiken für sie selbst hingewiesen sind (und ggf. darauf reagieren können).

In der Stellungnahme wird der Begriff *"Krise"* definiert als eine Phase, *"die eine substanzielle Gefährdung des Unternehmensfortbestands darstellt und durch die Unbestimmtheit ihres Ausgangs charakterisiert ist. Eine solche Gefährdung eines Unternehmens kann aufgrund außerordentlicher, nicht vorhersehbarer Ereignisse plötzlich, d.h. ohne erkennbare Warnsignale eintreten. Typischerweise durchlaufen Unternehmen in der Krise jedoch nacheinander verschiedene Eskalationsstufen."* Anschließend unterscheidet die Stellungnahme folgende drei Eskalationsstufen:

- **Potenzielle Krise:** In dieser sind insb. die Erfolgspotenziale des Unternehmens betroffen. Diese gehen z. B. verloren, die strategische Ausrichtung des Unternehmens ist mangelhaft etc.

- **Latente Krise:** Wenn auf die Krise der Erfolgspotenziale nicht entsprechend reagiert wird, schlägt sich dies in Folge in der wirtschaftlichen Lage des Unternehmens nieder. Zunächst ist hiervon die GuV betroffen, in der ein signifikanter Ergebnisrückgang eintritt bzw. sogar Verluste ausgewiesen werden.

- **Akute Krise:** Letztlich sind auch die Reserven an liquiden Mittel des Unternehmens gefährdet, und es droht die Zahlungsunfähigkeit. Hier haben alle Gegensteuerungsmaßnahmen bereits unter hohem Zeitdruck zu erfolgen.

Auch diese Dreiteilung erinnert also an den grundlegenden Rahmen zu den Erkenntniszielen der Bilanzanalyse, wie er am Anfang dieses SWK-Spezials skizziert wurde (siehe Kap. 2.1.). In der Folge bietet die Stellungnahme umfangreiche **Checklisten für Indikatoren** (*"Krisensignale"*), die jeweils auf das Vorliegen einer dieser Eskalationsstufen von Krisen hinweisen:

- Als **Krisensignale für eine potenzielle Krise** werden insb. strukturelle oder Führungsprobleme angeführt. Z. B. umfasst die Checklisten hierfür den Punkt *"Finanzen und Controlling"*, der Folgendes aufzählt:
    - Defizite im Informations- und Berichtswesen;
    - unzureichende Planungs- und Kontrollinstrumente;

---

[32] Stellungnahme *"Leitfaden zum Erkennen von Unternehmenskrisen"* des Fachsenats für Betriebswirtschaft und Organisation des Instituts für Betriebswirtschaft, Steuerrecht und Organisation der Kammer der Wirtschaftstreuhänder.

Die wichtigsten Kennzahlen (und deren Verknüpfungen) für die Praxis

- keine bzw. unzureichende Investitionsplanung (bzw. -rechnung);
- Defizite in Kostenrechnung und Kalkulation;
- fehlende Erfolgsaufschlüsselung (Sparten, Produkte, Kunden, Filialen, Gebiete, Verkäufer, Vertriebswege);
- unzulängliche Liquiditätsüberwachung;
- Fehlen konsolidierter Abschlüsse.

- Die **Krisensignale für eine latente Krise** sind demgegenüber bereits stark in der Rechnungslegung und in den diese unmittelbar beeinflussenden Faktoren verankert; der hier genannte Punkt „*Erträge*" umfasst:
    - Nachfragerückgang;
    - Preisverfall;
    - Verlust von Marktanteilen;
    - Verlust von wichtigen (Stamm-)Kunden;
    - sinkende EBIT-Marge.

- Letztlich drehen sich die **Krisensignale für akute Krisen** konsequenterweise um die Finanzmittel des Unternehmens. Unter dem Punkt „*Finanzierung*" werden etwa genannt:
    - kein oder negatives Eigenkapital;
    - fehlende Alternativfinanzierungsmöglichkeiten;
    - Forderung nach höherer Besicherung;
    - Kürzung des Kreditrahmens;
    - unerwarteter Kreditbedarf;
    - drohende Konventionalstrafen wegen Nichterfüllung von Kreditvereinbarungen;
    - drohende Kündigung/Fälligstellung von Krediten.

Darüber hinaus wird betont, dass gerade die Bilanzanalyse wertvolle Hinweise für die Einschätzung von Krisen liefern kann. **Kennzahlen zur Vermögens-, Finanz- und Ertragslage** sollen regelmäßig ermittelt und nach den verschiedenen Vergleichsmaßstäben hin ausgewertet werden. Allgemein werden wichtige Kennzahlen genannt, die aber relativ breit angelegt sind und daher unspezifisch wirken; darüber hinaus werden folgende (spannendere) Arten von Kennzahlen betont:

- vertraglich vereinbarte Kennzahlen im Rahmen von **Covenants**,
- **nicht-finanzielle Kennzahlen** (z. B. Mitarbeiterfluktuation).

Konkrete Gewichtungen, Verknüpfungen etc. zwischen den Kennzahlen bzw. den Kennzahlen und den qualitativen Krisensignalen lassen sich jedoch nicht entnehmen. Aber dies wiegt letztlich zum Glück nicht schwer: Der Hauptnutzen hinter diesem Leitfaden liegt – neben seiner leichten Zugänglichkeit – insb. in den umfassenden Checklisten zu den Krisensignalen. Diese können dem Bilanzanalysten bei der Schaffung entsprechenden Problembewusstseins unterstützen und wiederum Eingang in ausgefeiltere Bonitäts- und Ratingmodelle finden.

Da sie thematisch sehr gut dazu passt, soll an dieser Stelle noch eine ähnliche Checkliste angeführt werden, die sich im englischsprachigen Raum großer Beliebtheit erfreut. Diese wird einem *Bill* (manchmal auch: *William*) *Mackey* zugeschrieben, der sie in den 1970er- und 1980er-Jahren auf Grundlage seiner Erfahrungen als Wirtschaftsprüfer in Großbritannien entwickelt haben soll. Sie umfasst 14 Punkte, die in verschiedenen Quellen allerdings unterschiedlich wiedergegeben werden. Sind zumindest drei (manchmal wird auch von fünf gesprochen) davon erfüllt, soll bereits Gefahr im Verzug für das Analyseobjekt bestehen:[33]

- Rolls Royce als Firmenwagen, noch dazu mit Wunschkennzeichen versehen. Hierzulande mag man stattdessen Automobile deutscher Provenienz, insb. im SUV-Format, einsetzen. Nicht unbedingt ein Zeichen für einen verantwortungsvollen Einsatz der finanziellen Ressourcen des Unternehmens.
- Aquarien, Brunnen oder Atrien in der Empfangshalle am Firmensitz. Sehr häufig laufen derartige Installationen unter dem Begriffspaar „tarnen und täuschen".
- Flaggenmasten in größerer Zahl vor dem Firmensitz. Je mehr, desto schlimmer.
- Drei oder mehr Vorstandsmitglieder, die zu Rittern geschlagen wurden. Hierzulande mag man stattdessen andere staatliche Ehrenbezeichnungen einsetzen. Dabei stellt sich z. B. die Frage, wie viel Zeit diese Vorstandsmitglieder tatsächlich ihren Unternehmen widmen.
- Der Vorstandsvorsitzende wurde für seine besonderen Verdienste um die Wirtschaft ausgezeichnet. Ruf, Ruhm und Realität fallen häufig weit auseinander.
- Vor Kurzem wurde der Firmensitz in ein ultramodernes neues Gebäude verlegt. Und je prominenter die Gäste, die bei der Eröffnung anwesend waren, desto schlimmer – aus ähnlichen Gründen wie den bereits geschilderten.
- Der Rechnungswesenleiter ist bereits ein älteres Semester und/oder ganz offensichtlich unqualifiziert. Bei den heutigen Anforderungen an solche Positionen am Ball zu bleiben und den Überblick zu wahren, erfordert mitunter Herkules-Anstrengungen. Trotzdem (oder gerade deswegen) ist es für die verantwortungsvolle (finanzielle) Führung eines Unternehmens unerlässlich, auf entsprechende Ressourcen zurückgreifen zu können.
- Die Produkte und Dienstleistungen des Unternehmens genießen (unangefochtene) Marktführerschaft. Selbstzufriedenheit und Entwicklungsstillstand sind fast unvermeidbar.
- Vor Kurzem wurde ein Wechsel der (Haus-)Bank verkündet. Selten wird ein Unternehmen freiwillig die damit verbundenen Mühseligkeiten in Kauf nehmen.
- Der Wirtschaftsprüfer des Unternehmens ist ein alter Schulkollege des Vorstandsvorsitzenden (oder z. B. ein ehemaliger Mitarbeiter des Unternehmens). Mit einer ernstzunehmenden kritischen Prüfung ist kaum zu rechnen.
- Der Vorstandsvorsitzende ist bekannt für sein politisches oder ehrenamtliches Engagement. Eine Verflechtung, die zeitraubend und nicht immer optimal für die Interessen eines Unternehmens sein kann.
- Vor Kurzem wurde ein bedeutsamer Exportauftrag für das Unternehmen aus exotischen Gefilden verkündet (genannt werden u. a.: Mozambique, Nigeria, Iran, Afghanistan etc.). Dies bedarf wohl keiner weiteren Erläuterungen.
- Vor Kurzem wurde ein (unmittelbar bevorstehender) technologischer Durchbruch des Unternehmens verkündet. Ein Manöver, das wohl nur Sinn macht, um den Aktienkurs nach oben zu drücken.
- Die Vertriebsmitarbeiter werden nach Umsatz entlohnt und es erwartet sie einzig – hopp oder tropp – ein großer möglicher Bonus am Jahresende. Fragen nach Deckungsbeiträgen oder Ausfallsrisiken treten ganz schnell in den Hintergrund.

Über den Wahrheits- bzw. Ernsthaftigkeitsgehalt dieser – und ähnlicher – Aufstellungen kann man gewiss geteilter Meinung sein. Die durchaus noch frischen Erfahrungen be-

---

[33] Die Darstellung basiert weitgehend auf jener von *Bullivant*, Insolvency Warning Signs, in *Edwards* (Hrsg.), Credit Management Handbook[5] (2004) 146 (146 ff.).

treffend Unternehmensinsolvenzen zeigen allerdings, dass hier mehr als nur ein wahrer Kern enthalten ist. Darüber hinaus weist das Vorliegen einer Vielzahl dieser Punkte jedenfalls auf eine gewisse Geschmacksver(w)irrung seitens des Managements des Analyseobjekts hin.

7.7.7. Diskriminanzanalysen und künstliche neuronale Netze

Derartige Verfahren sind die wohl komplexesten von allen hier behandelten; dennoch (oder gerade deswegen) gelten sie als der **State of the Art**, mit dem z. B. die großen Ratingagenturen sehr weitgehend arbeiten (siehe Kap. 7.7.5.). Sie bedienen sich einer empirischen Datenbasis und werten diese i. d. R. mit mehr oder weniger komplexen statistischen Verfahren aus. Die Leitfragen hinter allen Untersuchungen lauten dabei:

- Was unterscheidet Unternehmen eines gewissen Typus von anderen Unternehmen?
- An welchen Kennzahlen kann man dies ausmachen?

Typischerweise kommt hier als Unterscheidungsmerkmal zwischen Unternehmen deren Insolvenz bzw. Weiterbestand in Betracht. Somit kann die angesprochene Frage dahingehend konkretisiert werden, dass ermittelt werden soll, welche Kennzahlen schon frühzeitig auf eine nahende Insolvenz hingewiesen haben.

Für die Analysen ist es erforderlich, Unternehmen über einen Zeitraum von mehreren Jahren zu analysieren. Die Aufmerksamkeit liegt dabei auf einer Testgruppe (im betrachteten Zeitraum insolvent gewordene Unternehmen), die mit einer Kontrollgruppe (solvente Unternehmen) verglichen wird. Anschließend wird mithilfe von statistischen Verfahren, univariaten (einparametrigen, d. h. mit einer Kennzahl rechnenden) oder multivariaten (mehrparametrigen) Diskriminanzanalysen, untersucht, ob sich die Ausprägungen bestimmter Kennzahlen für die Testgruppe signifikant von jenen der Kontrollgruppe unterscheiden. Dabei wird typischerweise auf drei bis fünf Kennzahlen abgestellt, die zumeist für die Unterscheidung ausreichen.

Eine multivariate **Diskriminanzfunktion**, die aus diesen Untersuchungen abgeleitet werden kann, sieht wie folgt aus:

$$D = a \times Kennzahl\ 1 + b\ Kennzahl\ 2 + c \times Kennzahl\ 3$$

Kennzahl 1/2/3 steht hierbei für die konkrete Ausprägung der ermittelten Kennzahlen; a/b/c sind die (gewichtenden) Konstanten, die aus den empirischen Untersuchungen abgeleitet werden müssen. Das Ergebnis ist der **Diskriminanz- bzw. Trennwert** D, der letztlich zur Beurteilung der Ausfallwahrscheinlichkeit herangezogen wird (z. B. *„je höher D, desto höher die Ausfallswahrscheinlichkeit"* bzw. *„ab D = x ist mit einer hohen Ausfallswahrscheinlichkeit zu rechnen"*). Durch eine laufende Erfassung neuer empirischer Datensätze wird die Funktion angepasst.

Dabei treten Fehlklassifikationen auf:

- **Fehler erster Art** („Alpha-Fehler"): Unternehmen, die eigentlich „krank" (d. h. ausfallsgefährdet) sind, werden als „gesund" klassifiziert.
- **Fehler zweiter Art** („Beta-Fehler"): Unternehmen, die eigentlich „gesund" sind, werden als „krank" klassifiziert.

Das erfordert die Festlegung eines **zulässigen Fehlertoleranzwerts**, der wiederum den kritischen Trennwert D bestimmt. Problematisch sind jedenfalls beide Fehlertypen. Für eine kreditgebende Bank ist etwa der Alpha-Fehler mit gewährten Krediten verbunden,, die nicht mehr rückgezahlt werden können und abgeschrieben werden müssen; das tut dann natürlich besonders weh. Der Beta-Fehler bedeutet demgegenüber, dass der Bank ein Geschäft entgeht, was zwar schwerer festzustellen ist (da eine hypothetische Betrachtung erfolgt) und damit weniger weh tut, aber letztlich den wirtschaftlichen

Erfolg der Bank genauso schmälert. Daher ist das Setzen der Trennwerte besonders heikel.

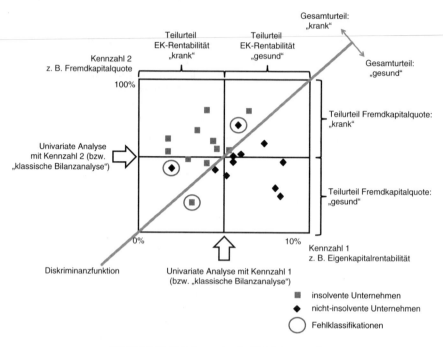

Abbildung 47: Funktionsweise der Diskriminanzanalyse

Die heute verbreiteten **Ratings** sind ganz in diesem Sinne solcher Analysen zu verstehen: Ein Rating im „A"-Bereich bedeutet etwa ein sehr geringes Kreditausfallsrisiko, ein „B"-Rating ein höheres und ein „C"-Rating bereits ein hohes. Ergänzend werden von den Ratingagenturen noch weitere Informationen angeboten, etwa die Wahrscheinlichkeit für Wechsel der Ratingklassen durch das geratete Unternehmen.

Anders als bei den zuvor dargestellten Bonitäts- und Ratingmodellen werden die maßgeblichen Kennzahlen und ihre Gewichtung empirisch bestimmt, weshalb sie auch als **objektive Größen** bezeichnet werden. Dies trägt wesentlich zur (auch an wissenschaftlichen Kriterien bemessenen) Fundierung solcher Verfahren bei. Die Analyseverfahren könnten grds. relativ leicht durchgeführt werden, man benötigt einzig entsprechend umfangreiche und relevante empirische Datensätze sowie das statistische Know-how. Gerade auf Unternehmensseite fehlt es aber regelmäßig an diesen Voraussetzungen, weswegen man bei Bedarf die benötigten Informationen von den spezialisierten Anbietern zukauft.

Zu beachten ist jedoch, dass es einige Kritik an derartigen Verfahren gibt: Durch den starken empirischen Bezug gelten sie als **„Black-Box-Modelle" ohne theoretische Fundierung**. Würde bei einer Untersuchung herauskommen, dass die durchschnittliche Körpergröße der Mitglieder des Vorstands für die untersuchten Unternehmen den Unterschied zwischen „gesunden" und „kranken" Unternehmen am besten erklären kann, ist das für sich genommen valide und belegbar; in der Diskriminanzfunktion wäre die Kennzahl somit enthalten und stark gewichtet. Die Frage ist aber, ob der Analyst hieraus wirklich Nutzen ziehen kann, d. h., ob er wirklich nicht in ein Unternehmen investieren

Die wichtigsten Kennzahlen (und deren Verknüpfungen) für die Praxis

würde, nur weil die Vorstandsmitglieder dort im Schnitt größer/kleiner als 180 cm sind. Solche Ergebnisse wie das hier illustrierte (zugegebenermaßen überspitzte) sind i. d. R. unerklärbar und entstehen mitunter „zufällig"; es kann auch sein, dass die Körpergröße rein als Begleiterscheinung des eigentlich relevanten Faktors auftritt, der aber nicht ausreichend berücksichtigt wurde – etwa dass der Mix von Geschlecht bzw. Nationalität der Vorstandsmitglieder eine Rolle spielt.

Weiters stellen sich Fragen wie: Kann aus der Vergangenheit wirklich valide auf die Zukunft geschlossen werden? Sind die bilanzpolitisch gestaltbaren Informationen aus den Finanzberichten wirklich eine gute Grundlage, um solche heiklen Entscheidungen zu treffen? Außerdem besteht die Gefahr einer **„self fulfilling prophecy"**: Aufgrund der angesprochenen Fehler können „gesunde" Unternehmen als „krank" klassifiziert werden; wenn diese dann etwa erschwerte Aufnahmebedingungen von benötigtem Kapital vorfinden, ist es durchaus wahrscheinlich, dass sie dann wirklich „krank" werden. Hier hat die durchgeführte Analyse aber nichts zur Aufdeckung dieses Umstands geführt, sondern vielmehr dazu beigetragen – und wird so Bestandteil des Problems.

Nachfolgend werden nun noch einige bekannte Untersuchungen auf Basis der Diskriminanzanalyse dargestellt, um hier einen Überblick zu bieten. Zuerst ist die **Studie von Beaver**[34] zu nennen, der bereits 1966 mithilfe eines univariaten Verfahrens eine systematische Untersuchung vornahm. 79 Unternehmen wurden für einen Zeitraum von fünf Jahren vor der Insolvenzeröffnung mit einer Kontrollgruppe verglichen. Insb. für zwei Kennzahlen fand er eine besonders hohe Aussagekraft:

$$\frac{\text{Cashflow}}{\text{Verbindlichkeiten} + \text{Vorzugsaktien}}$$

sowie

$$\frac{\text{EAT}}{\text{Gesamtvermögen}}$$

Für beide Kennzahlen weisen später insolvent gewordene Unternehmen jeweils deutlich niedrigere Werte sowie eine Verschlechterung im Zeitreihenvergleich aus.

Dem folgte eine ebenso berühmt gewordene **Studie von Altmann**[35] aus dem Jahr 1968. Dieser wandte erstmals eine multivariate Diskriminanzanalyse an. Als Ergebnis ermittelte er einen Diskriminanzwert Z, der als „Z-Score" noch heute geläufig ist. Er verglich 33 insolvent gewordene Unternehmen (börsennotierte Produktionsunternehmen) für einen Zeitraum von zwei Jahren vor Insolvenzeintritt mit einer Kontrollgruppe. Dabei stellte er folgende Gleichung zur Ermittlung des Z-Score auf:

$$Z = 0{,}012\, X_1 + 0{,}014\, X_2 + 0{,}033\, X_3 + 0{,}006\, X_4 + 0{,}999\, X_5$$

mit

$$X_1 = \frac{\text{Working Capital}}{\text{Gesamtvermögen}} \times 100$$

---

[34] Vgl. *Beaver*, Financial Ratios as Predictors of Failure, Journal of Accounting Research 1966, 71 (71 ff.).
[35] Vgl. *Altmann*, Financial Ratios, Discriminant Analysis and the Prediction of Corporate Bankruptcy, Journal of Finance 1968, 589 (589 ff.).

$$X_2 = \frac{\text{einbehaltene Gewinne (= Gewinnrücklagen + Bilanzgewinn)}}{\text{Gesamtvermögen}} \times 100$$

$$X_3 = \frac{\text{EBIT}}{\text{Gesamtvermögen}} \times 100$$

$$X_4 = \frac{\text{Marktwert des Eigenkapitals}}{\text{Buchwert des gesamten Fremdkapitals}} \times 100$$

$$X_5 = \frac{\text{Umsatzerlöse}}{\text{Gesamtvermögen}}$$

Häufig wurde insb. der hohe Stellenwert der letzten Kennzahl, die der Umschlagshäufigkeit des Vermögens entspricht, kritisiert. Ihre hohe Bedeutung wurde von *Altmann* allerdings mit ihren Auswirkungen auf die anderen Kennzahlen argumentiert. Hinsichtlich des resultierenden Z-Score wurde schließlich folgende Klassifikation vorgenommen:

- **Z > 3:** nicht-insolvenzgefährdete Firmen;
- **Z < 1,8:** insolvenzgefährdete Firmen;
- Dazwischen liegende Firmen wurden als in einer *„Grauzone"* befindlich klassifiziert.

Inzwischen wurde das Modell auch weiterentwickelt und angepasst. So gibt es etwa Berechnungsweisen für nicht-börsenotierte Unternehmen und Unternehmen verschiedener Branchen. Die Anpassungen unterscheiden sich dabei sowohl in den verwendeten Kennzahlen, als auch in deren Gewichtung.

Ein demgegenüber aktuelleres Beispiel für eine Diskriminanzanalyse aus der **österreichischen Bankenpraxis** führen *Egger/Samer/Bertl*[36] an:

$$Z = 1{,}5\, X_1 - 0{,}8\, X_2 + 10\, X_3 + 5\, X_4 - 0{,}3\, X_5 + 0{,}1\, X_6$$

mit

$$X_1 = \text{Kapitalrückflussfaktor} = \frac{\text{Cashflow}}{\text{Verbindlichkeiten}}$$

(Da nicht ausdrücklich gesagt ist, welcher Cashflow gemeint ist, wird sinnvollerweise jener aus laufender Geschäftstätigkeit heranzuziehen sein.)

$$X_2 = \text{Verschuldungsgrad} = \frac{\text{Verbindlichkeiten}}{\text{Bilanzsumme}}$$

(Höchstens mit einem Wert von 1 in der Diskriminanzfunktion berücksichtigt.)

$$X_3 = \text{Kapitalrentabilität} = \frac{\text{EGT}}{\text{Bilanzsumme}}$$

$$X_4 = \text{Umsatzrentabilität} = \frac{\text{EGT}}{\text{Umsatzerlöse}}$$

---

[36] Vgl. *Egger/Samer/Bertl*, Jahresabschluss[13], 708.

Die wichtigsten Kennzahlen (und deren Verknüpfungen) für die Praxis

$$X_5 = \text{Lagerumschlag} = \frac{\text{Vorräte}}{\text{Umsatzerlöse}}$$

$$X_6 = \text{Vermögensumschlag} = \frac{\text{Umsatzerlöse}}{\text{Bilanzsumme}}$$

und folgendem Klassifikationsschema für den ermittelten Diskriminanzwert:

- **Z = 2:** gut;
- **Z = 1:** neutral;
- **Z = 0:** bedenklich;
- **Z < 0:** Alarm!

(Wobei sinnvollerweise das „=" stets als ein „ ≥ " zu interpretieren ist.)

Auf **die Erkenntnisse von *Baetge***, der wichtige Studien im deutschsprachigen Raum zu Diskriminanzanalysen im vorgestellten Sinne durchführe, wurde bereits i. V. m. den Ausführungen zu den Kennzahlensystemen eingegangen (siehe Kap. 7.6.7.). Der genaue Aufbau des angesprochenen Modells ist jedoch nie veröffentlicht worden, da es sich hierbei um ein Projekt in Zusammenarbeit mit der *Bayerischen Hypo Vereinsbank AG* handelte, die dieses Verfahren für das eigene Rating fortan nutzte. *Baetge* entwickelte u. a. in weiterer Folge das *RiskCalc^{TM} Germany*-Ratingmodell, das auf Grundlage einer logistischen Regression ein Unternehmensrating von Aa3 bis B3 ableitet. Dieses bildet wieder die Ausfallswahrscheinlichkeit von Unternehmen ab. Das Programm wird über *Moody's* vertrieben und ist in der Praxis entsprechend verbreitet.

Schließlich kann noch auf folgende weitere Ausprägungen der multiplen Diskriminanzanalyse verwiesen werden, die in Literatur und Praxis Verbreitung gefunden haben:

- **Multiple Diskriminanzanalyse in der vereinfachten Form:** Diese Analyse nach *Kralicek/Böhmdorfer/Kralicek* basiert grds. auf ähnlichen Überlegungen wie der von dem ersten der Autoren entwickelte Quicktest.[37]
- **Multiple Diskriminanzanalyse nach *Beermann*:** Ein Verfahren, das speziell für Handwerk- und Produktionsunternehmen entwickelt wurde.[38]
- **Multiple Diskriminanzanalyse nach *Bleier*:** Dieses Verfahren ist besonders umfangreich; einerseits ist so mit dem Verfahren ein großer Erhebungs- und Rechenaufwand für die benötigten Daten verbunden. Andererseits ermöglicht es aber unterschiedliche Auswertungen mit und ohne Branchengliederung.[39]

Auch auf die **Faktorenanalyse nach *Weinrich*** ist noch hinzuweisen; dieses Verfahren basiert allerdings nicht mehr auf einer Diskriminanzanalyse, sondern (wie der Name schon sagt), auf einem Punktebewertungsschema auf Grundlage von Faktorenanalysen. Die Beurteilung erfolgt auf Grundlage von acht Kennzahlen, die in einer Weise ausgewertet werden, die dem zuvor dargestellten quantitativen Teil des Saarbrücker Modells sehr ähnlich ist (siehe Kap. 7.7.4.).[40]

Die Vielzahl an heute vorliegenden Studien zusammenfassend lässt sich festhalten, dass einerseits häufig auf ein **Set von drei bis fünf Kennzahlen** abgestellt wird, die in Diskriminanzfunktionen Eingang finden. Diese umfassen andererseits i. d. R. Kennzah-

---

[37] Weiterführend *Kralicek/Böhmdorfer/Kralicek*, Kennzahlen für Geschäftsführer[5].
[38] Weiterführend *Beermann*, Prognosemöglichkeiten von Kapitalverlusten mit Hilfe von Jahresabschlüssen (1976).
[39] Weiterführend *Bleier*, Insolvenzfrüherkennung mittels praktischer Anwendung der Diskriminanzanalyse[2] (1985).
[40] Weiterführend *Weinrich*, Kreditwürdigkeitsprognosen (1978).

len sowohl zur finanziellen Stabilität als auch zum wirtschaftlichen Erfolg. Zumeist eine Rolle spielen dabei:

- die Gesamtkapitalrentabilität (siehe Kap. 7.3.3.);
- die Eigen- bzw. Fremdkapitalquote (siehe Kap. 7.2.2.1.);
- der Entschuldungsgrad (siehe Kap. 7.2.2.2.);
- der Kapitalumschlag (siehe Kap. 7.2.1.);
- die verschiedenen Liquiditätsgrade (insb. die Liquidität 3. Grades; siehe Kap. 7.2.3.1.).

Die Anwendung eines oder mehrerer der dargestellten, tlw. schon viele Jahrzehnte alten Verfahren ist heute durchaus noch üblich und kann mit wichtigen Erkenntnissen für den Bilanzanalysten verbunden sein. Dieser darf aber nicht vergessen, dass seither sowohl Änderungen in den Rechnungslegungsstandards als auch im allgemeinen wirtschaftlichen Umfeld der analysierten Unternehmen (und in deren Geschäftsmodellen selbst) stattgefunden haben. Die dargestellten Ergebnisse betreffen keine Naturgesetze, die in Stein gemeißelt sind, sondern sie **unterliegen einem Wandel** – mit der Zeit und mit dem konkreten jeweiligen Anwendungskontext. Insb. die Entwicklung der ermittelten Ratings im Zeitreihenvergleich mag so ungebrochen relevant sein, die absolute Interpretation mithilfe der dereinst festgelegten Grenzwerte muss allerdings sehr differenziert gesehen werden. Sinnvoll wäre es demgegenüber – bei entsprechendem Zugang zu empirischen Daten –, selbst auf den eigenen Analysebedarf zugeschnittene Diskriminanzfunktionen aufzustellen.

Als eine wichtige Weiterentwicklung auf dem Gebiet kann letztlich auf die sog. **künstlichen neuronalen Netze** hingewiesen werden. Diese basieren auf komplexen, selbstlernenden Computerprogrammen, die eine nicht-lineare Trennung ermöglichen. Damit können insb. die Fehler erster und zweiter Art weiter reduziert werden. Solche künstliche neuronale Netze unterliegen weniger strengen Anwendungsvoraussetzungen als multivariate Diskriminanzanalysen. Außerdem können sie sowohl quantitative als auch qualitative Daten einfacher gleichzeitig verarbeiten. Dafür sind ihre Erstellung, Nutzung und Wartung wesentlich komplexer, was ihren Anwendungsbereich wesentlich einschränkt; die Kritik der „Black Box" trifft unbestreitbar in ganz besonderem Maße zu. In der Praxis werden sie daher noch vergleichsweise wenig genützt.

Abbildung 54 illustriert die Funktionsweise künstlicher neuronaler Netze im Vergleich zu den zuvor dargestellten Diskriminanzanalysen:

Entwicklungstrends in der Bilanzanalyse

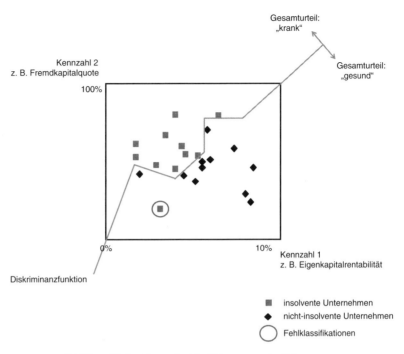

Abbildung 48: Funktionsweise künstlicher neuronaler Netze

8. Entwicklungstrends in der Bilanzanalyse

Hoffentlich konnte das SWK-Spezial Bilanzanalyse bis hierhin ein Bild darüber schaffen, mit welchen Herausforderungen die Bilanzanalyse zu kämpfen hat und welche Anforderungen an sie zu stellen sind, um den Kriterien der Effektivität und Effizienz (als Prozess) gerecht zu werden. Doch sind diese Heraus- und Anforderungen nicht statisch, sondern unterliegen ebenso einem stetigen Wandel wie viele andere Bereiche der BWL; vielleicht ist dieser stete Wandel sogar noch größer. In den 1980er- und 1990er-Jahren hatte die Bilanzanalyse mit anderen Herausforderungen zu kämpfen, als das heute der Fall ist; und in 20 Jahren werden es wiederum andere sein. Sich bereits abzeichnende wichtige Trends sollen abschließend skizziert werden.

Zunehmende Internationalisierung der Rechnungslegungsbestimmungen

Diesem Trend wurde bereits durch die prominente Stellung, die den IFRS eingeräumt wurde, Rechnung getragen. In der Praxis ist jedenfalls von einem weiteren Bedeutungsgewinn dieser internationalen Standards auszugehen. Kapitalmarktorientierte Konzerne sind heute bereits zur Rechnungslegung nach IFRS verpflichtet, viele andere Konzerne wenden diese Standards freiwillig an. Werden Bilanzanalysen im Kontext dieser Konzerne durchgeführt, haben sie bereits umfassend auf die mit den IFRS verbundenen Besonderheiten Bedacht zu nehmen. Für den Jahresabschluss sind demgegenüber weiterhin einzig die Bestimmungen des UGB maßgeblich.

Soviel zum österreichischen Rahmen. Im Vergleich zu den **Rechtssystemen anderer Länder** zeigt sich, dass man hierzulande vergleichsweise konservativ zu sein pflegte, was das Anknüpfen an die IFRS betrifft. In anderen Ländern sind z. B. die IFRS bereits im Jahresabschluss anzuwenden, oder sie waren zumindest Vorlagen für weitgehende

Reformen der nationalen Bestimmungen, die so an die IFRS angenähert wurden. Das für Österreich wohl wichtigste Beispiel ist Deutschland, wo im Zuge des **BilMoG** (2009) eine solche Annäherung erfolgte. Auch wenn dieser Reform hierzulande nicht gefolgt wurde, gab und gibt es zahlreiche Stimmen, die Ähnliches fordern; von prominenten Institutionen wie dem *Austrian Financial Reporting and Auditing Committee* (AFRAC) wurden Vorschläge zur Modernisierung der Rechnungslegungsbestimmungen des UGB unterbreitet, die eine Anlehnung an die IFRS erkennen lassen. Wenn schon nicht unmittelbar, so deutet all dies auf einen mittelbaren Bedeutungsgewinn der IFRS hin. In diesem Zusammenhang sind etwa eine zunehmende Relevanz des Fair Value in der Rechnungslegung und ein weiterer Ruf nach sog. *„relevanten"* Informationen festzustellen (zulasten *„verlässlicher"* Informationen).

Besonders hingewiesen sei hier auch auf die KMU-Version der IFRS, den **IFRS for SMEs**. Dieser übernimmt die wesentlichen Bestimmungen der *„full"* IFRS, jedoch in „abgespeckter" Form, und adressiert insb. KMU – letztlich rund 99,5 % aller Unternehmen. Ende der 2000er-Jahre veröffentlicht, feierte er einen beeindruckenden Siegeszug; manche Länder schafften ihre nationalen Rechnungslegungsbestimmungen weitgehend ab und übernahmen stattdessen diesen Standard (als wichtiges Beispiel sei Großbritannien genannt). Auch in vielen Ländern, die aus historischen Gründen nie ausdifferenzierte eigenständige Rechnungslegungssysteme entwickelten, wurde der IFRS for SMEs übernommen. Dies beschleunigt nicht nur die angesprochene Internationalisierung der Rechnungslegung weiter, sondern hat bereits heute unmittelbare Auswirkungen auf österreichische Unternehmen – etwa wenn diese Beteiligungen an ausländischen Gesellschaften halten, die nunmehr schon nach dem IFRS for SMEs bilanzierungspflichtig sind, oder wenn sie sonstige Geschäftsbeziehungen in ein solches Land pflegen.

Nur hingewiesen sei darauf, dass die österreichischen Rechnungslegungsbestimmungen letztlich auf europarechtlichen Grundlagen fußen, konkret auf einer erst 2013 überarbeiteten **Rechnungslegungsrichtlinie**, deren Umsetzung ins nationale Recht noch nicht erfolgt ist. Auf deren Ebene zeigt sich, dass zunehmend Einflüsse der IFRS sichtbar werden. Da die Umsetzung der Richtlinie bindend ist, kann sich letztlich hier auch der nationale Gesetzesgeber den internationalen Entwicklungen nicht entziehen. Aufgrund der jüngsten Änderungen steht so bereits eine nächste Reform der nationalen Rechnungslegungsbestimmungen an.

Die zunehmende Weiterentwicklung der nationalen wie internationalen Rechnungslegungsnormen erfordert eine regelmäßige Anpassung der Bilanzanalyse. Unabhängig von dem zuvor angesprochenen Punkt der Internationalisierung der Rechnungslegung sind sowohl die nationalen Rechnungslegungsbestimmungen als auch jene der IFRS von einer **hohen Dynamik** gekennzeichnet. Besonders gravierend ist dies wieder in den IFRS – zuletzt wurden fast im Jahrestakt wesentliche Standards überarbeitet, was gravierende Änderungen in den enthaltenen Bestimmungen mit sich brachte (z. B. hinsichtlich der Bestimmungen zur Konzernrechnungslegung; sog. *„Konsolidierungspaket"*). Ähnliche „Kaliber" wie etwa die Bestimmungen zur Rechnungslegung über Leasing oder zur Umsatzrealisierung stehen unmittelbar bevor.

Solche Änderungen sind einerseits für die bilanzierenden Unternehmen mit hohen Kosten verbunden. Aber auch die Bilanzanalyse trifft dies unmittelbar: Erhebungsmethodiken und -raster müssen angepasst, Grundsatzfragen etwa hinsichtlich (geänderter) Aufbereitungsnotwendigkeiten geklärt und Kennzahlen ggf. neu definiert und erhoben werden. Zeitreihenvergleiche verlieren an Aussagekraft, da die geänderten Rahmenbedingungen keine aussagekräftigen Gegenüberstellungen mit früheren Zahlen mehr erlauben. Schließlich müssen die Bilanzanalysten entsprechende Schulungen durch-

Entwicklungstrends in der Bilanzanalyse

laufen, um das notwendige Verständnis für die geänderten Bestimmungen zur Rechnungslegung zu erwerben.

Auch die nationalen Bestimmungen des UGB sind in jüngerer Vergangenheit nicht von – tlw. gravierenden – Veränderungen verschont geblieben; diese waren jedoch vergleichsweise harmlos, und der nationale Rechtsrahmen zur Rechnungslegung kann daher wohl mit Recht als stabiler angesehen werden. Gerade die letzten rund zehn Jahre weisen aber eine merkbar höhere Dynamik auf, und das angesprochene Grundproblem trifft naturgemäß gleichermaßen zu. Zudem darf nicht vergessen werden, dass bereits die nächsten Reformen (und diesmal voraussichtlich mit gravierenden Änderungen) bevorstehen.

Eingeschränkte Möglichkeiten durch Deregulierungen in den Rechnungslegungsbestimmungen für KMU

Grds. werden die Anforderungen an und die inhaltlichen Bestimmungen zur Rechnungslegung zunehmend komplexer und damit herausfordernder. Eine gegenläufige Entwicklung lässt sich demgegenüber für KMU beobachten – zumindest in Europa. I. S. einer Verwaltungskostenreduktion sind gegenwärtige Reformbestrebungen darauf ausgerichtet, die Anforderungen an die Rechnungslegung solcher Unternehmen zu reduzieren. Dies ist insb. ein Vorteil für diese Unternehmen; für die Bilanzanalyse geht hiermit jedoch der Nachteil einher, dass mit **weniger verfügbaren (Finanz-)Informationen** über diese das Auslangen zu finden ist. So ist z. B. mit vereinfachten oder gar nicht mehr aufzustellenden Jahresabschlüssen zu rechnen. Für Personengruppen, die hieran ein (berechtigtes) Interesse knüpfen, wird daraus folgen, dass alternative Wege zur Sicherung und Durchsetzung dieser Interessen zu suchen sein werden.

Zukunftsorientierte Unternehmensanalyse anstelle vergangenheitsorientierter Kennzahlenrechnung

Ganz i. S. d. Überzeugung, die in diesem SWK-Spezial vertreten wurde, wird zunehmend die Notwendigkeit erkannt, im Rahmen der Bilanzanalyse ein **gesamthaftes Bild des Analyseobjekts** zu gewinnen. Dieses Bild ist dabei insb. durch eine deutliche Zukunftsgerichtetheit gekennzeichnet. Einerseits fordern Kapitalmärkte zunehmend derartige Informationen ein, andererseits findet dies durch den daraus folgenden Niederschlag in den IFRS (die sich ja dezidiert an den Kapitalmärkten orientieren) weitere Verbreitung. Damit verschwinden nicht zuletzt die Grenzen zu einem der Bilanzanalyse benachbarten Themenfeld, der Unternehmensbewertung.

Für die Bilanzanalyse gewinnen so einerseits Schätzungen – insb. wieder in Form des Fair Value – an Bedeutung. Auch verbale Informationen, gerade im Lagebericht, rücken noch weiter in den Blickpunkt. Ein zunehmend wichtiger werdendes Themenfeld ist in diesem Zusammenhang das sog. *„Integrated Reporting"*, das die Finanzberichte zunehmend um Aspekte wie Nachhaltigkeit, Geschäftsstrategie oder Corporate Governance ergänzt. Diese Informationen lassen sich nur sehr schwer in bewährte Kennzahlen gießen, bzw. bringen sie eine Fülle an neuen Kennzahlen mit sich, deren potenzieller Nutzen noch erwogen und in bestehende Analysesystematiken integriert werden muss. Dem Bilanzanalysten bieten diese neuen Informationen dafür verbesserte Möglichkeiten, ein gesamthaftes Bild über das Analyseobjekt zu gewinnen.

Wechselseitiges Spannungsfeld zwischen Bilanzanalyse und Bilanzpolitik

Dieses Spannungsfeld zählt wohl zu den für die Bilanzanalyse zeitlosen Charakteristika. Die bereits dargestellten Entwicklungen betreffend den Inhalt der Finanzinformationen erfordern insb. **Anpassungen in den Aufbereitungen dieser Informationen** für die folgenden Analysen. Der mit der zunehmenden Relevanz der IFRS verbundene Bedeutungsgewinn von Ermessensspielräumen gewährt den Unternehmen neue Möglichkeiten für ihre Bilanzpolitik; da diese besonders schwer zu neutralisieren sind, erfordert dies von den Bilanzanalysten zunehmende Sensibilität für die maßgeblichen Stellhebel und die Erschließung neuer Zugänge zu Aufbereitungen. Gleichzeitig ist aber auch von einer korrespondierenden Reduktion der Wahlrechte in der Rechnungslegung auszugehen, was wiederum ein (wenngleich geringerer) Vorteil ist.

Zunehmende Bedeutung der Aktualität für Zwecke der Bilanzanalyse

Gerade für Unternehmen, die an Kapitalmärkten notieren, sind heute Zwischenberichte, insb. auf Halbjahres- und Quartalsebene, sowie diverse Ad-hoc-Meldeverpflichtungen bereits Usus. D. h., es stehen für sie bereits unterjährige Informationen zur Verfügung, die zumeist genauso wie „gewöhnliche" Jahresabschlüsse analysiert werden können. Die höhere Aktualität dieser **Zwischenberichte** trägt zur Relevanz dieser Informationen für die Bilanzanalyse bei; sie sind daher ebenso – in Abhängigkeit von dem konkreten Analysezweck – mit in die Betrachtungen aufzunehmen. Zu beachten ist dabei allerdings, dass Zwischenberichte oftmals (geringfügigen) Abweichungen hinsichtlich inhaltlicher Rechnungslegungsbestimmungen bzw. Erleichterungen den Umfang der Rechnungslegung betreffend unterliegen.

Damit verbunden ist jedoch eine zunehmende **kurzfristige Orientierung**, was im Kontext von Unternehmen häufig als ein „*Von-Quartal-zu-Quartal-Denken*" (zu Recht) kritisiert wird. Nicht immer führen auf Unternehmensebene solcherart ausgerichtete Entscheidungen zu langfristig wünschenswerten Konsequenzen – eher im Gegenteil. Hier trägt letztlich auch die Bilanzanalyse dazu bei, ein solches Denken in den Unternehmen zu fördern. Eine Herausforderung liegt daher jedenfalls darin, von der Aktualität der Daten zu profitieren und die Langfristperspektive dennoch nicht aus den Augen zu verlieren.

Nicht zuletzt aus solchen Überlegungen heraus wurde auf EU-Ebene beschlossen, die Aufstellung von **Quartalsberichten** ab 2015 nicht mehr vorzuschreiben. Praktisch erscheinen die Konsequenzen dieser Novellierung jedoch so lange gering, als an die Aufnahme in wichtige Börsenindizes wie des Prime Market an der Wiener Börse weiterhin eine Verpflichtung zur Aufstellung von solchen Berichten knüpft.

Neue Möglichkeiten durch Entwicklungen in der elektronischen Datenübermittlung

Auch die Rechnungslegung wird zunehmend von Entwicklungen der digitalen Kommunikation erfasst. Insb. betreffend die **Einreichung der Jahresabschlussinformationen bei Steuerbehörden** lässt sich weltweit eine Entwicklung feststellen, dass dies zunehmend via elektronische Übermittlungskanäle erfolgt. Und auch Banken nützen diese Form der Übermittlung bereits, um laufend zu aktuellen Finanzinformationen über Unternehmen zu kommen. Grundlage der Übermittlungen sind sog. *„Taxonomien"*, welche die Art und Weise bestimmen, wie die Informationen aus dem ERP-System des Unternehmens in die entsprechenden Systeme des Informationsadressaten gelangen. Die zurzeit wohl verbreitetste ist die sog. **XBRL-Taxonomie**.

Der damit für die Bilanzanalyse verbundene Vorteil ist offensichtlich, insb. für externe Bilanzanalysten: ein Wegfallen der Schnittstellen – wie viele (wenig wertschöpfende) Stunden müssen häufig in das händische Abtippen von Finanzberichten investiert werden? – bei einer gleichzeitigen Erhöhung der Detailtiefe der erhaltenen Informationen – da diese auf Einzelkontenebene übertragen werden können. Hinsichtlich der **Automatisierung der Bilanzanalyse** können hiermit neue Optionen verbunden sein, die einerseits zu einer gestiegenen Effizienz führen, andererseits weitaus umfassendere Auswertungen zulassen. Damit einher geht folglich auch eine Entwicklung hin zu einem immer weiter gehenden Bedeutungsgewinn des EDV-Einsatzes zur Unterstützung der Bilanzanalyse.

Andererseits mag es aber auch, gerade in den Nachwehen des sog. „NSA-Datenskandals", aus Sicht der Unternehmen wenig wünschenswert erscheinen, dass so umfassende und mitunter sensible Informationen – mehr oder weniger gut gesichert – über das Internet übertragen werden. Daher sind wohl weitere Anstrengungen im Hinblick auf **Datensicherheit** und dahingehende Überzeugungsarbeit bei den Anwendern unumgänglich. Die hierzu folgenden Entwicklungen sind jedenfalls mit größtem Interesse aus dem Blickwinkel der Bilanzanalyse zu verfolgen.

9. Weniger rechnen, mehr verstehen!

Zum Abschluss sollen die umfangreichen Ausführungen zu einigen wichtigen Prinzipien zusammengefasst werden; diese seien allen Bilanzanalysten als Ratschläge mit auf den Weg gegeben:

- Jede Bilanzanalyse beginnt mit dem **Verstehen dessen, worum es eigentlich geht**: Was ist für wen zu tun, und was sind die relevanten Rahmenbedingungen des Analyseobjekts? Je mehr an Überlegung in dieser Anfangsphase investiert wird, desto effektiver und effizienter werden alle weiteren Phasen verlaufen.
- **Kennzahlen alleine sagen nichts aus**; erst durch Vergleichsmaßstäbe können sie Nutzen entfalten. Investieren Sie daher viel Sorgfalt in die Ermittlung dieser Vergleichsmaßstäbe. Wo möglich, legen Sie Sollwerte fest; aber auch (bzw. gerade!) diese müssen fundiert hergeleitet werden.
- Halten Sie sich stets vor Augen, dass **jedem Bilanzanalysten außerhalb des Analyseobjekts ein Bilanzpolitiker in diesem gegenübersitzt**, der sich dieselben Fragen stellt, aber gleichzeitig die Finanzberichte dieses Analyseobjekts mitgestalten kann.
- **Trauen Sie keiner Kennzahl, die Sie nicht selbst gerechnet haben** (böse Zungen könnten auch sagen: hingerechnet haben).
- Halten Sie die eigene Rechenwut in Grenzen und **beschränken Sie sich auf fünf bis zehn** (dafür aber sinnvoll ausgewählte) **Kennzahlen**.
- Nicht selten sagt eine anfänglich durchgeführte **Umfeld- bzw. Unternehmensanalyse** mehr aus als 1.000 Kennzahlen. Sie hilft, zu ersten Annahmen und Erwartungen zu gelangen, denen im den nächsten Schritten nachgegangen werden kann und die dann bestätigt oder verworfen werden. Auch den verschiedenen analysierten (Einzel-)Berichten kann man mit einem Blick und ohne Rechnen von Kennzahlen sehr viel entnehmen, wenn man die Zusammenhänge versteht.
- Eine Bilanzanalyse macht nur dann Sinn, wenn auf ihrer Grundlage **konkrete Entscheidungen und Maßnahmen** abgeleitet werden.
- Relativieren Sie aus all diesen Gründen stets die vermeintlich exakten (Kenn-)Zahlen, und lassen Sie auch **qualitative Aspekte** in die Urteilsfindung eingehen. Rechnen Sie die Kennzahlen daher lieber mit weniger Kommastellen, investieren Sie dafür aber mehr Zeit in die Interpretation.
- **Sehen Sie Kennzahlen nicht als Selbstzweck**, sondern nützen Sie die Erkenntnisse aus diesen, um hinter die Kennzahlen zu blicken (z. B. auf die wertschöpfenden Prozesse im Unternehmen, die dadurch abgebildet werden). Eine Bilanzanalyse führt insb. dann zu wertvollen Ergebnissen, wenn an ihrem Ende neue Fragen stehen, die häufig Geschäftsmodell und -verlauf sowie Führungsentscheidungen adressieren. Das Ziel der Bilanzanalyse liegt somit gerade darin, die richtigen Fragen, nicht unbedingt endgültige Antworten zu finden.
- Haben Sie als interner Bilanzanalyst insb. den Mut, sich mit anderen Unternehmen (und gerade den besseren und besten Mitbewerbern) offen und ehrlich zu verglei-

chen – der **Betriebsvergleich** ist ja der wohl zentrale Vergleichsmaßstab für eine Bilanzanalyse. Ein schlechteres Abschneiden in manchen Punkten kann wichtige Impulse für Weiterentwicklungen setzen; dieser Chance beraubt man sich, wenn man den Vergleich meidet oder dies nur mit Unternehmen tut, bei denen im Vorhinein klar ist, dass man sie übertrifft. Letzteres mag zwar für die Seele Balsam sein, bringt aber niemanden weiter. Und auch die für Sie relevanten externen Bilanzanalysten Ihres Unternehmens machen es nicht anders und vergleichen dieses mit den Besten.

- Die Bilanzanalyse ist ein **Prozess, der immer wieder von Neuem beginnen muss** und auch selbst kritisch reflektiert werden möchte. **Transparenz** in allen Schritten des Prozesses ist dabei oberstes Gebot: Über alle Schritte hinweg ist es das Ziel, das Analyseobjekt zu verstehen – und nicht, es bloß „zu rechnen".

Auch im Zuge einer Bilanzanalyse passieren Fehler, und letztlich kommen viele Dinge im Leben zumeist anders, als man sie im Vorfeld analysiert (bzw. analysiert zu haben gedacht) hat. Die Bilanzanalyse kann daher nur eine bestmögliche Entscheidungsgrundlage, jedoch keine Gewissheiten liefern. Dass man im Nachhinein immer klüger ist, hilft im Vorhinein nur bedingt weiter. *„Prognosen sind schwierig, besonders wenn sie die Zukunft betreffen"* – dieser Spruch wird u. a. *Mark Twain*, *Karl Valentin*, *Niels Bohr* und *Winston Churchill* zugeschrieben. Wenngleich vermutlich keiner von diesen Vieren an die Bilanzanalyse gedacht haben wird, trifft das Bonmot doch auch hier zu. Die Bilanzanalyse gehört zum wichtigsten Rüstzeug der BWL und wird wohl weiterhin einer ihrer *„Dauerbrenner"* bleiben. Lassen Sie, liebe Leserinnen und Leser, daher alle „falschen Hoffnungen" i. V. m. der Bilanzanalyse, keineswegs aber alle Hoffnung fahren!

Literaturverzeichnis

Hinweis: Die im Folgenden angeführte Literatur bietet allgemeine Grundlagen sowie Vorschläge für weiterführende Vertiefungen. Unmittelbar verwiesene Inhalte aus diesen oder anderen (spezielleren) Quellen wurden direkt in Fußnoten belegt und sind hier nicht zwingend nochmals angeführt.

Aschauer/Purtscher, Einführung in die Unternehmensbewertung (2011).

Auer, Kennzahlen für die Praxis, SWK-Sonderheft (2004).

Baetge/Kirsch/Thiele, Bilanzanalyse^2 (2004).

Bertl/Deutsch-Goldoni/Hirschler, Buchhaltungs- und Bilanzierungshandbuch^8 (2013).

Coenenberg/Fischer/Günther, Kostenrechnung und Kostenanalyse^8 (2012).

Coenenberg/Haller/Schultze, Jahresabschluss und Jahresabschlussanalyse^{22} (2012).

Egger/Samer/Bertl, Der Jahresabschluss nach dem Unternehmensgesetzbuch, Band 1: Der Einzelabschluss^{14} (2013).

Egger/Samer/Bertl, Der Jahresabschluss nach dem Unternehmensgesetzbuch, Band 2: Der Konzernabschluss^7 (2013).

Eschenbach/Siller, Controlling professionell^2 (2011).

Gräfer/Schneider/Gerenkamp, Bilanzanalyse^{12} (2012).

Grbenic/Zunk, Die Jahresabschlussanalyse (2013).

Haeseler/Kirchberger, Bilanzanalyse (2003).

Kirsch, Einführung in die internationale Rechnungslegung nach IFRS^8 (2012).

Kralicek/Böhmdorfer/Kralicek, Kennzahlen für Geschäftsführer^5 (2008).

Kreuzer, BWL kompakt^4 (2013).

Küting/Weber, Die Bilanzanalyse^{10} (2012).

Lachnit, Bilanzanalyse (2004).

Lechner/Egger/Schauer, Einführung in die Allgemeine Betriebswirtschaftslehre^{26} (2013).

Matschke/Brösel, Unternehmensbewertung^4 (2012).

Meyer, Cashflow-Reporting und Cashflow-Analyse (2007).

Pellens/Fülbier/Gassen/Sellhorn, Internationale Rechnungslegung^8 (2011).

Straube (Hrsg.), Wiener Kommentar zum Unternehmensgesetzbuch – UGB, Band II^3: §§ 189–283 UGB, Rechnungslegung – IFRS (2009).

Thommen/Achleitner, Allgemeine Betriebswirtschaftslehre^7 (2012).

Wagenhofer, Bilanzierung und Bilanzanalyse^{11} (2013).

Wagenhofer, Internationale Rechnungslegungsstandards IAS/IFRS^6 (2009).

Wagenhofer/Ewert, Externe Unternehmensrechnung^2 (2007).

Zib/Dellinger (Hrsg.), Kommentar zum Unternehmensgesetzbuch, Band 3, Teil 1: §§ 189–230 UGB (2013).

Kennzahlenverzeichnis

Abgänge zu Restbuchwerten 184
Abhängigkeitsgrad von bestimmten Märkten 231
Abschreibungsintensität 204
Abschreibungsquote 185
Aktienrendite 210
Amortisationsdauer je Aktie 228
Anlagenabnutzungsgrad 185
Anlagendeckungsgrad 1 109, 192
Anlagendeckungsgrad 2 192
Anlagendeckungsgrad 3 192
Arbeitsproduktivität 223
Ausschüttungsquote 227
Außenfinanzierungsgrad 189
Außerordentliches Ergebnis 203

Betriebserfolg 202
Betriebsleistung 203, 246
Break-even-Umsatz 206
Bruttocashflow (BCf) 215
Bruttoergebnis vom Umsatz 202, 206
Bruttoinvestitionsbasis (BIB) 215
Bruttounternehmenswert 216

Capital Employed (CE) 212
Cash Burn Rate 198
Cash Conversion Cycle 195
Cashflow 243
Cashflow aus Finanzierungstätigkeit 81, 196
Cashflow aus Investitionstätigkeit 81, 196
Cashflow aus laufender Geschäftstätigkeit 81, 196
Cashflow in Prozent der Betriebsleistung 245
Cashflow nach der Praktikermethode 196
Cashflow nach DVFA/SG 197
Cashflow-Eigenkapitalrentabilität 243
Cashflow-Leistungsrate 198
Cash Flow Return on Investment (CfRoI) 214 f.
Cash Value Added (CVA) 215

Deckungsbeitrag 206 f.
Dividende je Aktie 210
Dividendendeckungsquote 198
Dividendendeckungsgrad 228
Dividendenrendite 209
Du-Pont-Kennzahlensystem 112, 234

Kennzahlenverzeichnis

Earnings after Taxes (EAT) 200
Earnings before Interest and Taxes (EBIT) 200
Earnings before Interest, Taxes, Depreciation and Amortization (EBITDA) 202
Earnings before Interest, Taxes, Depreciation, Amortization and Rent (EBITDAR) 202
Earnings before Taxes (EBT) 202
Earnings less Riskfree Interest Charge (ERIC) 214
EBITDA-Multiplikator 217
EBIT-Multiplikator 217
Economic Value Added (EVA) 212, 237
Effektivverschuldung 190
Eigenkapitalquote 74, 108, 114, 188, 218, 243, 245
Eigenkapitalrentabilität 73, 108, 207 f.
Entschuldungsgrad 191
Erfolg aus Finanzinvestitionen 203
Ergebnis der gewöhnlichen Geschäftstätigkeit (EGT) 202

F&E-Intensität 206
Fiktive Schuldentilgungsdauer 191, 218, 245
Finanzierungserfolg 203
Free Cashflow 85, 196
Fremdkapitalquote 114, 188
Fremdkapitalzinslast 227

Gearing Ratio 115, 189
Gesamtkapitalrentabilität 108, 111, 208, 234 f.
Gewinnqualität 220

Herstellungsintensität 205

Intensität der Forderungen 183
Intensität der Vorräte 183
Intensität der Wertpapiere des Umlaufvermögens 183
Intensität des Anlagevermögens 182
Intensität des Finanzanlagevermögens 183
Intensität des immateriellen Anlagevermögens 183
Intensität des Sachanlagevermögens 183
Intensität des Umlaufvermögens 182
Investitionsdeckungsquote 185, 197
Investitionsquote 184
Investitionsstruktur 184

Kapitalproduktivität 223
Konzernverflechtung (Finanzanlagen) 229
Konzernverflechtung (Forderungen) 229
Konzernverflechtung (Verbindlichkeiten) 229
Konzernverflechtung (Wertpapiere und Anteile des Umlaufvermögens) 229

Korrigierte Schulden 219
Kurs-Buchwert-Verhältnis 216
Kurs-Cashflow-Verhältnis 217
Kurs-Gewinn-Verhältnis 216

Leverage-Effekt 224
Liquidität 1. Grades 193
Liquidität 2. Grades 193
Liquidität 3. Grades 193

Market-to-Book-Ratio 217
Marktkapitalisierung 216
Materialintensität 204
Mittelüberschuss aus der laufenden Geschäftstätigkeit 219

Net Operating Assets (NOA) 213
Net Operating Profit after Taxes (NOPaT) 212
Nettoinvestitionen 184
Nettounternehmenswert 216
Nettoverschuldung 190

Operating Leverage 207

Personalintensität 108 f., 204
Personalkostenproduktivität 223
Pyramid-Structure-of-Ratios-Kennzahlensystem 239

Quicktest 245

Relativer Deckungsbeitrag 206 f.
Return on Capital Employed (RoCE) 213 f., 237
Return on Equity (RoE) 207
Return on Investment (RoI) 208
Return on Net (Operating) Assets (RoNA) 214
RL-Kennzahlensystem 241
RSW-Verfahren 247 ff.

Saarbrücker Modell 121, 250
Segmentergebnisanteil 230
Segmentinvestitionsquote 230
Segmentrentabilität 230
Segmentumsatzrendite 230
Segmentumschlagshäufigkeit 230
Segmentwachstumsquote 230
Selbstfinanzierungsgrad 189
Steuerquote 227

Kennzahlenverzeichnis

Total Shareholder Return (TSR) 210

Umsatz 206
Umsatz je Mitarbeiter 109
Umsatzanteil eines Segments 230
Umsatzmultiplikator 217
Umsatzqualität 221
Umsatzrentabilität 209, 234
Umschlagshäufigkeit der Debitoren 187
Umschlagshäufigkeit der Kreditoren 190
Umschlagshäufigkeit der Vorräte 186
Umschlagshäufigkeit des Vermögens 185
Umschlagshäufigkeit des Vermögens in Monaten 186
Umschlagshäufigkeit des Vermögens in Tagen 186
URG-Kennzahlen 218

Vermögensstruktur 183
Vermögensumschlag 234
Verschuldungsgrad 115, 189
Vertriebsintensität 206
Verwaltungsintensität 206

Wachstumsquote 185
Wertschöpfungsquote 223
Wertschöpfungsrechnung 222
Working Capital 194
Working Capital Ratio 194 f.

Zinsdeckung 205
Zinsdeckungsquote 198
Z-Score 263
ZVEI-Kennzahlensystem 240

Stichwortverzeichnis

7-S-Modell 131

Abschlussanalyse 16
Abschreibungen 66-
Adressat 13, 18 ff.
– externer 13, 19 ff.
– interner 13, 21 ff.
Aktiva 45
Analyseobjekt 25 ff., 147
Analysezweck 147
Angaben 140
Anhang 41, 91 ff., 140
– Angaben 140
Anlagenspiegel 48, 92
Anlagevermögen 45 f.
Ansatz 140
Anschaffungskosten 49
Anspruchsgruppenanalyse 126
Anteile 51, 62, 73, 167
– an einem herrschenden oder mit Mehrheit beteiligten Unternehmen 51, 62, 167
– anderer Gesellschafter am Jahresergebnis 73
– eigene 51, 62, 167
Anzahlungen 62, 166
– erhaltene 62, 166
Aufbereitung 23, 38, 135, 147 ff.
– Einzelposten in der Bilanz 147 ff.
– Finanzbericht 38, 135
– Zahlenmaterial 23
Aufsichtsrat 97
– Arbeitsweise 97
Aufwands- und Ertragskonsolidierung 29
Aufwendungen 48, 62
– außerordentliche 71, 80
– für das Ingangsetzen und Erweitern eines Betriebes 48, 62
– für Forschung und Entwicklung 67
– sonstige betriebliche 66
Ausschüttungsbemessungsfunktion 43

Bank 20
BCG-(Boston-Consulting-Group-)Portfolio 129
Benchmarking 105 f.
Bestandsveränderung 65
Beteiligungscontrolling 21
Betriebserfolg 67
Betriebsvergleich 103 ff.
Betrug (siehe auch Handlung, betrügerische) 37
Bewegungsbilanz 172 ff.
Bewertung 140
Big Bath Accounting 138

Bilanz 39, 41, 44 ff., 147 ff.
– Aufbereitung der Einzelposten 147 ff.
Bilanzanalyse 11 ff., 15 ff., 98 ff., 120 ff., 267 ff.
– erster Überblick 11 ff.
– Gesamturteil 24, 119 ff.
– Grundlagen 15 ff.
– Elemente 98 ff.
– Entwicklungstrends 267 ff.
– qualitative 120 ff.
Bilanzgewinn 50, 74, 80, 161
Bilanzmanipulation 136
Bilanzpolitik 37, 44, 135 ff., 140, 220 ff.
– Angaben 140
– Ansatz 140
– Ausweis 140
– Bewertung 140
– buchmäßige 140 f.
– reale 139 f.
Bilanzregel, goldene 192
Bonitäts- und Ratingmodell 111, 244 ff.
Branche 25
Bruttoergebnis vom Umsatz 66

Capital Asset Pricing Model (CAPM) 211
Cashflow 81 ff.
– aus Finanzierungstätigkeit 81
– aus Investitionstätigkeit 81
– aus laufender Geschäftstätigkeit 81
– operativer 81
Controlling 21
Cookie Jar Accounting 138
Corporate-Governance-Bericht 96
Corporate-Social-Responsibility-Bericht 97

Dienstleistungsunternehmen 16, 112
Disagio 62
Discounted-Cashflow-Verfahren 211
Diskriminanzanalyse 261 ff.

EBITanei 201
Eigenkapital 41, 50, 87 f.
Eigenkapitalrechnung 41
Eigenkapitalveränderungsrechnung 87 f.
Eigenleistung 65
– aktivierte 65
Einzahlungen und Auszahlungen 40
Einlagen 51, 167
– ausstehende 51
– ausstehende auf das gezeichnete Eigenkapital 167
Einnahmen und Ausgaben 40
Empfängerorientierung 112

Stichwortverzeichnis

Entsprechungsprinzip 108
Erfolg aus Finanzinvestitionen 70
Erfolgspotenzial 16 f., 37, 91 ff.
Ergebnis der gewöhnlichen Geschäftstätigkeit (EGT) 70 ff.
– Ermittlung 70 f.
– operatives 67
Ergebnis pro Aktie 79
Erlöse und Kosten 40
Ermessensspielraum 140
Ertrag und Aufwand 40
Erträge 71, 80
– außerordentliche 71, 80
– sonstige betriebliche 65
Ertragslage 39

Familienunternehmen 20, 27, 43 f.
Fehlbetrag 53, 163
– der Pensionsrückstellung 53, 163
Fehler 37, 94, 101, 136
– bei Erstellung des Finanzberichts 37
Fehlerberichtigung 94
Financial Covenants 99
Finanzanlagen 46
Finanzerfolg 69
Finanzierungserfolg 70
Finanzierungsregel, goldene 192
Finanzlage 39
Firmenwert 29, 46, 73
Five-Forces-Modell 125
Forschungs- und Entwicklung 67
Fremdkapital 50

Ganzheitlichkeit 119
Geldflussrechnung 39 ff., 144, 80 ff.
Gemeinschaftsunternehmen (siehe auch Joint Venture) 28
Gemeinwohlbilanz 97
Gesamtergebnisrechnung 41, 74
Gesamtkostenverfahren 64, 68 f., 75
Geschäftsberichtsanalyse 16
Gewinn- und Verlustrechnung 39 f., 63 ff.
Gewinnmaximierung 43
Gliederungskennzahlen 108

Handelsunternehmen 26, 113
Handlung, betrügerische 37
Herstellungskosten 49
– der zur Erzielung der Umsatzerlöse erbrachten Leistungen 66
Höchstwertprinzip 53, 63
Holding 30
IAS-VO 31
IFRS 31 ff., 59 ff., 74 ff.
– Abschlüsse 31 ff.

– Besonderheiten i. Z. m. Bilanz 59 ff.
– Besonderheiten i. Z. m. Gewinn- und Verlustrechnung 74 ff.
– for SMEs 268
Illiquidität 16, 219
Immobilie 61
– als Finanzinvestition gehaltene Immobilie 61
Indexbilanz 171 ff.
Inflationsgewinn 36
Informationsfunktion 42
Insolvenzordnung 219
Integrated Reporting 98, 269
Interessenvertretung 20
Investitionspolitik 184
Investor 19

Jahresüberschuss 70 ff.
– Ermittlung 70 f.
Joint Venture 28

Kapitalkonsolidierung 29
Kapitalrücklage 50
Kapitalumschlag 190 ff.
Kennzahl 24, 107 ff., 180 ff.
– absolute 107 ff.
– Kombination 110 ff.
– Matrizen 231 ff.
– relative 107 ff.
– Systeme 110 ff., 232 ff.
Kennzahlenflut 112
Konzernabschluss 27 ff.
Konzernbilanzpolitik 144
Kosten-Nutzen-Betrachtung 18
Kunde 20
Künstliche neuronale Netze 261 ff.

Lagebericht 36 f., 41, 91 ff., 94
Leasing 179
Lieferanten 20
Liquidität 16, 40
Liquiditätstabelle 172 f.

Management 21, 118
Management Approach 230 ff.
Management by Objectives 118
Management Commentary 95
Maßgeblichkeit 43
Materialaufwand 65
McKinsey-Portfolio 130
Minderheit 79
Minderheitsgesellschafter 29
Mitarbeiter 20
Mittel, liquide 164
Multiplikator 216 ff.
Muttergesellschaft 28

Nachhaltigkeitsbericht 97
Nachweiswahlrecht 143
Nennkapital 50
Neubewertung von Sachanlagen 160
Neutralisierung 119
Niederstwertprinzip 49, 63
Nonprofit-Organisationen (NPO) 27

Objektivierung 120

Passivseite 50
Pagatorik 145
Peer Group 104, 134 f.
Percentage-of-Completion-Methode 34, 61
PEST-Analyse 124
Produktionsunternehmen 26, 112
Prozentbilanz 171 ff.

Quartalsbericht 270

Rechnungsabgrenzungsposten 53, 62, 163
– aktive 53, 163
– passive 53, 163
Rechnungswesen 21, 39 f.
– externes (Grundfragen) 39
Rechtsform 25
Redundanz 114
Rücklagen 51, 162
– unversteuerte 51, 162
Rückstellungen 50 f., 60

Sachanlagen 46
Saldierung 164
Schuldenkonsolidierung 29
Schuldentilgungsdauer 190 ff.
Segmentanalyse 230
Segmentberichterstattung 89 ff.
Soll-Ist-Vergleich 98 ff.
Sozialbilanz 97
Staat 20
Stakeholder 19
Steuerbemessungsfunktion 43
Steuererstattungsanspruch 61
Steuern
– latente 62, 72 f.
– vom Ergebnis 72
Strukturbilanz 168 ff.
Subvention 51, 62, 162
SWOT-Analyse 132 f.

Tochtergesellschaft 28
Total Shareholder Return (TSR) 210

Umfeldanalyse 122 ff.

Umgliederung 161
Umlaufvermögen 45, 48
Umsatz 75
Umsatzerlöse 65
Umsatzkostenverfahren 64
Unter-dem-Strich-Angaben 53
Unternehmen 16 ff., 27 f., 122 ff., 127 ff.
– assoziiertes 28
– börsenotiertes 27
Unternehmensanalyse 16 f., 127 ff.
Unternehmensreorganisationsgesetz 218
Unterschiedsbetrag, negativer 56, 62

Value Reporting 96
Verbindlichkeiten 50 f., 60 f.
– finanzielle 61
Vergleichsmaßstab 23, 98 ff., 148
Verlustvortrag 62
Vermögen 39
Vermögens-, Finanz- und Ertragslage 15
Vermögensgegenstand 45 f.
– immaterieller 46
Vermögensintensität 182
Vermögensumschlag 185
Vermögenswert 60 f.
– biologischer 61
– finanzieller 61
– immaterieller 61
– kurzfristiger 60
– langfristiger 60
Verschuldungseffekt 190
Verschuldungsgrad, optimaler 226
Vertriebskosten 66
Verwaltungskosten 66
Vorräte 48
Vorsichtsprinzip 38, 49, 53

Wahlrecht 140 f.
Währungsumrechnung 29, 58, 73
– Differenzen 29
Weighted Average Cost of Capital
    (WACC) 211
Wertkette 26
Wertpapier 166 f.
– Deckung der Pensionsrückstellungen 166
Wirtschaftsprüfer 21
Working Capital Management 194

Zeitreihe 35
Zeitreihenvergleich 100 ff.
Zuschreibung 49
Zwischenergebniseliminierung 29